Einleitung

Den Schülerinnen und Schülern Kompetenzen und Werkzeuge mitzugeben, um lebendige Wirtschaftspraxis zu meistern, ist das Ziel der Reihe **„Officemanagement und angewandte Informatik"**.

Anhand lebendiger Alltagssituationen werden die **Bedeutung** sowie der **Einsatzbereich** der Inhalte für die Lernenden aufgezeigt. Aktiv bleibt die Rolle der Schülerinnen und Schüler auch, wenn es darum geht, erworbenes Wissen mithilfe zahlreicher Übungs- und Anwendungsmöglichkeiten zu trainieren. Dies ermöglicht nicht nur **systematisches Lernen,** sondern **nachhaltigen Kompetenzerwerb.**

Wesentliche Elemente und verwendete Symbole

Die angeführten **Ziele** kennzeichnen, über welches **Wissen** bzw. über welche **Kompetenzen** die Schülerinnen und Schüler nach Durcharbeiten des Kapitels verfügen. Sie entsprechen den **Bildungs- und Lehraufgaben** des Lehrplans. Aus didaktischen Gründen wurden die Ziele zum Teil detaillierter und in der Sprache der Schüler/innen formuliert. Die Ziele sind farblich nach der **Kompetenzstufe** gekennzeichnet.

Meine Ziele

KOMPETENZ-ERWERB

Nach Bearbeitung dieses Kapitels kann ich

- Blau (wiedergeben, verstehen);
- Rot (anwenden);
- Schwarz (analysieren und entwickeln).

WissensChecks, Aufgabenstellungen, Ziele erreicht?

Zur Erarbeitung der Kenntnisse und Fertigkeiten sowie zur Kontrolle des Lernerfolgs stehen den Lernenden WissensChecks, Übungen und umfassende Arbeitsaufträge („Ziele erreicht?") zur Verfügung. Die Übungen und „Ziele erreicht?"-Aufgaben sind ebenfalls nach dem Kompetenzmodell mit den Farben Blau, Rot, Schwarz gekennzeichnet. Es wird unterschieden zwischen Aufgaben, bei denen die Schüler/innen

- die gelernten Fachinhalte wiedergeben und verstehen;
- erworbenes Wissen anwenden können;
- eigenständig Probleme analysieren und Lösungen entwickeln.

Kompetenzen erworben?
Kreuzen Sie aufgrund der durchgeführten Ziele erreicht?-Aufgaben an, ob Sie die Kompetenzen

- **zur Gänze**
- **überwiegend** oder
- **(noch) nicht ausreichend**

erworben haben. Wiederholen Sie den jeweiligen Lehrstoff im Buch, falls Sie einzelne Ziele noch nicht erreicht haben.

Viel Freude und Erfolg wünschen die Autorinnen und Autoren!

- Business Cases
- WissensCheck
- Arbeitsaufträge und persönliche Notizen
- Übungen und Rechercheaufträge
- „Ziele erreicht?"
- Verweise zu Gesetzen
- Diskussionsaufgaben
- Ausgangsdateien in der TRAUNER-DigiBox
- Bitte speichern!
- Wissenswertes und Tipps
- Beachten Sie!
- Verknüpfungen zu Gegenständen, Kapiteln oder Internetlinks
- Tastschreiben – Schreibfertigkeit
- Programmschritte
- für Videos, die mittels QR-Code bzw. Link aufgerufen werden können
- für Downloads aus der TRAUNER-DigiBox (www.trauner-digibox.com)

STARTEN SIE IHR DIGITALES ZUSATZPAKET ZUM BUCH!

In der TRAUNER-DigiBox (www.trauner-digibox.com) finden Sie Ihr persönliches E-Book und die Zusatzmaterialien zum Buch:

- www.trauner-digibox.com aufrufen
- Einmal kostenlos registrieren
- Ihr digitales Zusatzpaket mit **Lizenz-Key** auf der Rückseite des Buches freischalten.

Inhaltsverzeichnis

3. SEMESTER

Publikation und Kommunikation

OFFICE-Anwendungen

Ihr Code zum Programmstart:

mmt

Multimedia-Typing Basis-Version

Ihren Zugang zur kostenlosen Basis-Version finden Sie unter www.mm-typing.at. Durch den **Online-Zugang** profitieren Sie garantiert immer von der **aktuellsten Programmversion.** Ihr Code zum Programmstart lautet: **mmt**.

Multimedia-Typing Premium-Version – Wertvolles Upgrade mit vielen Vorteilen

Möchten Sie von weiteren exklusiven Vorteilen und Features profitieren? Dann ist Multimedia-Typing Premium genau das Richtige für Sie.

IMMER VERFÜGBAR
Übungsstatus und Ergebnisse werden online gespeichert und sind immer verfügbar – unabhängig davon, auf welchem PC trainiert wird. Die Ergebnisse der bereits trainierten Übungen sehen Sie als Vorschau in den einzelnen Lektionen.

SCHÜLER/INNEN-VERWALTUNG
Lehrkräfte können jederzeit online den Lernfortschritt kontrollieren. Sie sehen genau, wann welche Übung absolviert wurde. Auf einen Blick sehen Sie auch alle Fehler in den Lektionen.

ZUSÄTZLICHE ÜBUNGEN UND ABSCHRIFTEN
Exklusiver Zugang zu weiterem Übungsmaterial. Anspruchsvolle Abschriften und fremdsprachige Texte ergänzen das Übungsangebot für die zweiten Jahrgänge und Klassen.

STICKER SAMMELN ALS ÜBUNGSANREIZ!
Kleben Sie für jede positiv absolvierte Übung ein, je nach Schreibgeschwindigkeit und Fehleranzahl farblich dargestelltes, Bild in das persönliche Bilderalbum. Dadurch haben Schüler/innen ihre Leistungen schnell im Blick und werden zusätzlich motiviert.

LEKTIONSÜBERPRÜFUNG STARTEN
Sperren Sie als Lehrer/in bestimmte Lektionen, um diese für Überprüfungen zu nutzen. Die Schüler/innen können die Lektion vorher nicht üben und das Ergebnis auch im Nachhinein nicht verändern.

Kosten

- Semesterlizenz: EUR 5,00/Schüler; Jahreslizenz plus: EUR 9,00/Schüler, gültig für 2 Schuljahre; Schullizenz: EUR 300,00/Schule, gültig für ein Schuljahr.
- Zugangscode zur Schüler/innen-Verwaltung ist bei Bestellung eines Klassensatzes kostenlos.

So bestellen Sie die Premium-Version für Ihre Klasse(n)

- Die Mitarbeiter/innen unseres Buchservices stehen Ihnen zur Bestellung der Premium-Version gerne zur Verfügung: buchservice@trauner.at, Tel. +43 732 7782 41-0
- Geben Sie die Anzahl der Schüler/innen pro Lehrer/in bekannt.
- Sie erhalten pro Klasse Ihren Zugangscode zur Schüler/innen-Verwaltung und können Ihre Schüler/innen eintragen.
- Sie erhalten eine Gesamtrechnung über alle bestellten Lizenzen.
- Bei Bestellung einer Einzellizenz helfen Ihnen die Mitarbeiter/innen unseres Buchservices ebenfalls gerne weiter.

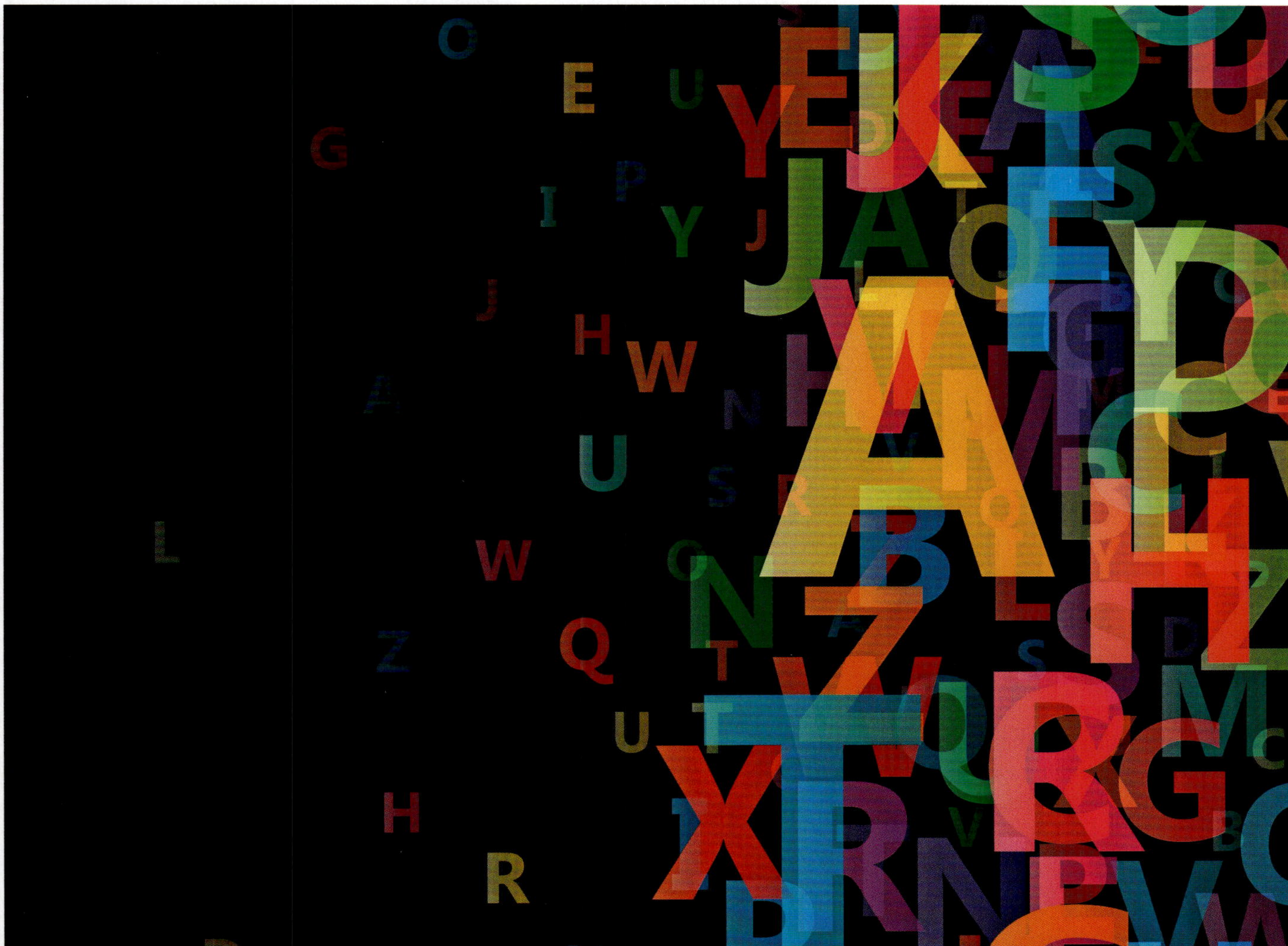

I Textverarbeitung

Die Aufgaben in einem Büro umfassen viele Teile der Textverarbeitung: Texte müssen ansprechend gestaltet werden, Listen, Übersichten und Organigramme werden erstellt. Oftmals ist es hilfreich, die Korrespondenz mithilfe von Schnellbaustaunen zu vereinfachen. All diese Tätigkeiten sollen routiniert ausgeführt werden. Deshalb bedarf es guter Schulung, damit die einzelnen Schriftstücke rationell erstellt werden können.

1 Format- und Dokumentvorlagen in WORD

Haben Sie schon mit Vorlagen gearbeitet? Welche Vorteile könnten sich durch Vorlagen ergeben?

Sarah's Vater ist Schriftführer eines Sparvereins und für den Schriftverkehr zuständig. Er will, dass alle Dokumente das gleiche Design haben. Sarah will ihm dabei helfen und plant, Vorlagen zu erstellen, um ihrem Vater die Arbeit zu erleichtern.

KOMPETENZ-ERWERB

Meine Ziele

Nach Bearbeitung dieses Kapitels kann ich
- Dokumentdesigns verändern und eigene Designs erstellen;
- Formatvorlagentypen unterscheiden;
- individuelle Formatvorlagen erstellen und bearbeiten;
- Tabellen mit individuellen Tabellenformatvorlagen gestalten;
- Listenformatvorlagen erstellen und anwenden;
- Formatierungen überprüfen;
- WORD-Vorlagen erstellen, verwenden und bearbeiten;
- Seitenumbrüche anwenden;
- unterschiedliche Kopf- und Fußzeilen erstellen;
- Dokumente in Abschnitte gliedern;
- Kopf- und Fußzeilen in verschiedenen Abschnitten erstellen und bearbeiten;
- Texte in Spalten erstellen und formatieren;
- mehrseitige Dokumente selbstständig gestalten.

FILM AB!

Ein Video als Einstieg ins Thema Format- und Dokumentvorlagen finden Sie unter www.trauner.at/aim_v1.aspx.

Grundfunktionen der Seiten- und Textgestaltung haben Sie bereits kennengelernt. In diesem Kapitel vertiefen Sie Ihr Wissen.

1.1 Dokumentdesigns

Dokumentdesigns ermöglichen ein **programmübergreifendes** (POWERPOINT, EXCEL und WORD) **einheitliches Layout!**

Designs umfassen Formatierungen wie Farben und Schriftarten. WORD stellt viele verschiedene vordefinierte Designs zur Verfügung, die Sie individuell anpassen können. Veränderungen von Designs sehen Sie sofort im aktiven Dokument. Diese Änderungen können Sie speichern, damit Sie in einem anderen Dokument zur Verfügung stehen. Ein Dokumentdesign enthält folgende Formatierungen:

Dokumentdesign	
Designfarben	Bestehen aus vier Text- und Hintergrundfarben, sechs Akzentfarben und zwei Hyperlinkfarben
Designschriftarten	Bestehen aus einer Schriftart für Überschriften und einer für den Text
Designeffekte	Bestehen aus Linien und Fülleffekten; Änderungen wirken sich auf Bildeffekte, Formen, SmartArt-Objekte und Diagramme aus

1.1.1 Designfarben

Designfarben sind vier Text- und Hintergrundfarben, sechs Akzentfarben und zwei Hyperlinkfarben. Sie können individuell verändert und angepasst werden und als benutzerdefiniertes Design gespeichert werden.

- ENTWURF – DOKUMENTFORMATIERUNG – FARBEN
- FARBEN ANPASSEN...
- Designfarben ändern
- Namen eingeben – SPEICHERN

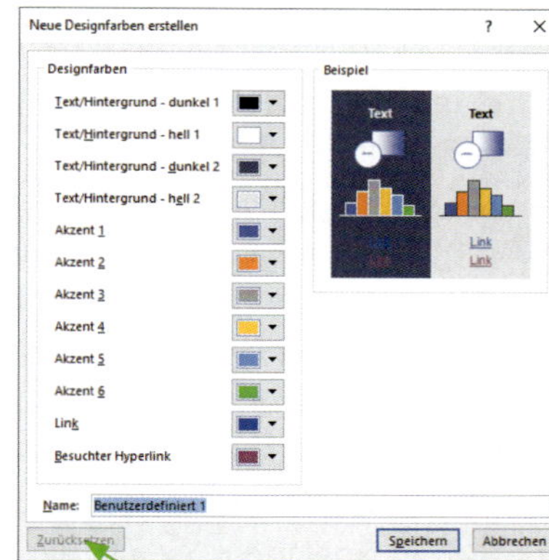

Auf die ursprünglichen Designfarben zurücksetzen

1.1.2 Designschriftarten

Designschriftarten setzen sich zusammen aus einer Schriftart für die Überschrift und einer für den Textkörper. Beide Schriftarten können für die individuelle Verwendung verändert und gespeichert werden. Damit kann das Aussehen des Textes im Dokument schnell geändert werden.

- ENTWURF – DOKUMENTFORMATIERUNG – SCHRIFTARTEN
- SCHRIFTARTEN ANPASSEN...
- Schriftart für Überschriften und Textkörper ändern
- Namen eingeben – SPEICHERN

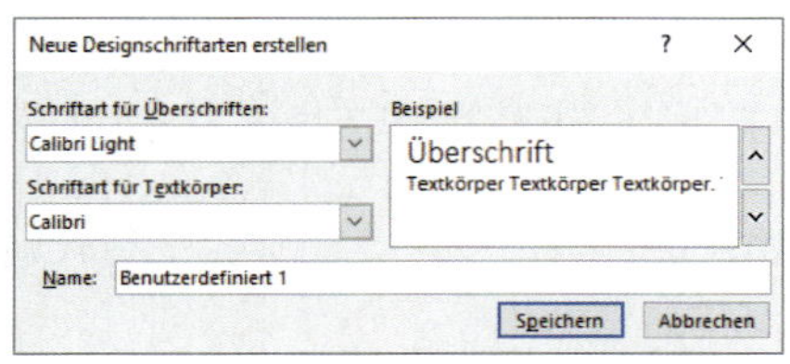

1.1.3 Designeffekte

Designeffekte umfassen Linien und Fülleffekte. Werden die Designeffekte geändert, wirkt sich das auf Bildeffekte, Formen, SmartArt-Objekte und Diagramme aus.

- ENTWURF – DOKUMENTFORMATIERUNG – EFFEKTE

Es können **keine benutzerdefinierten Designeffekte** erstellt werden.

1.1.4 Benutzerdefiniertes Design

Die vorgenommenen Änderungen können Sie als benutzerdefiniertes Design speichern. Ein benutzerdefiniertes Design wird als Dateityp *.thmx im Ordner DOCUMENT THEMES gespeichert. Das Design steht nun auch in den OFFICE-Programmen POWERPOINT und EXCEL zur Verfügung.

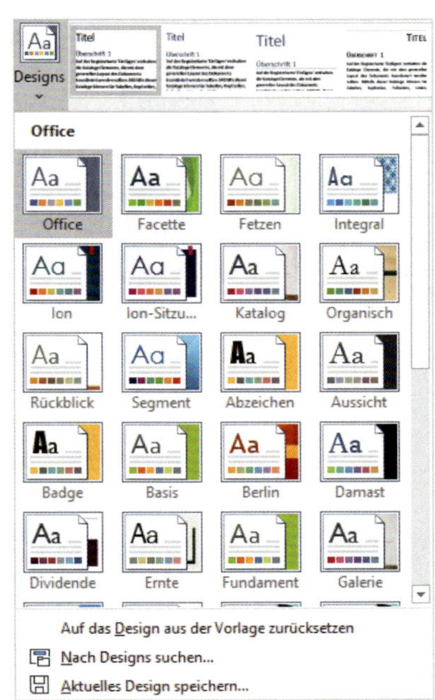

Designs ändern

Änderungen an Designfarben, -schriften und -effekten durchführen, um ein angepasstes Layout für das Dokument zu erstellen.

- ENTWURF – DOKUMENTFORMATIERUNG – DESIGNS
- AKTUELLES DESIGN SPEICHERN...
- Namen eingeben – SPEICHERN

Designs als Standard festlegen

Das aktuell verwendete Design können Sie als Standard für neue Dokumente festlegen. Dabei werden Designfarbe, -schriftarten und -effekte in der aktuellen Dokumentvorlage gespeichert.

- ENTWURF – DOKUMENTFORMATIERUNG
- ALS STANDARD FESTLEGEN

Digitale Lernkarten dazu finden Sie in der TRAUNER-DigiBox.

Übung

Individuelles Design erstellen

a) Öffnen Sie das Dokument **Chocolatier_u.docx** und speichern Sie es unter **Chocolatier1.docx.** Es wurde im Design Office mit Schnellformatvorlagen erstellt.

b) Ändern Sie die Designfarben:
- Wählen Sie für Akzent 1 und Akzent 2 eine beliebige Farbe aus;
- Speichern Sie die neuen Designfarben unter dem Namen »Chocolatier«.

c) Ändern Sie die Designschriftarten:
- Überschriften: Schriftart Kristen/CT;
- Textkörer: Candara;
- Speichern Sie die neuen Designschriften unter dem Namen »Chocolatier«.

d) Speichern Sie das neu erstellte Design unter dem Namen »Chocolatier«.

e) Ändern Sie die Farbe des Seitenrandes passend.

f) Färben Sie die Bilder in einer Designfarbe ein.

g) Speichern Sie die geänderte Version.

h) Besprechen Sie mit Ihrer Lehrkraft die unterschiedliche Wirkung der beiden Designs.

Zotter weltbester Chocolatier

Zotter gehört zu den acht besten Schokoladenherstellern der Welt

271 Unternehmen aus 38 Ländern und 2 700 Produkte testete Georg Bernardini für sein Buch „Der Schokoladentester". Zwei Jahre dauerte die Recherche, aus der Zotter als einer der besten Schokoladenhersteller der Welt hervorging.

Sechs Bohnen für Zotter – besser geht es nicht

In der Spitzengastronomie gibt es die Hauben, bei Bernardini die Kakaobohnen. Die Zotter-Schokoladenmanufaktur wurde mit der maximalen Anzahl von sechs Kakaobohnen bewertet.

Bernardinis Urteil: *„Zotter ist mit Abstand das innovativste Unternehmen in der Schokoladenbranche."*

Neben Zotter erlangten weltweit nur sieben weitere Hersteller die Höchstnote.

DER SCHOKOLADENTESTER

Die Überraschung:

- Die beste Schokolade kommt aus Frankreich
- Zotter hält für Österreich die Fahne hoch
- Die Schweiz geht völlig leer aus

Labooko single Nicaragua 50% zotter

Laut Bernardinis Test ist die Labooko Nicaragua 50 % von Zotter die beste Milchschokolade der Welt. Zotters Erdbeerschokolade landet weltweit auf Platz zwei.

Zotter weltbester Chocolatier

Zotter gehört zu den acht besten Schokoladenherstellern der Welt

271 Unternehmen aus 38 Ländern und 2 700 Produkte testete Georg Bernardini für sein Buch „Der Schokoladentester". Zwei Jahre dauerte die Recherche, aus der Zotter als einer der besten Schokoladenhersteller der Welt hervorging.

Sechs Bohnen für Zotter – besser geht es nicht

In der Spitzengastronomie gibt es die Hauben, bei Bernardini die Kakaobohnen. Die Zotter-Schokoladenmanufaktur wurde mit der maximalen Anzahl von sechs Kakaobohnen bewertet.

Bernardinis Urteil: *„Zotter ist mit Abstand das innovativste Unternehmen in der Schokoladenbranche."*

Neben Zotter erlangten weltweit nur sieben weitere Hersteller die Höchstnote.

DER SCHOKOLADENTESTER

Die Überraschung:

- Die beste Schokolade kommt aus Frankreich
- Zotter hält für Österreich die Fahne hoch
- Die Schweiz geht völlig leer aus

Labooko single Nicaragua 50% zotter

Laut Bernardinis Test ist die Labooko Nicaragua 50 % von Zotter die beste Milchschokolade der Welt. Zotters Erdbeerschokolade landet weltweit auf Platz zwei.

Lösungsvorschlag

1.2 Formatvorlagen

Wenn Sie Formatvorlagen verwenden, ersparen Sie sich nicht nur viel Zeit, Sie erhalten zusätzlich ein einheitliches Erscheinungsbild des Dokumentes. Wichtig dafür ist eine klare Struktur Ihres Textes. Formatvorlagen enthalten viele Formatierungen, z. B. Schriftart und -größe, Farbe, Absatzausrichtung.

Formatvorlagen interagieren mit Dokumentdesigns.

Vorteile:
- Einheitliches Layout
- Schnelle Änderung des Layouts möglich
- Verzeichnisse (Inhalts-, Abbildungs-, Tabellenverzeichnisse etc.) können einfach erstellt werden
- Kapitelüberschriften können in die Kopfzeile übernommen werden

1.2.1 Formatvorlagentypen

WORD stellt verschiedene Formatvorlagentypen zur Auswahl:
- **Absatz:** Formatierungen für ganze Absätze und einzelne Zeichen ¶
- **Zeichen:** Formatierungen, die sich ausschließlich auf die Formatierungen von einzelnen Zeichen auswirken a
- **Verknüpft:** Zeichen- und Absatzformatvorlagen werden kombiniert ¶a
- **Tabelle:** Formatierungen für Tabellen
- **Liste:** Formatierungen für Aufzählungen und Nummerierungen

1.2.2 Formatvorlagen erstellen und bearbeiten

Zum raschen Erstellen eines strukturierten WORD-Dokumentes können Sie in WORD bereits vordefinierte Formatvorlagen verwenden.

Schnellformatvorlagen	
Standard	Fließtext eines Dokuments – alle Vorlagen basieren auf dieser Formatvorlage
Überschrift 1	Wichtige Überschriften
Überschrift 2	Untergeordnete Überschriften
Titel	Hauptüberschrift des Dokumentes, kommt meist nur einmal vor
Fett, Hervorhebung ...	Zur Hervorhebung einzelner Textstellen

Ändern Sie die Grundeinstellungen der Schnellformatvorlagen, wie Schriftart, Zeilenabstand ..., und speichern diese Änderungen für NEUE AUF DIESER VORLAGE BASIERENDEN DOKUMENTE, stehen die Änderungen auch in anderen neu geöffneten Dokumenten zur Verfügung.

Schnellformatvorlagen/Formatvorlagen ändern

- START – FORMATVORLAGEN – Listenfeld WEITERE oder
- Rechtsklick auf die Schnellformatvorlage – ÄNDERN
- Schnellformatvorlage auswählen
- Kontextmenü ÄNDERN
- Formatierungen und Optionen im Dialogfeld FORMATVORLAGE ÄNDERN einstellen

Neue Schnellformatvorlage erstellen

- Text erstellen, formatieren und markieren
- START – FORMATVORLAGEN – Listenfeld WEITERE – FORMATVORLAGE ERSTELLEN
- Namen eingeben – OK
- Automatisch wird eine verknüpfte Formatvorlage definiert
- Oder Schaltfläche ÄNDERN... – Formatvorlagentyp auswählen

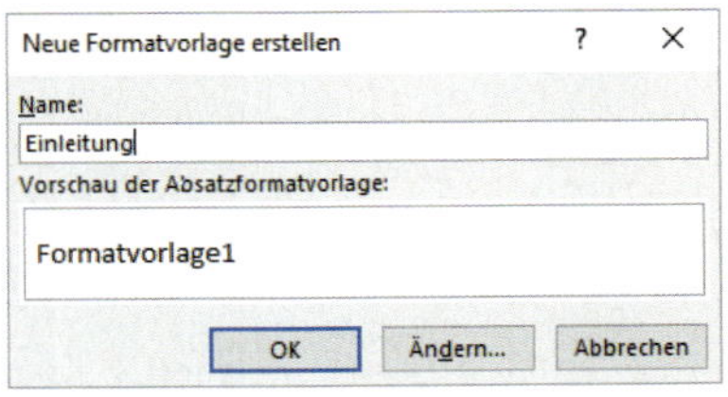

Neue Absatzformatvorlage erstellen

Der Formatvorlagentyp ABSATZ wird standardmäßig eingestellt.
- Dialogfeld FORMATVORLAGEN – NEUE FORMATVORLAGE
- Namen eingeben
- Zeichen- und Absatzformatierungen einstellen – OK

Absatzformatvorlagen werden dem gesamten Absatz zugewiesen.

Eine interaktive Abbildung dazu finden Sie in der TRAUNER-DigiBox.

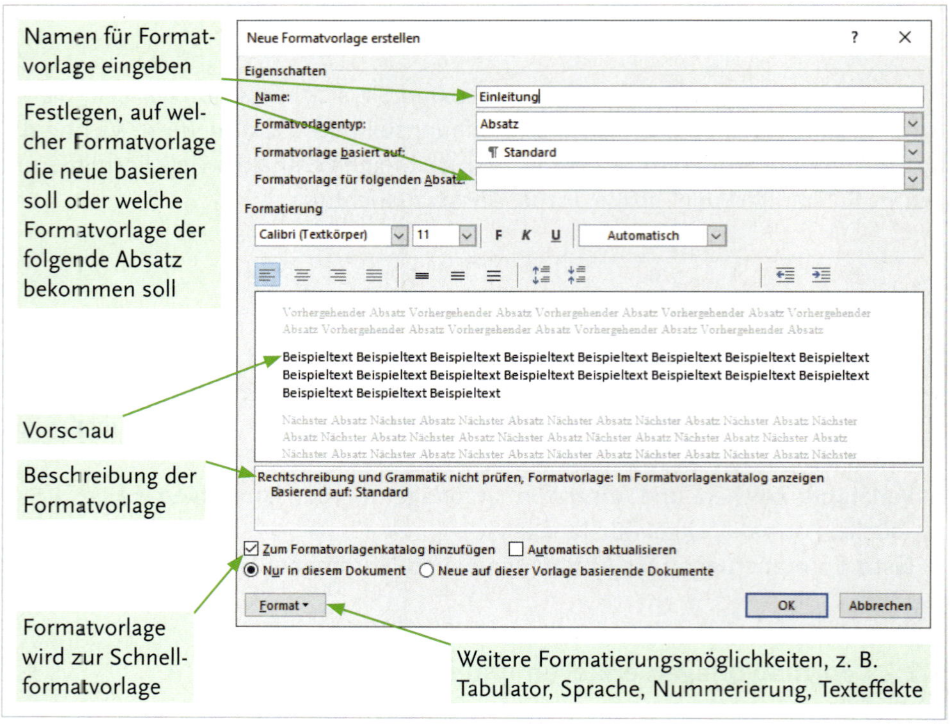

Zeichenformatvorlagen werden einem markierten Textteil oder Wort zugewiesen.

Neue Zeichenformatvorlage

- Dialogfeld FORMATVORLAGEN – NEUE FORMATVORLAGE
- Namen eingeben
- Formatvorlagentyp auf Zeichen ändern
- Zeichenformatierungen festlegen

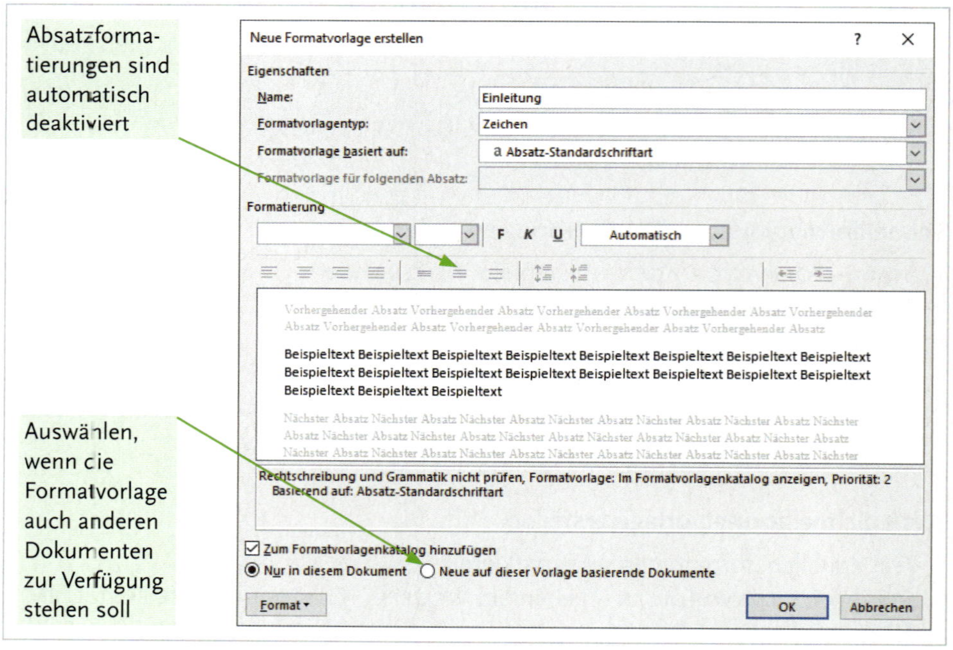

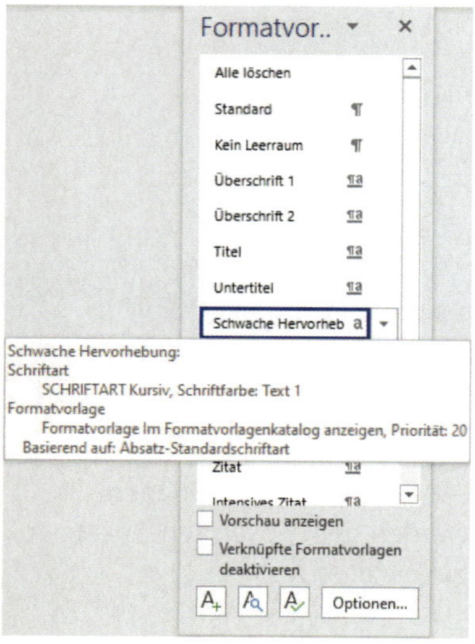

Beschreibung der Formatvorlagen anzeigen

Die Beschreibung der Formatierungen einer gewählten Formatvorlage kann angezeigt werden.

- START – FORMATVORLAGEN – Dialogfeld FORMATVORLAGEN
- Mauszeiger auf eine Formatvorlage stellen
- Beschreibung der Formatierungen wird angezeigt

Übung

■ **Firmeninformationsblatt erstellen**

a) Öffnen Sie ein neues Dokument und schreiben Sie den folgenden Text im Design Damast. Aktivieren Sie die automatische Silbentrennung.

b) Speichern Sie das Dokument unter **Mautner1.docx.**

c) Ändern Sie die Schnellformatvorlage Standard:
- Blocksatz, Absatzabstand vor 3 Punkt, nach 12 Punkt.

d) Erstellen Sie folgende neue Absatzformatvorlagen basierend auf der Formatvorlage Standard und weisen Sie sie dem Text zu:
- Schriftgröße 18 Punkt, fett, Skalierung 150 %, Schriftfarbe Orange, Akzent 6, dunkler 25 %, Absatzabstand vor und nach 0 Punkt, Rahmenlinie unten, Linienfarbe Orange, Akzent 6, dunkler 25 %, Linienstärke 1,5 Punkt; Name der Formatvorlage: Mautner1;
- Schriftgröße 11 Punkt, fett, rechtsbündig, Absatzabstand vor 0 Punkt, nach 12 Punkt; Name der Formatvorlage: Mautner2;
- Schriftgröße 12 Punkt, fett, Schriftfarbe Orange, Akzent 6, heller 40 %, Absatzabstand vor 12 Punkt, nach 3 Punkt; Name der Formatvorlage: Mautner3;
- Schattierung, Orange, Akzent 6, heller 80 %, fett; Name der Formatvorlage: Mautner 4

e) Erstellen Sie die folgende neue Zeichenformatvorlage und weisen Sie sie dem Text „Mautner Markhof" im gesamten Text zu.
- Großbuchstaben, Zeichenabstand breit um 2 Punkt;
- Name der Formatvorlage: Mautner 5.

f) Weisen Sie der Quelle die Formatvorlage Schwache Hervorhebung zu.

g) Speichern nicht vergessen!

Mautner Markhof 1841

Unternehmen Feinkost – seit 1841

Der aus Böhmen stammende Ignaz Mautner Ritter von Markhof pachtet die Brauerei St. Marx in Wien, elf Jahre später kauft er sie. Der gleichermaßen ambitionierte wie kreative Geist wird bald berühmt für seine innovativen Ideen. So legt er den Grundstein für das typisch österreichische Feinkostunternehmen: qualitätsverliebt, erfinderisch, erfolgreich.

Ab 1903 erweitern sich die Aktivitäten der Firma von der Erzeugung von Hefe, Bier und Spirituosen auf die Erzeugung von Essig und Senf. Berühmtheiten wie der klassische MAUTNER MARKHOF-Estragonsenf und der Kremser Senf haben hier ihren historischen Ursprung. MAUTNER MARKHOF-Hesperidenessig wurde erstmals 1927 produziert.

Das Sortiment wächst auch in anderen Bereichen der Feinkost. Nach dem Zweiten Weltkrieg kommen Kren und Fruchtsirup (1947) dazu, MAUTNER MARKHOF wird zum modernen Industriebetrieb, der sich zum unbestrittenen Themen- und Marktführer entwickelt.

Heute spielt das Unternehmen, als Feinkostauslage Österreichs, über die Grenzen des Landes hinaus eine bedeutende Rolle.

Nachhaltigkeit – Langzeitwirkung für die Umwelt

Der österreichische Spitzenkoch Manfred Buchinger hat einmal gesagt: „Nahrungsmittel sollen nicht reisen." Für einen Lebensmittelhersteller bedeutet das, heimische Rohstoffe zu verwenden. MAUTNER MARKHOF zeigt dies an vielen Beispielen, etwa der ausgezeichneten steirischen Krenwurzel. Priorität hat heimische Produktion, um Logistikstrecken zu verkürzen und Transportwege zu sparen.

Weniger verbrauchen – Ressourcen schonen

Darüber hinaus wird in der Produktion auf Schonung von Energie und Ressourcen größter Wert gelegt. Eine große Rolle spielen auch die Entsorgung und die Auswahl umweltschonender Verpackungssysteme. Denn Qualität bedeutet für MAUTNER MARKHOF, einen möglichst großen Beitrag zur Erhaltung unserer vielfach vorbildlichen Umwelt in Österreich zu leisten.

Senfsaat aus Österreich seit 2010

Seit 2010 bezieht MAUTNER MARKHOF seine Senfsaat zum größten Teil aus Österreich. Möglich macht dies ein nachhaltiges Projekt mit Einkaufspartnern, die mit ihren Vertragsbauern die erforderliche Menge Senfsaat ernten, um die Abdeckung des Saateinsatzes für den Feinkostspezialisten zu gewährleisten. Klassiker wie der Estragonsenf werden somit aus nahezu 100 % österreichischer Senfsaat hergestellt.

Durch kürzere Transportwege von der Ernte bis zur Produktionsstätte in Wien/Simmering wird CO^2 vermindert und der Verantwortung gegenüber der Umwelt Rechnung getragen.

Quelle: www.mautner.at, 2012

Formatierung anzeigen
⇧ + F1

1.2.3 Formatinspektor

Mit dem Formatinspektor können Sie kontrollieren, ob der Text manuell oder mithilfe von Formatvorlagen gestaltet wurde.

- Dialogfeld FORMATVORLAGEN – Schaltfläche FORMATINSPEKTOR

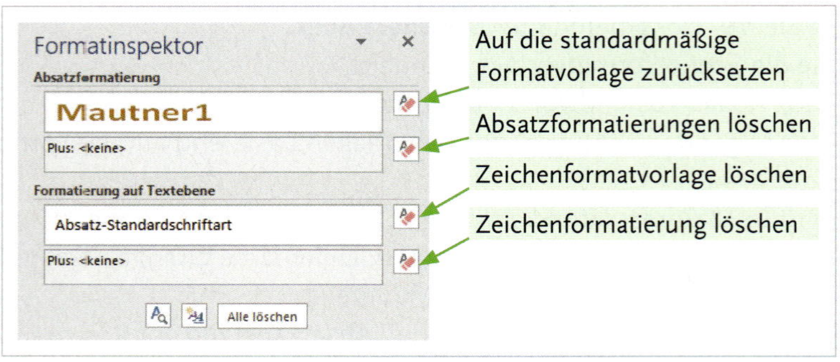

Formatvorlagen verwalten

Mit diesem Dialogfeld können Formatvorlagen ein- und ausgeblendet, verändert, gelöscht ... werden.

- Dialogfeld FORMATVORLAGEN – Schaltfläche FORMATVORLAGEN VERWALTEN
- Formatvorlagen kontrollieren

Texte mit Formatvorlagen auswählen

Wenn Dokumente mit Schnellformatvorlagen verändert wurden, können alle Textelemente welche mit der gleichen Formatvorlage erstellt wurden, markiert werden.

- FORMATVORLAGEN AUSWÄHLEN – Kontextmenü – ALLE INSTANZEN MARKIEREN

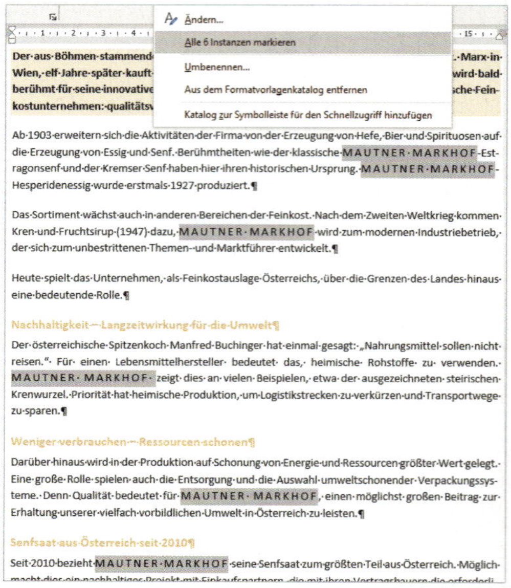

1.2.4 Formatvorlagen löschen

Formatvorlagen aus dem Schnellformatvorlagen-Katalog entfernen

- Im Katalog Schnellformatvorlagen, Schnellformatvorlage auswählen
- Kontextmenü AUS DEM FORMATVORLAGENKATALOG ENTFERNEN

Im Dialogfeld Formatvorlagen bleibt die Formatvorlage jedoch erhalten.

Formatvorlagen löschen

- Dialogfeld FORMATVORLAGEN
- Formatvorlage auswählen – WEITER – LÖSCHEN

Beim Löschen einer Formatvorlage werden in Textteilen, denen die Formatvorlage zugewiesen wurde, alle vorgenommenen Formatierungen ebenfalls gelöscht.

Bestimmte Schnellformatvorlagen, wie Standard, Überschrift 1, Titel usw. können verändert, jedoch nicht gelöscht werden.

1.2.5 Tabellenformatvorlagen

Zusätzlich zu den vordefinierten Formatvorlagen können Sie für Tabellen Formatvorlagen erstellen. Verleihen Sie Tabellen ein einheitliches Layout indem Sie sie mithilfe von Rahmen, Schattierungen, Ausrichtungen und Schriftarten formatieren.

Eine interaktive Abbildung dazu finden Sie in der TRAUNER-DigiBox.

- Dialogfeld FORMATVORLAGEN – NEUE FORMATVORLAGE
- Oder TABELLENENTWURF – Listenfeld TABELLENFORMATVORLAGEN – NEUE TABELLENFORMATVORLAGE...
- Namen eingeben
- FORMATVORLAGENTYP Tabelle festlegen
- FORMATVORLAGE BASIERT AUF: Vordefinierte Tabellenformatvorlage kann ausgewählt werden
- FORMATIERUNG ÜBERNEHMEN FÜR: auswählen, für welchen Bereich der Tabelle die Formatvorlage erstellt wird
- Arbeitsschritte können für mehrere Strukturelemente in der Tabelle wiederholt werden
- Bearbeitung mit OK bestätigen

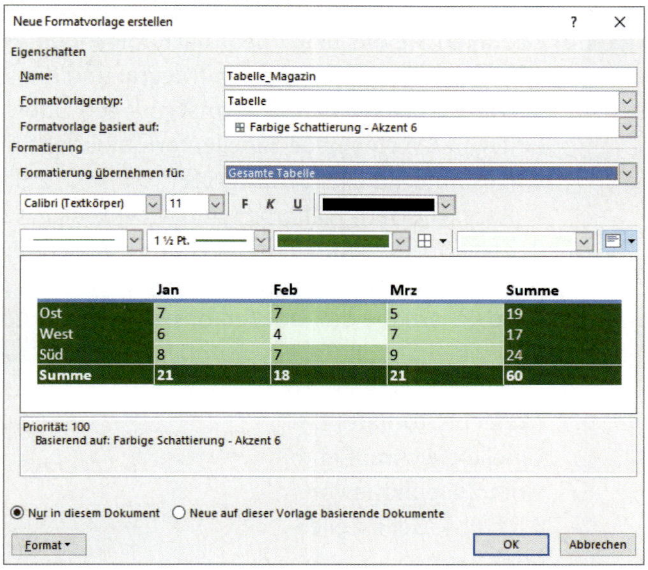

Die Tabellenformatvorlage wird in den **Tabellenformatvorlagen-Katalog** aufgenommen.

1.2.6 Listenformatvorlagen

Eigene Listenformatvorlagen sind für Listen mit ähnlichen Ausrichtungen, Nummerierungen oder Aufzählungszeichen. Listen mit mehreren Ebenen können erstellt werden.

Vergleichen Sie die Kapitel Gestalten in WORD, Listen mit mehreren Ebenen.

Eine interaktive Abbildung dazu finden Sie in der TRAUNER-DigiBox.

Neue Listenformatvorlage mit mehreren Ebenen erstellen

- START – ABSATZ – LISTE MIT MEHREREN EBENEN
- Auswahl der zu ändernden Formatvorlage aus der Listenbibliothek
- NEUE LISTE MIT MEHREREN EBENEN DEFINIEREN...
- Einzelne Ebenen anklicken und Änderungen vornehmen

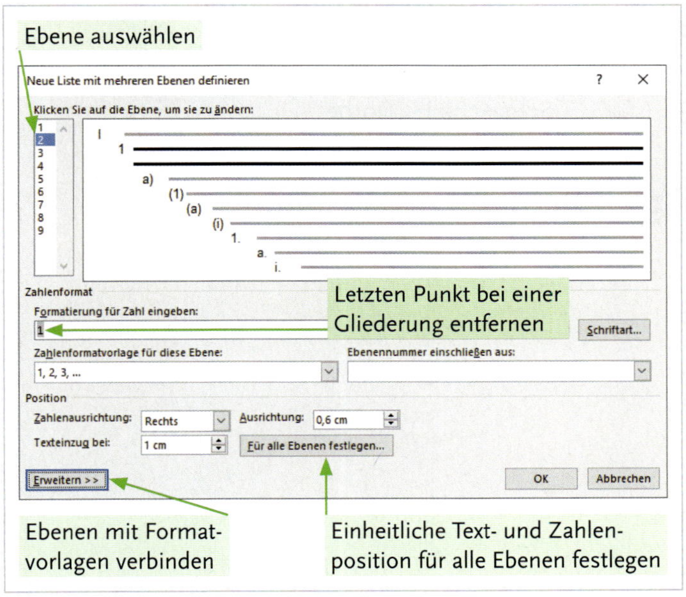

Ebenen mit Formatvorlagen verbinden

Formatvorlagen können mit den einzelnen Ebenen einer Liste verbunden werden.

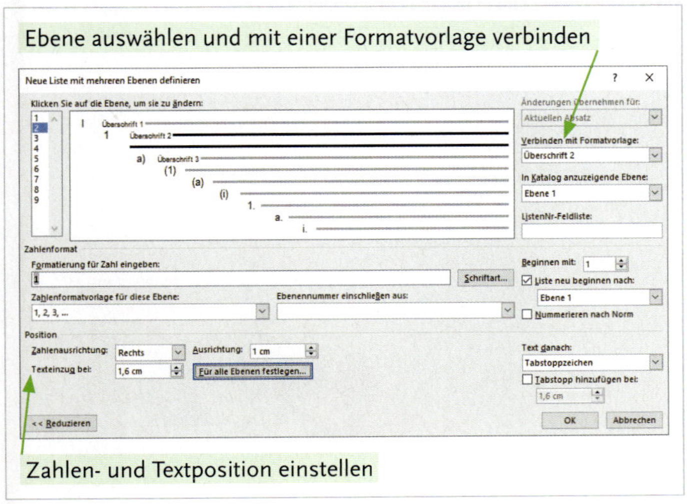

Die neu erstellte Liste wird in die Formatvorlagen des aktuellen Dokumentes aufgenommen.

Übungen

1. Informationsblatt mit Tabellenformatvorlagen gestalten

a) Öffnen Sie das Dokument **Vitamine_u.docx** und speichern Sie es unter **Vitamine1.docx.** Das Dokument soll mit Formatvorlagen bearbeitet werden und eine individuelle Tabellenformatvorlage bekommen.

b) Gestalten Sie das Dokument nach folgenden Anweisungen:
- Verwenden Sie das Design Integral und die Designfarbe Gelb;
- wenden Sie die Schnellformatvorlagen Überschrift 1 und Überschrift 2 für die beiden Überschriften im Text an.

c) Erstellen Sie eine neue Tabellenformatvorlage nach folgenden Anweisungen:
- Gesamte Tabelle: Schriftgröße 10 Punkt; Zellinhalte zentriert ausrichten; alle Rahmenlinien;
- Kopfzeile: fett, Füllfarbe Orange, Akzent 2;
- erste Spalte: fett, Füllfarbe Orange, Akzent 2; Schriftfarbe: Orange, Akzent 2, heller 80 %;
- ungerade gebänderte Zeilen: Füllfarbe Orange, Akzent 2, heller 80 %;
- speichern Sie die Tabellenformatvorlage unter **Tabelle_Vitamine;**
- wenden Sie die Tabellenformatvorlage im Dokument an.

d) Verteilen Sie die Zeilen (Apfel bis Tomate) der Tabelle gleichmäßig mit einer Zeilenhöhe von 0,5 cm; 1. Zeile Zeilenhöhe 1 cm

e) Ändern Sie für die Texte den Absatzabstand vor und nach je 2 Punkt.

f) Bearbeiten Sie die Fußzeile:
- Fügen Sie ein passendes Onlinebild rechtsbündig ein;
- ergänzen Sie die Quelle in die Fußzeile und formatieren Sie mit der Schnellformatvorlage: Schwache Hervorhebung.

g) Speichern nicht vergessen!

Power und Vitalität durch Vitamine

Vitamine sind lebensnotwendige Substanzen, die der Mensch mit der Nahrung zu sich nehmen muss, da er sie nicht oder nicht ausreichend im Körper bilden kann.

Vitamin A stärkt die Sehkraft, das Zellwachstum und die Erneuerung der Haut. Vitamin C schützt vor Infektionen und vor Erkältungen in der kalten Jahreszeit, weiters bindet Vitamin C freie Radikale und stärkt das Bindegewebe. Vitamin D ist wichtig für die Calciumaufnahme. Vitamin E unterstützt die Zellerneuerung, hemmt entzündliche Prozesse. Außer Vitamin D müssen alle Vitamine mit der Nahrung aufgenommen werden.

In Fruchtsäften sind besonders viele Vitamine enthalten. Ein Glas Pfanner-100-%-Orangensaft deckt zum Beispiel den Tagesbedarf an Vitamin C. Entdecken und genießen Sie die vitaminreiche Saftvielfalt von Pfanner und tun Sie sich und Ihrem Körper etwas Gutes!

Vitamine

Vitamine	Vitamin A	Vitamin B	Vitamin C	Vitamin D	Vitamin E	Biotin	K	Folsäure	Niacin
Apfel		x	x		x	x		x	
Ananas		x	x						
Aprikose	x								x
Banane		x	x		x	x		x	x
Birne		x			x				
Blutorange		x	x					x	
Grapefruit	x	x	x		x				
Orange			x					x	
Schwarze Johannisbeere			x		x	x		x	
Pfirsich					x				x
Erdbeere	x	x	x		x	x	x	x	x
Mango	x		x					x	
Tomate	x	x	x		x				x

Quelle: www.pfanner.at, 2012

2. Flyer mit Listenformatvorlage gestalten

a) Öffnen Sie ein Dokument und speichern Sie es unter **Pfanner1.docx.** Schreiben Sie folgenden Text und aktivieren Sie die automatische Silbentrennung. Das Dokument soll mit Formatvorlagen bearbeitet werden und eine individuelle Listenformatvorlage erhalten.

b) Gestalten Sie das Dokument nach folgenden Anweisungen:
- Verwenden Sie das Design Tiefe und die Designfarbe Grüngelb;
- ändern Sie die Seitengröße auf A5 und die Seitenränder auf schmal.

c) Erstellen Sie folgende neue Formatvorlagen und weisen Sie sie zu:
- Absatzformatvorlage Pfanner1: Schriftgröße 12 Punkt, fett, Großbuchstaben, rechtsbündig, Zeichenabstand breit um 3 Punkt, Schriftfarbe Gelbgrün, Akzent 1, Schattierung Gelbgrün, Akzent 1, heller 80 %;
- Absatzformatvorlage Pfanner2: Schriftgröße 10,5 Punkt, Schriftfarbe Gelbgrün, Akzent 1, linksbündig, Absatzabstand vor 6 Punkt, nach 3 Punkt; Rahmenlinie unten, Rahmenfarbe Gelbgrün Akzent 1, Rahmenbreite 1½ pt; die Absatzformatvorlage basiert auf der Standardformatvorlage.

d) Ändern Sie die Formatvorlage Standard: Schriftgröße 10 Punkt, Blocksatz, Schriftfarbe Gelbgrün, fett.

e) Erstellen Sie eine neue Listenformatvorlage Pfanner_Liste: mit einer numerischen Gliederung: abschließender Punkt, Zahlenausrichtung links bei 0,5 cm und Texteinzug bei 1 cm. Weisen Sie die Formatvorlage im Text zu.

f) Erstellen Sie unterhalb des Textes ein passendes WordArt mit dem Text »Fruchtsaft machen kann er, der Pfanner!«.

g) Quelle: Schreiben Sie die Quelle in die Fußzeile. Verwenden Sie für die Quelle die Formatvorlage Untertitel, Schriftgröße 8 Punkt.

PFANNER FAIRTRADE-PRODUKTE

Pfanner-FAIRTRADE-100-%-Orangensaft überzeugt durch eine ausgesuchte Premiumqualität, wird ohne Zuckerzusatz hergestellt und ist reich an natürlichem Vitamin C.

Pfanner Fair trägt das FAIRTRADE-Siegel für fairen Handel und setzt sich seit Jahren ein für:

1. Stabile existenzsichernde Preise, unabhängig vom Weltmarktniveau
2. Zahlung einer zusätzlichen Sozialprämie für Gemeinschaftsprojekte
3. Verbot von Kinderarbeit

Das unabhängige FAIRTRADE-Siegel gibt Ihnen die Sicherheit, dass die FAIRTRADE-Zutaten nach den internationalen FAIRTRADE-Standards zertifiziert wurden. Mit dem Kauf unseres Pfanner-FAIRTRADE-100-%-Orangensaftes leisten Sie einen Beitrag zur Verbesserung der Lebens- und Arbeitsbedingungen von Kleinbauern/Kleinbäuerinnen und Arbeitern/Arbeiterinnen in Entwicklungsländern und zur Förderung des Umweltschutzes.

Übrigens:

Pfanner pflegt seit mehr als zehn Jahren erfolgreich die Partnerschaft mit FAIRTRADE. Heute ist das Familienunternehmen Pfanner weltweit der volumsstärkste Partner von FAIRTRADE im Saftbereich und bietet mit Abstand das umfangreichste Sortiment an.

Auch folgende Säfte und Nektare finden Sie in unserem FAIRTRADE-Sortiment:

1. Pfanner-FAIRTRADE-Multivitaminnektar ist ein hochwertiger und genussvoller Nektar aus Orange, Apfel, Ananas, Traube, Maracuja, Nektarinen-, Bananen-, Mango- und Guavenmark.
2. Pfanner-FAIRTRADE-Mangonektar ist ein hochwertiger und genussvoller Nektar aus Mangopüree und Maracujasaft-Konzentrat.
3. Pfanner-FAIRTRADE-Bananennektar ist ein hochwertiger und genussvoller Nektar aus Bananenpüree.

Fruchtsaft machen kann er,
der Pfanner!

Quelle: www.pfanner.at, 2012

1.3 Effektive Formatierungen

Die Auswahl von Zeichen- und Absatzformatierungen hat großen Einfluss auf die Gestaltung eines Schriftstückes.

Zeichen- und Absatzformatierungen sind wichtige Mittel zur Veränderung eines Textes. Dadurch wirken Schriftstücke professioneller gestaltet.

Individuelle Schriftgröße

Eine Stufung der Schriftgrößen in halben Punkten, z. B. die Verkleinerung von 12 Punkt auf 11,5 Punkt, bewirkt oft schon viel und kann bei der Textaufteilung sehr hilfreich sein.

Unterschneidung

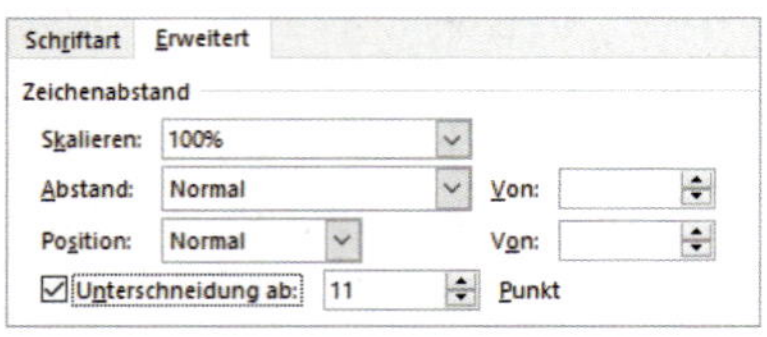

Bei größeren Schriftgrößen kann der Abstand zwischen manchen Buchstaben zu groß sein. Von der Schriftart abhängig tritt dieser optische Effekt z. B. bei WA, WE, VA, TA auf.

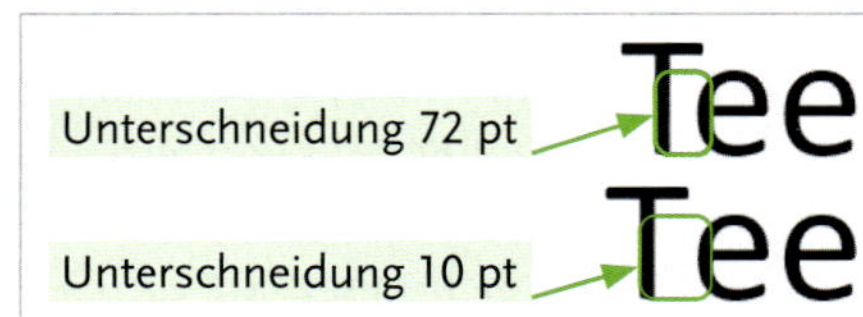

- Start – Dialogfeld Schriftart – Registerkarte Erweitert

Häufigkeit einer bestimmten Formatierung anzeigen

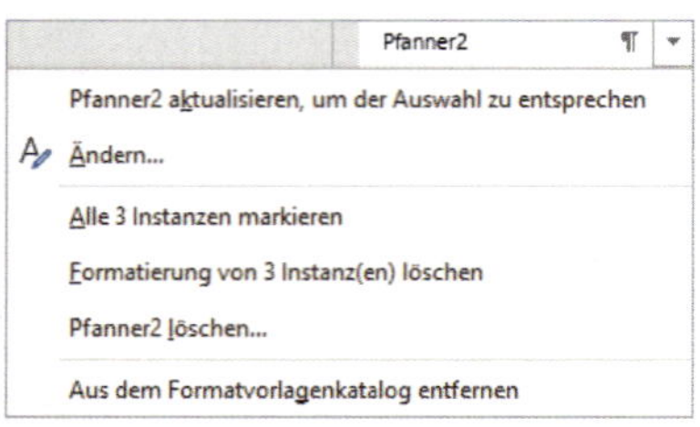

- Start – Formatvorlagen – Dialogfeld Formatvorlagen
- Formatvorlage auswählen – Kontextmenü
- Liste zeigt, wie oft gleich formatierter Text (Instanzen) im Dokument vorkommt
- Alle (3) Instanzen markieren oder Formatierung löschen

Formatierung mitverfolgen

Im Dokument verfolgt WORD Formatierungen, die einer Formatvorlage ähneln. Findet WORD eine solche Formatierung, wird der Text mit einer braun gepunkteten Linie unterstrichen. Diese Option müssen Sie allerdings aktivieren.

- Datei – Optionen – Erweitert – Bearbeitungsoptionen
- Kontrollkästchen Formatierung mitverfolgen und Inkonsistenzen bei Formatierungen markieren aktivieren

Eine **braun gepunktete Linie** in einem Dokument bedeutet, dass es eine **passende Formatvorlage** für diese Formatierung gibt.

Wenn im Dokument ein Text mit einer braun gepunkteten Linie unterstrichen wird, können Sie im Kontextmenü Folgendes wählen:

- Direkte Formatierung mit Formatvorlage „Überschrift1“ ersetzen, um die Formatierung zu standardisieren
- Einmal ignorieren, Formatierung bleibt an dieser Stelle erhalten
- Regeln ignorieren, vorhandene Formatierungen für alle Instanzen beibehalten

1.4 WORD-Vorlagen

Für häufig verwendete Dokumente, wie z. B. ein Protokoll oder einen Geschäftsplan, können Sie in WORD eine Dokumentvorlage erstellen. In einer Musterdatei nehmen Sie sämtliche Einstellungen, wie z. B. Seitenlayout, Formatvorlagen, Dokumentdesigns, Kopf- und Fußzeilen, Inhaltssteuerelemente, vor. Wird ein neues Dokument auf Basis der Dokumentvorlage geöffnet, enthält es bereits alle wichtigen Elemente für diese Datei.

Auf www.office.com werden zahlreiche vordefinierte Vorlagen angeboten. Sie können individuell verändert werden.

Vorlagenordner

Dokumentvorlagen werden in einem eigenen Vorlagenordner gespeichert. Um festzustellen, welcher Ordner an Ihrem Computer eingestellt ist, klicken Sie auf:

- Datei – Optionen – Erweitert – Allgemein – Dateispeicherorte – Benutzervorlagen
- Ändern, um einen anderen Ordner als Vorlagenordner einzustellen

Dateitypen von WORD-Vorlagen

In WORD kann eine Dokumentvorlage eine *.dotx-Datei oder eine *.dotm-Datei sein. Bei einer *.dotm-Datei können Makros aktiviert werden.

Unter einem Makro wird eine definierte Abfolge von einem Programm- oder Tastaturcode verstanden. Die Technik der Makros wird bei immer wiederkehrenden Arbeiten, z. B. in der Textverarbeitung zur Erleichterung und Beschleunigung angewendet. Beim Aufrufen eines Makros werden automatisch die aufgezeichneten Vorgänge in der entsprechenden Reihenfolge abgearbeitet.

WORD-Vorlagen erstellen

- Neues Dokument öffnen
- Dokument mit Formatierungen und Einstellungen gestalten
- Datei – Speichern unter...
- Dateityp – WORD-Vorlage *.dotx wählen
- Vorlagenordner wählen

WORD-Vorlagen verwenden

- Datei – Öffnen
- Vorlagen oder Vorlagenordner auswählen
- Vorlage auswählen – Erstellen
- Oder WINDOWS-Explorer – Vorlage auswählen – Öffnen

WORD bietet einige vorgefertigte Vorlagen für häufig verwendete Schriftstücke. In den Vorlagen sind bereits Textinhalte und Gestaltungselemente enthalten.

- Datei – Neu – Beispiel-Vorlagen
- Vorlage auswählen – Erstellen
- Individuelle Änderungen vornehmen

Onlinevorlagen verwenden

- Datei – Neu
- Nach Onlinevorlagen suchen – Suchbegriff eingeben
- Vorlage auswählen – Erstellen
- Individuelle Änderungen vornehmen

Eine Internetverbindung muss vorhanden sein.

Übungen

1. Briefvorlage für ein Unternehmen erstellen

a) Erstellen Sie eine professionelle Briefvorlage für das Unternehmen Mondi. Die Vorlage ist nur für einseitige Briefe gedacht. Verwenden Sie für die gesamte Vorlage die Schriftart Calibri. Stellen Sie die Seitenränder wie folgt ein: oben 4,5 cm, links/rechts 2,5 cm, unten 2 cm.

b) Speichern Sie die Briefvorlage unter **Mondi2_v.dotx.** Achten Sie auf die richtige Wahl des Speicherortes.

c) Öffnen Sie die Kopfzeile und gestalten Sie die Absenderangabe:

- Fügen Sie die Grafik **Mondi1.gif** ein. Platzieren Sie die Grafik im linken Bereich der Kopfzeile.
- Rechts vom Logo fügen Sie ein neues leeres Textfeld ohne Formkontur ein. Gestalten Sie die Absenderangabe in der Schriftgröße 9 Punkt.
- Darunter fügen Sie ein Rechteck mit einer Höhe von 0,5 cm und einer Länge von 22 cm ein. Füllen Sie es mit der Füllfarbe Orange, Akzent 2, ohne Formkontur.

- Fügen Sie Faltmarken in der Länge von 1 cm bei 10,5 und 21 cm von oben ein. Fixieren Sie die Position auf der Seite.

d) Wechseln Sie in die Fußzeile und geben Sie die Firmendaten ein:
- Schriftgröße 9 Punkt, zentriert.
- Kopieren Sie das Rechteck aus der Kopfzeile und fügen Sie es oberhalb der Firmendaten ein. Verringern Sie die Höhe des Rechteckes auf 0,3 cm.

e) Geben Sie die Rücksendeangaben in die erste Textzeile ein. Schriftgröße 8 Punkt, Absatzabstand nach von 6 Punkt.

f) Fügen Sie darunter eine Tabelle mit 3 Spalten und 11 Zeilen für die Empfängerangaben und den Bezugszeichenblock ein. Verbinden Sie die Zeilen in der ersten Spalte. Setzen Sie die Schriftgröße in der 1. Spalte auf 11 und in der 2. und 3. Spalte auf 9. Geben Sie die fixen Daten ein und stellen Sie das Datum so ein, dass es automatisch aktualisiert wird.

g) Erstellen Sie für den Betreff ein eigenes Textfeld ohne Formkontur und verankern Sie es auf 11,5 cm von oben.

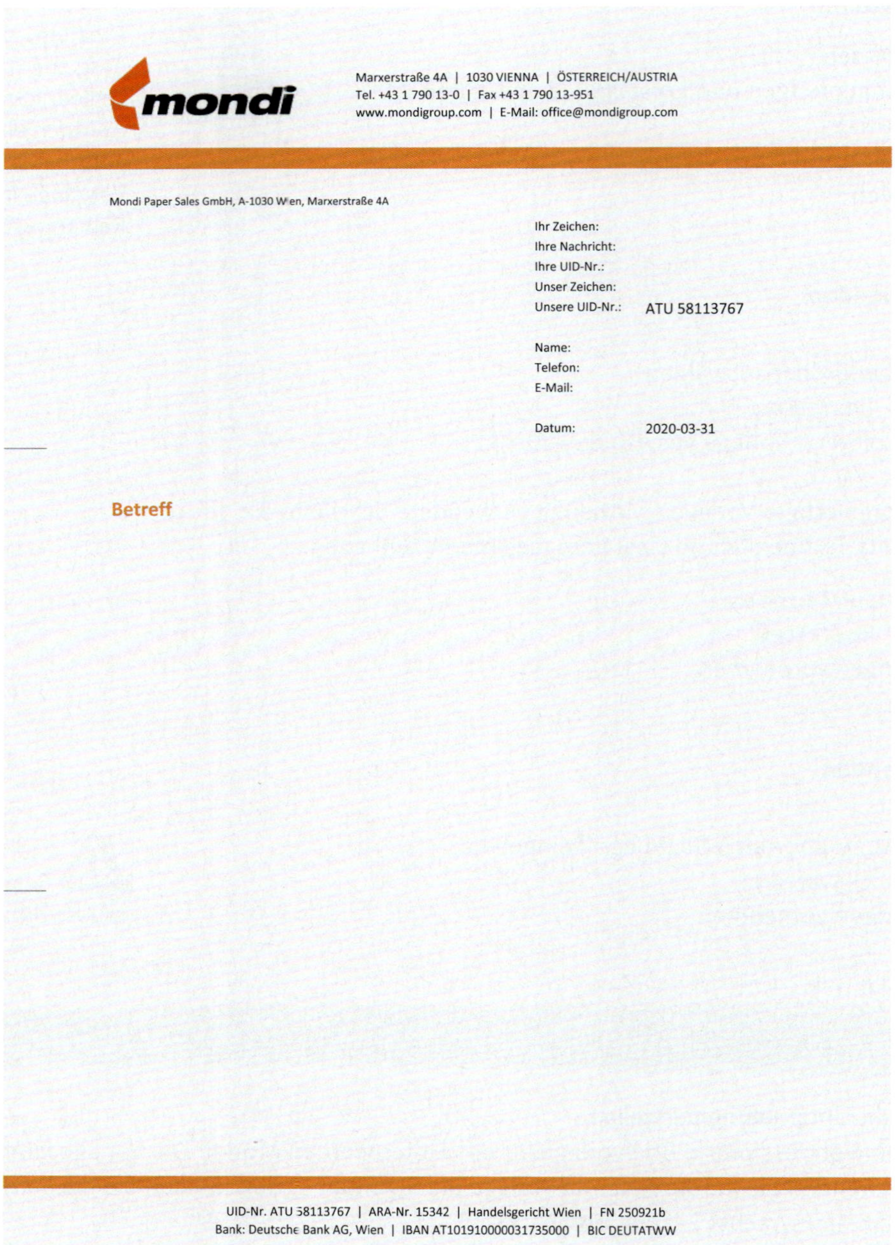

mondi

Marxerstraße 4A | 1030 VIENNA | ÖSTERREICH/AUSTRIA
Tel. +43 1 790 13-0 | Fax +43 1 790 13-951
www.mondigroup.com | E-Mail: office@mondigroup.com

Mondi Paper Sales GmbH, A-1030 Wien, Marxerstraße 4A

Ihr Zeichen:	
Ihre Nachricht:	
Ihre UID-Nr.:	
Unser Zeichen:	
Unsere UID-Nr.:	ATU 58113767
Name:	
Telefon:	
E-Mail:	
Datum:	2020-03-31

Betreff

UID-Nr. ATU 58113767 | ARA-Nr. 15342 | Handelsgericht Wien | FN 250921b
Bank: Deutsche Bank AG, Wien | IBAN AT101910000031735000 | BIC DEUTATWW

2. Individuelle Briefpapiervorlage gestalten

a) Erstellen Sie für Ihr persönliches Briefpapier eine Vorlage.

b) Gestalten Sie die Absenderangabe formal korrekt, nach Ihren Vorstellungen. Sie können dafür Textfelder, Formen, WORDArt, Designs usw. verwenden.

c) Speichern Sie die Vorlage unter **Vorlage_Privat_v.dotx.**

1.5 Seitenlayout

Es muss bei Einladungen, Flugblättern oder Speisekarten nicht immer das klassische A4-Hochformat sein. Stattdessen kann eine Einladung auch im Querformat oder ein Flugblatt im A5-Format gestaltet werden. Dokumente bekommen mit individuellen Seitenrändern oder einem Wasserzeichen eine persönliche Note.

Satzspiegel

Unter einem Satzspiegel versteht man die Fläche auf dem Papier, die vom Text (Überschriften, Tabellen, Abbildungen ...) beschrieben ist. Über und unter dem Satzspiegel befinden sich die Kopf- und die Fußzeile. Die Marginalspalte gehört nicht zum Satzspiegel. In WORD-Dokumenten wird der Satzspiegel über die Einstellung des Papierformats und der Seitenränder festgelegt. Der Satzspiegel kann mit den Textbegrenzungen eingeblendet werden.

Marginalspalte: Es handelt sich um eine Spalte am rechten oder linken Seitenrand. Sie kann u. a. mit Zusatzinformationen, Querverweisen etc. gefüllt werden.

Der Satzspiegel legt fest, welcher Teil der Seite bedruckt wird und wie breit die Druckränder sind.

Kopf- und Fußzeilen werden in der Fachsprache als **Kolumnentitel** bezeichnet.

Dazu aktivieren Sie folgende Funktion:

- Datei – Optionen – Erweitert – Dokumentinhalt anzeigen – Textbegrenzungen anzeigen

Der Satzspiegel und das Seitenlayout entscheiden über den ersten Eindruck des Dokumentes.

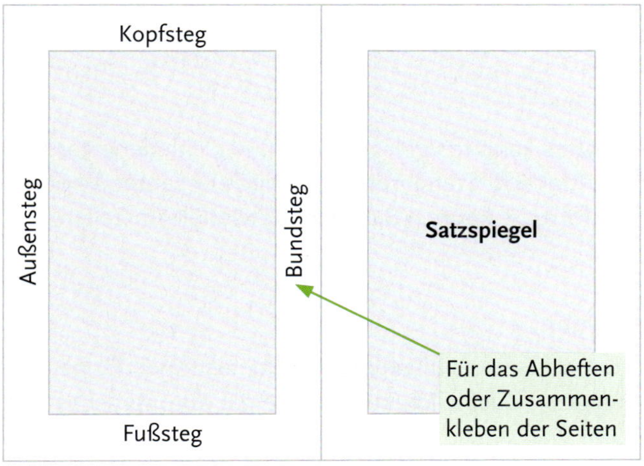

1.5.1 Seite einrichten

Im Dialogfeld Seite einrichten können Sie individuelle Seitenränder, Ausrichtungen und Papierformate einstellen. Zusätzlich können Sie in der Registerkarte Seitenlayout die Einstellungen für Abschnitte, Kopf- und Fußzeilen und zur vertikalen Ausrichtung bearbeiten. Sinnvoll ist es, diese Einstellungen vor Beginn der Arbeit zu tätigen.

- Layout – Seite einrichten

Bevor Sie mit der Gestaltung des Inhalts beginnen, sollten Sie die Einstellungen für die Seite vornehmen.

Registerkarte Seitenränder

Mehrere Seiten pro Blatt

Standardmäßig werden in WORD Seiten nur auf der Vorderseite beschrieben und bedruckt. Wenn das Dokument aber mehrere Seiten lang ist, haben Sie mehrere Möglichkeiten für den Ausdruck.

Beidseitiger Druck ist nur bei einem entsprechenden Drucker sinnvoll. Sonst muss das Papier manuell nachgelegt werden.

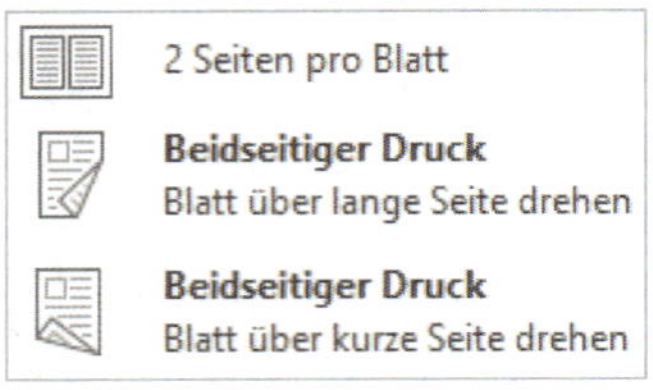

Möglichkeiten für den Ausdruck

2 Seiten pro Blatt	Buch	Gegenüberliegende Seiten
■ Auf einem Blatt werden zwei Seiten gedruckt.	■ Ausschließlich für den beidseitigen Druck gedacht. ■ Ergibt ein Buch (oder eine Broschüre) im A5-Format, gedruckt auf A4-Papier.	■ Ausschließlich für den beidseitigen Druck gedacht.

Bildlauf in einem mehrseitigen Dokument
Das Ansteuern bestimmter Positionen und/oder Seiten in einem mehrseitigen Dokument wird durch die Funktion GEHE ZU erleichtert.

- Registerkarte START – BEARBEITEN – Listenfeld SUCHEN – GEHE ZU...
- Oder ANSICHT – ANZEIGEN – Kontrollkästchen NAVIGATIONSBEREICH aktivieren

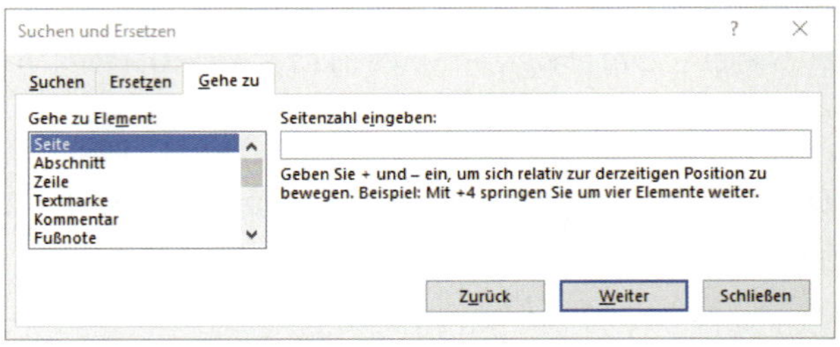

Informationen über weitere Papierformate erhalten Sie zum Beispiel unter typefacts.com/papierformate

Registerkarte Papier

Die Größe des Blattes kann festgelegt werden. Verschiedene vordefinierte Formate wie A4, A5 oder Letter (US-Standardbrief, ähnlich unserem A4-Format) stehen zur Verfügung. Papierformate können Sie auch individuell einstellen.

Registerkarte Layout

Die Positionen der Kopf- und Fußzeilen und Einstellungen für neue Abschnitte können festgelegt werden. Zusätzlich können Sie die automatische Zeilennummerierung aktivieren.

1.5.2 Seitenumbruch

Der Seitenumbruch wird nicht in allen WORD-Ansichtsarten gleich dargestellt.

Einen Seitenumbruch fügt WORD automatisch ein, sobald das untere Ende der Seite eines Dokumentes erreicht ist. Der automatische Seitenumbruch kann sich wieder verändern, wenn nachträglich Änderungen im Text vorgenommen werden. Dieser Seitenwechsel kann jederzeit verschoben werden, da er nicht fest im Text verankert ist.

Manueller Seitenumbruch

Manueller Seitenumbruch
Strg + ↵

Manuellen Seitenumbruch einfügen
Einen manuellen Seitenumbruch können Sie an jeder beliebigen Stelle des Dokumentes durchführen.

- Einfügemarke an der Stelle positionieren, wo die neue Seite beginnen soll
- LAYOUT – SEITE EINRICHTEN – Listenfeld UMBRÜCHE
- Gruppe SEITENUMBRÜCHE – SEITE
- Oder EINFÜGEN – SEITEN – SEITENUMBRUCH

Ein manueller Seitenumbruch wird im Dokument durch eine punktierte Linie dargestellt.

Manuellen Seitenumbruch löschen

- Einfügemarke vor die punktierte Linie positionieren
- Oder punktierte Linie markieren
- Entf-Taste drücken

Die punktierte Linie ist nur sichtbar, wenn der Befehl ALLE ANZEIGEN ¶ aktiviert ist.

Seitenumbruch verhindern

Damit wichtige Informationen nicht durch einen automatischen Seitenumbruch getrennt werden, sollte ein Seitenwechsel vermieden werden. Durch die Möglichkeiten im Register ZEILEN- UND SEITENUMBRUCH kann man Absätze und Zeilen zusammenhalten, die nicht durch einen Seitenwechsel getrennt werden dürfen.

- START – ABSATZ – Dialogfeld ABSATZ – ZEILEN- UND SEITENUMBRUCH

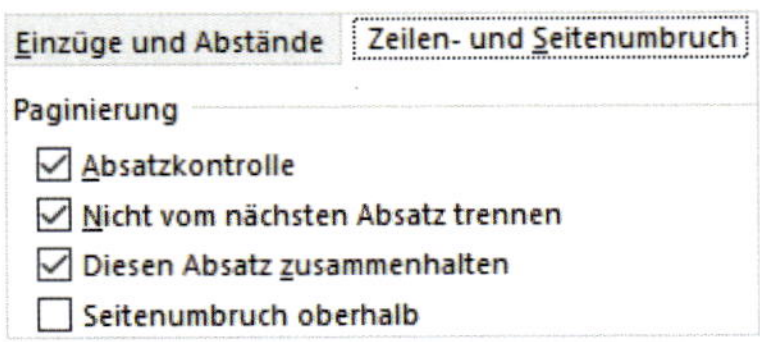

Zeilen- und Seitenumbruch	
Absatzkontrolle	Es wird verhindert, dass die letzte Zeile eines Absatzes am Anfang einer Seite bzw. die erste Zeile eines Absatzes am Ende einer Seite steht.
Nicht vom nächsten Absatz trennen	Ein Seitenwechsel zwischen dem markierten und dem folgenden Absatz wird verhindert.
Diesen Absatz zusammenhalten	Ein Seitenwechsel innerhalb des Absatzes wird verhindert.
Seitenumbruch oberhalb	Der Seitenumbruch erfolgt immer vor dem markierten Absatz.

Wird ein Seitenumbruch mit einer dieser Möglichkeiten durchgeführt, wird links neben den Absätzen ein kleines schwarzes Viereck als Formatierungssymbol angezeigt.

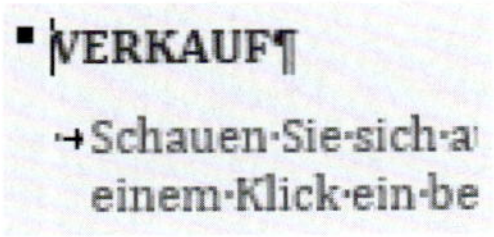

1.6 Kopf- und Fußzeilen

Alle Inhalte, die in die Kopf- und/oder Fußzeile geschrieben werden, stehen automatisch auf jeder Seite. Solange keine Kopf- und Fußzeile erstellt wurde, sehen Sie den dafür vorgesehenen Bereich nicht.

- Doppelklick in den oberen bzw. unteren, leeren Randbereich (Kopf- und Fußzeilenbereich)
- Oder EINFÜGEN – KOPF- UND FUSSZEILE – KOPFZEILE oder FUSSZEILE wählen

Auch Bilder und Grafiken können in den Kopf- und Fußzeilenbereich eingefügt werden.

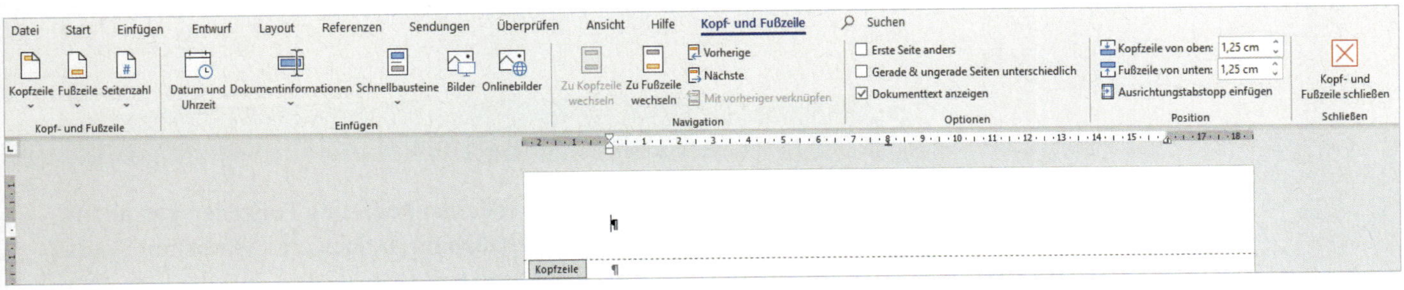

Für weitere Einstellungen im Kopf- und Fußzeilenbereich öffnet sich automatisch das Menü KOPF- UND FUSSZEILENTOOLS. Texte im Kopf- und Fußzeilenbereich können etwas kleiner geschrieben werden, Schriftgröße acht oder neun Punkt.

Wenn Seitenzahlen in eine Form integriert sind, können sie mit den Zeichentools formatiert werden (bei integrierten Kopf- und Fußzeilen).

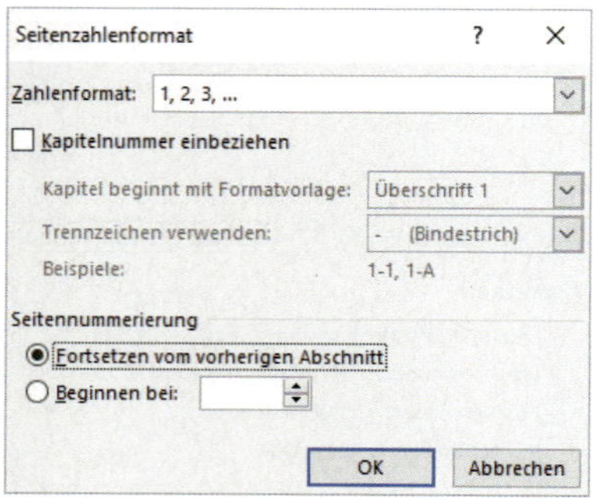

Unterschiedliche Kopf- und Fußzeilen können Sie auch mithilfe von Abschnitten erstellen.

Mehr dazu erfahren Sie im Punkt **Abschnitte.**

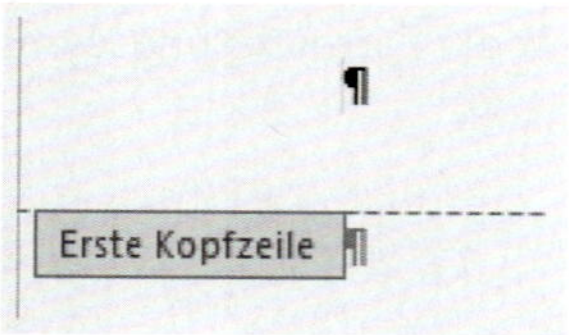

Diese Funktion benötigen Sie u. a. beim Kapitel „Formale Briefgestaltung – Gestaltung von mehrseitigen Briefen".

1.6.1 Seitenzahlen einfügen und formatieren

- Kopf- und Fusszeile – Kopf- und Fusszeile
- Listenfeld Seitenzahl – Auswahl nach gewünschter Position treffen

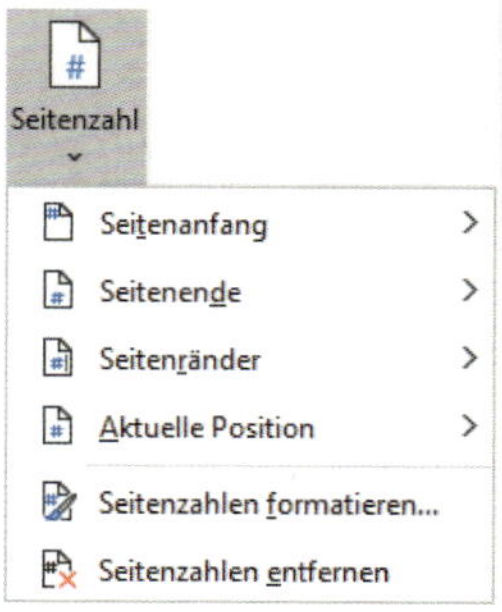

Seitenzahlen formatieren

- Kopf- und Fusszeile – Kopf- und Fusszeile
- Listenfeld Seitenzahl – Seitenzahl formatieren...
- Im Dialogfeld Seitenzahlenformat, Zahlenformat und Seitennummerierung festlegen

1.6.2 Unterschiedliche Kopf- und Fußzeilen

Mehrseitige Dokumente sollen oft unterschiedliche Kopf- und Fußzeilen enthalten.

- Kopf- und Fusszeile – Optionen
- Gewünschte Option wählen
- Oder Layout – Seite einrichten – Dialogfeld Seite einrichten
- Registerkarte Layout – Kopf- und Fusszeilen

Wenn die erste Seite des Dokumentes z. B. keine Kopf- und Fußzeile enthalten soll (Deckblatt). Die Einstellung hat Auswirkungen auf jede erste Seite. Bei Dokumenten mit mehreren Abschnitten ist davon abzuraten.

Unterschiedliche Kopf- und Fußzeilen für gerade (Seite 2, 4, 6, ...) und ungerade (Seite 1, 3, 5, ...) Seiten erstellen

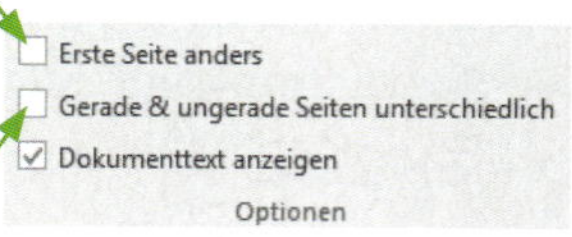

Navigation in Kopf- und Fußzeilen

Ein nicht druckbarer Text zeigt an, in welcher Kopf- und Fußzeile Sie sich befinden. Zwischen den unterschiedlichen Kopf- und Fußzeilenbereichen kann navigiert werden.

- Kopf- und Fusszeile – Navigation – Vorherige oder Nächste

Formatieren von Kopf- und Fußzeilen

Für schnelles und effektives Formatieren von Kopf- und Fußzeilen können Sie die Formatvorlagen Kopfzeile bzw. Fußzeile nutzen.

- Start – Formatvorlagen – Dialogfeld Formatvorlagen

Übung

- **Informationsblatt mit unterschiedlichen Kopf- und Fußzeilen gestalten**

a) Öffnen Sie das Dokument **Schallaburg_u.docx** und bearbeiten Sie das Seitenlayout sowie die Kopf- und Fußzeile.

b) Speichern Sie das Dokument unter **Schallaburg2.docx.**

c) Fügen Sie vor der Überschrift „Ein Ausflugsziel im Mostviertel" einen manuellen Seitenumbruch ein.

d) Der Kopf- und Fußzeilenbereich der ersten Seite soll anders gestaltet werden als der der folgenden Seiten. Legen Sie dafür die passenden Kopf- und Fußzeilentools fest.

- Fügen Sie auf der ersten Seite in der Kopfzeile die Grafik **Schallaburg1.jpg** ein. Ändern Sie die Höhe der Grafik auf 4,2 cm. Positionieren Sie die Grafik auf einer absoluten Position von horizontal 13 cm rechts von der Spalte und vertikal 0 cm unterhalb des Absatzes.
- In der Kopfzeile links schreiben Sie den Text »Informationsblatt«, Schriftart Garamond, 10 Punkt.
- Gestalten Sie die Fußzeile aller Seiten mit dem integrierten Layout Filigran. Fügen Sie rechts von dem Symbol die Seitenzahl ein.

e) Speichern nicht vergessen!

1.7 Abschnitte

Oft benötigt man viele unterschiedliche Kopf- und Fußzeilenbereiche, Seiten etc. Für ein mehrseitiges Dokument werden Deckblätter, Inhaltsverzeichnisse etc. erstellt, die keine Seitennummerierung haben sollen. Hierfür muss man Dokumente in WORD mit Abschnittswechsel trennen. Innerhalb eines Abschnittes können folgende Inhalte unterschiedlich sein:

- Seitenränder, Papierformat und -ausrichtung,
- Spalten
- Kopf- und Fußzeilen und ihre Inhalte (z. B. Seitenzahlen)
- Fuß- und Endnoten

In der Statusleiste können Sie feststellen, in welchem Abschnitt Sie sich gerade befinden. Kontextmenü STATUSLEISTE – ABSCHNITT

1.7.1 Abschnittsumbruch einfügen

Mit einem Abschnittsumbruch legen Sie fest, wann Formatierungen geändert werden sollen.

- Einfügemarke an gewünschter Stelle positionieren
- Oder den Bereich, vor dem ein Abschnittsumbruch durchgeführt werden soll, markieren
- LAYOUT – SEITE EINRICHTEN – Listenfeld UMBRÜCHE
- ABSCHNITTSUMBRUCH wählen
- Im Dokument wird der Abschnittsumbruch durch eine doppelt gepunktete Linie sichtbar

Die doppelt gepunktete Linie ist nur sichtbar, wenn der Befehl START – ABSATZ – ALLE ANZEIGEN aktiviert ist.

Abschnittsumbrüche	
NÄCHSTE SEITE	Ein neuer Abschnitt beginnt mit der nächsten Seite. Dieser Abschnittsumbruch wird z. B. für den Beginn von neuen Kapiteln verwendet.
FORTLAUFEND	Der neue Abschnitt beginnt unmittelbar dort, wo die Einfügemarke positioniert ist, innerhalb einer Seite. Diesen Abschnittsumbruch wählen Sie, wenn Änderungen an der Formatierung vorgenommen werden, z. B. ein Wechsel der Spaltenanzahl.
GERADE SEITEN/ UNGERADE SEITEN	Ein neuer Abschnitt beginnt auf der nächsten geraden oder ungeraden Seite, z. B. bei einem Dokument mit gegenüberliegenden Seiten, wenn ein neues Kapitel immer auf der linken oder rechten Seite beginnt.

1.7.2 Abschnittsumbruch löschen

Wenn Sie einen Abschnittsumbruch löschen, werden alle im Abschnitt vorgenommenen Formatierungen, wie z. B. Seitenränder, Seitenzahlen, von WORD automatisch gelöscht und mit der Formatierung des nachfolgenden Abschnitts überschrieben.

- Einfügemarke vor dem Abschnittsumbruch positionieren
- Oder Abschnittsumbruch markieren
- Entf-Taste drücken

1.7.3 Kopf- und Fußzeilen in Abschnitten

Wie vorherige

Kopf- und Fußzeilen der verschiedenen Abschnitte sind standardmäßig dieselben. Wenn mit Abschnittswechsel gearbeitet wird, steht in der Kopf- und Fußzeile am rechten Seitenrand zusätzlich WIE VORHERIGE. Das bedeutet, dass die Kopf- bzw. Fußzeile so dargestellt wird wie im vorigen Abschnitt.

Mit vorheriger verknüpfen

Wollen Sie unterschiedliche Kopf- und Fußzeilen in einem Dokument erstellen, müssen Sie den Befehl MIT VORHERIGER VERKNÜPFEN deaktivieren.

- KOPF- UND FUSSZEILE – NAVIGATION
- Schaltfläche MIT VORHERIGER VERKNÜPFEN

Kopf- und Fußzeilen werden separat verknüpft. Daher ist es notwendig die Kopf- und Fußzeile getrennt zu deaktivieren.

Die Verknüpfung ist deaktiviert und individuelle Änderungen in der Kopf- und Fußzeile können vorgenommen werden. Sie haben keine Auswirkungen mehr auf die vorige Kopf- bzw. Fußzeile in neuen Abschnitten. Der Begriff WIE VORHERIGE scheint nicht mehr auf. Klicken Sie den Befehl MIT VORHERIGER VERKNÜPFEN nochmals an, wird die Verknüpfung wiederhergestellt; die Kopf- und Fußzeile des vorhergehenden Abschnitts wird übernommen.

Übungen

1. Informationsblatt in Abschnitte gliedern

a) Öffnen Sie das Dokument **Kulturjuwel_u.docx.** Bearbeiten Sie das Seitenlayout und die Kopf- und Fußzeile.
b) Speichern Sie das Dokument unter **Kulturjuwel1.docx.**
c) Fügen Sie vor den Überschriften „Die Wiedergeburt des Kulturjuwels" und „Ein Ausflugsziel im Mostviertel" einen Abschnittsumbruch nächste Seite ein.
d) Die Kopfzeilen der drei Abschnitte sollen unterschiedlich gestaltet werden.
- Verwenden Sie für die Kopfzeile der geraden Seite das integrierte Layout Bewegung (gerade Seite) und für die ungeraden Seiten das integrierte Layout Bewegung (ungerade Seite). Schreiben Sie als Dokumenttitel den Text »Informationsblatt«.
- Verwenden Sie für die Kopfzeile die passende Formatvorlage. Ändern Sie die Formatvorlage auf die Schriftart Garamond, 12 Punkt, rechtsbündig.

e) Die Fußzeilen der drei Abschnitte bleiben gleich.
- Fügen Sie linksbündig die Dokumentinfo Autor ein.
- Verwenden Sie für die Fußzeile die passende Formatvorlage mit der Schriftart Garamond, 12 Punkt.
- Ändern Sie die Position der Fußzeile auf 1,8 cm.

f) Recherchieren Sie im Internet über Bilder der Schallaburg. Fügen Sie am Ende des Dokumentes passende Bilder ein. Verwenden Sie die Bildformatvorlage Rechteck mit weichen Kanten.

2. Individuelles zweiseitiges Informationsblatt erstellen – 25 min

a) Öffnen Sie die Datei **Fassaden_u.docx** und erstellen Sie ein zweiseitiges Informationsblatt nach Ihren Vorstellungen.
b) Speichern Sie das Dokument unter **Fassaden1.docx.**
c) Erstellen Sie für das Informationsblatt ein eigenes Design.
d) Verwenden Sie für den Text passende Schnellformatvorlagen.

e) Recherchieren Sie im Internet nach passenden Grafiken zum Thema Holzfassaden.
f) Beachten Sie, dass für das Informationsblatt unterschiedliche Kopf- und Fußzeilen zu verwenden sind.

pro:Holz
Arbeitsgemeinschaft der österreichischen Holzwirtschaft

Informationsveranstaltung

Thema: HOLZFASSADEN

Wann? 7. Juni ....,
16:30 Uhr
Wo? Kuppelsaal der TU Wien
Wer? Interessierte aus ganz Österreich

Um Anmeldung wird gebeten!
Tel.: +43 1 712 04 74
E-Mail: info@proholz.at

.... KURZINFORMATION ZUR VERANSTALTUNG

Fassaden aus Holz
Erst die Fassade verleiht einem Gebäude sein charakteristisches Erscheinungsbild. Seit Generationen werden Außenverkleidungen in Holz ausgeführt. In der modernen Architektur gewinnen Holzfassaden zunehmend an Bedeutung. Fassaden sind neben Dächern die meistbeanspruchten Elemente eines Gebäudes.

Witterungseinflüsse wie Sonne, Wind, Feuchtigkeit und Temperaturschwankungen sowie eventuell möglicher Insekten- und Pilzbefall sind so wie für alle anderen Materialien ständige Belastungen für das Holz. Daraus ergeben sich spezielle Anforderungen an den Werkstoff selbst und an die Ausbildung der Konstruktion. Abhängig vom Einsatzgebiet und vom geplanten Erscheinungsbild werden Holzverkleidungen aus Vollholz wie Brettern, Profilbrettern, Leisten, Schindeln oder aus Plattenwerkstoffen gewählt.

Holz als Wirtschaftsfaktor
In Österreich beziehen ca. 290 000 Menschen ihr Einkommen aus der Forstwirtschaft und Holzverarbeitung. Mit 2,5 Mrd. Euro Überschuss im Export liegt Holz mit dem Tourismus an erster Stelle in der Leistungsbilanz. Holz und Holzprodukte sind typisch österreichische Erzeugnisse und gelten als Exportprodukt Nummer eins.

Nachwachsende Ressource
Fast 50 % der Fläche Österreichs sind mit Wald bedeckt und es wächst mehr Holz nach, als genutzt wird.

Holz ist zu 100 % nutzbar
Holz erzeugt keinen Abfall und ist zur Gänze recycelbar.

Holz leistet Außergewöhnliches
Bezogen auf sein Eigengewicht, trägt Holz 14-mal so viel wie Stahl – seine Druckfestigkeit entspricht der von Stahlbeton.

... ind Plus-Energie-Produkte
... espeicherte Sonnenenergie, als zu ihrer Herstellung und Entsorgung notwendig

... me
... it dem besten Verhältnis von Wärmedämmung und Wärmespeicherung und ... für jeden Wohnraum.

... utes Wohnklima
... setzbarer Baustoff für den Innenausbau. Es ist elektrostatisch neutral und ... inger Raumtemperatur empfindet man eine Holzoberfläche als warm. ... gut und sorgt das ganze Jahr über für ein angenehmes Raumklima.

Seite 2

Achtung: Die Abbildung stellt nur einen Vorschlag dar. Entwerfen Sie Ihr eigenes Dokument.

1.8 Text in Spalten

Spalten werden oft in Zeitungen und Zeitschriften oder auf Flyern verwendet.

Bei längeren Texten oder bei A4-Querformat ist es angebracht, den Text der Seite auf mehrere Spalten aufzuteilen. Dem Leser/der Leserin wird dadurch die Orientierung im Text wesentlich erleichtert.

Spalten erstellen

- Textteil, der mit Spalten formatiert werden soll, markieren
- LAYOUT – SEITE EINRICHTEN – Listenfeld SPALTEN
- Spaltenlayout auswählen
- Markierter Textteil wird im Dokument entsprechend dargestellt

Weitere Spaltenformatierungen

- Textteil, der mit Spalten formatiert werden soll, markieren
- LAYOUT – SEITE EINRICHTEN – Listenfeld SPALTEN

⚠ Eine „leere“ Absatzmarke ohne Text davor, die nicht von der Markierung erfasst wird, muss nach dem Spaltentext vorhanden sein. Dadurch können Sie den folgenden Abschnitt einfach mit einer anderen Formatierung fortsetzen.

Eine **Änderung der Spaltenbreite** ist **auch im Lineal** mit der Spaltenmarke möglich. Ein Doppelklick auf die Spaltenmarke öffnet das Dialogfeld SPALTEN.

- WEITERE SPALTEN...
- Im Dialogfeld SPALTEN individuelle Einstellungen, wie Spaltenbreite, Abstand und Zwischenlinie, festlegen
- Markierter Textteil wird im Dokument entsprechend dargestellt

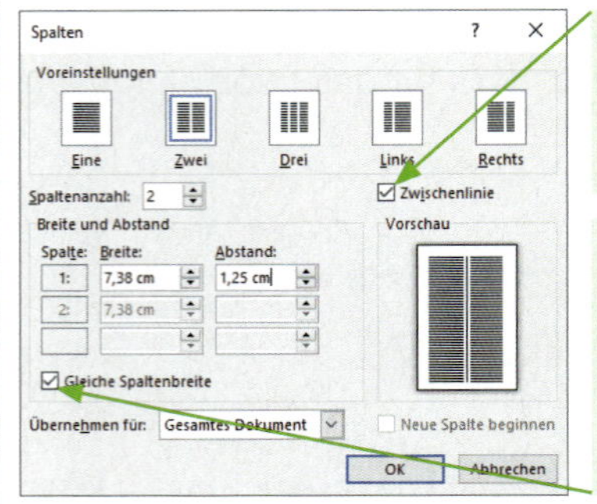

Zwischenlinie, d. h. eine Trennlinie zwischen den Spalten erstellen

Deaktivieren Sie dieses Kontrollkästchen, können Sie für einzelne Spalten individuelle Breiten festlegen

Spaltenumbruch

Wird ein Text mit Spalten formatiert, fügt WORD automatisch einen Spaltenumbruch ein. Er kann individuell verändert werden.

- Einfügemarke an der gewünschten Stelle positionieren
- LAYOUT – SEITE EINRICHTEN – Listenfeld UMBRÜCHE
- Gruppe SEITENUMBRÜCHE – SPALTE
- Der gewählte Umbruch wird im Dokument gesetzt

Tipps zum Layout

- Blocksatz und automatische Silbentrennung verwenden
- Automatischen Spaltenabstand von 1,25 cm auf 0,5 cm bzw. 0,8 cm reduzieren
- Verwenden Sie eine Zwischenlinie, kann der Abstand bis zu 1 cm breit sein
- Schriftgrad dem Spaltentext anpassen; je schmäler eine Spalte, desto kleiner der Schriftgrad
- Beachten Sie das Gesamtbild des Dokumentes

Übung

Spaltentext mit Onlinebild erstellen

a) Öffnen Sie das Dokument **Smartphone_u.docx.** Ändern Sie die Seitenausrichtung auf Querformat.
b) Speichern Sie das Dokument unter **Smartphone1.docx.**
c) Gestalten Sie den Text nach folgenden Angaben:
   - Formatieren Sie den gesamten Text in der Schriftart Calibri, 11 Punkt, in der Designfarbe Blaugrün und aktivieren Sie die automatische Silbentrennung;
   - Überschrift: 26 Punkt, fett, zentriert, Schriftfarbe Blaugrau, Akzent 5, Großbuchstaben, Laufweite breit um 3 Punkt;
   - Teilüberschriften: 12 Punkt, fett, Schriftfarbe Blau, Akzent 6.

d) Gestalten Sie den ersten Absatz zentriert, Schriftgröße 9 Punkt und fügen Sie links und rechts vom Text ein Onlinebild zum Thema ein. Ändern Sie die Größe des Bildes passend.
e) Gestalten Sie den restlichen Text mit folgender Spaltenformatierung:
   - Drei Spalten, Spaltenabstand 0,8 cm;
   - formatieren Sie den Text mit dem Absatzformat Blocksatz;
   - achten Sie auf den Spaltenumbruch.

f) Optimieren Sie den Abstand vor und nach dem Spaltenumbruch.
g) Diskutieren Sie mit Ihren Mitschülerinnen/Mitschülern und Ihrer Lehrkraft über das Thema Datenschutz. Wie sicher ist hier der Umgang mit Ihren persönlichen Daten?

Ziele erreicht? – „Format- und Dokumentvorlagen in WORD"

KOMPETENZ-ERWERB

1. Flyer mit Spaltentext erstellen

a) Öffnen Sie ein neues Dokument und schreiben Sie den folgenden Text in der Schriftart Verdana, 8,5 Punkt, ab. Erfassen Sie den Text vorerst ohne Formatierungen und aktivieren Sie die automatische Silbentrennung.

b) Speichern Sie das Dokument unter **Fruchtsaft2.docx.**

c) Ändern Sie das Seitenlayout auf A5, Querformat, Seitenränder schmal.

d) Gestalten Sie den Text mit folgender Spaltenformatierung:

- Abschnitt 1: Hauptüberschrift Schriftgröße 11 Punkt, fett, Schriftfarbe Orange, zweizeilig, einspaltig;
- Abschnitt 2 (von „Fruchtsaft..." bis ... „30 % Fruchtgehalt"): zentriert, drei Spalten, Spaltenabstand 1 cm, manuellen Zeilenumbruch setzen, erste Zeile fett;
- Abschnitt 3 (restlicher Text): zwei Spalten, ungleiche Spaltenbreite, linke Spalte 6,3 cm, Spaltenabstand 0,5 cm.

e) Formatieren Sie die Teilüberschriften im Abschnitt 3 fett, Schriftfarbe Orange.

f) Gestalten Sie folgende Kopf- und Fußzeile:

- Fügen Sie in der Kopfzeile die Grafik **Fruchtsaft1.jpg** ein. Ändern Sie die Höhe der Grafik auf 2,1 cm.
- Schreiben Sie die Quelle »www.pfanner.at, 2012« in die Fußzeile in Verdana, 7 Punkt.

Was unterscheidet 100 % Saft von einem Nektar und einem Fruchtsaftgetränk?

Fruchtsaft
100 % Fruchtgehalt

Fruchtnektar
25 – 50 % Fruchtgehalt

Fruchtsaftgetränk
6 – 30 % Fruchtgehalt

100 % Saft
100 % Saft ist Fruchtsaft, der zu 100 % aus „flüssigem Obst" besteht, d. h. Farb- und Konservierungsstoffe sind ebenso ausgeschlossen wie Zucker. Wenn 100 % Saft draufsteht, muss 100 % Saft drin sein.

Fruchtsaft kann jedoch zwei verschiedene Entstehungswege hinter sich haben. Als Direktsaft bezeichnet man ihn, wenn er nach der Gewinnung aus der Frucht abgefüllt oder für die spätere Abfüllung eingelagert wird. Heißt es auf der Packung „aus Konzentrat", wird dem frisch gepressten Saft im Herstellerland unter Vakuumbedingungen das Wasser entzogen. Durch Rückverdünnung mit Wasser wird aus dem sirupähnlichen Konzentrat wieder Fruchtsaft.

Nektar
Manche Früchte haben von Natur aus so viel Fruchtsäure oder Fruchtfleisch, dass sie nicht als 100 % Fruchtsaft angeboten werden können, sondern erst mit Wasser und Zucker als Fruchtnektar genießbar gemacht werden müssen. Dazu zählen z. B. Schwarze Johannisbeeren, Sauerkirschen und Bananen.
Der Mindestfruchtgehalt bei Fruchtnektar ist jedoch nicht von Lust und Laune des Herstellers abhängig, sondern vorgeschrieben: Er liegt zwischen 25 und 50 %, je nach Fruchtart. Auch Fruchtnektar enthält weder Farb- noch Konservierungsstoffe.

Fruchtsaftgetränk
Das Getränk ist in erster Linie Durstlöscher, ein hoher Wasseranteil ist deshalb erwünscht. Die Früchte sind der Geschmacksgeber.

Gespritzte Säfte
In manchen Gebieten werden sie auch als „Schorle" bezeichnet. Das Getränk setzt sich aus Fruchtsaft, Mineralwasser und Kohlensäure zusammen. Das Ausgangsprodukt Fruchtsaft unterliegt denselben Bestimmungen wie ein 100%iger Fruchtsaft. Apfelsaftschorle in guter Qualität hat einen Fruchtsaftgehalt von 60 %.

Quelle: www.pfanner.at, 2012

2. Vorlage für ein Kundenblatt gestalten – 20 min

a) Sie sind Mitarbeiterin/Mitarbeiter bei einer Zimmerei. Sie sollen eine Vorlage für ein Kundenblatt erstellen. Dieses Dokument sollen Ihre Kundinnen/Kunden in Zukunft händisch ausfüllen können. Wichtig sind die persönlichen Daten und der Kundenstatus.

b) Speichern Sie die Vorlage unter **Zimmerei-Kundenblatt_v.dotx.**

c) Erstellen Sie für die Vorlage ein eigenes Farbdesign mit Farben aus der Grafik **Zimmerei1.jpg.** Verwenden Sie als Designschriftart Verdana.

d) Fügen Sie in Ihrem Dokument die Grafik **Zimmerei1.jpg** ein. Gestalten Sie mit einem WordArt die Überschrift »Kundenblatt« und positionieren Sie die Grafik und das WordArt nach Ihren Vorstellungen.

e) Für die Kundendaten erstellen Sie eine Tabelle mit den Daten, die für die Kundendatei wichtig sind.

f) Für den Kundenstatus ermöglichen Sie den Kundinnen/Kunden eine Wahlmöglichkeit.

g) Fügen Sie zum Schluss ein korrektes Datum ein, das immer automatisch aktualisiert werden soll.

h) Fügen Sie in der Fußzeile den Dateinamen in kleinerer Schriftgröße ein.

i) Speichern und schließen Sie die Datei.

Zimmerei Harald Forstenlechner

Kundenblatt

Anrede	
Titel	
Vorname	
Nachname	
Straße	
Hausnummer	
PLZ	
Ort	
Telefonnummer	
E-Mail	
Internet	

Kundenstatus:

☐ Kunde
☐ Lieferant
☐ Architekt
☐ Interessent
☐ ....

Datum: 1. Februar ....

3. Informationsblatt individuell gestalten – 30 min

a) Öffnen Sie ein neues Dokument und gestalten Sie ein Informationsblatt zu den Voraussetzungen für den richtigen Versand. Achten Sie auf eine klare Struktur! Für die Gestaltung bekommen Sie die Datei **Versand_u.docx** zur Verfügung gestellt. Recherchieren Sie auf www.post.at die aktuellen Voraussetzungen. Welche Zusatzleistungen für den Versand bietet die Post?

b) Speichern Sie das Dokument unter **Versand1.docx.**
c) Erstellen Sie für Ihr Dokument ein eigenes Design mit passenden Designfarben und -schriftarten.
d) Wenden Sie für die Tabelle eine individuelle Tabellenformatvorlage an.
e) Formatieren Sie die Aufzählung mit Aufzählungszeichen Ihrer Wahl.
f) Verwenden Sie passende Onlinebilder oder Bilder.
g) Besprechen Sie mit Ihren Klassenkolleginnen/Klassenkollegen und Ihrer Lehrkraft das Layout Ihres Ergebnisses. Erklären Sie, warum Sie welche Gestaltungselemente verwendet haben. Welche Variante gefällt Ihnen besonders gut?

4. Zweiseitiges Informationsblatt individuell gestalten – 30 min

a) Öffnen Sie ein neues Dokument und gestalten Sie ein zweiseitiges Informationsblatt über das Zotter-Schokoladen-Theater. Von der Marketingabteilung bekommen Sie die Datei **Schokolade_u.docx** mit Informationen. Achten Sie auf eine klare Struktur und auf das Seitenlayout!
b) Speichern Sie das Dokument unter **Schokolade1.docx.**
c) Erstellen Sie Ihr Dokument mithilfe von Formatvorlagen.
d) Fügen Sie, wenn notwendig, einen manuellen Seitenumbruch ein, damit keine sinnstörende Trennung entsteht.
e) Formatieren Sie die Aufzählung mit passenden Aufzählungszeichen und gestalten Sie eine formschöne Tabelle.
f) Formatieren Sie die Beiträge innerhalb der Tabelle rechtsbündig bzw. mit einem Dezimaltabulator. Recherchieren Sie online die aktuellen Eintrittspreise für die Tabelle.
g) Gestalten Sie eine Fußzeile mit Seitenzahlen und der Quellenangabe.
h) Recherchieren Sie im Internet nach passenden Bildern. Positionieren Sie die Bilder in Ihrem Dokument und verwenden Sie Bildformatvorlagen.
i) Vergleichen Sie die Wirkung der unterschiedlichen Seitenlayouts Ihrer Klassenkolleginnen/Klassenkollegen.

Einen interaktiven **Safety-Check** finden Sie in der TRAUNER-DigiBox.

2 Gestalten in WORD

Sarahs Vater organisiert den Wandertag des Sparvereins und sie soll ihm helfen, ein Flugblatt zu gestalten. Das Logo soll unbedingt eingefügt werden, und da es sich um ein Flugblatt handelt, soll die Einladung zum Wandertag so auffällig gestaltet sein, dass sie in der Fülle der Postwurfsendungen nicht untergeht. Sarah entschließt sich daher, zur Hervorhebung weitere Illustrationen einzufügen.

KOMPETENZ-ERWERB

Meine Ziele

Nach Bearbeitung dieses Kapitels kann ich

- Listen mit mehreren Ebenen mit und ohne Formatvorlagen neu erstellen, zuweisen und anpassen;
- Illustrationen in Texten positionieren und gruppieren.

2.1 Listen mit mehreren Ebenen

Liste mit mehreren Ebenen zuweisen

- START – ABSATZ – LISTE MIT MEHREREN EBENEN
- Aus der Listenbibliothek passende Gliederung für die Liste auswählen
- Listentext eingeben
- Nach dem Drücken der Eingabetaste erscheint der nächste Gliederungspunkt
- Oder, falls der Text bereits vorhanden ist, Listentext markieren
- START – ABSATZ – LISTE MIT MEHREREN EBENEN
- Aus der Listenbibliothek passende Gliederung für die Liste auswählen
- Um die Gliederungspunkte höherzustufen – Symbol EINZUG VERKLEINERN
- Um die Gliederungspunkte tieferzustufen – Symbol EINZUG VERGRÖSSERN

Liste mit mehreren Ebenen neu erstellen bzw. anpassen

- START – ABSATZ – LISTE MIT MEHREREN EBENEN – NEUE LISTE MIT MEHREREN EBENEN DEFINIEREN...
- Passende Ebene auswählen und Änderungen vornehmen
- Für alle weiteren Ebenen, die verändert werden sollen, den Vorgang wiederholen
- Oder FÜR ALLE EBENEN FESTLEGEN...

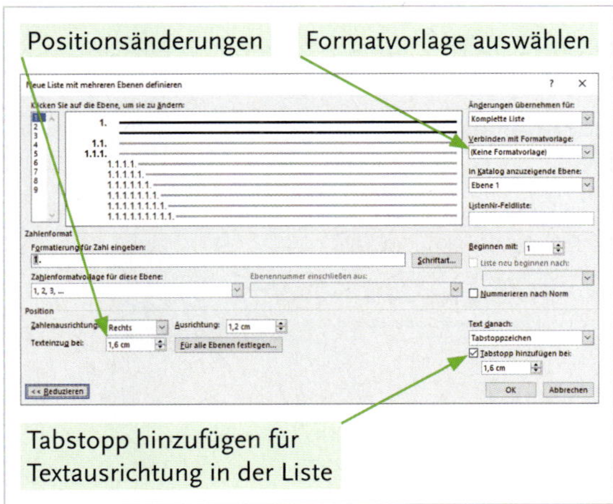

Liste mit mehreren Ebenen mit Formatvorlage verknüpfen

- START – ABSATZ – LISTE MIT MEHREREN EBENEN – NEUE LISTE MIT MEHREREN EBENEN DEFINIEREN... – Schaltfläche ERWEITERN >>
- Zuerst passende Ebene, dann passende Formatvorlage auswählen, Tabstopp hinzufügen bei: ... cm und weitere passende Änderungen vornehmen
- Für alle weiteren Ebenen, die verändert werden sollen, den Vorgang wiederholen

Werden Listen mit mehreren Ebenen mit Formatvorlagen verknüpft, kann den Überschriften schnell und einfach eine Nummerierung zugewiesen werden.

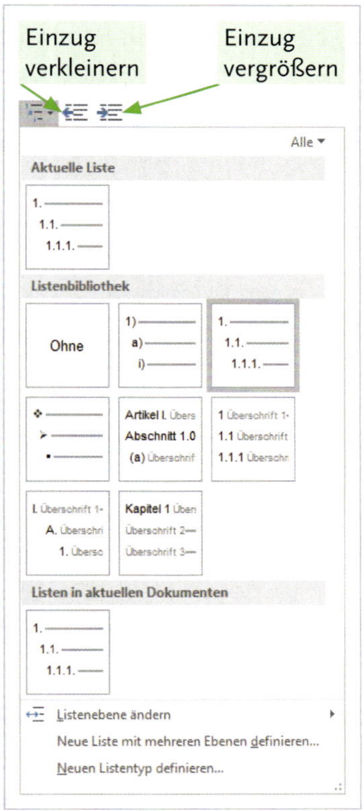

Listen mit mehreren Ebenen werden z. B. zur Gliederung umfangreicher Dokumente verwendet. Mehr dazu erfahren Sie im nächsten Semester.

Übungen

1. Liste mit mehreren Ebenen neu erstellen

a) Öffnen Sie die Datei **Rasen_u.docx** und weisen Sie ein passendes Design, z. B. Facette, Farben Grüngelb und Dokumentformatierung Informell zu.
- Speichern Sie die Datei unter **Rasen1.docx.**
- Wählen Sie für die Überschriften die Formatvorlage Überschrift 1.
- Ergänzen Sie unterhalb des Einleitungstextes den Listentext und führen Sie eine korrekte numerische Gliederung bereits während der Texteingabe durch.

b) Ändern Sie die bestehende Gliederung wie abgebildet.
- Speichern Sie die Datei unter **Rasen2.docx.**
- Ändern Sie die Ebene 1 auf eine numerische Gliederung wie abgebildet, Schriftfarbe Akzent 1 dunkler 25 %, Schrift fett 12 Punkt, Zahlenposition 0 cm, Texteinzug 0,75 cm.
- Ebene 2 ändern Sie auf eine Gliederung mit Kleinbuchstaben, Schrift wie Ebene 1, Zahlenposition 0,75 cm, Texteinzug 1,5 cm.
- Ebene 3 wird mit runden Aufzählungszeichen in der Farbe wie Ebene 1 gegliedert, Zahlenposition 1,5 cm, Texteinzug 2 cm.

Rasenmähroboter
1. Einsatzgebiete
   a) Kleine Flächen
      - Hausgärten
      - Kleine Parkanlagen
   b) Große Flächen
      - Sport- und Freizeitanlagen
      - Grünanlagen von Büro- und Geschäftsgebäuden
      - Driving Range auf dem Golfplatz
   c) Schwierige Flächen
      - Betriebsgelände
      - Begrünte Dachflächen
      - Fotovoltaikfelder
2. Modelle
   a) Kleine Flächen
      - Rasenmäher für Flächen bis 500 m²
      - Rasenmäher für Flächen bis 1 000 m²
      - Rasenmäher für Flächen bis 1 800 m²
   b) Mittlere Flächen
      - Rasenmäher für Flächen bis 2 200 m²
      - Rasenmäher für Flächen bis 3 000 m²
      - Rasenmäher für Flächen bis 4 000 m²
   c) Große Flächen
      - Rasenmäher für Flächen bis 10 000 m²
      - Rasenmäher für Flächen bis 20 000 m²
3. Wartung

c) Ändern Sie die bestehende Gliederung wie abgebildet.
- Speichern Sie die Datei unter **Rasen3.docx.**
- Entfernen Sie für alle Ebenen die Schriftfarbe.
- Formatieren Sie alle Ebenen fett und ändern Sie für alle Ebenen die Ausrichtung von links auf rechts, die Zahlenposition auf 1,2 cm und den Texteinzug auf 1,6 cm, Tabstopp hinzufügen bei 1,6 cm.

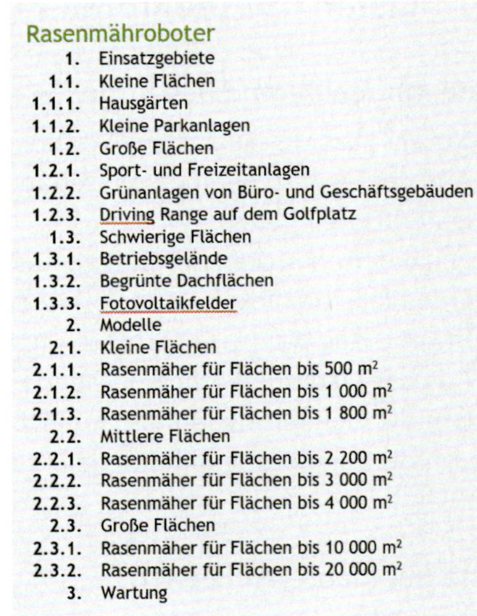

Rasenmähroboter
1. Einsatzgebiete
1.1. Kleine Flächen
1.1.1. Hausgärten
1.1.2. Kleine Parkanlagen
1.2. Große Flächen
1.2.1. Sport- und Freizeitanlagen
1.2.2. Grünanlagen von Büro- und Geschäftsgebäuden
1.2.3. Driving Range auf dem Golfplatz
1.3. Schwierige Flächen
1.3.1. Betriebsgelände
1.3.2. Begrünte Dachflächen
1.3.3. Fotovoltaikfelder
2. Modelle
2.1. Kleine Flächen
2.1.1. Rasenmäher für Flächen bis 500 m²
2.1.2. Rasenmäher für Flächen bis 1 000 m²
2.1.3. Rasenmäher für Flächen bis 1 800 m²
2.2. Mittlere Flächen
2.2.1. Rasenmäher für Flächen bis 2 200 m²
2.2.2. Rasenmäher für Flächen bis 3 000 m²
2.2.3. Rasenmäher für Flächen bis 4 000 m²
2.3. Große Flächen
2.3.1. Rasenmäher für Flächen bis 10 000 m²
2.3.2. Rasenmäher für Flächen bis 20 000 m²
3. Wartung

2. Liste mit Text mit Formatvorlagen erstellen

a) Öffnen Sie die Datei **Culture_u.docx.** Der Lösungsvorschlag ist im Design Integral, Farben Rotviolett, Dokumentformatierung schattiert erstellt. Aktivieren Sie die Silbentrennung.

b) Speichern Sie die Datei unter **Culture3.docx.**

c) Weisen Sie dem Text die Formatvorlagen Überschrift 1 und Überschrift 2 wie in Klammern angegeben zu. Entfernen Sie anschließend die Hinweise in Klammern.

d) Fügen Sie die Bilder **Culture1.jpg** und **Culture2.jpg** wie abgebildet ein (Breite jeweils 4,5 cm).

e) Weisen Sie eine numerische Gliederung auf Basis der Formatvorlagen Überschrift 1 und Überschrift 2 zu.

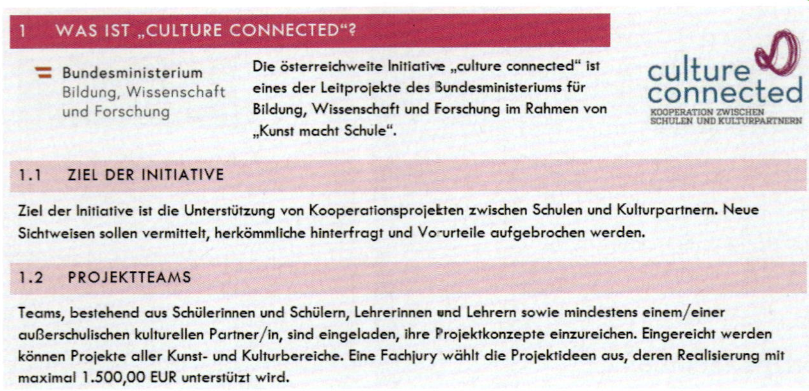

1 WAS IST „CULTURE CONNECTED"?

Bundesministerium Bildung, Wissenschaft und Forschung

Die österreichweite Initiative „culture connected" ist eines der Leitprojekte des Bundesministeriums für Bildung, Wissenschaft und Forschung im Rahmen von „Kunst macht Schule".

culture connected KOOPERATION ZWISCHEN SCHULEN UND KULTURPARTNERN

1.1 ZIEL DER INITIATIVE

Ziel der Initiative ist die Unterstützung von Kooperationsprojekten zwischen Schulen und Kulturpartnern. Neue Sichtweisen sollen vermittelt, herkömmliche hinterfragt und Vorurteile aufgebrochen werden.

1.2 PROJEKTTEAMS

Teams, bestehend aus Schülerinnen und Schülern, Lehrerinnen und Lehrern sowie mindestens einem/einer außerschulischen kulturellen Partner/in, sind eingeladen, ihre Projektkonzepte einzureichen. Eingereicht werden können Projekte aller Kunst- und Kulturbereiche. Eine Fachjury wählt die Projektideen aus, deren Realisierung mit maximal 1.500,00 EUR unterstützt wird.

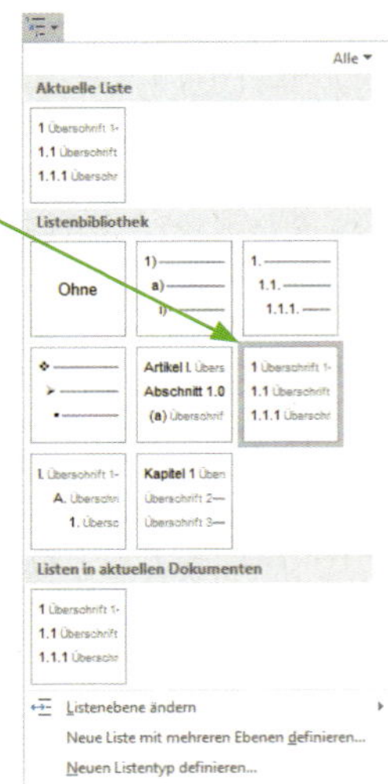

2.2 Illustrationen positionieren und gruppieren

Um WORD-Dokumente optisch ansprechend zu gestalten, stehen verschiedene Illustrationen, wie Grafiken, Onlinebilder, Formen, SmartArts, Diagramme, Textfelder und WordArts, zur Verfügung.

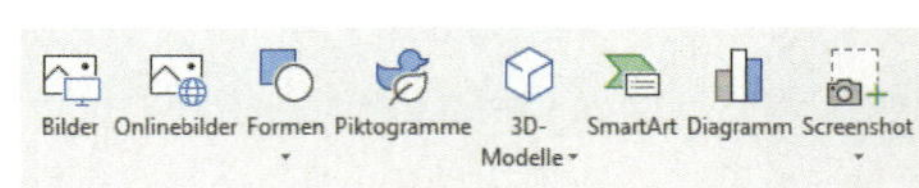

Textfelder sind standardmäßig weiß gefüllt und haben einen schwarzen Rahmen. Um sie auf farbigem Hintergrund transparent und randlos erscheinen zu lassen, wählen Sie den Fülleffekt KEINE FÜLLUNG und die Formkontur KEIN RAHMEN.

Formen und Textfelder formatieren

- Illustration, wie z. B. Formen oder Textfelder, erstellen oder markieren
- ZEICHENTOOLS – FORMAT – FORMENARTEN – im Listenfeld DESIGNFORMATVORLAGEN oder Symbol FÜLLEFFEKTE, FORMKONTUR und FORMEFFEKTE wählen
- Oder über FORM FORMATIEREN Formatierungen zuweisen
- Text über START – SCHRIFTART und ABSATZ und über ZEICHENTOOLS – FORMAT – TEXT – TEXTRICHTUNG und TEXT AUSRICHTEN formatieren

Illustrationen anordnen

Standardmäßig werden alle Formen und Textfelder mit dem Zeilenumbruch VOR DEN TEXT positioniert. Für Änderungen:

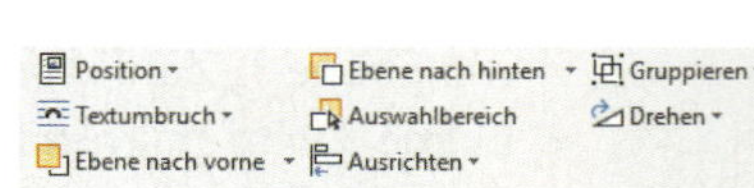

- Illustration markieren – FORMAT – FORM BEARBEITEN – PUNKTE BEARBEITEN – Symbol LAYOUTOPTIONEN
- Oder über ZEICHENTOOLS – ANORDNEN – ZEILENUMBRUCH – Umbruch auswählen
- Oder über ZEICHENTOOLS – ANORDNEN – POSITION
- Oder über ZEICHENTOOLS – ANORDNEN – POSITION – WEITERE LAYOUTOPTIONEN... – VERTIKALE und HORIZONTALE POSITION in Zentimetern eingeben

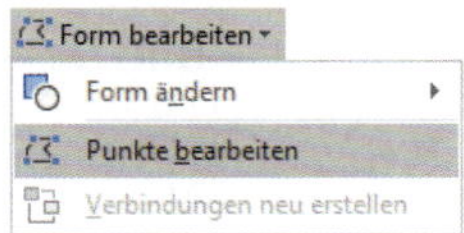

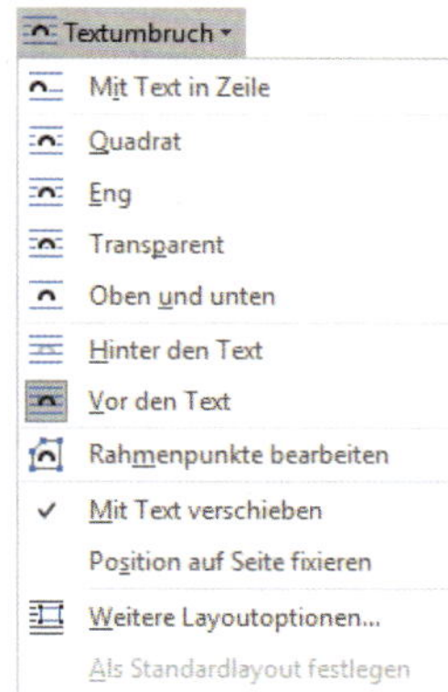

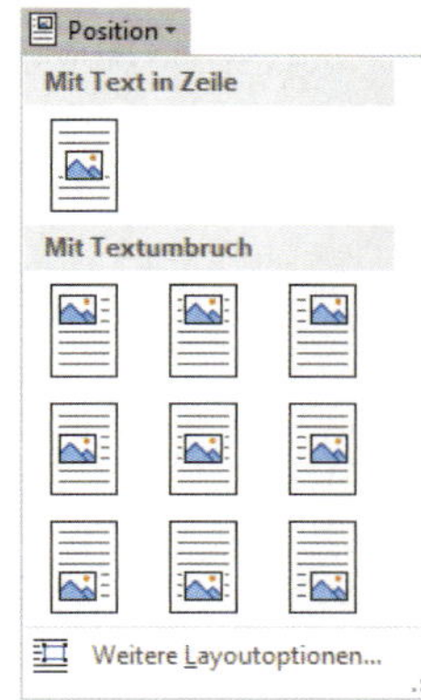

Sind mehrere Illustrationen vorhanden, liegen sie in Ebenen übereinander, die zuletzt eingefügte Illustration ganz vorne (oben). Nachträglich kann die Reihenfolge verändert werden über:

- Illustration markieren
- ZEICHENTOOLS – ANORDNEN – EBENE NACH VORNE oder EBENE NACH HINTEN
- Oder über ZEICHENTOOLS – ANORDNEN – AUSWAHLBEREICH – im Dialogfeld AUSWAHL [Auswahlbereich] – ALLE ANZEIGEN oder ALLE AUSBLENDEN
- Oder mehrere Illustrationen an anderen Objekten oder am Seitenrand ausrichten über ZEICHENTOOLS – ANORDNEN – Symbol AUSRICHTEN – Ausrichtung auswählen

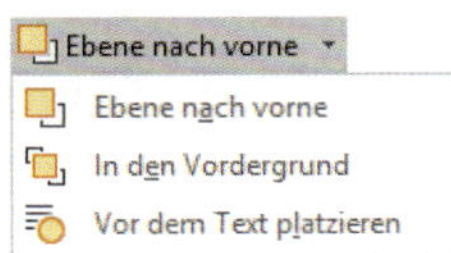

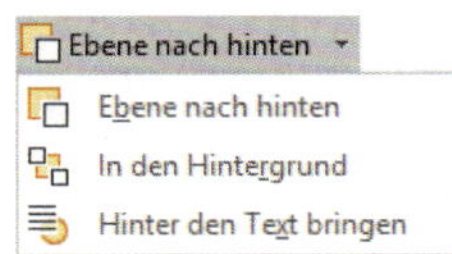

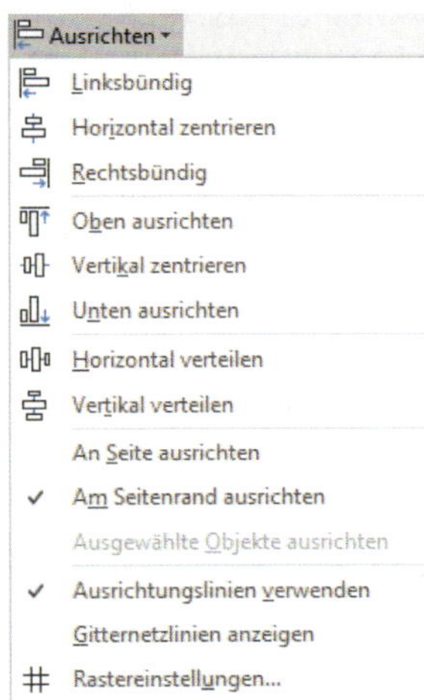

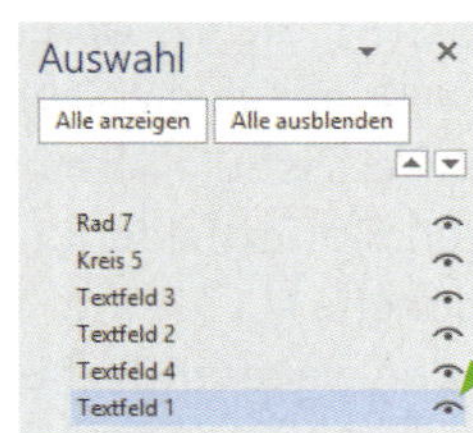

Einzelne Objekte ein- bzw. ausblenden

Illustrationen gruppieren

Um das unbeabsichtigte Verschieben einzelner Illustrationen zu verhindern oder Größen- und Positionsänderungen für mehrere Objekte gemeinsam durchzuführen, können Illustrationen gruppiert werden.

- Mehrere Illustrationen markieren (erste Illustration markieren, mit gedrückter Strg-Taste nächste Illustration markieren usw.)
- ZEICHENTOOLS/BILDTOOLS – ANORDNEN – GRUPPIEREN
- Sollen die Illustrationen wieder voneinander getrennt werden, ZEICHENTOOLS/BILDTOOLS – ANORDNEN – GRUPPIERUNG AUFHEBEN

Einzelne Illustrationen bearbeiten Sie von der Gruppe unabhängig, indem Sie die Gruppierung markieren, anschließend eine einzelne Illustration markieren und an ihr Veränderungen vornehmen.

Ziele erreicht? – „Gestalten in WORD"

KOMPETENZ-ERWERB

1. Gutschein aus Illustrationen erstellen

a) Erstellen Sie den abgebildeten Gutschein. Der Lösungsvorschlag ist im Design Savon erstellt. Verwenden Sie immer die Schriftart Century Gothic in passenden Schattierungen der Farbe Akzent 1.

b) Speichern Sie die Datei als **Gutschein1.docx.**

c) Verwenden Sie für die Textfelder keine Füllungen und keine Formkontur.

d) Weisen Sie die Schriftgrößen 9, 11, 24, 28, 42 und 72 Punkt zu. Ändern Sie die Zeichenabstände schmal bzw. erweitert und verwenden Sie Kapitälchen.

e) Das Textfeld »Motorbootschule ...« erstellen Sie in der Größe 2 cm x 16 cm, das Textfeld »10 % « in der Größe 3 cm x 7,5 cm, das Textfeld »auf alle Schiffspatente bei Kursbuchung bis « in der Größe 1 cm x 7,5 cm, das Textfeld »31. Jänner .... « in der Größe 1,5 cm x 8 cm.

f) Gruppieren Sie die Textfelder.

g) Ordnen Sie ein Rechteck ohne Füllung mit passender Rahmenlinie und Schattierung im Hintergrund an.

2. Flugblatt Wandertag mit Tabulator, Einzügen und gruppierten Illustrationen

a) Erstellen Sie das abgebildete Flugblatt im Querformat.
b) Speichern Sie die Datei als **Wandern1.docx.**
c) Verwenden Sie die Schriftart Rockwell in passenden Größen. Die verwendete Farbe außer Schwarz und Weiß ist die Akzentfarbe 1.
d) Fügen Sie Textfelder und Formen in den oben angegebenen Farben ein und gruppieren Sie die Illustrationen.
e) Für den weiteren Text und die Stichwörter wählen Sie die passende Ausrichtung und setzen Sie Tabulatoren und Einzüge im Textfeld.

Der Lösungsvorschlag wurde im Design Facette erstellt.

Einen interaktiven **Safety-Check** finden Sie in der TRAUNER-DigiBox.

3 SmartArt-Objekte

Ali lernt für einen wichtigen BW-Test. In seiner Mitschrift hat er viele Übersichten und Grafiken aufgezeichnet. Leider sind einige davon schlampig, also beschließt Ali sie am Computer neu zu machen.

Mein Ziel

KOMPETENZ-ERWERB

Nach Bearbeitung dieses Kapitels kann ich

- SmartArt-Grafiken erstellen und bearbeiten.

Eine SmartArt-Grafik ist eine visuelle Darstellung von Informationen und Ideen. Sie können schnell, bequem und effizient SmartArt-Grafiken erstellen.

Beim Erstellen einer SmartArt-Grafik können Sie zwischen verschiedenen Kategorien von SmartArt-Grafiken, wie Prozess, Hierarchie, Zyklus oder Beziehung wählen. Innerhalb der einzelnen Kategorien finden Sie unterschiedliche Grafiken.

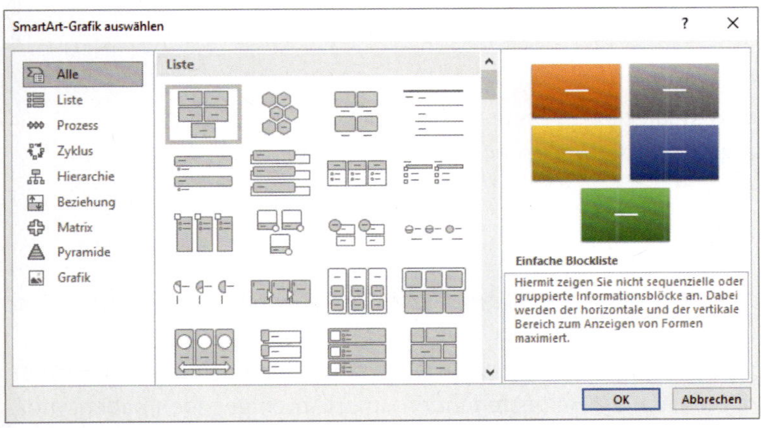

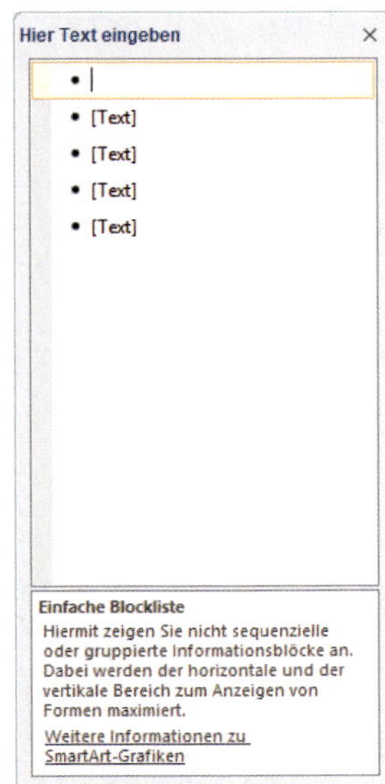

SmartArt erstellen

- Einfügen – Illustrationen – SmartArt
- SmartArt-Kategorie auswählen
- Grafik auswählen
- Platzhaltertext (z. B. **[Text]**) wird angezeigt
- Textbereich wird automatisch neben dem SmartArt eingeblendet. Bei Bedarf über SmartArt-Tools – Entwurf – Textbereich aktivieren.
- Text vorzugsweise im Textbereich eingeben
- Platzhalter durch eigenen Text ersetzen oder Text aus der Zwischenablage hineinkopieren

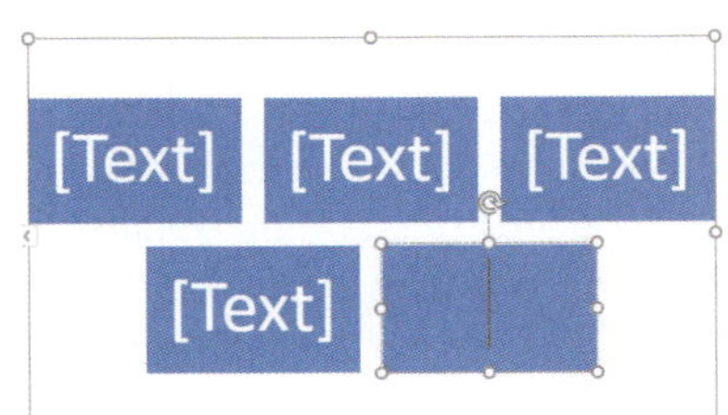

Für bestimmte SmartArt-Kategorien (z. B. Zyklus, Hierarchie) ist es notwendig, mehrere Ebenen zu definieren. Mit Einzug vergrößern bzw. verkleinern (oder ⇄-Taste) steuern Sie diese Ebenen an.

Das Menüband zeigt die SmartArt-Tools.

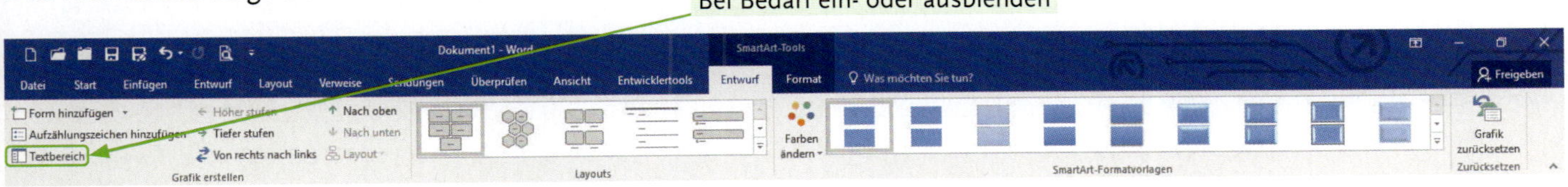

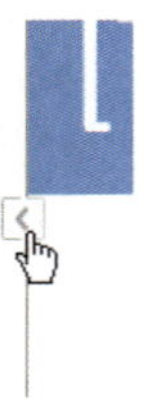

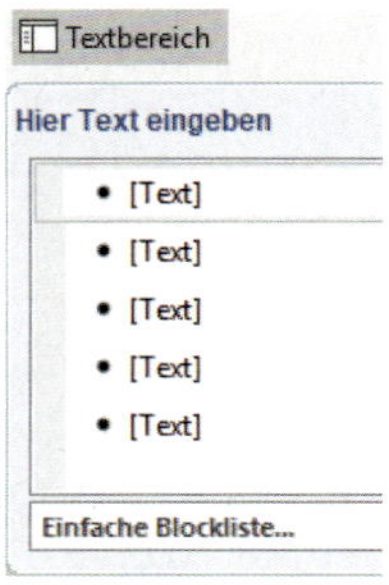

Alt + F4

Textbereich anzeigen

Der Textbereich funktioniert wie eine Gliederung oder Aufzählung, in der die Informationen direkt der SmartArt-Grafik zugeordnet werden.

- ENTWURF – GRAFIK ERSTELLEN – TEXTBEREICH
- Oder Symbol links im SmartArt-Bereich
- Drücken Sie die Eingabetaste, um eine neue Textzeile zu erstellen.
- Mit ENTWURF – GRAFIK ERSTELLEN – TIEFER STUFEN bzw. HÖHER STUFEN können Sie das Objekt eine Stufe/Ebene hinauf bzw. hinunter rücken.
- Schließen Sie den Textbereich über das Symbol SCHLIESSEN oder indem Sie Alt + F4 drücken.

Einige Layouts für SmartArt-Grafiken enthalten eine feste Anzahl von Formen: Weitere Formen können nicht mehr hinzugefügt werden (z. B. BEZIEHUNG – GEGENGEWICHTSPFEILE oder BEZIEHUNG – ZAHNRAD) im TEXTBEREICH wird anstelle des Aufzählungspunktes ein rotes X angezeigt.

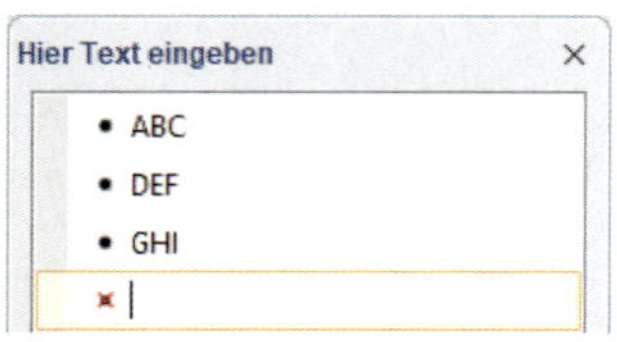

Formen hinzufügen

- ENTWURF – FORM HINZUFÜGEN
- Oder im Textbereich weiteren Aufzählungspunkt mit ↵-Taste hinzufügen
- Einigen Layouts für SmartArt-Grafiken können nicht alle Arten von Formen hinzugefügt werden.
- Welche Form hinzugefügt werden kann, hängt von der aktuell markierten Form ab.

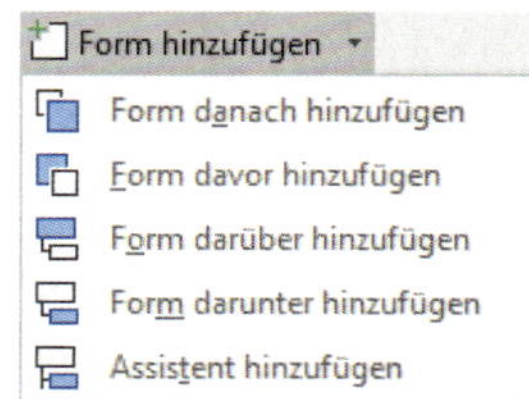

Formen entfernen

- Rahmen der Form anklicken Entf-Taste drücken
- Oder im Textbereich mit der Backspace-Taste entfernen

Layout ändern

- ENTWURF – LAYOUTS – passendes Layout über die abgebildeten Symbole oder WEITERE LAYOUTS... auswählen
- Wird ein LAYOUT gewählt, das eine andere Anzahl oder Position von Formen erlaubt, gehen Daten, die Sie im bestehenden SmartArt eingegeben haben, möglicherweise verloren!

Ein ausgewähltes Grafiklayout können Sie bei Bedarf verändern. Text und andere Inhalte, Farben, Formatvorlagen, Effekte und Textformatierungen werden automatisch in das neue Layout übernommen, wenn die gleiche Auswahl an Formen und Textfeldern im neu gewählten Layout verfügbar ist.

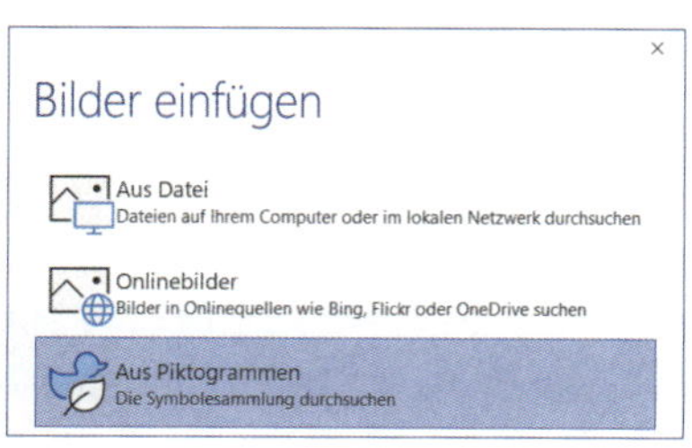

Layout mit Grafiken

Eine besondere Variante der SmartArts bilden die Layouts mit Grafiken.

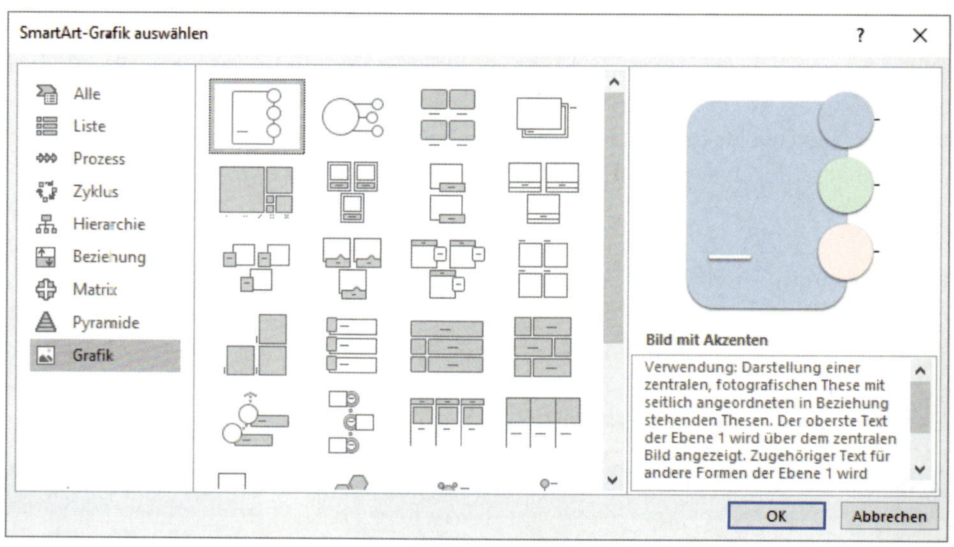

Sie können bereits gespeicherte Bilder, Onlinebilder oder Piktogramme direkt in die entsprechenden Platzhalter einfügen. Haben Sie ein Bild eingefügt, erscheint im Menüband das Register BILDTOOLS, in dem Sie es bearbeiten können.

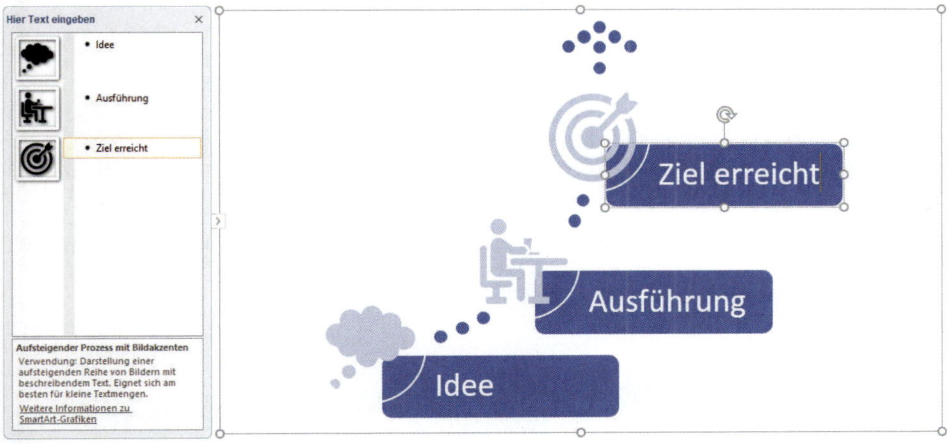

SmartArt-Objekte formatieren

Das Register ENTWURF bietet die Möglichkeit, Formen hinzuzufügen, unterschiedliche Layouts auszuwählen oder SmartArt-Formatvorlagen und Farben zu verwenden bzw. zu ändern.

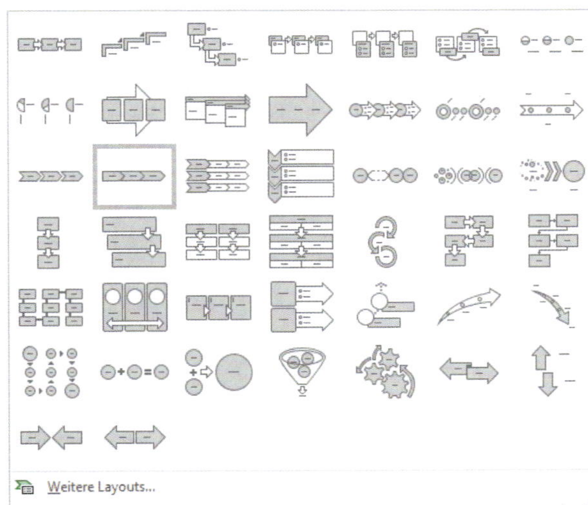

Im Register FORMAT finden Sie die Einstellungen für Formenarten, Fülleffekte, Formkontur und -effekte, WordArt-Formate und das Anordnen der Formen sowie für die Größe des SmartArt-Objektes.

Die Größe der Form passt sich dem eingegebenen Text an: Geben Sie Text ein, wird sie größer. Löschen Sie Text, wird sie kleiner.

Sie können Sie Größe zusätzlich einstellen über

- FORMAT – FORMEN – GRÖSSER/KLEINER
- Oder indem Sie die Ziehpunkte der Formen ziehen.

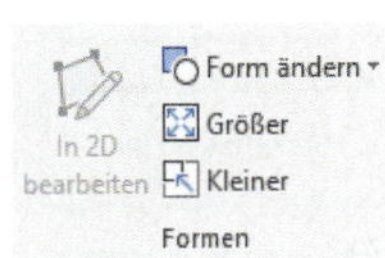

Wollen Sie die Größe der gesamten SmartArt-Grafik ändern, ziehen Sie den Ziehpunkt der Außenkontur.

Wenn Sie die Größe ändern, werden alle zusammengehörigen Formen gleichzeitig angepasst, außer Sie haben die Größe der Formen zuvor manuell verändert.

SmartArt-Objekte positionieren

Standardmäßig werden SmartArt-Objekte mit der Formatierung TEXT IN ZEILE eingefügt. Wie bei Bildern bzw. anderen Formen besteht die Möglichkeit, einen anderen Textumbruch zu wählen. So können SmartArt-Objekte frei positioniert werden.

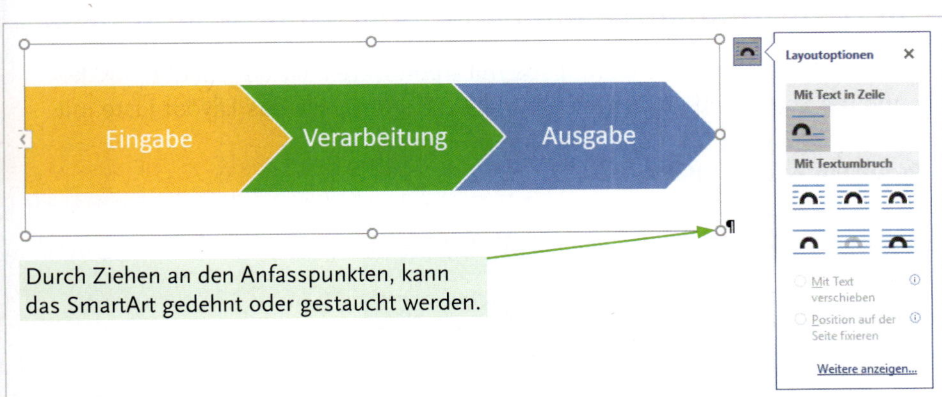

SmartArt-Formatvorlagen

SmartArt-Formatvorlagen bieten eine einfache Möglichkeit, dem SmartArt-Objekt besondere Formatierungen (z. B. Abschrägung, Abrundungen, 3-D-Effekte) zuzuweisen. Eine Änderung der Farbe wirkt sich auch auf die Schnellformatvorlagen aus. Je nach Auswahl des Designs ändern sich die Farben, Schriftarten und Effekte.

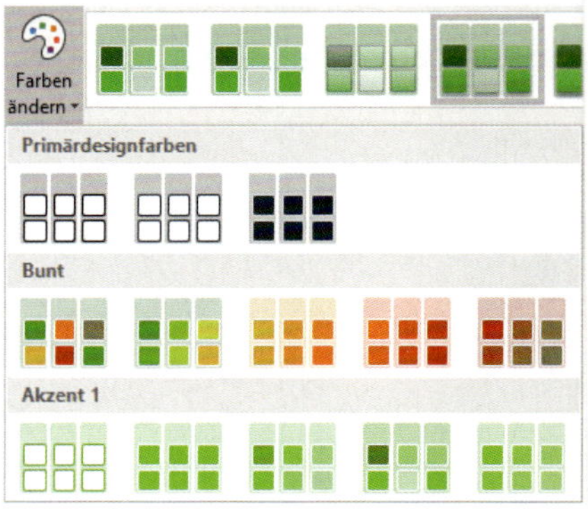

Übungen

1. SmartArt-Hierarchie erstellen

a) Öffnen Sie das Dokument **Hierarchie_u.docx** und kopieren Sie den Text in die Zwischenablage.
b) Öffnen Sie ein neues Dokument und erstellen Sie ein Organigramm der Kategorie Hierarchie wie abgebildet.
c) Speichern Sie das Dokument unter **Hierarchie1.docx.**
d) Fügen Sie den Text aus der Zwischenablage in den Textbereich ein.
e) Wählen Sie ein passendes Design. Verändern Sie die Farben wie abgebildet.

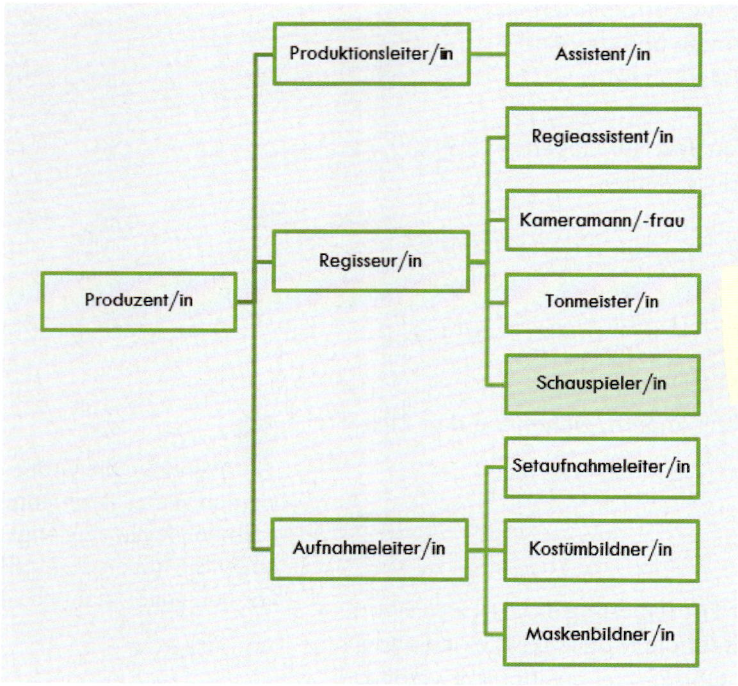

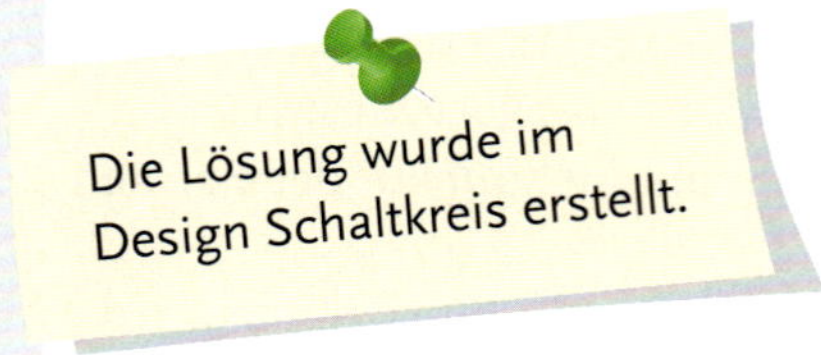

2. SmartArt-Liste erstellen

a) Gestalten Sie in der Kopfzeile ein SmartArt Liste als Absenderangabe mit Ihren Daten wie abgebildet. Verkleinern Sie die Größe des SmartArts und die Schriftgrößen passend. Für die Lösung wurde das Layout Liste mit vertikalen Kurven im Design Rahmen verwendet.
b) Speichern Sie das Dokument unter **Absender-Liste1.docx.**

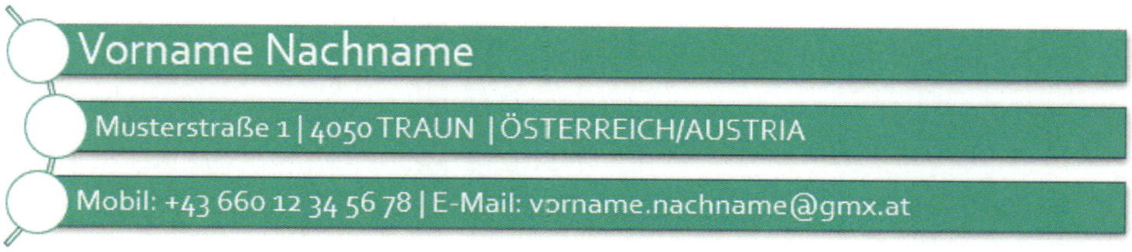

3. SmartArt-Beziehung erstellen

a) Schreiben Sie als Überschrift »Elektroautos« und weisen Sie eine passende Formatvorlage zu.

b) Speichern Sie das Dokument unter **Elektroautos1.docx.**

c) Gestalten Sie ein SmartArt Beziehung, wählen Sie z. B. das Layout Konträre Ansichten und ergänzen Sie folgende Daten: Vorteile: lokal weniger CO_2-Emissionen, geringere Betriebskosten, weniger Verschleiß, geräuscharmes Fahren. Nachteile: höherer Kaufpreis, begrenzte Reichweite, fehlende Infrastruktur, lange Ladedauer. Ergänzen Sie bei Bedarf individuell Vor- und Nachteile.

d) Für die Lösung wurde das Design Fetzen verwendet, ändern Sie die Farbe über Smartart Tools – Format.

e) Speichern Sie das Dokument und wählen Sie ein anderes Layout.

f) Speichern Sie das Dokument mit neuem Layout unter **Elektroautos2.docx.**

g) Wechseln Sie das Layout (in der Lösungsabbildung: Gruppierte Listen) und weisen Sie Effekte und Farben eigener Wahl zu.

h) Speichern Sie die Änderungen.

Eine weitere Übung finden Sie in der TRAUNER-DigiBox.

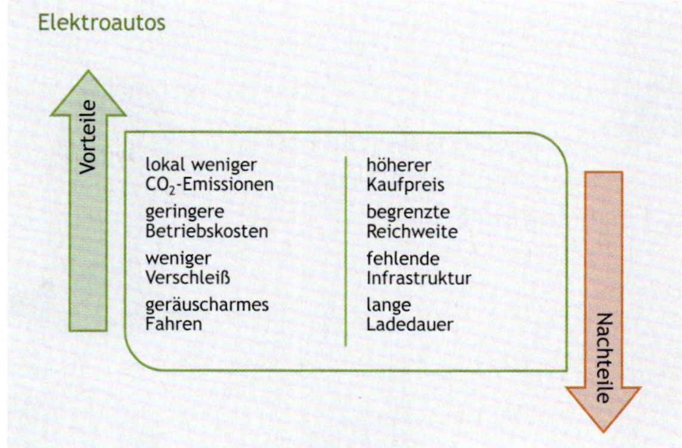

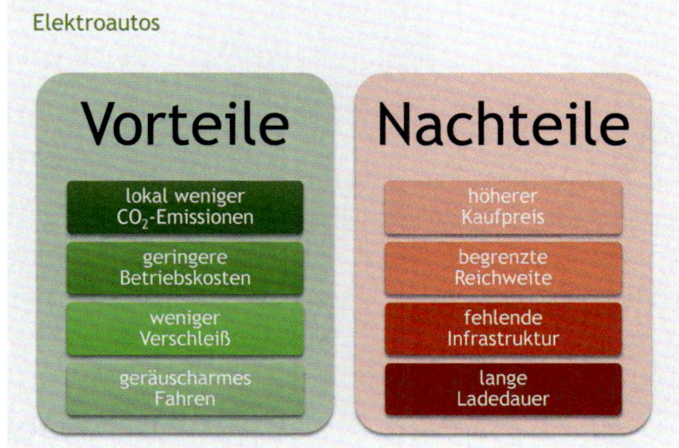

Ziele erreicht? – „SmartArt-Objekte"

KOMPETENZ-ERWERB

1. Organigramm erstellen – 15 min

a) Recherchieren Sie im Internet nach einem Organigramm eines großen Unternehmens in Ihrer Nähe oder nach dessen angebotener Produktpalette und stellen Sie die Abteilungen bzw. Produkte in Form eines Organigramms dar.

b) Speichern Sie das Dokument unter **Produktpalette1.docx.**

c) Wählen Sie eine passende Ausrichtung, ein passendes SmartArt-Layout und formatieren Sie das Organigramm individuell.

d) Speichern Sie die Änderungen.

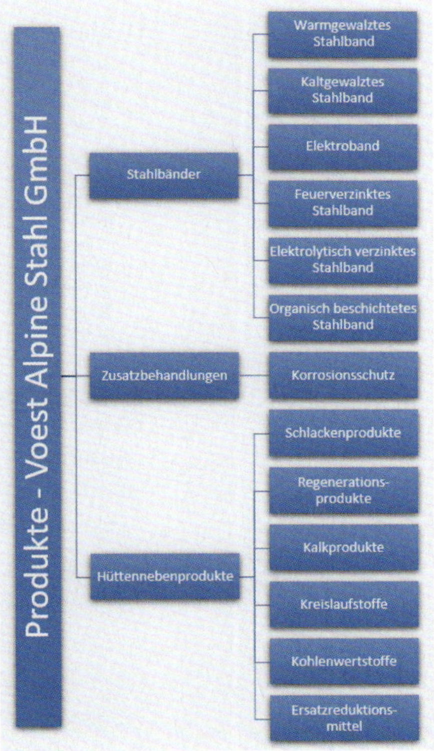

2. Maslow Bedürfnispyramide – 15 min

a) In Ihrem BW-Unterricht lernen Sie von der Bedürfnispyramide von Maslow. Verwenden Sie Ihr BW-Buch bzw. recherchieren Sie im Internet über Details und gestalten Sie diese Pyramide mithilfe eines passenden SmartArt-Typs.

b) Speichern Sie das Dokument unter **Beduerfnispyramide1.docx.**

Einen interaktiven **Safety-Check** finden Sie in der TRAUNER-DigiBox.

4 Dokumentorganisation

Ali wird damit beauftragt, aus vorhandenen Briefen Formulierungen in Form von Schnellbausteinen zu speichern, damit er für andere Schriftstücke wiederverwendet werden können und die Korrespondenz in der Abteilung rascher abgewickelt werden kann.

Überlegen Sie, welche Formulierungen in Geschäftsbriefen häufig vorkommen.

Meine Ziele

Nach Bearbeitung dieses Kapitels kann ich
- Arten von Dokumenteigenschaften aufzählen;
- Dokumenteigenschaften festlegen;
- Dokumenteigenschaften als Schnellbausteine einfügen;
- Felder einfügen und die Feldschattierung aktivieren.

Dokumenteigenschaften werden jeder Benutzerin/jedem Benutzer angezeigt, die/der das Dokument öffnet.

4.1 Dokumentinformation und -prüfung

4.1.1 Dokumenteigenschaften

Dokumenteigenschaften dienen der Beschreibung und Organisation von Dokumenten. Nach Dokumenteigenschaften kann gezielt im Dialogfeld ÖFFNEN oder im WINDOWS-EXPLORER gesucht werden.

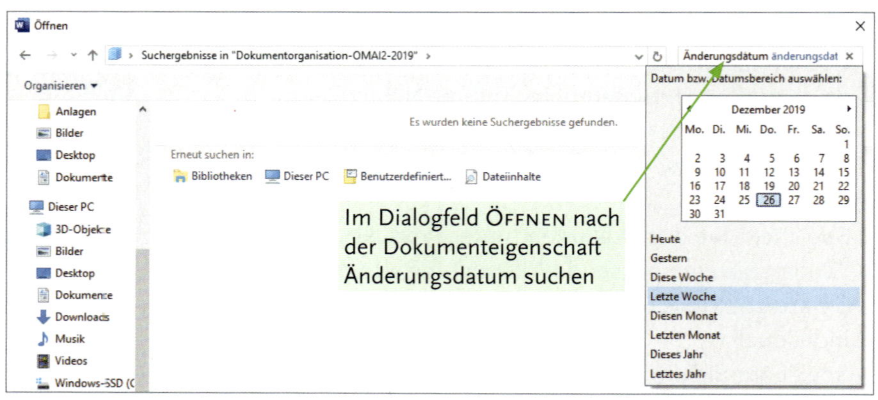

Arten von Dokumenteigenschaften	
Automatisch aktualisierte Eigenschaften	WORD aktualisiert automatisch Eigenschaften wie z. B. die Dateigröße, das Erstellungs- und das Änderungsdatum sowie die Seiten- und Wörteranzahl.
Standard-eigenschaften	Standardmäßig zeigt WORD Eigenschaften wie z. B. Titel, Autor, Kategorien, Kommentare an, deren Inhalt Sie neu eingeben, ändern bzw. ergänzen können.
Selbst definierte Eigenschaften	Benötigen Sie zusätzliche Dokumenteigenschaften, können Sie diese aus der Liste der Eigenschaften auswählen, z. B. Abteilung, Ablage, Erstellt von oder Kontrolliert von.

Dokumenteigenschaften anzeigen und Inhalte bearbeiten

- Dokument öffnen – DATEI – INFORMATIONEN
- In der Backstage-Ansicht werden die Eigenschaften des aktuellen Dokuments angezeigt
- Klick in das Eingabefeld neben die EIGENSCHAFTEN, z. B. TITEL – Text eingeben
- Wiederholen Sie diesen Schritt für alle Eigenschaften, die nicht automatisch von WORD aktualisiert werden
- Oder EIGENSCHAFTEN – ERWEITERTE EIGENSCHAFTEN – ZUSAMMENFASSUNG oder ANPASSEN – Eigenschaft auswählen und Text eingeben oder Eigenschaft auswählen – HINZUFÜGEN

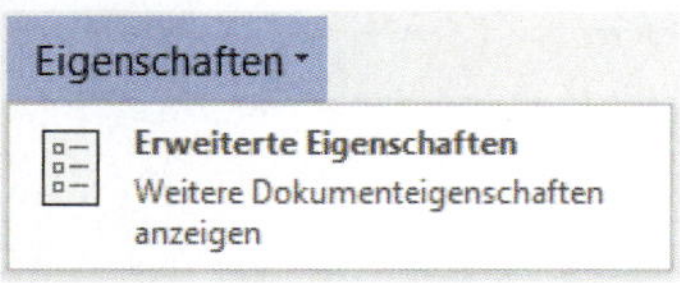

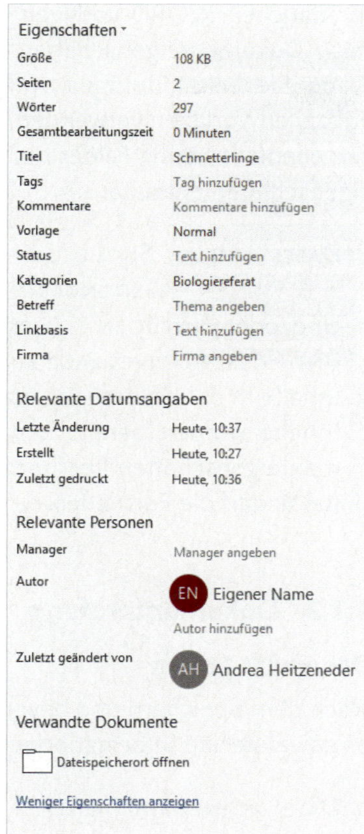

Dokumenteigenschaften als Schnellbausteine einfügen

Es ist sehr praktisch, Dokumenteigenschaften als Schnellbausteine einzufügen, da bei Änderungen der Dateiinformationen durch WORD oder durch die Bearbeiterin/den Bearbeiter die Schnellbausteine automatisch im gesamten Dokument aktualisiert werden.

- Klick an die gewünschte Stelle im Dokument
- EINFÜGEN – TEXT – SCHNELLBAUSTEINE – DOKUMENTEIGENSCHAFTEN
- Passende Dokumenteigenschaft auswählen, Inhalt ergänzen; bei Bedarf Formatierung ändern

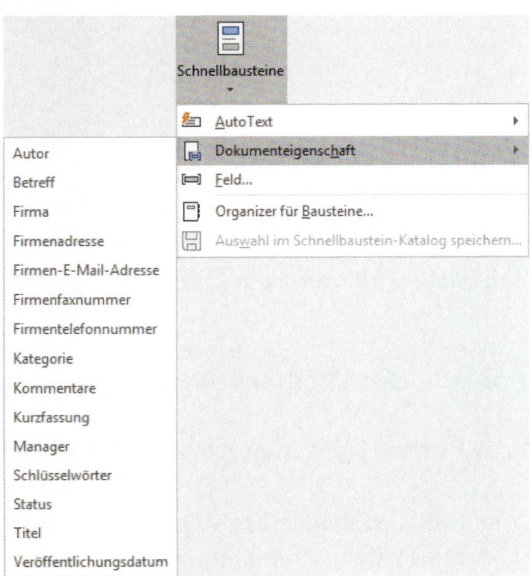

Digitale Lernkarten dazu finden Sie in der TRAUNER-DigiBox.

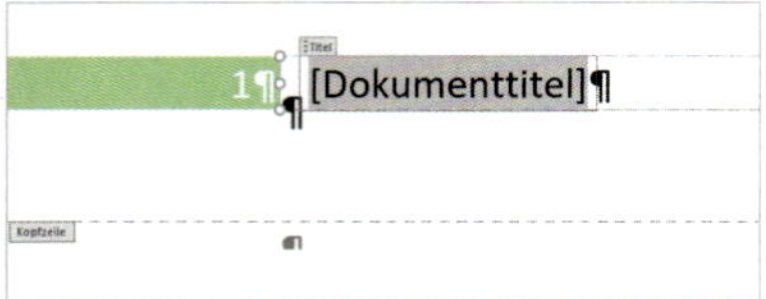

Dokumenteigenschaften in WORD-Vorlagen sowie in Kopf- und Fußzeilen

In manchen WORD-Vorlagen sind Felder mit Dokumenteigenschaften enthalten. Wenn Sie beim Einfügen von Kopf- und Fußzeilen Vorlagen verwenden, sind in diesen ebenfalls häufig Felder mit Dokumenteigenschaften enthalten.

- Datei – Neu – Suchbegriff eingeben, z. B. Karten – Visitenkarte (Bambus)
- Und/oder Einfügen – passende Kopf- und Fusszeilenvorlage auswählen
- Inhalte in den Feldern ergänzen oder die Inhalte wurden bereits aus den Dokumenteigenschaften übernommen
- Bei Bedarf die Formatierung verändern

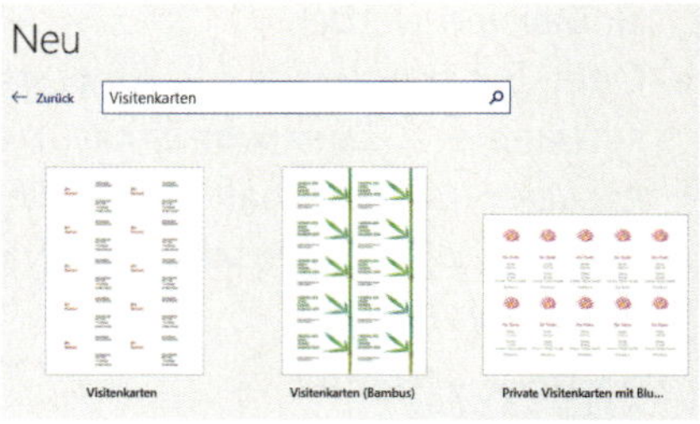

4.1.2 Dokumentprüfung

Dokument prüfen

Nach dem Speichern und bevor Sie ein Dokument weitergeben, können Sie prüfen, ob es versteckte Informationen enthält, und sie bei Bedarf entfernen.

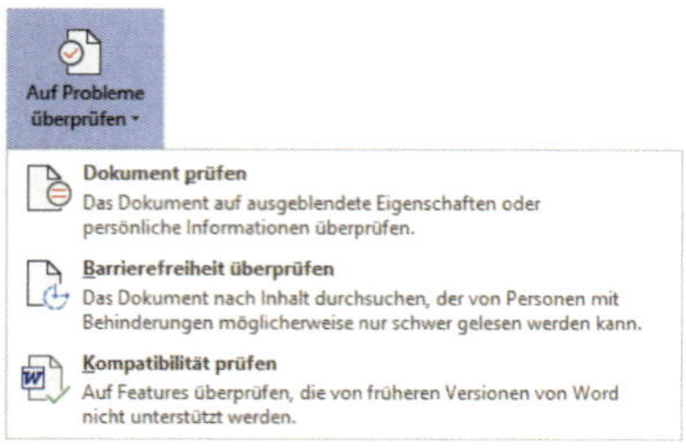

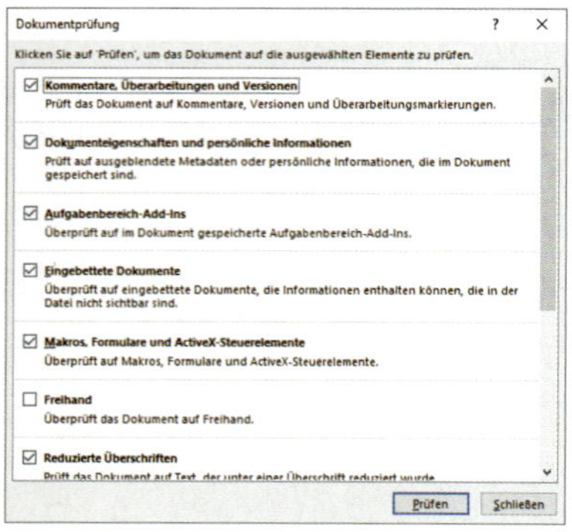

- Datei – Informationen – Auf Probleme überprüfen – Dokument prüfen
- Auswählen, welche Eigenschaften geprüft werden sollen – Prüfen
- Bevor Sie die versteckten Informationen entfernen, die das Prüfungsergebnis anzeigt, beachten Sie, dass manche Änderungen nicht rückgängig gemacht werden können!
- Alle entfernen – Erneut prüfen

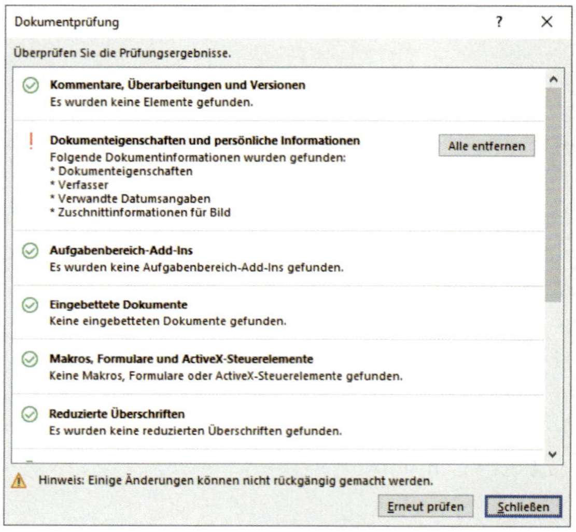

AutoKorrektur – Ausnahmenliste

Um die Vorteile der AutoKorrektur, z. B. die Korrektur von zwei Großbuchstaben am Wortanfang, zu nutzen, aber bei manchen Wörtern diese AutoKorrektur zu verhindern, legen Sie eine Liste von Ausnahmen fest, die in Ihrem Benutzerprofil gespeichert werden. Die Ausnahmenliste wird von allen OFFICE-Programmen übernommen.

- Datei – Optionen – Word-Optionen – Dokumentprüfung – AutoKorrektur-Optionen...
- AutoKorrektur – Ausnahmen... – Erster Buchstabe, Wortanfang gross oder Andere
- Nicht korrigieren-Wörter, die mit zwei Großbuchstaben beginnen und nicht korrigiert werden sollen, z. B. USt, in das Textfeld schreiben – Hinzufügen

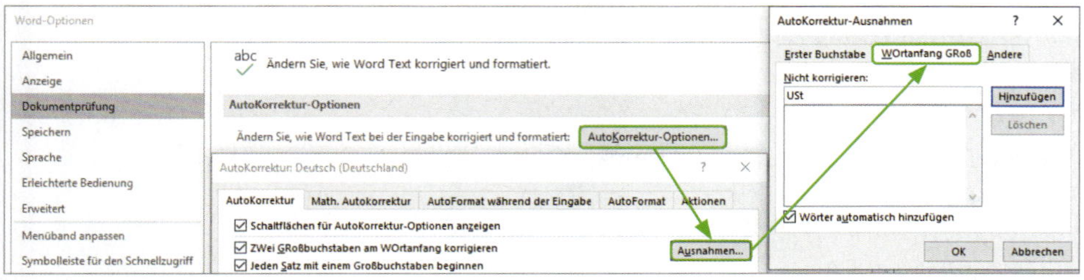

Neues Benutzerwörterbuch anlegen und aktivieren

Für Texte, die fachspezifische Begriffe enthalten, können Sie zusätzlich zum Standardwörterbuch Benutzerwörterbücher anlegen.

- Datei – Optionen – Word-Optionen – Dokumentprüfung
- Benutzerwörterbücher... – Custom.dic – Neu...
- Dateinamen für das Benutzerwörterbuch eingeben – Speichern

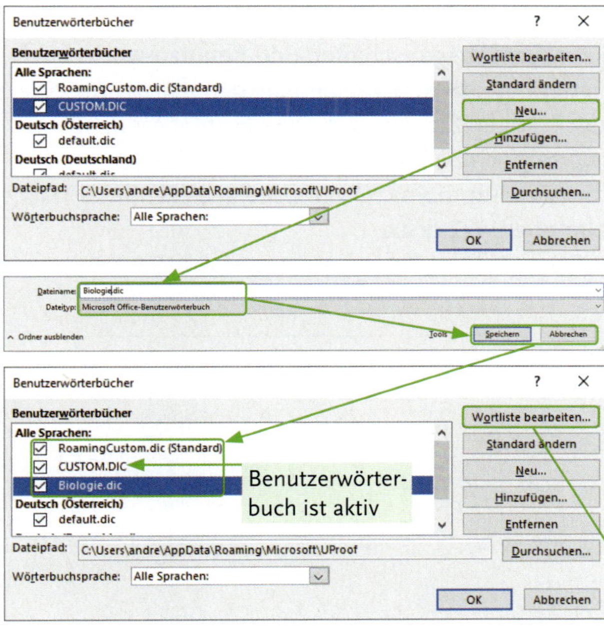

WORD verwendet zur Rechtschreibprüfung das **Standardwörterbuch** der von Ihnen gewählten Sprache. Wollen Sie zur Prüfung zusätzlich ein **Benutzerwörterbuch** verwenden, müssen Sie es aktivieren über Datei – Optionen – Word-Optionen – Dokumentprüfung – Benutzerwörterbücher – Kontrollkästchen vor dem Wörterbuch aktivieren.

Benutzerwörterbuch-Wortliste bearbeiten (Wörter hinzufügen oder löschen)

- Datei – Optionen – Word-Optionen – Dokumentprüfung
- Benutzerwörterbücher... – Wörterbuch auswählen – Wortliste bearbeiten...
- Oder das neue gespeicherte Benutzerwörterbuch markieren – Wortliste bearbeiten ...
- Wort/Wörter Hinzufügen bzw. Wörter in der Wörterbuchliste markieren und Löschen oder Alle löschen

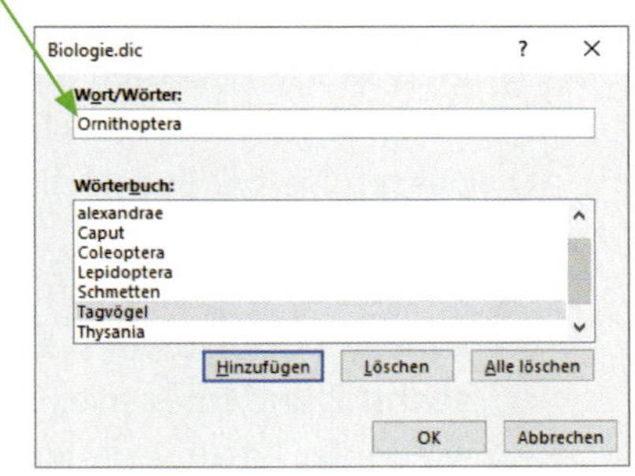

Übungen

1. Dokumenteigenschaften

a) Nennen Sie mindestens drei Standard-Dokumenteigenschaften, deren Inhalt Sie ändern können.

b) Nennen Sie mindestens drei Dokumenteigenschaften, die von WORD automatisch aktualisiert werden.

2. Vorlage mit Dokumenteigenschaften und Inhaltssteuerelementen

a) Öffnen Sie das Dokument **Vorlage_u.docx** oder erstellen Sie ein neues Dokument auf Basis der WORD-Vorlage Visitenkarte (Bambus).

b) Speichern Sie die Datei unter **Vorlage1.docx.**

c) Ändern Sie in den Dokumenteigenschaften Relevante Personen den Namen des Autors auf Ihren Namen. Ergänzen Sie in den vorgegebenen Feldern in der Visitenkarte die Daten Telefonnummer, E-Mail- und Internetadresse.

3. Dokument mit benutzerdefinierten Dokumenteigenschaften und Benutzerwörterbuch

a) Öffnen Sie das Dokument **Schmetterling1.docx.** Schreiben Sie den abgebildeten Text ab **oder** kopieren Sie ihn aus der Datei **Schmetterling_u.docx.** Fügen Sie den Text ohne Formatierungen ein.

b) Erstellen Sie das neue Benutzerwörterbuch **Biologie.dic** und fügen Sie folgende Begriffe hinzu: »Coleoptera, Lepidoptera, Tagvögel, Caput, Thysania, Agrippina, Ornithoptera, alexandrae, Tischeriidae, Schmetten«.

c) Speichern Sie die Datei unter **Schmetterling2.docx.**

d) Aktivieren Sie für das Dokument **Schmetterling2.docx** das neu erstellte Wörterbuch.

e) Führen Sie die Rechtschreibprüfung durch und aktivieren Sie die automatische Silbentrennung.

f) Öffnen Sie den Dokumentbereich mit den Dokumenteigenschaften und ergänzen Sie folgende Eigenschaften: Autor: Fügen Sie Ihren Namen ein, Titel »Schmetterlinge«, Kategorie »Biologiereferat«. Beachten Sie die Änderung auf dem Deckblatt, passen Sie bei Bedarf die Schriftgröße an.

g) Weisen Sie die Schnellformatvorlagen Überschrift 1, Überschrift 2 und Intensives Zitat wie in der Lösung abgebildet zu.

Die Lösungsabbildung wurde im Design Integral, Dokumentformatierung: Schattiert, Farben: Violett II erstellt

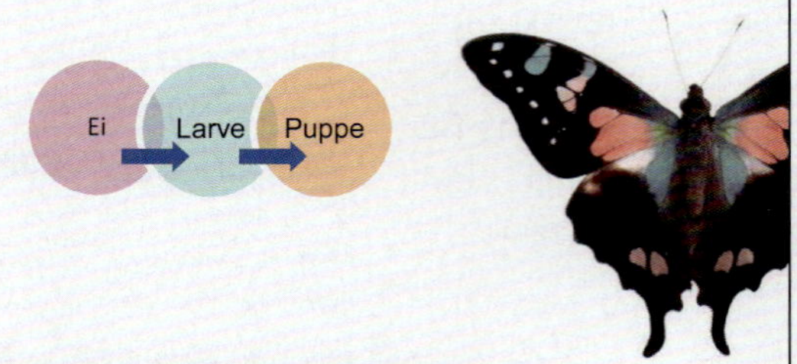

SCHMETTERLINGE

Die Schmetterlinge (Lepidoptera) oder Falter umfassen mehr als 180 000 beschriebene Arten in 127 Familien und 46 Überfamilien. Sie sind nach den Käfern (Coleoptera) die an Arten zweitreichste Insektenordnung. Jährlich werden etwa 700 Arten neu entdeckt. Schmetterlinge sind auf allen Kontinenten außer in der Antarktis verbreitet.

NAMENSABLEITUNG

Der deutsche Name „Schmetterling", 1501 erstmals belegt, kommt vom slawischstämmigen ostmitteldeutschen Wort Schmetten (das heißt Schmand, Rahm), von dem einige Arten oft angezogen werden. Im Aberglauben galten Schmetterlinge als Verkörperung von Hexen, die es auf den Rahm abgesehen hatten. Die englische Bezeichnung „butterfly" weist in dieselbe Richtung, da die Tiere beim Butterschlagen angelockt wurden. Regional existieren weitere Bezeichnungen.

Das Wort Schmetterling setzte sich erst in der zweiten Hälfte des 18. Jahrhunderts allgemein durch. Bis dahin wurde diese Insektenordnung nach Rösel von Rosenhof (1749) noch „Tagvögel" (für Tagfalter) oder „Nachtvögel" (für Nachtfalter) genannt.

Die wissenschaftliche Bezeichnung Lepidoptera heißt Schuppenflügler.

KÖRPERBAU

Schmetterlinge haben ein äußeres Skelett aus Chitin. Auch die Beine und die Fühler bestehen aus Chitinringen. Unterteilt wird der Körper in Kopf (Caput), Brust (Thorax) und Hinterleib (Abdomen). Am Kopf der Schmetterlinge sind die Fühler, die Augen und bei den meisten Arten die Mundwerkzeuge mit dem Saugrüssel sehr auffällig, am Thorax sind die meist großen und sehr zarten Flügel aufgehängt, die die gesamte Gestalt der Falter dominieren.

Der Körperbau der Schmetterlinge entspricht dem Grundbauplan fast aller anderen Insekten.

Schmetterlinge erreichen eine Körperlänge (ohne Flügel) von 1,5 bis 100 mm. Als größter Schmetterling gilt der Eulenfalter (Thysania agrippina) aus Südamerika. Diese Falter erreichen Flügelspannweiten von 25 bis 30 cm. Der Königin-Alexandra-Vogelfalter (Ornithoptera alexandrae) ist mit Spannweiten von 20 bis 28 cm der größte Tagfalter. Die kleinsten Falter sind Schopfstirnmotten (Tischeriidae), zu denen Arten mit einer Flügelspannweite von nur 1,5 bis 2 mm gehören.

1 Quelle: Auszugsweise aus de.wikipedia.org/wiki/Schmetterlinge, Stand 2013

4.2 Schnellbausteine – Felder

Felder werden als Platzhalter für variable Daten in einem Dokument verwendet. Sie werden häufig automatisch durch bestimmte Befehle eingefügt, wie z. B. Seitenzahlen, können aber auch aus einer Liste von Feldern mit individuell wählbaren Optionen eingefügt werden.

Der SCHNELLBAUSTEINKATALOG ist ein Katalog, in dem **wiederverwendbare Inhalte** erstellt, gespeichert und gesucht werden können (Felder, AutoText sowie Dokumenteigenschaften).

Feldschattierung anzeigen

Um problemlos erkennen zu können, wo sich in einem Dokument Felder befinden, aktivieren Sie die Feldschattierung.

- DATEI – OPTIONEN – WORD-OPTIONEN – ERWEITERT
- DOKUMENTINHALT ANZEIGEN – FELDSCHATTIERUNG – IMMER bzw. WENN AUSGEWÄHLT

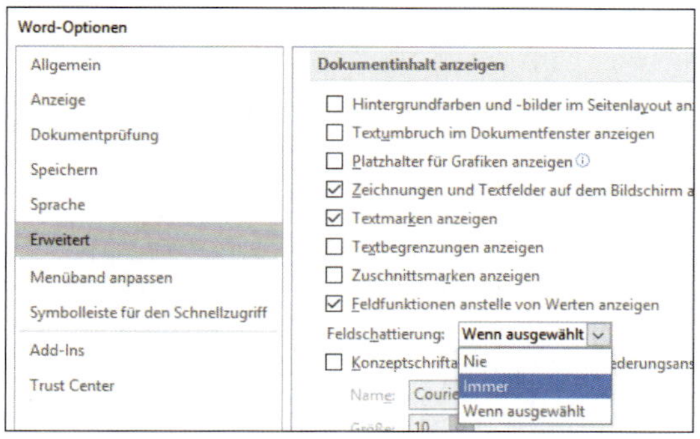

Felder haben Sie bisher meist verwendet, ohne sich dessen bewusst zu sein. WORD fügt automatisch Felder ein, wenn Sie bestimmte Befehle verwenden, z. B. beim Einfügen einer Seitenzahl oder eines Deckblatts oder beim Nummerieren von Listen.

Feldschattierung und Feldfunktion einer Seitenzahl in der Fußzeile:

{PAGE··*·MERGEFORMAT}¤

Feldfunktion anzeigen bzw. drucken

Normalerweise wird nur das Ergebnis des Feldes, z. B. die Seitenzahl, angezeigt. Sie können die Feldfunktion im Dokument auch anzeigen oder drucken über:

- DATEI – OPTIONEN – WORD-OPTIONEN – ERWEITERT
- DOKUMENTINHALT ANZEIGEN – FELDFUNKTIONEN ANSTELLE VON WERTEN ANZEIGEN
- Oder DRUCKEN – FELDFUNKTIONEN ANSTELLE VON WERTEN DRUCKEN

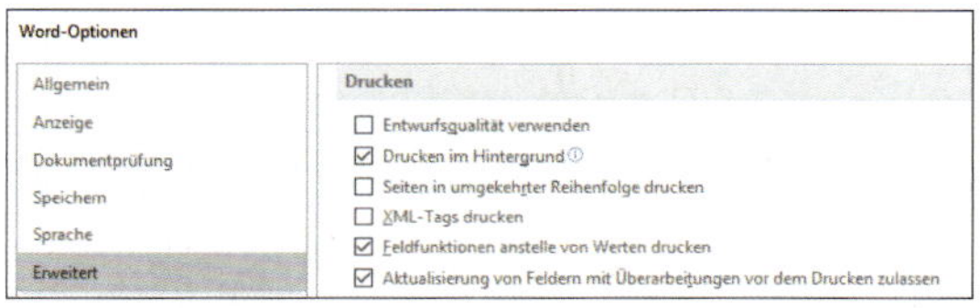

Feldschattierung und Feldfunktion eines automatisch aktualisierbaren Datums in der Form: Freitag, 10. Februar ....

{ TIME \@ "yyyy-MM-dd" }

4.2.1 Feld einfügen, Feldeigenschaften und Optionen auswählen

- Einfügemarke an die gewünschte Stelle im Dokument
- EINFÜGEN – TEXT – SCHNELLBAUSTEINE – FELD...
- KATEGORIE – FELDNAMEN – Feld mit passenden FELDEIGENSCHAFTEN wählen, z. B. Feld ERSTELLUNGSDATUM (Create Date) mit einem passenden Datumsformat oder Feld VERKNÜPFUNG mit einer Formatvorlage (StyleRef), die Sie aus der Liste der vorhandenen Formatvorlagen auswählen
- Für manche Felder sind OPTIONEN wählbar, z. B. Feld DATEINAME mit der Option PFAD

Eine interaktive Abbildung dazu finden Sie in der TRAUNER-DigiBox.

Feld Erstellungsdatum (Create Date)

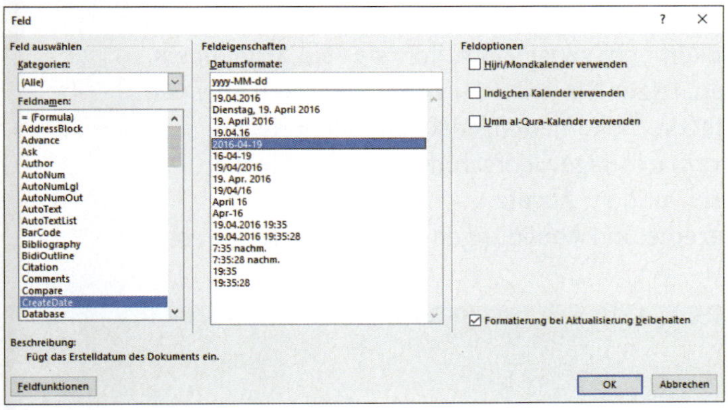

Feld Verknüpfung mit einer Formatvorlage (StyleRef)

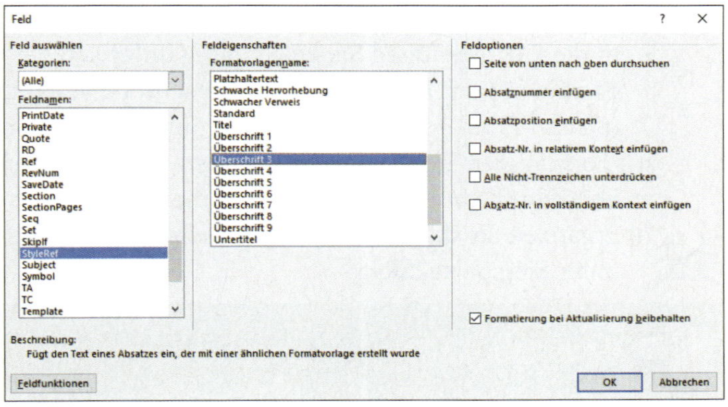

Feld Dateiname mit Pfad (Filename, Spezifische Schalter, Pfad hinzufügen)

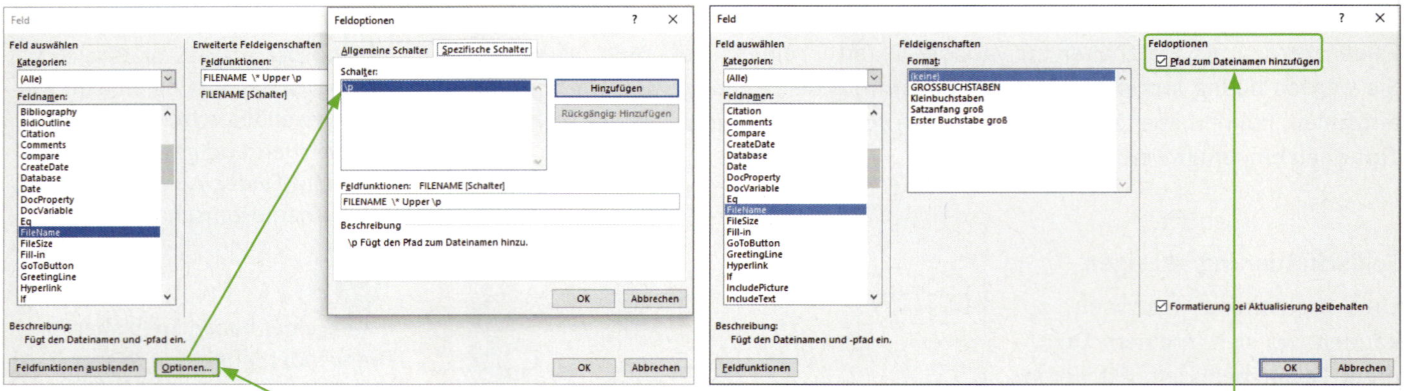

Eine interaktive Abbildung dazu finden Sie in der TRAUNER-DigiBox.

Unabhängig davon, ob Sie die Optionen über die Feldoptionen oder über die Schaltfläche Feldfunktionen – Optionen – Spezifische Schalter wählen, wird das Feldergebnis auf die gleiche Art angezeigt.

4.2.2 Feld aktualisieren

Beim Öffnen der Datei werden Felder automatisch aktualisiert, wenn diese Option gewählt wurde. Sie können die Felder auch während der Arbeit im Dokument aktualisieren.

- Kontextmenü – Felder aktualisieren
- Oder Klick in das Feld – F9-Taste

Ziele erreicht? – „Dokumentorganisation"

Kompetenz-Erwerb

- **Dokumenteigenschaften und Feld einfügen**

a) Öffnen Sie das Dokument **Eierspeise_u.docx.**
b) Speichern Sie das Dokument unter **Eierspeise1.docx.**
c) Wählen Sie ein passendes Design und ändern Sie in diesem die Farben Akzent 1 und Akzent 2 auf passende gelbe Farbtöne und speichern Sie das neue Farbschema unter **Eierspeise.**
d) Ändern Sie den Inhalt folgender Dokumenteigenschaften: Titel „Eierspeisen", Autor „Vorname Nachname", Kategorie „Einfache Rezepte".
e) Weisen Sie sowohl für die Kopfzeile als auch für die Fußzeile die Vorlage Rückblick zu. Ändern Sie bei Bedarf die Schriftfarbe auf Text 1.
f) Wählen Sie in der Kopfzeile das aktuelle Datum aus. Ändern Sie bei Bedarf in den Entwicklertools das Datumsformat. Ändern Sie bei Bedarf die Schriftfarbe auf Text 1.
g) Formatieren Sie den vorhandenen Text mit den Formatvorlagen Titel, Überschrift 1 und Überschrift 3.
h) Ändern Sie die Formatvorlage Titel auf Schriftgröße 72 Punkt, erweitert um 5 Punkt. Wählen Sie einen passenden Schatten.
i) Ändern Sie die Formatvorlage Überschrift 1 auf Schriftgröße 36 Punkt, erweitert um 6 Punkt.
j) Fügen Sie linke Einzüge 5 cm sowie Onlinebilder mit Bildrahmen in Akzentfarbe 1 wie abgebildet ein.
k) Fügen Sie eine Linie in Akzentfarbe 1, Stärke 6 Punkt passend ein.
l) In die Fußzeile fügen Sie linksbündig unterhalb der Dokumenteigenschaft Autor das Feld StyleRef ein, das Sie mit der Formatvorlage Überschrift 2 verknüpfen. Fügen Sie in die Fußzeile außerdem an einem rechten Tabulator unter der Seitennummer ausgerichtet die Dokumenteigenschaft Kategorie ein.
m) Formatieren Sie die neu eingefügten Felder mit der Formatvorlage Überschrift 3, ändern Sie die Schriftgröße auf 9 Punkt und entfernen Sie den Abstand vor dem Absatz.
n) Ergänzen Sie das Dokument um weitere Eierspeisenrezepte und Abbildungen und speichern Sie es unter **Eierspeise2.docx.**

Einen interaktiven **Safety-Check** finden Sie in der TRAUNER-DigiBox.

5 Typografie und Layout

Sarah möchte ein Flugblatt für einen privaten Flohmarkt gestalten. Sie ist sich aber nicht sicher, welche Farben und Schriftarten etc. gut zusammenpassen.

Meine Ziele

Nach Bearbeitung dieses Kapitels kann ich
- typografische Fachbegriffe nennen, zuordnen und anwenden.

KOMPETENZ-ERWERB

5.1 Grundbegriffe Typografie und Layout

Das Wort Typografie hat griechische Wurzeln und bedeutet so viel wie mit Schrift (Form) zeichnen oder schreiben.

Fachbegriffe	
Typografie	Lehre von der Form (Gestalt) von Schriftzeichen (Festlegen der Grundschrift, Spaltenbreite, Zeilenabstand, Schriftenmischen usw.).
Layout	Verteilen von Elementen (Textblöcken, Grafiken, Bildern, Linien usw.) auf einer Seite.
Mikrotypografie	Korrektes Umgehen mit Schrift und anderen Stilmitteln.
Makrotypografie	Anordnen der Bilder und Schriftblöcke, das Bestimmen der Formatgröße und Formatlage, das Planen des Weißraumes.
Schrift	Die wichtigsten Unterscheidungsmerkmale von Schriften sind: 
Serifenschriften	Werden auch Antiquaschriften genannt. Sie sind in gedruckter Form für Fließtext zu bevorzugen, da sie eine optische Führungslinie darstellen und das Auge von Wort zu Wort führen. 
Serifenlose Schriften	Werden auch als Groteskschriften bezeichnet und für Überschriften bevorzugt. Auf Bildschirmen sind serifenlose Schriften besser lesbar als Serifenschriften. 
Schriftschnitte	Schriften werden generell nach Strichstärke (fett, normal), Breite (condensed) und Lage (kursiv) eingeteilt. Alle Schnitte einer Schrift bezeichnet man als Schriftfamilie.
Schriftgrößen	Schriftgrößen dienen als Ordnungsinstrument (z. B. gleiche Schriftgröße für alle Überschriften in einem Text) und als Gestaltungsmittel. Sie können die Lesbarkeit verschlechtern (was manchmal beabsichtigt wird – „Kleingedrucktes“).

„Auch die besten Designer bringen es nicht fertig, auf derselben Seite ein Dutzend Schriften so zu arrangieren, dass die Seite insgesamt noch einheitlich wirkt.“ Haben Sie schon Publikationen gesehen, auf die diese Beschreibung zutrifft und was halten Sie davon? Diskutieren Sie mit einem Partner/einer Partnerin über diese Aussage.

Gute Typografie lädt ein zum Lesen, ist Orientierungshilfe, begeistert, weckt die Neugier und Aufmerksamkeit, sie senkt die Hemmschwelle, einen Text zu lesen, sie steuert den gesamten Leseprozess.

Die Grenze zwischen Typografie und Layout ist nicht eindeutig zu ziehen.

Erst richtig abgestimmte Mikro- und Makrotypografie ermöglichen optimale Lesbarkeit.

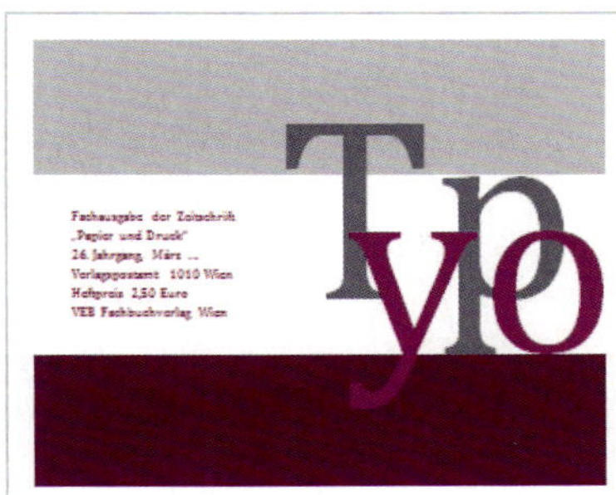

Beispiele
Kritische Buchstabenpaare, deren Buchstabenabstand automatisch oder manuell korrigiert werden muss:
WA, LT, VA, Yi, Te, We, Ay usw.

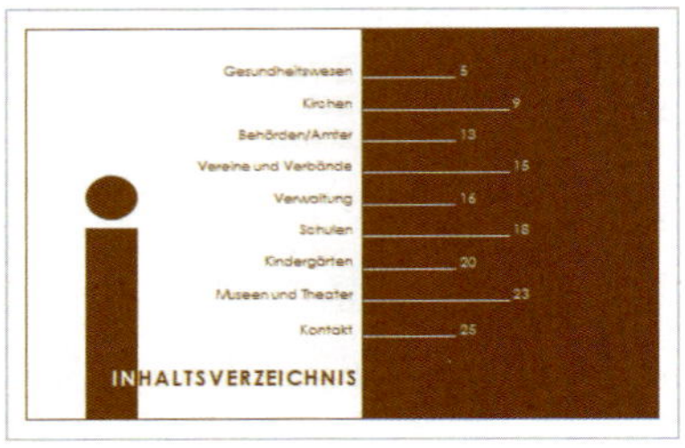

Eine interaktive Abbildung dazu finden Sie in der TRAUNER-DigiBox.

Laufweite	Darunter versteht man den Buchstabenabstand. Bei manchen Buchstabenkombinationen muss aus optischen Gründen der Abstand verringert (unterschnitten) oder vergrößert (gesperrt) werden. Dies erfolgt meist automatisch richtig.
Versalien	Setzen Sie Versalien (auch Großbuchstaben genannt) nur sehr sparsam ein. Zu eng gesetzte Versalien sind schlecht lesbar, daher werden sie meist leicht gesperrt.
Wortabstand	Ziel eines guten Wortabstandes ist die klare Trennung der Wörter voneinander, ohne dass Lücken den Lesefluss stören.
Zeilenabstand	Der Zeilenabstand ist die Distanz zwischen untereinander stehenden Schriftzeilen. Er ist für die Lesbarkeit und den Leseanreiz eines Textes entscheidend.
Zeilenlänge	Vermeiden Sie Zeilenbreiten unter 35 Zeichen. Für längere Texte haben sich Zeilen zwischen 45 und 75 Buchstaben bewährt. Serifenlose Schriften sollten maximal sieben bis neun Wörter pro Zeile aufweisen, Serifenschriften können neun bis elf Wörter pro Zeile umfassen.
Auszeichnungen	Auszeichnungen im Text werden überwiegend zum Hervorheben wichtiger Textteile verwendet. Arten: kursiv, bold (fett), Kapitälchen, unterstreichen, spationieren, Versalien, andere Schrift.
Linien	Linien haben innerhalb einer Drucksache entweder trennenden, ordnenden, verbindenden oder schmückenden Charakter.
Satzarten	■ Linksbündiger Flattersatz: Wirkt ästhetisch für gut lesbare Druckprodukte (Zeitschriften, Bücher) und lyrische Texte. ■ Eine Variante des linksbündigen Flattersatzes ist der Rausatz. Unterschiedlich lange Zeilen werden beim Rausatz durch Silbentrennung am Zeilenende ausgeglichen (automatisch oder manuell). ■ Rechtsbündiger Flattersatz: In Tabellenspalten (Zahlen), für Marginalien (Randbemerkungen, Bildunterschriften). ■ Mittelachsensatz (zentrierte Ausrichtung in WORD): Häufig für Gedichte, Überschriften, harmonisch konservative Drucksorten. ■ Blocksatz: Kommt bei sachlichen, gut lesbaren Drucksorten mit hohem Textanteil zum Einsatz.

Ziele erreicht? – „Typografie und Layout“

KOMPETENZ-ERWERB

1. Schreiben Sie die passenden Bezeichnungen in die Platzhalter.

2. Erklären Sie folgende Begriffe:

Versalien ____________ Laufweite ____________

Makrotypografie ____________ Auszeichnungen ____________

Schriftschnitte ____________

6 Training Schreibfertigkeit

Ali hat von seiner Professorin die Informationsbroschüre über einen Schreibwettbewerb erhalten. Da er zu den schnellsten seiner Klasse gehört, meldet er sich an. Er will aber auf jeden Fall zusätzlich trainieren, um noch besser zu werden.

FILM AB!

Lockern Sie Ihre Finger und Arme mit den Tipps im Video unter www.trauner.at/aim_v11.aspx.

Meine Ziele

Nach Bearbeitung dieses Kapitels kann ich
- die Geläufigkeit und Schreibgeschwindigkeit steigern.

KOMPETENZERWERB

6.1 Perfektionstraining

Die nachfolgenden Übungen trainieren spezielle Buchstaben und Buchstabenkombinationen.

Übung

- **Perfektionstext**

Schreiben Sie jedes folgende **Wort dreimal** ab, aktivieren Sie die **automatische Silbentrennung** und **sehen Sie nicht auf die Tastatur!**

groß weiß bloß außen fleißig grüßt ließ müßig äußerlich ausschließlich gießt ß
Fuß Gruß Strauß Großbetrieb Großhandel Außenstände Blöße Spaß Straße

für über süß üben lügen müssen wühlen grüßen prüfen rühmen früher tüchtig ü
genügend jünger kürzer bürgen schützen vorzüglich hinüber müde drücken

wäre hätte während später zunächst tätig ständig häufig hält getätigt stärker ä
Begräbnis Gegenstände Ähnlichkeit Umsätze Vitalität Militär Zähne Hände

fix extra boxen exklusive exotisch fixieren verhext extrem geboxt exquisite x
Maximilian Taxi Hexe Textil Texas Felix Mexiko Experte Boxen Fixum Lexikon

anonym systematisch typischer dynamischer olympisch psychologisch bayrisch y
Ybbs Bayernfan Gymnasium Dynamo Haydn Systeme Playboy Steyr Zyklon

plappern perplex pilgern pausieren parken tappen klappen parodieren per pro p
Parade Pol Praktik Prägung Pranger Präsenzdiener Prämie Protokolle Pläne

quer quälen quieken quellen querulieren quirlig quantitativ quetschen qualvoll qu
Quote Quelle Quadrat Qualm Quaste Quirl Quarzsand Quartal Quitte Qualle

Umfang Empfang Anfang Abgang Rückgang Umgang Jahrgang Lehrgang Lehrling -ng
Verteidigung Berufung Dämpfung Bewegung Bewerbung Anhang Beendigung

Textverarbeitung

veraltete verwaltete belichtete erwartete antwortete beobachtete begleitete richtete bereitete leitete errichtete belichtete beleuchtete verdichtete gerichtete getestete	-tete
Bekehrung Belehrung Verirrung Verwirrung Retournierung Legierung Störung Bewährung Versicherung Verschlechterung Reduzierung Magnetisierung Ehrung	-rung
Aktion Reaktion Redaktion Fraktion Funktion Auktion Organisation Revolution Delegation Sensation Expedition Fabrikation Perforation Konzentration Auktion	-tion
Optiker Taktiker Praktiker Politiker Mechaniker Kritiker Musiker Statistiker Alkoholiker Theoretiker Mathematiker Epileptiker Diabetiker Choleriker Elektriker	-iker
Amateur Monteur Redakteur Jongleur Installateur Friseur Masseurin Spediteur Dompteuse Masseur Deserteur Operateur Souffleuse Regisseur Chauffeur Malheur	-eur, -euse
Parlament Dokument Pergament Referent Monument Element Dirigent Orient Kontinent Testament Argument Assistent Okzident Komplimente Firmament	-ent
Studium Gaudium Medium Harmonium Gymnasium Podium Opium Stadium Planetarium Präsidium Magnesium Kalzium Aquarium Evangelium Oratorium	-ium
Aktie Linie Prämie Furie Serie Lilie Materie Studie Familie Kopie Tragödie Poesie Havarie Theorie Jalousie Orthografie Orthopädie Karosserie Telepathie	-ie
Humanismus Optimismus Sadismus Kapitalismus Egoismus Buddhismus Naturalismus Föderalismus Katechismus Idealismus Pessimismus Sozialismus	-ismus
akzeptieren ruinieren legalisieren torpedieren telefonieren recherchieren studieren taktieren desertieren garantieren addieren kommentieren finanzieren pensionieren	-ieren
Toleranz Prägnanz Diskrepanz Extravaganz Arroganz Ambulanz Brillanz Ignoranz Instanz Kulanz Finanzamt Eröffnungsbilanz Repräsentanz Distanz Bilanzen	-anz
Optimist Pessimistin Egoist Realistin Sozialistin Kapitalist Flötistin Kabarettistin Organist Dentist Bigamist Alchimist Alpinist Materialist Parlamentarist Pianistin	-ist, -istin
Genehmigung Verantwortung Verirrung Verwirrung Regierung Retournierung Nahrung Filtrierung Identifizierung Wahrung Währung Bescherung Entbehrung	-ung
Gerechtigkeit Einigkeit Ewigkeit Fähigkeiten Innigkeit Lustigkeit Leichtigkeiten Unfähigkeit Gerechtigkeit Richtigkeit Schwierigkeiten Heftigkeit Widrigkeiten	-igkeit
gelegentlich höflich hoffentlich weiblich öffentlich wissentlich außerordentliche eigentliche kindlich namentlich unwissentlich üblich wöchentliche geflissentlich	-lich

6.2 Zehn-Minuten-Abschriften

Verwenden Sie für Zehn-Minuten-Abschriften die Standard-Randeinstellungen, Links, Rechts, Oben: 2,5 cm, Unten: 2 cm sowie die Schnellformatvorlage Standard. Betätigen Sie nur bei den Absätzen die Eingabetaste und stellen Sie die automatische Silbentrennung ein.

Übungen

1. Psychologie der Farben

a) Erfassen Sie den Text in der Schriftart Cambria 12 Punkt.

Farben sind ein wesentlicher Bestandteil unseres täglichen Lebens. Für die meisten 86
Menschen sind Farben etwas Selbstverständliches, deshalb werden Farben überwiegend 172
von unserem Unterbewusstsein wahrgenommen. Welche bedeutende Rolle die Farben 253
jedoch in unserem Leben spielen, merken wir erst dann, wenn sie einmal nicht mehr da 338
sind. 343

So zum Beispiel an verregneten und nebligen Tagen, an denen uns die Welt wie eine trü- 433
be Masse aus Grautönen erscheint. Farbeindrücke rufen in uns eine unbewusste Reakti- 521
on hervor. Diese kann sowohl einen positiven Sinneseindruck, als auch Ablehnung her- 608
vorrufen. Diese Wirkung kann man am besten bei kleinen Kindern beobachten. Sie grei- 696
fen insbesondere nach den Dingen, die ihre Lieblingsfarbe aufweisen. In den meisten 782
Fällen ist das die Farbe Rot. 814

Selbst wenn wir schlafen und träumen, erleben wir eine farbige Welt, obwohl unsere 898
Augen geschlossen sind und es dunkel ist. Farben haben eine Wirkung auf Verhalten, 984
Wesen und Charakter des Menschen. Das ist seit den Anfängen der modernen Psycholo- 1072
gie einschlägig bekannt. Mit Hilfe von speziellen Farbtests versuchte man, Persönlichkeit 1165
und Psyche eines Menschen besser zu verstehen. In diesem Zusammenhang sind vor 1247
allem der Lüscher-Farbtest, der Pfister-Farbpyramidentest und der Farbtest nach Frei- 1338
ling zu nennen. 1353

Blau steht zum Beispiel für Entspannung, Ausgeglichenheit, Zufriedenheit, Frieden und 1444
Gelassenheit. Es besänftigt und beruhigt das Gemüt und wirkt gleichermaßen kühl. 1527

Rot ist die Farbe der Leidenschaft, des Blutes und der Liebe. Diese steht für Krieg und 1621
Mut. „Rote“ Menschen gelten oft als Powertypen. Ihre Mitmenschen empfinden sie als 1711
starke und dominante Führungspersönlichkeiten. 1758

Gelb bedeutet Energie, Fruchtbarkeit und Reife. Die Farbe entspannt, erheitert, strahlt 1851
und leuchtet. Sie steht für Optimismus, Freude und Kommunikation. 1920

Spontan verbindet man mit der Farbe Grün die umgebende Natur, eine üppige Vegetati- 2008
on und das Pflanzenkleid der Erde. Grün ist die Farbe der Hoffnung. Es bedeutet Leben, 2101
Wachstum, Neubeginn und Nahrung. Es wirkt beruhigend und vertrauenerweckend. 2181

Quelle: www.alternative-lebensschule.at

b) Speichern Sie die Abschrift unter **Farben1.docx.**

2. Blutspenden kann Leben retten

a) Erfassen Sie den Text in der Schriftart Franklin Gothic Book 12 Punkt.

Die Bedeutung der Blutspende kann nicht hoch genug eingeschätzt werden. Menschli- 84
ches Blut ist ein wichtiges Notfallmedikament nach Unfällen und bei akuten Erkrankun- 172
gen, für das es bis heute keinen adäquaten Ersatz gibt. Blutspenderinnen und Blutspen- 260
der helfen mit ihrer Spende, in Notfällen Leben zu retten. Bestandteile unseres Blutes 351
dienen außerdem dazu, wichtige – häufig lebenswichtige – Arzneimittel herzustellen. 435

Durch eine regelmäßige Blutspende hilft man mit, die Blutversorgung der Spitäler – jähr- 526
lich werden ca. 500 000 Blutspenden benötigt – zu gewährleisten. Die flächendeckende 612
Versorgung mit Spenderblut von freiwilligen Spenderinnen und Spendern rund um die Uhr 702
ist ein unverzichtbarer Bestandteil des Gesundheitssystems eines Landes. 777

Das Österreichische Rote Kreuz hat es sich zum Ziel gesetzt, jederzeit sicherste Blutkon- 871
serven jeder Blutgruppe in ausreichender Menge zur Verfügung stellen zu können. Das ist 962
nur dank der Hilfe freiwilliger und unbezahlter Blutspenderinnen und Blutspender mög- 1049
lich. Diese Freiwilligkeit stellt einen hohen ethischen Wert dar. Menschen, die ihr Blut aus 1146
Nächstenliebe geben, drücken damit ihre Solidarität mit Schwächeren aus – mit Verletz- 1235
ten oder Kranken. 1253

Menschen geben einander Blut, ohne sich überhaupt zu kennen, aber die freiwilligen 1337
Spenderinnen und Spender wissen: Durch meine Spende wird ein anderer weiterleben. 1423
Die Haltbarkeit der Blutkonserven ist mit 42 Tagen begrenzt. 1487

Tag für Tag werden in Österreich 800 bis 2 500 Blutkonserven gebraucht. Kurzfristige 1576
Einflüsse führen immer wieder eine Knappheit der Blutkonserven herbei, z. B. eine Grip- 1667
pewelle, weil nur vollkommen gesunde Menschen spenden dürfen, Urlaubszeit oder der 1751
Trend zu Fernreisen, weil Personen, die sich in Tropengebieten aufgehalten haben, länge- 1842
re Zeit nicht spenden dürfen. 1872

So kommt es, dass das Rote Kreuz von Zeit zu Zeit im Radio, im Fernsehen und in den 1962
Zeitungen zum Blutspenden aufruft. Ein Appell, dem möglichst viele Menschen Folge leis- 2054
ten sollten. Denn es kann jederzeit passieren, dass man auch selbst einmal das Notfall- 2142
medikament Blut braucht. Und Blut gibt es nur, wenn ausreichend gespendet wurde. 2225

Blut spenden können alle gesunden Frauen und Männer im Alter von 18 bis 65 Jahren. 2312
Nach der Feststellung der Eignung zur Blutspende wird im Liegen ca. 450 ml Blut aus der 2405
Armvene entnommen. Zur Spendersicherheit wird steriles Einwegmaterial verwendet. 2489
Jede Gefahr für die Spenderin/den Spender wird dadurch vollkommen ausgeschlossen. 2575

Im Anschluss an die Spende gönnt man sich noch eine Viertelstunde zur Erholung und 2662
genießt einen kleinen Imbiss. In seltenen Fällen kommt es zu Schwindelgefühl, Müdigkeit 2754
und Blässe. 2766

Doch das Wichtigste ist die gute Gewissheit: Ein anderer wird durch meine Spende weiter- 2859
leben. 2865

Quelle: www.roteskreuz.at

b) Speichern Sie die Abschrift unter **Blutspenden1.docx.**

II Textverarbeitung – Schriftverkehr

Manche Textpassagen in Briefen werden je nach Inhalt und Wichtigkeit nicht nur mit einfachen Hervorhebungen formatiert, sondern können auch mit Stichwörtern, Aufstellungen, einer oder zwei Zahlenkolonnen, Tabellen und Spalten gestaltet werden. In diesem Kapitel erfahren Sie außerdem, wie Sie Massensendungen, Briefe mit Schnellbausteinen und Briefe mit Fortsetzungsblättern schreiben. Die formale Gestaltung von englischen und amerikanischen Geschäftsbriefen wird ebenfalls erläutert. Sie lernen ebenfalls Geschäftsbriefe rationell in WORD zu gesalten.

1 Formale Briefgestaltung

Haben Sie schon einmal einen zwei- oder mehrseitigen Brief erhalten? Wenn ja, sind Ihnen dabei Unterschiede zu einseitigen Briefen aufgefallen?

Ali wird von seinem Vorgesetzten aufgefordert, einen optisch ansprechenden Brief zu schreiben. Er formatiert schon sehr gut. Während des Schreibens merkt er, dass sich das Schriftstück nicht auf einer Seite ausgeht. Ali benötigt ein Fortsetzungsblatt. Die Beschriftung der ersten und der folgenden Seiten ist ihm aus dem Unterricht bereits bekannt.

KOMPETENZ-ERWERB

Meine Ziele

Nach Bearbeitung dieses Kapitels kann ich
- Briefbestandteile optisch ansprechend und korrekt gestalten;
- Geschäfts- und Privatbriefe korrekt schreiben;
- englische und amerikanische Geschäftsbriefe korrekt schreiben.

1.1 Massensendungen – Info.Mail

Info.Mail-Sendungen sind von Format und Gewicht idente Sendungen mit werblichem Inhalt und ausschließlich gedruckter Anschrift, von denen mindestens 400 Stück gleichzeitig aufgegeben werden. Die Post bietet dieses Service zu einem vergünstigten Porto an.

Die Sendungen müssen folgende Merkmale aufweisen
- gleiche Absenderin/gleicher Absender
- gleiches Format und Gewicht
- gleiches Basisprodukt (Serienbriefe mit variablen Textteilen)

Maß- und Gewichtsgrenzen
- Mindestmaße: 140 mm x 90 mm
- Höchstmaße: 324 mm x 229 mm
- Höchstgewicht: 2 000 g
- Max. Stärke: 24 mm

Nicht als Info.Mail gelten Rechnungen, Mahnungen, Kontoauszüge, Zahlscheine.

Jede Info.Mail-Sendung muss auf der Außenseite der Sendung bzw. auf der Verpackung einen deutlich sichtbaren zweizeiligen Vermerk tragen:

Österreichische Post AG
Info.Mail Entgelt bezahlt

Bei Sendungen in Fensterkuverts oder bei der Verwendung von Adressetiketten kann der Freimachungsvermerk einzeilig oberhalb der Anschrift und deutlich abgesetzt von ihr gedruckt werden.

Beispiel im Fensterkuvert

ca. 5,5 cm

Österreichische Post AG Info.Mail Entgelt bezahlt

Friseurbedarf
Jacqueline Sommerer
Grünwaldstraße 4
6020 Innsbruck

ca. 6,5 cm

1.2 Unternehmensinformationen in der Fußzeile

Laut Firmenbuchgesetz müssen Unternehmer auf allen Geschäftspapieren Firmenbuchnummer und Firmenbuchgericht angeben. Zusätzlich sollen die UID-Nr., die ARA-Lizenznummer, IBAN und der BIC aufscheinen. Setzen Sie bei allen Übungsbeispielen diese Angaben selbstständig ein.

UID-Nr. = Umsatzsteueridentifikationsnummer (ATU + 8-stellig)

ARA = **A**ltstoff-**R**ecycling-**A**ustria AG (4-stellig)

IBAN = **I**nternational **B**ank **A**ccount **N**umber, international standardisierte Kontonummer (AT + 18-stellig in Österreich – aufgrund der Länge der Zahl wird für die Lesbarkeit eine Unterteilung in Vierergruppen vorgenommen – beim E-Banking erfolgt die Eingabe der Zahl aber ohne Leerzeichen)

BIC = **B**ank **I**dentifier **C**ode, auch als SWIFT-Adresse bekannt; ist die weltweit eindeutige Identifizierung von Kreditinstituten)

ZVR = **Z**entrales **V**ereins**r**egister, seit 1. 4. 2006 ist die ZVR-Zahl von Vereinen im Rechtsverkehr nach außen zu führen. Sie scheint auf jedem Vereinsregisterauszug auf.

Übungen

- **Info Tarifanpassung**

a) Erstellen Sie einen Geschäftsbrief in einem neuen Dokument im Design Segment oder verwenden Sie die Vorlage **Seguro_v.dotx** für den Geschäftsbrief.

b) Speichern Sie das Dokument unter **Seguro1.docx.**

c) Logo Absender: zwei Textfelder, Schriftarten Harrington, Textkörperschrift.

SEGURO VERSICHERUNG

Rheinstraße 28, 6900 BREGENZ, ÖSTERREICH/AUSTRIA
Tel. +43 5574 750 00-0
Fax +43 5574 750 00-19
office@seguro.at
www.seguro.at

Seguro AG, Rheinstraße 28, 6900 Bregenz, AUSTRIA
Österreichische Post AG Info.Mail Entgelt bezahlt

Frau
Eugenie Zumtobel
Graf-Kaspar-Straße 14
6850 Dornbirn

Unser Zeichen: pe-hä

Name: Markus Hämmerle
Telefon: +43 5574 750 00-22
E-Mail: haemmerle@seguro.at

Datum: 20..-12-05

Ihre Krankenversicherung – Polizzen-Nr. 253-1112536

Sehr geehrte Frau Zumtobel,

aufgrund der Veränderungen der Preise im Gesundheitswesen und der allgemein häufigeren Inanspruchnahme von Leistungen ist eine Tarifanpassung notwendig, um die Qualität Ihrer Krankenversicherung zu erhalten.

Mit dieser Anpassung können wir die in der Beilage dokumentierte Kostendeckungsgarantie und die direkte Verrechnung mit den Vertragsspitälern weiterhin aufrechterhalten.

Wenn Sie eine oder mehrere der folgenden Zusatzleistungen mitversichert haben, werden auch diese angepasst:

- ✓ ambulante Arztbehandlung
- ✓ ambulante Zahnbehandlung
- ✓ Pflegeversicherung
  zur Pflegeversicherung lesen Sie bitte auch die beiliegenden Informationen

Die Tarifanpassung wird ab 1. Jänner 20.. wirksam. Ihre aktuelle Prämienhöhe entnehmen Sie bitte der beiliegenden Folgepolizze.

Mit freundlichen Grüßen

SEGURO Versicherung AG

ppa. Mag. Andreas Peters   i. V. Markus Hämmerle

Kostendeckungsgarantie
Information Pflegeversicherung
Folgepolizze

ATU25426044
FN 115596 b
Firmenbuchgericht Bregenz

BIC BKAUATWW
IBAN AT63 1184 0002 6584 9000

Vergleichen Sie den Geschäftsbrief mit einem Privatbrief aus dem Vorjahr. Notieren Sie die Unterschiede.

In der TRAUNER-DigiBox finden Sie vier Übungen zur Wiederholung der Hervorhebungsmöglichkeiten in Geschäfts und Privatbriefen.

Vor und nach diesen Hervorhebungen sind die gleichen Abstände einzuhalten.

Stichwörter
- sollen möglichst kurz sein,
- an der Fluchtlinie beginnen,
- dürfen hervorgehoben werden,
- Text richtet sich nach dem längsten Stichwort aus – in angemessenem Abstand.

1.3 Gestaltungsmöglichkeiten von Brieftexten

Je nach Inhalt und Wichtigkeit sind Textpassagen entsprechend hervorzuheben. Neben den bereits bekannten Hervorhebungen wie Zentrierung, Freistellung und Einzug bieten sich folgende Möglichkeiten an:

- Stichwörter
- Aufstellung
- Zahlenkolonne
- zwei Zahlenkolonnen
- Tabelle
- Spalten

1.3.1 Briefgestaltung mit Stichwörtern

Schriftstücke, in denen Textteile mit Stichwörtern gegliedert werden, ermöglichen es der Leserin/dem Leser, sich rasch und übersichtlich über den Briefinhalt zu informieren.

Übungen

1. Angebot

a) Erstellen Sie einen Geschäftsbrief in einem neuen Dokument im Design Office oder verwenden Sie die Vorlage **Bosch_v.dotx** für den Geschäftsbrief.

b) Speichern Sie das Dokument unter **Bosch1.docx.**

c) Logo Absenderangabe: Linien, Textkörperschrift, Schriftgrößen 18 und 9 Punkt.

d) Sammeln Sie in der Klasse Argumente, die dafür oder dagegen sprechen, diesen Text als E-Mail zu versenden.

e) Speichern nicht vergessen!

Tipp!
Die Gestaltung der Stichwörter ist mithilfe der Tabellenfunktionen bzw. des hängenden Einzugs möglich.

Egon Bosch Haustechnik

Völkermarkter Straße 24 | 9020 Klagenfurt am Wörtersee | ÖSTERREICH/AUSTRIA | +43 463 548 69-0 | www.egon.bosch.at

Egon Bosch Haustechnik, 9020 Klagenfurt, Völkermarkter Straße 24, AUSTRIA

Anton Weissengruber KG
Herrn DI Werner Platzer
Schillerplatz 45
9620 Hermagor

Ihr Zeichen: pla-we
Ihre Nachricht: 20..-04-15
Unser Zeichen: ge-be
Unsere UID-Nr.: ATU 38291876

Name: Reinhard Berger
Telefon: +43 463 548 69-15
E-Mail: berger@egon.bosch.at

Datum: 20..-04-18

Angebot

Sehr geehrter Herr DI Platzer,

wir danken für Ihre Anfrage und wünschen Ihnen vorerst alles Gute für Ihr neues Geschäft.

Unseren Waschbeckenkatalog inkl. Preisliste haben wir diesem Schreiben beigefügt. Zusätzlich erhalten Sie unser aktuelles Flugblatt mit den derzeitigen Sonderaktionen.

Für alle Waschbecken aus unserem Katalog gelten folgende Verkaufsbedingungen:

Lieferzeit: innerhalb 8 Tagen nach Erhalt der Bestellung

Zahlung: innerhalb 10 Tagen ab Rechnungslegung 2 % Skonto,
30 Tage netto Kassa

Preise: ab Werk, inkl. Umsatzsteuer

Wir hoffen, dass Ihnen unsere Produkte gefallen, und freuen uns auf Ihre Aufträge.

Freundliche Grüße

EGON BOSCH
Haustechnik

Reinhard Berger
i. A. Reinhard Berger

Katalog
Preisliste
Flugblatt

Handelsgericht Klagenfurt
BIC SPWAT5B
FN 254666 b
IBAN AT752040002504526789
UID-Nr. ATU38291876

2. Information Hotel Goldenes Kreuz

a) Erstellen Sie einen Brief in einem neuen Dokument im Design Parallax oder verwenden Sie die Vorlage **Hotel Kreuz_v.dotx.** Speichern Sie den Brief unter **Hotel Kreuz1.docx.**
b) Absenderangabe: Calibri 14 bzw. 10 Punkt, Pfeil einfügen, erweiterter Zeichenabstand 6 Punkt.
c) Textgestaltung: Stichwörter.

Absenderangabe:	HOTEL GOLDENES KREUZ * * * * Rheintaler Straße 5, 6840 GÖTZIS, ÖSTERREICH/AUSTRIA Tel.: +43 5523 59 88-0, Fax: +43 5523 59 88-15 E-Mail: office@kreuz.at, Web: www.kreuz.at
Empfängerangabe:	Bergmann & Co, DI Egon Zimmerer, Hauptstraße 28, 2540 Vöslau
Bezugszeichen:	....-02-20, am, Frau Madlener, +43 5523 59 88-11, a.madlener@kreuz.at
Betreff:	Wählen Sie Götzis für Ihre Konferenz
Beilage:	Siehe Briefinhalt
Weitere Firmeninformationen:	Passende Informationen einfügen

Briefinhalt: Passende Anrede, Sie wollen Ihre nächste Fachtagung in Vorarlberg durchführen? Gerne machen wir Sie auf das interessante Konferenzprogramm in unserem Haus aufmerksam. *(Beginn Stichwörter)* Unterbringung: 20 exklusive Zimmer, begehbarer Kleiderschrank, Kabel-TV, Sitzecke, kostenloses WLAN im Hotelzimmer / Konferenzraum: 50 m² Tagungsraum mit Tageslicht für bis zu 40 Personen, technisch bestens ausgestattet / Verpflegung: Reichhaltiges Frühstücksbuffet, Kaffeepause vormittags mit kleinen Snacks und frischem Obst, vielfältiges Lunchbuffet, Kaffeepause nachmittags mit süßen Köstlichkeiten *(Ende Stichwörter)* Die Preise für die Tagespauschale entnehmen Sie bitte dem beigelegten Folder. Ich freue mich, wenn unser Angebot für Sie interessant ist und wir Sie bald in unserem Hause begrüßen dürfen. Grußformel

d) Erstellen Sie mit demselben Sachverhalt einen Text, den Sie als E-Mail samt Signatur an e.zimmerer@bergmann.at verschicken könnten und speichern Sie das Dokument unter **Hotel Kreuz_Mail1.docx.**

3. Auftragsbestätigung Handy

a) Erstellen Sie einen Brief in einem neuen Dokument in den Farben Warmes Blau, Schriftarten Candara oder verwenden Sie die Vorlage **Handy_v.dotx.** Speichern Sie den Brief unter unter **Handy1.docx.**
b) Logo Absendergestaltung: Firmenname Bernard MT Condensed 36 Punkt.

Absenderangabe:	Handy & Co Ihr Top-Handyanbieter im Internet www.handy-co.at 6300 Wörgl, Industriezone 22 +43 660 555 59 22 office@handy-co.at
Kurzabsenderangabe:	passend
Empfängerangabe:	Martin Huemer, Josef-Speckbacher-Straße 27, 6300 Wörgl
Bezugszeichen:	25. April ...., Fran Kesinovic, kesinovic@handy-co.at
Betreff:	Auftragsbestätigung – geänderte Angebotsbedingungen
Beilage:	Siehe Briefinhalt
Weitere Firmeninformationen:	Passende Informationen einfügen

Briefinhalt: Passende Anrede, wir danken für Ihre Online-Bestellung und bestätigen Ihnen diese noch einmal schriftlich. Ihr Handy wird Ihnen innerhalb von zwei Tagen nach Eingang der Zahlung übersendet. / Bitte nehmen Sie die geringfügigen Änderungen unserer Angebotsbedingungen zur Kenntnis: *(Beginn Stichwörter)* **Ihre Vorteile:** Es gibt sieben Tarifgruppen. Sie werden einer dieser Tarifgruppen zugeordnet und erhalten Produkte und Dienstleistungen aus unserem Sortiment zu den jeweils gültigen Bedingungen. / **Gültigkeit:** Läuft Ihr Mobilfunkvertrag ab, können Sie noch eine Woche lang die Produkte und Dienstleistungen zu den jeweils gültigen Bedingungen erwerben. / **Sonstiges:** Diese Bedingungen gelten bis einschließlich 31. Dezember .... *(Ende Stichwörter)* Sollten Sie mit den Änderungen nicht einverstanden sein, können Sie innerhalb von zehn Tagen vom Auftrag zurücktreten. / Wir danken für Ihr Vertrauen und stehen bei Fragen unter der Telefonnummer +43 660 555 59 22 jederzeit zur Verfügung.

d) Erstellen Sie mit demselben Sachverhalt einen Text, den Sie als E-Mail samt Signatur an martin.huemer@gmx.at verschicken könnten und speichern Sie das Dokument unter **Handy_Mail1.docx.**

1.3.2 Briefgestaltung mit Aufstellung

Bei Schriftstücken mit **Aufstellungen** werden gleichartige Textteile in Form von Kolonnen untereinandergeschrieben.

Der Einsatz von Wiederholungszeichen ist schreibtechnisch zu aufwendig, daher ist es einfacher und übersichtlicher, die **gleichartigen Textteile auszuschreiben.** Die Einteilung richtet sich immer nach dem längsten Wort bzw. dem stellenwertmäßig größten Betrag.

Vor und nach einer Aufstellung sind entsprechende Abstände zu setzen.

Wiederholungszeichen sind zu vermeiden – gleichartige Textteile sind auszuschreiben. Die Einteilung richtet sich nach dem längsten Wort bzw. dem stellenwertmäßig größten Betrag.

Übung

- **Auftragsbestätigung**

a) Erstellen Sie einen Geschäftsbrief in einem neuen Dokument im Design Metropolitan, Schriftart Arial oder verwenden Sie die Vorlage **Gilles_v.dotx** für den Geschäftsbrief.
b) Speichern Sie das Dokument unter **Gilles2.docx.**
c) Logo Absenderangabe: **Gilles1.png** einfügen.

GILLES
BIOMASSEHEIZUNGEN

GILLES GmbH & Co KG, Koaserbauer Str. 16, 4810 Gmunden

Familie
Ursula und Alfred Ebersberger
Gärtnerstraße 23
4600 Wels

Gmunden, August ....

ERINNERUNG: JAHRESSERVICE ....

Sehr geehrte Familie Ebersberger,

die neue Heizsaison ..../.... steht vor der Tür: Daher erinnern wir Sie an das Jahresservice Ihrer Heizungsanlage. Denn eine gut funktionierende Heizung ist die Voraussetzung für Wärme durch sparsamen Energieverbrauch und damit niedrige Kosten für Sie.

Diesen Service bieten wir Ihnen heuer zu folgenden Konditionen an:

HPK-RA, PSK, Compact, HSK-Heizungen	5 bis 49 kW	€ 198,00
HPK-RA, PSK, Compact, HSK-Heizungen	60 bis 160 kW	€ 249,00
HPKI	150 bis 240 kW	€ 650,00
HPKI	300 bis 360 kW	€ 770,00
HPKI	450 bis 550 kW	€ 830,00

Vereinbaren Sie Ihren Service-Termin: für eine sichere, komfortable Heizperiode ..../....!

Achtung: Holen Sie sich 25,00 EUR Rabatt!
Im Zuge des Jahresservice erhalten Sie bei Montage einer GILLES-Werbetafel einen Rabatt von 25,00 EUR.

Bitte retournieren Sie die beiliegende Anmeldungskarte per Post.

Mit freundlichen Grüßen

Gilles GmbH & Co KG

Anmeldungskarte

Wolfgang Krämer
Geschäftsführer

GILLES Energie- und Umwelttechnik GmbH & Co KG
Geschäftsführer: Wolfgang Krämer und Helmut Höllhuber
Koaserbauer Straße 16, 4810 Gmunden — Telefon: +43 7612 737 60-0 — Web: www.gilles.at
UID-Nummer: ATU64471609 — Gericht: 4810 Gmunden — FN317217 x

Übungen

1. Reiseangebote Fremdenverkehr

a) Erstellen Sie einen Brief in einem neuen Dokument in den Farben Rotviolett, Schriftarten Arial oder verwenden Sie die Vorlage **Fremdenverkehr_v.dotx.** Speichern Sie den Brief unter **Fremdenverkehr1.docx.**

b) Logo Absenderangabe: Arial 18 Punkt, Schattierung Akzent6, Schriftfarbe Weiß

c) Textgestaltung: Aufstellung mit passenden Tabulatoren

Absenderangabe:	Fremdenverkehrs- und Informationsbüro 4020 LINZ, ÖSTERREICH • Kaplanhofstraße 20 • Tel. +43 732 11 22 33 • E-Mail: office@verkehrsbuero.at
Empfängerangabe:	Kerschner Reisen GmbH, Schulstraße 19, 3240 Mank
Bezugszeichen:	21. Mai ...., wi, Evelyn Wimmer, wimmer@verkehrsbuero.at
Betreff:	Reiseangebote Spätsommer/Frühherbst
Beilage:	Siehe Briefinhalt
Weitere Firmeninformationen:	Passende Informationen einfügen

Briefinhalt: Passende Anrede, durch ein Übereinkommen mit zwei weiteren Fluggesellschaften können wir Ihnen besonders preisgünstige Arrangements vermitteln. / Dadurch sparen Sie zum Beispiel bei Flügen der Strecke Wien–Rom–Wien 120,00 EUR. / Hier finden Sie einen Überblick über die aktuellsten Reisen aus unserem großen Urlaubskatalog: *(Es folgt eine Aufstellung)*

Mallorca	8 Tage	Frühstück	3*-Hotel	€ 584,00
Mallorca	14 Tage	Halbpension	4*-Hotel	€ 1.070,00
Ibiza	14 Tage	Halbpension	3*-Hotel	€ 1.040,00
Santorin	14 Tage	Frühstück	4*-Hotel	€ 1.119,00

(Ende Aufstellung) Für weitere Auskünfte, Prospekte und Buchungen stehen Ihnen die Mitarbeiterinnen und Mitarbeiter unseres Informationsbüros gerne zur Verfügung. / Einer traumhaften Reise mit Flug und Hotel steht nichts mehr im Wege. / Grußformel

d) Erstellen Sie mit demselben Sachverhalt einen Text, den Sie als E-Mail samt Signatur an office@kerschner-reisen.at verschicken könnten und speichern Sie das Dokument unter **Fremdenverkehr_Mail1.docx.**

2. Angebot Retimex

a) Erstellen Sie einen Geschäftsbrief in einem neuen Dokument im Design Office oder verwenden Sie die Vorlage **Retimex_v.dotx** für den Geschäftsbrief. Speichern Sie den Brief unter **Retimex1.docx.**

b) Logo Absenderangabe: Textfelder, Schriftgrößen 36 Punkt, Baskerville Old Face, Textkörperschrift 16 und 11 Punkt, Farben Blau, Akzent 1.

c) Textgestaltung: Aufstellung mit passenden Tabulatoren.

Absenderangabe:	R Retimex Großhandel GmbH Bergstraße 48, 5204 Straßwalchen ÖSTERREICH/AUSTRIA Tel. +43 6215 92 85-0, Fax +43 6215 92 95-16 Web www.retimex.at, E-Mail office@retimex.at
Empfängerangabe:	Löwen-Apotheke, Mag. Ingrid Schiefer, Seebachstraße 2, 5020 Salzburg
Bezugszeichen:	....-06-23, he-mü, Frau Herber, +43 6215 92 85-22, herber@retimex.at
Betreff:	**Medizinische Messgeräte**
Beilage:	Siehe Briefinhalt
Weitere Firmeninformationen:	Passende Informationen einfügen.

Briefinhalt: Passende Anrede! Vielen Dank für Ihre Anfrage. Dass Sie sich entschlossen haben, Ihr Sortiment durch die Aufnahme medizinischer Geräte zu erweitern, freut uns sehr. / Aus dem beiliegenden neuen Katalog empfehlen wir Ihnen besonders: / *(Es folgt eine Aufstellung)* Blutdruckmessgerät Modell Kunz Best.-Nr. 22394 € 50,00, Digital-Blutdruckmesser, Modell Rau Best.-Nr. 11392 € 60,00, Fieberthermometer Modell Sona Best.-Nr. 1520 € 12,00 *(Ende Aufstellung)* / Sollten Sie noch Fragen haben, steht Ihnen unser Fachberater, Herr Ing. Jakob Mayr (DW 12), jederzeit gerne zur Verfügung. Auf Ihren Auftrag freuen wir uns. / Grußformel

d) Erstellen Sie mit demselben Sachverhalt einen Text, den Sie als E-Mail samt Signatur an ingrid.schiefer@loewen-apo.at verschicken könnten und speichern Sie das Dokument unter **Retimex_Mail1.docx.**

Eine weitere Übung zu Geschäftsbriefen mit Aufstellung finden Sie in der TRAUNER-DigiBox.

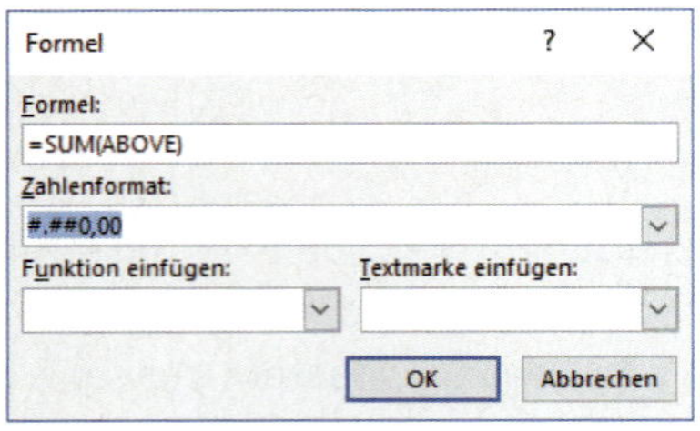

Eine Breite der Betragsspalte von 3 cm reicht z. B. für 1 000er-Beträge aus.

1.3.3 Briefgestaltung mit Zahlenkolonne

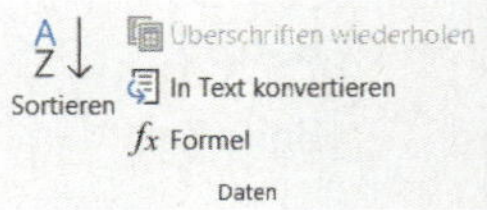

Werden in einem Schriftstück mehrere Beträge angeführt, so sind sie übersichtlich untereinanderzuschreiben.

Auch bei diesen Schriftstücken ist die Tabellenfunktion von Vorteil.

Die Beträge werden in eine eigene Spalte geschrieben und bei allen Zahlenangaben ist eine Einheitenbezeichnung anzuführen. Die Berechnung der Summe erfolgt über

- EINFÜGEN – TABELLE – LAYOUT
- DATEN – FORMEL
- Einfügemarke in Ergebniszelle positionieren
- ZAHLENFORMAT auswählen
- Abstände bzw. Spaltenbreiten einstellen
- Summe formatieren (Fett oder Doppellinie)

Übungen

1. Auftragsbestätigung Sturmberger

a) Erstellen Sie einen Geschäftsbrief in einem neuen Dokument oder verwenden Sie die Vorlage **Sturmberger_v.dotx.** Speichern Sie das Dokument unter **Sturmberger2.docx.**

b) Logo Absenderangabe: Logo **Sturmberger1.png** einfügen, Linien Grün ¾ Punkt, Schriftgröße 9 Punkt.

c) Textgestaltung: Zahlenkolonne, Schriftgröße 11 und 9 Punkt.

Absenderangabe:	Sturmberger HACKSCHNITZEL PELLETS RINDENMULCH… Diepersdorf 68, 4552 WARTBERG, ÖSTERREICH/AUSTRIA Tel. +43 7587 74 80-0, Fax +43 7587 74 80-14 E-Mail office@sturmberger.co.at, Web www.sturmberger.co.at
Empfängerangabe:	Herrn August Göckler, Bahnhofstraße 5, 4050 Traun
Bezugszeichen:	....-09-17, cd, Frau Danner, +43 7587 74 80-11, c.danner@sturmberger.co.at
Betreff:	**Auftragsbestätigung**
Fremde Bezugszeichen:	Siehe Briefinhalt
Beilage:	Siehe Briefinhalt
Weitere Firmeninformationen:	Passende Informationen einfügen.

Briefinhalt: Passende Anrede, danke für Ihren Auftrag vom 16. d. M. Gerne bestätigen wir Ihre Bestellung über / *(Beginn Zahlenkolonne)* 6,5 t PVA-Pellets lose eingeblasen, zugestellt € 1.066,00 / Füllpauschale € 24,00 *(Zwischensumme berechnen)* + 10 % USt *(Umsatzsteuer und Endsumme berechnen)* / Zahlungsbedingungen: 10 Tage netto Kassa / Die Lieferung erfolgt in KW 39 nach telefonischer Rücksprache. / Grußformel

d) Speichern nicht vergessen!

2. Angebot Knox

a) Erstellen Sie einen Brief in einem neuen Dokument im Design Office oder verwenden Sie die Vorlage **Knox_v.dotx.** Speichern Sie den Brief unter **Knox2.docx.**
b) Logo Absenderangabe: Logo **Knox1.gif** einfügen.
c) Textgestaltung: eine Zahlenkolonne.

Absenderangabe:	KNOX ELECTRONICS & SECURITY – Triester Straße 85/2/R1, 1100 Wien – Telefon +43 1 905 37 20-100, Mail office@knox-sc.at, Web www.knox-sc.at
Empfängerangabe:	Elektro Wieland e. U., Herrn Egon Wieland, Ignaz-Köck-Straße 15, 1210 Wien
Bezugszeichen:	3. Jänner ...., ma, Moritz ALBRECHT
Betreff:	Angebot ....-AKNX3
Beilage:	Siehe Briefinhalt
Weitere Firmeninformationen:	Passende Informationen einfügen.

Briefinhalt: Passende Anrede, herzlichen Dank für Ihr Interesse an unseren Produkten und Dienstleistungen. Wir bieten Ihnen folgende Produkte an: / *(Beginn Zahlenkolonne)* **BALTER-7"-LCD** *(neue Zeile)* Videostation (Farbe), 4-Draht-Technik, Freisprechfunktion, Bildspeicher für 80 Bilder, erweiterbar bis zu 2 Türstationen € 432,00 / **BALTER-Unterputz-Türstation mit Nachtsicht, IP4** *(neue Zeile)* 1/3"-CCD-Farbkamera, Erfassungsbereich 120°, spritzwasserdichte Ruftastenabdeckung, Türöffnerrelais integriert € 192,00 / *(Zwischensumme berechnen)* + 20 % USt *(Umsatzsteuer und Endsumme berechnen) (Ende Zahlenkolonne)* / Dieses Angebot ist 14 Tage gültig. Danke für Ihr Vertrauen. Wir hoffen, dass dieses Angebot für Sie interessant ist.

d) Erstellen Sie mit demselben Sachverhalt einen Text, den Sie als E-Mail samt Signatur an egon@wieland.at verschicken könnten. Erstellen Sie die EXCEL-Kalkulationstabelle direkt in OUTLOOK und fertigen Sie einen Screenshot von der versandfertigen Mail an (zwischenspeichern unter **Knox_Mail1.png**), den Sie dann in ein Word-Dokument einfügen. Speichern Sie das Dokument im Anschluss unter **Knox_Mail2.docx.**

Eine weitere Übung zu Geschäftsbriefen mit einer Zahlenkolonne finden Sie in der TRAUNER-DigiBox.

1.3.4 Briefgestaltung mit Tabelle

Mit Tabellen können Daten gut strukturiert und geordnet dargestellt werden. Tabellenformatvorlagen bieten eine einfache Möglichkeit, optisch ansprechende Formatierungen der Tabelle zuzuweisen.

Übungen

1. Angebot

a) Erstellen Sie einen Geschäftsbrief in einem neuen Dokument im Design Holzart oder verwenden Sie die Vorlage **Brenner_v.dotx.** Speichern Sie den Brief unter **Brenner1.docx.**
b) Logo Absendergestaltung: Textfelder, Fülleffekt Struktur Walnuss.
c) Textgestaltung: Tabelle.

Absenderangabe:	BRENNER HOLZ im GARTEN Studentengasse 12-14 5400 HALLEIN ÖSTERREICH/AUSTRIA Tel: +43 6245 877 45-0 www.brennerholz.at
Empfängerangabe:	Familie Wilfried und Marianne Zauner, Markt 125, 5441 Abtenau
Bezugszeichen:	22. Mai ...., mo-ka, Karl Angerlehner, angerlehner@brennerholz.at, DW 21

Betreff:	Angebot – Gartenzaun
Fremde Bezugszeichen:	Ihre tel. Anfrage vom 20. d. M.
Beilage:	Siehe Briefinhalt
Weitere Firmeninformationen:	Passende Informationen einfügen

Briefinhalt: Passende Anrede, danke für Ihre Anfrage. Wir bieten Ihnen folgende Artikel an: *(Beginn Tabelle)*

Art	Zaunhöhe bis	Länge	Preis/lfm
Waagrechtzaun	125,5 cm	150 lfm	€ 64,00
Lattenzaun	120,0 cm	150 lfm	€ 74,00
Bretterzaun	120,0 cm	150 lfm	€ 77,00

(Ende Tabelle) Die Preise beinhalten die dazugehörigen Steher und die Bodenbefestigung zum Schrauben bzw. Einbetonieren. Es gelten die beiliegenden Liefer- und Zahlungsbedingungen. / Das entsprechende Prospektmaterial liegt diesem Angebot bei. / Wir freuen uns auf Ihre Bestellung und sichern Ihnen sorgfältige Ausführung zu. / Grußformel

d) Speichern nicht vergessen!

2. Kurstermine Fichtenbauer

a) Erstellen Sie einen Brief in einem neuen Dokument im Design Kondesstreifen, Farben Blau oder verwenden Sie die Vorlage **Fichtenbauer_v.dotx.** Speichern Sie den Brief unter **Fichtenbauer1.docx.**
b) Absenderangabe: Century Gothic 24 bzw. 9 Punkt.
c) Textgestaltung: Tabelle und Zentrierung.

Absenderangabe:	Motorbootschule Martin Fichtenbauer Motorbootschule Martin Fichtenbauer | Niederschrems 179 | 3943 SCHREMS | ÖSTERREICH/AUSTRIA E-Mail: martin@motorbootschule.at | Internet: www.motorbootschule.at | Mobil-Tel.: 0664 111 81 76
Empfängerangabe:	DI Michael Petzold, Badgasse 34, 4142 Hofkirchen im Mühlkreis
Bezugszeichen:	25. Februar ...., Beate Fichtenbauer, beate@motorbootschule.at; Sie antworten auf eine E-Mail-Anfrage vom selben Tag.
Betreff:	Kurstermine – Donaupatent
Beilage:	Siehe Briefinhalt
Weitere Firmeninformationen:	Passende Informationen einfügen.

Briefinhalt: Passende Anrede, über Ihr Interesse an unseren Kursen freuen wir uns und übermitteln Ihnen die gewünschten Kurstermine für das kommende Jahr:

Donaupatent	Tulln	Linz	Schlögen	Prüfungstermine
	22. März	29. März	11. April	16. April
	26. April	3. Mai	10. Mai	20. Mai
	24. Mai		30. Mai	12. Juni
	21. Juni	28. Juni	9. Juli	16. Juli
	16. August	23. August	30. August	9. September
	20. September		27. September	8. Oktober
	11. Oktober	18. Oktober	25. Oktober	5. November

Inhalte und genauere Informationen zum Donaupatent finden Sie auf unserer Website / www.motorbootschule.at. / Gerne begrüßen wir Sie bei einem unserer nächsten Kurse. / Grußformel

d) Erstellen Sie mit demselben Sachverhalt einen Text, den Sie als E-Mail samt Signatur an mipa@gmail.com versenden könnten. Speichern Sie das Dokument im Anschluss unter **Fichtenbauer_Mail1.docx.**

1.3.5 Briefgestaltung mit Spalten

Briefe und Schriftstücke mit Textpassagen, die im Spaltentext formatiert sind, wirken übersichtlich und für den Leser abwechslungsreich. Aktivieren Sie unbedingt die Silbentrennung und richten Sie den Spaltentext im Blocksatz aus.

Übung

- **Produktinformation**

a) Erstellen Sie einen Geschäftsbrief in einem neuen Dokument im Design Office, Farben Grün oder verwenden Sie die Vorlage **Team_v.dotx.** Speichern Sie den Brief unter **Team2.docx.**

b) Absenderangabe: Logo **Team1.jpg** einfügen, Schriftgröße 9 Punkt, Farbe Akzent 3, dunkler 25 %.

c) Brieftext: Spaltenabstand 0,8 cm.

TEAM 7

TEAM 7 Österreich GmbH • Hoher Markt 2 • 4910 RIED I. INNKREIS • ÖSTERREICH/AUSTRIA
Tel. +43 7752 977-143 • Fax +43 7752 977-224
office-ried@team7.at • www.team7-ried.at

Team 7 Österreich GmbH, A-4910 Ried i. Innkreis, Hoher Markt 2

Österreichische Post AG Info.Mail Entgelt bezahlt

Familie
Ing. Alois und Susanne Allerbauer
Siedlungsstraße 25
3300 Amstetten

Unser Zeichen:	emp
Unsere UID-Nr.:	ATU25223308
Name:	Georg Emprechtinger
Telefon:	+43 7752 977-120
E-Mail:	emprechtinger-ried@team7.at
Datum:	2020-03-19

Natürliches Wohnen mit TEAM 7

Sehr geehrte Familie Allerbauer,

als Pionier für natürliches Wohnen legen wir größten Wert darauf, dass unsere Möbel unter ökologischen und fairen Bedingungen hergestellt werden. TEAM 7 Möbel werden daher in sieben Holzarten ausschließlich aus europäischen Laubhölzern gefertigt, die aus nachhaltig bewirtschafteten Wäldern stammen.

Nachhaltigkeit

Werte schaffen Vertrauen, Sicherheit und Zuversicht. Mehr denn je sehnt sich der Mensch nach Bleibendem, nach Dingen, die den rasanten Wandel überdauern und die Gegenwart mit der Zukunft verbinden.

Natürliches Wohnen

Mit TEAM 7 holt sich der Mensch Natur, Gesundheit und Genuss ins eigene Heim. Gerade in stressigen, hektischen Zeiten braucht man Orte, an die man sich zum Entspannen zurückziehen kann.

Perfektes Design

Nachhaltigkeit beginnt beim Design. Perfektes Design, das hält, was es verspricht, und höchsten moralischen und ökologischen Ansprüchen gerecht wird – gutes Design offenbart sich im gesamten Produkt.

Wir freuen uns, dass Sie an unseren Vollholzmöbeln Gefallen gefunden haben. Gerne senden wir Ihnen unser aktuelles Designbuch zum Schmökern und erwarten Sie in unserem Schauraum in Linz. Vereinbaren Sie bitte einen Termin mit Frau Eva Berger, Tel. +43 732 78 16 10-25.

Freundliche Grüße

Designbuch

dr. georg emprechtinger
ppa. Dr. Georg Emprechtinger

Öffnungszeiten: Montag – Freitag: 09:00 – 12:00 Uhr und 13:00 – 18:00 Uhr • Samstag: 09:00 – 12:00 Uhr

UID-Nummer: ATU25223308	FN: 36987 v	Landesgericht Wels
IBAN: AT80 2032 0113 0000 1268	BIC: ASPKAT2L	Sparkasse Oberösterreich

Den **Seitenumbruch** können Sie an jeder beliebigen Stelle eines Schriftstückes mit der Tastenkombination Strg + ↵ **manuell durchführen bzw. erzwingen.**

1.3.6 Gestaltung von mehrseitigen Briefen

- Geschäftsbriefe sollten nach Möglichkeit nur einseitig beschriftet werden.
- Formulieren Sie den Brieftext in kurzen Sätzen klar und verständlich.
- Wenn Sie für den Brieftext dennoch ein Fortsetzungsblatt benötigen, so sollte mindestens der letzte Absatz mit der Grußformel auf der nächsten Seite stehen.

Sobald das untere Ende einer Seite eines Schriftstückes erreicht ist, führt WORD automatisch einen Seitenumbruch durch. Der automatische Seitenumbruch passt sich jeder Änderung durch Einfügen oder Löschen von Texten an.

Sollte der Brieftext lediglich um einige Zeilen zu lang sein und auf die nächste Seite umbrechen, haben Sie die Möglichkeit, die Absatzabstände und/oder die Schriftart zu verringern, bevor Sie mit einer zweiten Seite beginnen. Der Befehl UM EINE SEITE VERKLEINERN kann hier hilfreich sein.

Hinweis auf das Fortsetzungsblatt

Im Fußzeilenbereich kann auf Folgeseiten hingewiesen werden. Entsprechende Angaben (☞ ✍ ➤ ⇨ ./2 Seite 1 von 2) sollten etwa zwei Zeilen nach der letzten Textzeile mittig oder am rechten Schreibrand gesetzt werden.

Beispiel
Plattform der Zukunftsthemen: Das breite Rahmenprogramm zeigt die Trends der Bau- und Haustechnikinnovationen und schafft dadurch zusätzliche Frequenz.

./2 oder ./2

Beschriftung des Fortsetzungsblattes

Folgeblätter sollten enthalten:

- Hinweis auf die Absenderin/den Absender (Logo und/oder Firmenanschrift und -daten),
- Hinweis auf die Empfängerin/den Empfänger in Kurzform,
- Datum des Briefes,
- Seitennummerierung (Seite X von Y),
- eventuell Wiederholung wichtiger Daten, z. B. Rechnungsnummer.

Die Beschriftung des Fortsetzungsblattes in der Kopfzeile hat sich in der Praxis bewährt. Für die unterschiedliche Gestaltung der ersten Seite, wählen Sie ERSTE SEITE ANDERS.

Aktivieren Sie

- EINFÜGEN – KOPFZEILE – KOPFZEILE BEARBEITEN
- KOPF- UND FUSSZEILENTOOLS – OPTIONEN – ERSTE SEITE ANDERS

Erstellen Sie ab dem zweiten Blatt folgende Kopfzeile:

Beispiel

	L bei ca. 11 cm	L bei ca. 14 cm
Empfänger	Datum	Blatt
Kärntner Heizlösung, St. Veit	....-10-14	Seite 2 von 2

Fügen Sie die Blattnummer über die KOPF- UND FUSSZEILENTOOLS – SEITENZAHL ein.

Übungen

1. Informationsschreiben

a) Erstellen Sie einen Geschäftsbrief in einem neuen Dokument. Verwenden Sie die Vorlage **Museum_v.dotx.**
b) Logo Absendergestaltung **Museum1.jpg** einfügen.
c) Speichern Sie das Dokument unter **Museum2.docx.**

MUSEUM IM LAVANTHAUS

St.-Michaeler-Straße 2 ○ 9400 Wolfsberg
Tel. +43 4352 537-333 ○ Fax +43 4352 537-90333
museum@wolfsberg.at ○ www.museum-lavanthaus.at

Museum im Lavanthaus, A-9400 Wolfsberg, St.-Michaeler-Straße 2

Volksschule Schiltern
Gartendorfschule
Schulgasse 8
3553 Schiltern

20..-02-18

Eine spannende Reise durch den Kosmos Lavanttal

Sehr geehrte Damen und Herren,

Geschichte hautnah erleben, eine Zeitreise mit multimedialer Unterstützung – gerade Kinder und Schulklassen lädt unser Museum zu einer spannenden Spurensuche ein.

Einblicke und Erlebnisse

Der Erlebnisraum Museum im Lavanthaus lädt zu einer Expedition durch die Vielfalt des Lavanttales. Entdecken und erleben Sie eine Region und ihre Menschen, ihre Kulturgeschichte, ihre Natur und ihre Einzigartigkeit. Ein vielfältiger Mix aus multimedial und interaktiv aufbereiteten Themen, Exponate der volkskundlichen Sammlungen sowie die berühmten Lavanttal-Panoramen des großen Landschaftsmalers Markus Pernhart schaffen Einblicke und Erlebnisse.

Urzeiten erleben und Geschichte entdecken

Einzigartige und erstmals öffentlich präsentierte Objekte aus zahlreichen privaten Sammlungen erzählen von Urzeiten und Bergschätzen. Der Weg durch das Museum öffnet Fenster in die Geschichte der Stadt Wolfsberg und des Tales, lädt ein zur Begegnung mit Literatur- und Filmgrößen wie Christine Lavant, Maria und Maximilian Schell und offenbart einen facettenreichen und pulsierenden Kulturraum.

Multimediale und interaktive Stationen

Ein farbenfrohes digitales Blumenbuch, ein virtuelles Panorama der Region oder Blicke auf bedeutende Lavanttaler/innen verleihen dem Museum im Lavanthaus eine zeitgemäße Qualität; typische Ausformungen der Tracht, unverwechselbare Hörbeispiele talspezifischer Mundart – durchaus humorvoll dargestellt – erwecken die Neugier.

WOLFSBERG die kulturstadt · MUSEUM IM LAVANTHAUS

Seite 1 von 2

MUSEUM
IM LAVANTHAUS

Empfänger	Datum	Blatt
Volksschule Schiltern, 3553 Schiltern	20..-02-18	2

Hier eine Übersicht der **Themenbereiche** unseres Museums:

- Tracht und Dialekt
- Schwarzhafner-Keramik
- Literatur
- Markus-Pernhart-Panoramen
- Chronik und Wissen
- Zeitspuren
- Urzeiten
- Hören und nicht stören
- Kino und Film
- Das Lavant
- Stadtspuren
- Lebensraum
- Bergschätze

Vermittlung – Wir freuen uns auf Ihren Besuch!

Ein fachkundiges und engagiertes Team vermittelt Ihnen gerne den „Kosmos Lavanttal" – mit vielen zusätzlichen Informationen, unterhaltsamen Erzählungen und Gesprächen. Wir freuen uns darauf, Sie zu begleiten.

Öffnungszeiten

Mitte April bis Ende Oktober:	Di – So 10 – 17 Uhr
Mitte November bis Mitte April:	Di – Do 10 – 16 Uhr, Fr 10 – 13 Uhr, feiertags geschlossen

Führungen sind bei Voranmeldung während der Öffnungszeiten jederzeit möglich; Führungen außerhalb der Öffnungszeiten bieten wir auf Anfrage.

Preise

Schüler/innen-Gruppen	€ 1,50/Schüler/in
Führung (ab 8 Personen)	€ 1,00/Person

Wir hoffen, Sie bald in unserem Museum begrüßen zu dürfen und freuen uns auf Ihre telefonische Voranmeldung.

Liebe Grüße

Museum im Lavanthaus

Mag. Igor Prucker
Direktion

WOLFSBERG die kulturstadt — MUSEUM IM LAVANTHAUS

d) Erstellen Sie mit demselben Sachverhalt einen Text, den Sie als E-Mail samt Signatur an pvs.schiltern@noeschule.at versenden könnten. Speichern Sie das Dokument im Anschluss unter **Museum_Mail1.docx.**

2. Spezial-Angebot

a) Erstellen Sie einen Brief in einem neuen Dokument im Design Himmel, Farben Gelb oder verwenden Sie die Vorlage **Zotter_v.dotx,** Seitenfarbe Akzent 1, heller 80 %. Speichern Sie den Brief unter **Zotter2.docx.**

b) Logo Absendergestaltung: **Zotter1.jpg** einfügen.

c) Textgestaltung: passende Formatvorlagen für Teilüberschriften, Absätze und Aufstellung.

Absenderangabe:	z o t t e r SCHOKOLADE zotter-Schokoladen Manufaktur GmbH / 8333 RIEGERSBURG, Bergl 56 ÖSTERREICH/AUSTRIA
Empfängerangabe:	Ortsmusikkapelle St. Konrad, Klaus Baumgartner, Ort 7, 4817 St. Konrad
Bezugszeichen:	....-02-02, fm, Franz Müller, +43 3152 55 54-18, shop@zotter.at
Betreff:	Spezial-Touren für Gruppen und Firmen
Beilage:	Siehe Briefinhalt
Weitere Firmeninformationen:	Passende Informationen einfügen

Briefinhalt: Passende Anrede, wir danken für Ihr Interesse an unserem Unternehmen. Für Ihren Zotter-Besuch haben wir drei spezielle Gruppenangebote zur Auswahl: /

Zotter „Genussabenteuer mit Aperitif"
Für Gruppen ab 10 Personen

Preis pro Person:

Erwachsene (ab 18 J.)	€ 29,00
Jugendliche (11–17 J.)	€ 22,50
Kinder (6–10 J.)	€ 18,50

Immer buchbar, außer samstags.

Zotter „Flying Chocolate & Öko-Essbar"
Für Gruppen ab 10 Personen, max. 20 Teilnehmer/innen

Preis pro Person:

Erwachsene (ab 18 J.)	€ 59,00
Jugendliche (11–17 J.)	€ 45,00
Kinder (6–10 J.)	€ 35,00

Dauer: ca. 3–4 Stunden
Buchbar von März bis Oktober (entsprechend den Öffnungszeiten der Öko-Essbar), außer samstags.

Zotter „Schoko & Wein"
Für Gruppen ab 10 Personen, max. 22 Teilnehmer/innen

Preis pro Person:

Erwachsene (ab 18 J.)	€ 49,00

Dauer: ca. 3–4 Stunden
Termin nach Vereinbarung, außer samstags.

Die Inhalte dieser drei Angebote sind sehr unterschiedlich. Informieren Sie sich bitte über die Details entweder auf unserer Homepage www.zotter.at oder blättern Sie in unserem beiliegenden Folder. / Auf der spannenden Verkostungstour durch das Schoko-Laden-Theater erleben Sie live mit, wie Schokolade entsteht. Sie sehen durch die gläserne Architektur in unsere Produktion und können gleichzeitig an Naschstationen austesten, wie sich die Kakaobohne in Schokolade verwandelt: Von der Bohne bis zur Schokolade. / An vielen kreativ inszenierten Naschstationen präsentiert Zotter ein einmaliges Geschmacksspektrum: Alles von Zotter – ausgefallene Geschmacksrichtungen und unglaubliche Kompositionen. Lassen Sie sich überraschen und tauchen Sie ein in die Welt der Schokolade. / Wir freuen uns auf Ihren Anruf, um für Sie den passenden Termin und das passende Angebot zu vereinbaren. / Grußformel

1.3.7 Schriftstücke mit Schnellbausteinen

Programmtechnisch werden Schnellbausteine in der Vorlage **Building Blocks.dotx** gespeichert. Zur besseren Übersicht empfiehlt es sich, eine eigene Kategorie (z. B. Schulung, Reklamation) zu erstellen und die Schnellbausteine im Katalog AutoTexte abzuspeichern.

Übung

- **Anfrage**

a) Legen Sie folgende Schnellbausteine in der Kategorie »Anfrage« an.

Text	Schnellbaustein
Anfrage	anf0
Durch Ihre Anzeige im .... sind wir auf Ihr Unternehmen aufmerksam geworden.	anf1
Bei unserem Besuch der ... Messe wurden wir auf Ihre Produkte aufmerksam.	anf2
Wir möchten unser Sortiment erweitern und sind am Kauf von ... interessiert.	anf3
Wir bitten um ein Angebot über ...:	anf4
Aufgrund der steigenden Nachfrage suchen wir einen Lieferanten für das Produkt ...	anf5
Bitte übersenden Sie uns den Katalog und die Preisliste inklusive Ihrer Liefer- und Zahlungsbedingungen.	anf6
Geben Sie uns bitte Ihre Lieferzeit und Ihre Zahlungsbedingungen an.	anf7
Bitte senden Sie uns Ihr Angebot bis zum ...	anf8
Wir legen großen Wert auf einwandfreie Qualität und pünktliche Lieferung.	anf9
Bitte erstellen Sie uns ein kostenloses und unverbindliches Angebot bis zum ...	anf10
Vielen Dank im Voraus.	anf11
Wir freuen uns auf Ihre baldige Antwort.	anf12

b) Verwenden Sie die Vorlage **Blaha_v.dotx** und schreiben Sie zwei Anfragen.
c) Speichern Sie die Anfragen unter **Anfrage Blaha1.docx** bzw. **Anfrage Blaha2.docx.**
d) Die variablen Textstellen sind an passender Stelle einzufügen.

Empfänger	
Sieger GmbH, Landstraße 14, Postfach 60, 77839 Lichtenau, Deutschland	
Schnellbaustein	**Variable**
anf0	
anf2	Deutschen Gartenbau-
anf3	Gartenmöbeln der Serie BODEGA
anf6	
anf11	

Empfänger	
Gartenmöbel Thomas, Korbiniansweg 2, 84544 Aschau am Inn, Deutschland	
Schnellbaustein	**Variable**
anf0	
anf2	Deutschen Gartenbau-
anf3	Sonnensegeln
anf6	
anf11	

e) Speichern nicht vergessen!

1.3.8 Englische und amerikanische Geschäftsbriefe

Die Gestaltung englischer Geschäftsbriefe erfolgt meist in Fullblockform (alle Angaben stehen linksbündig), bei der Squareblockform werden Datum und Bezugszeichen rechtsbündig angeordnet.

Englischer Geschäftsbrief

- Sämtliche Textzeilen beginnen am linken Rand.
- Es müssen keine Satzzeichen in der Anschrift, nach der Briefanrede und nach der Grußformel verwendet werden. Werden Satzzeichen gesetzt, dann nur gemeinsam nach der Briefanrede und der Grußformel.
- Nach der Briefanrede folgt der Betreff. Er kann in Versalien geschrieben werden.

Saunders & Co
Communication Ltd.
41 Frederick Street
Edinburgh, EH2 1EP

6 December ....
Our ref: ECI

J.P. Brimlow
696 Wilmslow Road
Didsbury
Manchester, M20 2DN

Dear Sir or Madam

MR BARLOW'S VISIT

We refer to our letter of 3 December concerning the proposed visit of Mr John Barlow.

Mr Barlow will arrive in Edinburgh on Monday, 15 December so that we could call on you for a brief discussion on Tuesday, 16 December, or Wednesday, 17 December. Please let us know which of these days you would prefer.

Yours faithfully

Evelyn Clark
Personal Assistant

Amerikanischer Geschäftsbrief

- Formatierungen wie beim englischen Geschäftsbrief
- Unterschied: Doppelpunkt nach der Anrede

US AG 24 Inc.
3001 N. Rocky Point Drive East
Tampa, FL 33607
U.S.A.

March 15, ….

John Hutchinson
Director
Norpak Plastics Inc.
12587 Whitehurst Ave.
New York, NY 10022
U.S.A.

Re: Your letter of March 10, ….

Dear Mr Hutchinson:

Thank you for your letter in connection with your impending visit to Tampa.

When do you plan to arrive? Do you want me to reserve a room for you in Tampa?

Do you think you could arrange to come to Washington on April 5 to meet the other members and then spend the weekend as my guest at my home? We could then fly to Tampa together.

I do not know, of course, whether you have already made other arrangements. I will do my best to adjust my schedule to fit in with yours.

Sincerely,

Frank Miller
Vice-President

Ziele erreicht? – „Formale Briefgestaltung"

KOMPETENZ-ERWERB

1. Information Chaletdorf – 30 min

a) Erstellen Sie einen Brief in einem neuen Dokument oder verwenden Sie die Vorlage **Chaletdorf_v.dotx.** Speichern Sie den Brief unter **Chaletdorf2.docx.**

b) Logo Absenderangabe: Logo **Chaletdorf1.jpg** einfügen.

c) Textgestaltung: Tabelle und Stichwörter.

Absenderangabe:	INNsHOLZ NATUR- & VITALHOTEL **** CHALETDORF BÖHMERWALD **Gruber Hotel GmbH** 4161 ULRICHSBERG | Schöneben 10 ÖSTERREICH/AUSTRIA Tel. +43 7288 706 00 | info@innsholz.at
Empfängerangabe:	Frau Martina Berger, Sonnensteinstraße 40, 4040 Linz
Bezugszeichen:	Schöneben, 20. Februar ...., Nicole Ganser
Betreff:	Pauschalangebote Frühling/Sommer ....
Beilage:	Siehe Briefinhalt
Weitere Firmeninformationen:	Passende Informationen einfügen

Briefinhalt: Passende Anrede, „Privat sein" ist ein Luxus geworden, auf den wir oft verzichten müssen. Genießen Sie deshalb die Stille und Klarheit des Böhmerwaldes – des größten Waldgebietes Mitteleuropas. Mit 27 Zimmern bietet das Hotel INNsHOLZ eine kleine, aber feine Wohnmöglichkeit für Familien, Sportler, Gruppen und Abenteurer – das Chaletdorf Böhmerwald versprüht mit seinen elf Rückzugsoasen ländlichen Charme.
Besonders dürfen wir Ihnen unsere Familienvorteilswochen ans Herz legen. Hier ein für Sie passendes Angebot:

Doppelzimmer (pro Person)	Dauer	Preis
Moldaublick	4 Tage/3 Nächte	€ 399,00
Alpenblick	4 Tage/3 Nächte	€ 399,00
Moldaublick	5 Tage/4 Nächte	€ 452,00
Alpenblick	5 Tage/4 Nächte	€ 532,00

(Stichwort Fettschrift) Inklusive: 1 x gratis Kletter- und Kraxlerlebnis im angrenzenden Hochseilpark *(Zeile)* Kinder bis 9 Jahre im Zimmer der Eltern frei, von 10 bis 15 Jahre € 25,00/Nacht *(Zeile)* familienfreundliche 3- oder 4-Bett-Zimmer *(Zeile)* für Kinder sind alkoholfreie Getränke und Eis inklusive *(Ende Stichwort)*
Nehmen Sie sich kurz Zeit und werfen Sie einen Blick in die beigelegten Prospekte, um eine Übersicht über unsere Angebote und Leistungen zu gewinnen. / Grußformel

d) Erstellen Sie mit demselben Sachverhalt einen Text, den Sie als E-Mail samt Signatur an martina.berger@icloud.com versenden könnten. Speichern Sie das Dokument im Anschluss unter **Chaletdorf_Mail1.docx.**

2. Werbetext Zotter – 30 min

a) Erstellen Sie einen Brief in einem neuen Dokument oder verwenden Sie die Vorlage **Zotter_v.dotx,** Seitenfarbe Akzent 1, heller 80 %. Speichern Sie den Brief unter **Zotter3.docx.**

b) Logo Absenderangabe: **Zotter1.jpg** einfügen.

c) Textgestaltung: Zwei Spalten, Blocksatz, Schriftgröße 10 Punkt.

Absenderangabe:	zotter SCHOKOLADE zotter-Schokoladen Manufaktur GmbH / 8333 RIEGERSBURG, Bergl 56 ÖSTERREICH/AUSTRIA
Empfängerangabe:	Orac, Zeitschriftenverlag, Frau Mag. Dr. Susanne Till, Alfred-Feierfeil-Straße 3, 2380 Perchtoldsdorf
Bezugszeichen:	....-10-11, zo-ki, Kirchberger, Tel. +43 3152 55 54-12, Fax +43 352 55 54-3222, kirchberger@zotter.at
Betreff:	Unser Artikel in der Jubiläumsausgabe der Zeitschrift Gusto

Fremde Bezugszeichen:	Ihre Nachricht vom 9. d. M., Ti/Vm
Beilage:	Siehe Briefinhalt
Weitere Firmeninformationen:	Passende Informationen einfügen

Briefinhalt: Passende Anrede, wie bereits telefonisch mit Ihnen besprochen, ersuchen wir Sie um den Abdruck dieses Artikels – nach Möglichkeit auf einer rechten Seite – in Ihrer Zeitschrift Gusto in der kommenden Jänner-ausgabe. / **Steirische Pralinen** *(Beginn Spaltentext)* In Riegersburg gibt es eine ganz besondere Manufaktur, eine Schokoladenmanufaktur. Kopf und Seele dieses Familienunternehmens ist Josef Zotter, der die Schokolade hier neu erfunden hat. Von Hand werden die Füllschichten auf langen Bahnen aufgetragen, in Tafeln geschnitten, bevor sie ins Schokoladenbad eintauchen und ihren finalen Überzug erhalten. / Die handgeschöpften Tafeln sind eigentlich Riesenpralinen, gefüllt mit Kürbiskern-Marzipan, Walnusskrokant, Hanf-Nougat oder feinstem Marillenbrand aus der Wachau. Derzeit gibt es 365 verschiedene Sorten. / In Zotter-Schokoladen dürfen nur ausgesuchte Zutaten: beste Kakaobohnen, Milch, erlesene Früchte und viele andere Raritäten in reiner Bio-Qualität und Fairtrade-zertifiziert. / Damit man beim Verzehr auch all die Geschmacksvielfalt gewahr wird, hat Josef Zotter eine Anleitung zum Genießen, die wie eine eindringliche Bitte klingt: „Schokolade muss schmelzen – ein Stück auf die Zunge nehmen und langsam über den Gaumen hinuntergleiten lassen ..." / Am **Tag der offenen Tür, Samstag, 25. Jänner ....,** können Sie dem Chocolatier persönlich beim Zubereiten dieser Köstlichkeiten zusehen und auf der Genusstour durch die gläserne Manufaktur darf auch viel Schokolade verkostet werden. *(Ende Spaltentext)* Als Beilage senden wir Ihnen einen Datenträger mit einem Foto von Josef Zotter und seinen Kreationen. Wir freuen uns schon jetzt auf diese Sonderausgabe!

d) Erstellen Sie mit demselben Sachverhalt einen Text, den Sie als E-Mail samt Signatur an till@orac.at versenden könnten. Herr Zotter (josef@zotter.at) soll eine Kopie der Mail erhalten. Achten Sie dabei besonders auf die Gestaltungsform und die Beilagen! Speichern Sie das Dokument im Anschluss unter **Zotter3_Mail1.docx.**

e) Diskutieren Sie im Anschluss, ob es in diesem Fall mehr Sinn macht, einen herkömmlichen Brief oder eine E-Mail zu versenden.

Einen interaktiven **Safety-Check** finden Sie in der TRAUNER-DigiBox.

There are companies even in Austria who only work with **English software versions** (e.g. when using WORD), especially in the IT field.

invoice
Rechnung
letter of complaint
Beschwerdebrief
wording
Formulierung

Going international

Now let's use the basics of the chapter "Formale Briefgestaltung" in English!

Exercise 1 – Business letters

Fashion a business letter out of the following information

- you work for the company HATS ALL AROUND, Lengauerstr. 10, 1040 Wien, a clothing store
- you placed an order with your long-time business partner SHIRTWORLD, Camden High Street 52, London NW1 8NH
- you ordered 5 t-shirts 'Honeybunny' and 25 t-shirts 'Freddy'
- the invoice you received states the same articles you ordered
- however, you only received 4 t-shirts 'Honeybunny' but 30 t-shirts 'Freddy'
- you need a new and correct invoice

Keep in mind what's important when creating a business letter:

1. What's the purpose / goal of your message?
2. What information does the letter have to contain?
3. What's the best wording for this letter?
4. What is the order of the information you should give?

2 Geschäftsbriefe und Geschäfts-E-Mails im Zusammenhang mit einem Kaufvertrag und Rechnung

Ali arbeitet neben der Schule in der Verkaufsabteilung. Er nimmt telefonisch Reklamationen entgegen und leitet sie weiter an seinen Vorgesetzten. Dieser notiert dazu Stichworte und Ali formuliert selbstständig die Stellungnahmen. Auch bei der Formulierung von Angeboten ist er auf sich gestellt. Die Inhaltsaufbereitung hilft ihm, seine Aufgaben zu meistern.

Meine Ziele

KOMPETENZ-ERWERB

Nach Bearbeitung dieses Kapitels kann ich
- die Schritte der Inhaltsaufbereitung aufzählen;
- den vorgegebenen Inhalt für Geschäftsbriefe und Geschäfts-E-Mails im Zusammenhang mit einem Kaufvertrag aufbereiten und einen Geschäftsbrief bzw. eine Geschäfts-E-Mail schreiben;
- eine Rechnung nach Vorgabe mit geeigneten WORD-Funktionen erstellen;
- den Sachverhalt eines Briefes/einer E-Mail aufbereiten und geeignete Antwortbriefe bzw. E-Mails nach den Regeln für den Brief-/E-Mail-Stil formulieren.

2.1 Inhaltsaufbereitung

1. Was ist das Ziel der Mitteilung?
↓
2. Welche Informationen muss der Brief, das Fax oder die E-Mail enthalten?
↓
3. Welche Formulierung ist die treffendste?
↓
4. Wie ist die Reihenfolge der Informationen?

Was will ich erreichen? Wie kann ich die Empfänger/innen beeinflussen?

Was sollen die Empfänger/innen aus meinem Schreiben erfahren? Was muss ihnen mitgeteilt werden, damit das Ziel erreicht wird?

Beispiel: Inhaltsaufbereitung – Sachverhalt
Das Festspielhaus St. Pölten hat uns zwei Stück Halogenverfolger-Scheinwerfer „Niethammer HZU 208" zustellen lassen, die betriebsunfähig sind. Wir haben die Halogenverfolger geprüft und festgestellt, dass sich bei beiden Scheinwerfern die Klappe am Lampensockel nicht mehr ordnungsgemäß schließen lässt, was zu einer Unterbrechung der Stromzufuhr durch den Sicherungsschalter führt. Um diese Reklamation rasch und kundenorientiert zu beantworten, sollten Sie folgendermaßen vorgehen:

Schritt 1
Notieren Sie die wesentlichen Inhalte in Stichworten, z. B. Bezug auf die Reklamation, Fehlerursache, Entschädigung, Entschuldigung, Schluss.

Schritt 2
Legen Sie nun die Reihenfolge fest, in der die einzelnen Punkte im Antwortbrief angesprochen werden:

1. Bezug auf die Reklamation,
2. Fehlerursache,
3. Entschuldigung,
4. Entschädigung,
5. Schluss.

Ihre Reklamation vom 20. d. M.

Sehr geehrter Herr Müller!

Am 20. d. M. haben unsere Techniker zwei Stück Halogenverfolger-Scheinwerfer „Niethammer HZU 208" geprüft, die ausgefallen waren. Es wurde festgestellt, dass sich bei beiden Scheinwerfern die Klappe am Lampensockel nicht mehr ordnungsgemäß schließen lässt, was zu einer Unterbrechung der Stromzufuhr durch den Sicherungsschalter führt. Bitte entschuldigen Sie den aufgetretenen Fehler.

Da es sich dabei eindeutig um einen Materialfehler handelt, haben wir zwei neue Klappen für die Lampensockel bestellt. Bis wir diese erhalten, stellen wir Ihnen gebrauchte Ersatzscheinwerfer aus unserem Mietlager zur Verfügung, die noch heute von unseren Technikern geliefert und montiert werden.

Freundliche Grüße

Übung

- **Inhaltsaufbereitung**
  a) Sie sind bei der Firma Längle & Hagspiel GmbH & Co KG, Im Schlatt 28, 6973 HÖCHST, ÖSTERREICH/AUSTRIA, angestellt. Die CNC-Fertigungstischlerei Holz-und-Technik GmbH, Mühlweg 10, 2353 Guntramsdorf, hat bei Ihnen um eine Nachfrist für die Lieferung von Tischplatten angesucht. Als Grund hat sie angegeben, dass durch den Brand in einer Werkshalle eine der beiden CNC-Fräsmaschinen ausgefallen ist und die Produktion für zwei Tage zum Stillstand kam. Die Firma Holz und Technik GmbH ist ein sonst termintreuer, langjähriger Lieferant. Nach Rücksprache mit Ihrem Chef/Ihrer Chefin verlängern Sie den Liefertermin um eine Woche.
  b) Überlegen Sie die wesentlichen Inhalte Ihrer Antwort auf den Brief der Holz-und-Technik GmbH und notieren Sie die Punkte in der richtigen Reihenfolge, sodass Sie später einen Brief daraus erstellen können.

2.2 Geschäftsbriefe und Geschäfts-E-Mails

Die Kenntnis der notwendigen Inhalte aus den Bereichen Abschluss, Abwicklung und Erfüllung des Kaufvertrages – einschließlich der Unregelmäßigkeiten – wird in diesem Kapitel vorausgesetzt. Der Schwerpunkt liegt auf dem richtigen Aufbau und der zeitgemäßen Formulierung der Inhalte.

Übungen

1. Formulierung – Reservierungsanfrage per E-Mail oder als Geschäftsbrief

a) Schreiben Sie eine Reservierungsanfrage als Geschäftsbrief, Seitenfarbe Hintergrund 3 heller 80 %.
b) Speichern Sie das Dokument unter **Jugendgaestehaus1.docx.**
c) Verwenden Sie passende Aufzählungszeichen, Schriftfarben und Texteffekte sowie die Schriftgrößen 7,5, 9 und 10,5 Punkt zur Hervorhebung.
d) Formulieren Sie die Reservierungsanfrage als E-Mail.

Absender/in Signatur:	Jugendgästehaus Kaprun, 5710 KAPRUN, Zeller Straße 2, ÖSTERREICH/AUSTRIA, ☎ +43 6542 24 58-0, www.jugendgaestehaus-kaprun.at
Empfänger/in:	Kolping-Bildungswerk, Frau Julia Felder, Schützenstraße 8, 96040 BAMBERG, DEUTSCHLAND, felder@kolping.de
Betreff:	Reservierung im Jugendgästehaus Kaprun

Briefinhalt: Danken Sie für die Anmeldung. Sie haben für das Kolping-Bildungswerk vom 3. bis 7. Jänner .... Betten für ca. 16 Personen vorläufig reserviert. Für die endgültige Buchung ersuchen Sie um Retournierung der Buchungsbestätigung (ausgefüllt und unterschrieben) bis 8. November ...., Überweisung einer Anzahlung von 60 % der Aufenthaltskosten auf unser Konto, IBAN: AT36 2040 4000 0000 5132 bei der Salzburger Sparkasse, BIC: SBGSAT2SXXX bis 30. November .... Der Preis für die Halbpension beträgt 34,00 €, für die Vollpension 39,50 €/Person. Wenn Sie die beiden Termine nicht einhalten, werden wir Ihre Reservierung stornieren. Schlusssatz und Grußformel.

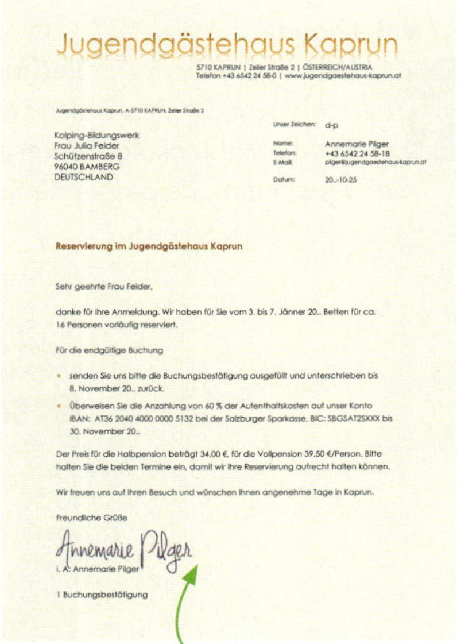

Jugendgästehaus Kaprun

5710 KAPRUN | Zeller Straße 2 | ÖSTERREICH/AUSTRIA
Telefon +43 6542 24 58-0 | www.jugendgaestehaus-kaprun.at

Jugendgästehaus Kaprun, A-5710 KAPRUN, Zeller Straße 2

Kolping-Bildungswerk
Frau Julia Felder
Schützenstraße 8
96040 BAMBERG
DEUTSCHLAND

Unser Zeichen: d-p
Name: Annemarie Pilger
Telefon: +43 6542 24 58-18
E-Mail: pilger@jugendgaestehaus-kaprun.at
Datum: 20..-10-25

Reservierung im Jugendgästehaus Kaprun

Sehr geehrte Frau Felder,

danke für Ihre Anmeldung. Wir haben für Sie vom 3. bis 7. Jänner 20.. Betten für ca. 16 Personen vorläufig reserviert.

Für die endgültige Buchung

- senden Sie uns bitte die Buchungsbestätigung ausgefüllt und unterschrieben bis 8. November 20.. zurück.
- Überweisen Sie die Anzahlung von 60 % der Aufenthaltskosten auf unser Konto IBAN: AT36 2040 4000 0000 5132 bei der Salzburger Sparkasse, BIC: SBGSAT2SXXX bis 30. November 20..

Der Preis für die Halbpension beträgt 34,00 €, für die Vollpension 39,50 €/Person. Bitte halten Sie die beiden Termine ein, damit wir Ihre Reservierung aufrecht halten können.

Wir freuen uns auf Ihren Besuch und wünschen Ihnen angenehme Tage in Kaprun.

Freundliche Grüße

Annemarie Pilger
i. A. Annemarie Pilger

1 Buchungsbestätigung

Lösungsvorschlag

2. Formulierung – Mahnung

a) Schreiben Sie einen Geschäftsbrief in einem Design Ihrer Wahl. Für die Absenderangabe und die zusätzlichen Unternehmensinformationen verwenden Sie Textfelder. Ändern Sie die Position und Formatierung passend.
b) Speichern Sie das Dokument unter **Bauer1.docx.**
c) Verwenden Sie die Formatvorlagen Überschrift 1 und Standard sowie die Schriftgrößen 8, 9, 11 und 16 Punkt und passende Schriftfarben.

Absender/in:	Bauer & Söhne, 1020 WIEN, Franzensbrückenstraße 12, ÖSTERREICH/AUSTRIA, Tel.: +43 1 215 94 57-0, E-Mail: office@bauersoehne.at, Web: www.bauersoehne.at
Beförderungs-vermerk:	Einschreiben
Empfänger/in:	Karl Krippner OHG, Gewerbepark 23, 4040 Linz
Bezugszeichen:	....-01-14, Dr.b-jg, Herr Johann Greiblinger, + 43 1 215 94 57-15, greiblinger@bauer.at
Weitere Informationen:	Passend
Betreff:	Letzte Mahnung
Verteiler/Beilage:	Passend

Briefinhalt: Mahnen Sie zum dritten und letzten Mal den noch offenen Saldo von 2.500,00 € laut beiliegender Aufgliederung ein. Drohen Sie mit dem Inkassobüro. / Schlusssatz und Grußformel.

Bauer & Söhne
A-1020 Wien, Franzensbrückenstraße 12
+43 1 215 94 57-0

Bauer & Söhne, A 1020 Wien, Franzensbrückenstraße 12
Einschreiben

Karl Krippner OG
Gewerbepark 23
4040 Linz

Unser Zeichen: Dr. b-jg
Unsere UID-Nr.: ATU 2223188
Name: Johann Greiblinger
Telefon: +43 1 215 94 57-15
E-Mail: greiblinger@bauersoehne.at
Datum: 20..-01-14

Letzte Mahnung

Sehr geehrte Damen und Herren,

den offenen Saldo von **2.500,00 €** (Aufgliederung liegt bei) haben Sie nach wie vor noch nicht beglichen.

Wir fordern Sie auf, den bereits zwei Mal gemahnten Betrag bis spätestens **10. Februar 20..** zu überweisen.

Sollten Sie den vorgegebenen Termin wieder nicht einhalten, zwingen Sie uns, die Angelegenheit an unser Inkassobüro zu übergeben.

Hochachtungsvoll

Bauer & Söhne

Johann Greiblinger

Beilage:
1 Aufgliederung

Kopie:
Inkassobüro

Firmenbuchgericht: Wien
Firmenbuch-Nr.: FN 123456 d
www.bauersoehne.at
office@bauersoehne.at
Oberbank Wien, BIC: OBKLAT2L
IBAN: AT33 1500 0005 8802 1277

Lösungsvorschlag

2.3 Rechnung

Die Kenntnis der notwendigen Inhalte im Zusammenhang mit der Ausstellung von Rechnungen wird in diesem Kapitel vorausgesetzt. Der Schwerpunkt liegt auf dem richtigen Aufbau sowie der praxisgerechten Anwendung von WORD- und EXCEL-Funktionen.

Übung

Rechnung

a) Öffnen Sie die Datei **Rechnung_u.docx** und schreiben Sie die abgebildete Rechnung in einem Design Ihrer Wahl.
b) Speichern Sie das Dokument unter **Rechnung1.docx.**
c) Für die Zahlenkolonne verwenden Sie WORD- oder EXCEL-Funktionen.
d) Verwenden Sie passende Schriftgrößen und -farben.

Rechnung Nr. 706159

Amtl. Kennzeichen:	LL 706ID	Fahrzeug:	Toyota Corolla 2,0 D-4D
Fahrgestell-Nr.:	SB2AX44B308022781	Motor-Nr.:	2AD-0123476
km-Stand	144 288 km	Datum Erstzulassung:	2005-05-03

Artikelnummer	Bezeichnung	Menge	Einzelpreis in EUR	Gesamtpreis in EUR
87139	Filter	1	28,99	28,99
23390	Kraftstofffilter	1	29,40	29,40
90430	Dichtung	3	1,21	3,63
90515	Motoröl	6	10,14	60,84
17801	Wischerblatt	2	16,00	32,00
10005	Mechaniker	2	64,00	128,00
Gesamtpreis in EUR exklusive USt				282,86
20 % USt				56,57
Gesamtpreis in EUR inklusive USt				**339,43**

Ziele erreicht? – „Geschäftsbriefe und Geschäfts-E-Mails“

KOMPETENZ-ERWERB

Formulierung – Zahlungserinnerung

a) Schreiben Sie einen Geschäftsbrief in einem Design Ihrer Wahl. Speichern Sie das Dokument unter **Dentalstudio2.docx.**
b) Fügen Sie das Logo **Dentalstudio1.jpg** ein oder öffnen Sie die Datei **Dentalstudio_u.docx.** Verwenden Sie passende Formatvorlagen, Schriftgrößen und -farben.

Absender/in:	DENTAL STUDIO GmbH, 4020 LINZ, Blumauerstraße 37, ÖSTERREICH/AUSTRIA, Tel.: +43 732 65 63 44-0, Fax: +43 732 65 63 44-10, E-Mail: office@dentalstudio.at, Web: www.dental-studio.co.at
Beförderungsvermerk:	Einschreiben
Empfänger/in:	Dr. Anton Gruber, Zahnarzt, Semmelweisstraße 23, 4020 Linz
Bezugszeichen:	....-01-14, scha-jaeg, Herr Christian Schaller, + 43 732 65 63 44-20, schaller@dentalstudio.at
Betreff:	Zahlungserinnerung
Verteiler/Beilage:	Passender Verteiler/Beilage: Rechnungskopie

Briefinhalt: Es liegt bis 13. Jänner noch kein Zahlungseingang für die Rechnung vom 10. Dezember .... vor. Erinnern Sie daher den Kunden an die Zahlung der offenen Rechnung und weisen Sie ihn darauf hin, dass das Schreiben gegenstandslos ist, falls er inzwischen die Rechnung beglichen hat.

III Das Internet und seine Dienste

Im Internet surfen, im Internet chatten, im Internet suchen – das sind Ausdrücke, die wir im Alltag laufend verwenden. In diesem Kapitel finden Sie einen Überblick über bedeutende Dienste im Internet. Weiters erhalten Sie im Kapitel „E-Mail, Termin- und Aufgabenverwaltung" wichtige Informationen über den Umgang mit E-Mails, das Einrichten und Verwalten eines E-Mail-Kontos und die zeitgemäße Art der Termin- und Aufgabenverwaltung. Abschließend erfahren Sie, was sich hinter dem Begriff Cloud-Computing verbirgt.

1 Informationsbeschaffung im Internet

Besprechen Sie in der Klasse, welche Möglichkeiten Sie kennen, um online nach Informationen zu suchen.

Sarah muss für ihr nächstes Referat in der Schule Informationen im Internet suchen. Nachdem Sie verschiedene Suchbegriffe eingegeben hat, merkt Sie, dass sie unzählige Informationen bekommt. Sie stellt sich die Frage, welche Informationen stimmen? Daher beschäftigt Sie sich näher mit den unterschiedlichen Möglichkeiten einer Suche bzw. wie sie ihre Suchergebnisse überprüfen und die gefundenen Informationen aufbereiten kann.

KOMPETENZ-ERWERB

Meine Ziele

Nach Bearbeitung dieses Kapitels kann ich

- verschiedene Internetdienste unterscheiden und erklären;
- Informationen mithilfe von Suchmaschinen, Metasuchmaschinen, Katalogen und Portalen im Internet finden und filtern;
- Suchergebnisse hinsichtlich unterschiedlicher Qualitätskriterien überprüfen;
- Suchergebnisse mit Apps und im Internetbrowser speichern;
- Informationen mithilfe unterschiedlicher Methoden, wie z. B. mit Mindmaps, aufbereiten und strukturieren.

1.1 Internetdienste im Überblick

World Wide Web (WWW)

Als **WWW** (kurz W3) bezeichnet man die **grafische Ebene** des Internets, die Websites überträgt. Man benötigt einen **Webbrowser** (kurz Browser), um sich Websites ansehen zu können. Das WWW ist der zweitbeliebteste Dienst des Internets nach dem E-Mail.

Beispiele: WWW-Adressen
www.trauner.at
www.google.at

FTP (File Transfer Protocol)

FTP ist ein Übertragungsprotokoll bzw. ein Dienst, der die Übertragung von Dateien zwischen Computern und Netzwerken ermöglicht.

E-Mail (elektronische Post)

E-Mails dienen zum weltweiten Empfangen und Versenden von Nachrichten. Eine E-Mail-Adresse besteht aus einem Namen (z. B. office) oder einer Nummer, dem @-Zeichen und der Domain-Bezeichnung (z. B. trauner.at).

Nähere Informationen erhalten Sie im Kapitel „E-Mail, Termin- und Aufgabenverwaltung“.

Domain: kennzeichnet einen Webserver durch einen weltweit nur einmal vergebenen Namen.

Newsgroups (Usenet)

Newsgroups sind Diskussionsgruppen, die sich mit verschiedenen Themen befassen. Sie sind vergleichbar mit einem öffentlichen Schwarzen Brett, an das Nachrichten gehängt werden, die für jeden lesbar und diskutierbar sind.

Man benötigt, wie zum Senden und Empfangen von E-Mails, ein Client-Programm, welches als „Newsreader“ bezeichnet wird. In WINDOWS MAIL ist dieser Client z. B. bereits enthalten, während z. B. GOOGLE GROUPS webbasiert funktioniert. Um Inhalte lesen zu können, muss man Newsgroups abonnieren.

Beispiel: Newsgroup
groups.google.com

Chat

Eine schriftliche Unterhaltung mit beliebig vielen Nutzerinnen und Nutzern im Internet bezeichnet man als Chat. In Chatrooms kommunizieren verschiedene Chatteilnehmer/innen, die meist unter einem Synonym und nicht mit ihrem richtigen Namen eingeloggt sind, miteinander. Mittlerweile bieten viele Programme, z. B. auch MICROSOFT OFFICE 365, eine integrierte Chatfunktion an.

Chat (engl.) = plaudern.

Beispiel: Chat
chat.orf.at

IP-Telefonie

VoIP (**V**oice **o**ver **I**nternet **P**rotocol) ermöglicht das Telefonieren über Internet ohne Festnetz. Dabei kann man von einem PC aus zu einem anderen PC, ins Fest- bzw. Mobilnetz oder von einem Telefonapparat zum anderen telefonieren. Bei den meisten Anbietern ist Videotelefonie mittlerweile zum Standard geworden.

Durch Installation der freien Software SKYPE (skype.com) kann man kostenlos über VoIP von PC zu PC telefonieren.

Streaming

Filme können mittels Livestreams oder auf Abruf (Video-on-Demand) über das Internet empfangen bzw. heruntergeladen werden. Ebenso wird **Musik** über Internetradio oder Streamingdienste angeboten. Während die verschiedenen Fernseh- und Radiosender meist kostenlos über Internet nutzbar sind, sind Streamingdienste kostenpflichtig.

Streaming = Datenübertragungsverfahren, bei dem Videos- und Audiodateien bereits beim Übertragen angesehen bzw. angehört werden können.

Spiele

Onlinegames, bei denen die Teilnehmer/innen über weite Entfernungen hinweg an verschiedenen Spielen teilnehmen können, werden immer beliebter. Auf sehr vielen Internetseiten können die Nutzer/innen auf eine große Anzahl an unterschiedlichen Spielen (Action-, Simulations-, Rollen-, Strategiespiele usw.) zugreifen. Die Spieler/innen organisieren sich dabei in Onlinecommunities, tauschen sich aus, matchen sich oder schlüpfen in unterschiedliche Rollen.

Aha!
Bei allen Internetdiensten müssen Sie beachten, dass Sie bei der Nutzung Spuren im Netz hinterlassen und persönliche Daten bei den unterschiedlichen Anbietern gespeichert werden.

1.2 Online nach Informationen suchen

Im Internet gibt es unzählige Möglichkeiten, an Informationen zu kommen, gerade deswegen ist es wichtig, den Suchergebnissen nicht immer blind zu trauen, sondern die Ergebnisse zu analysieren.

Nutzen Sie immer mehrere Informationsquellen, um gezielte Informationen zu erhalten.

Aha!
Um im Internet nach Informationen jeglicher Art zu suchen, benötigt man neben einem Internetzugang eine Browsersoftware, die auf dem PC häufig vorinstalliert ist oder gratis aus dem Internet heruntergeladen werden kann. Mittlerweile gibt es eine Vielzahl von Webbrowsern, z. B. **MICROSOFT INTERNET EXPLORER (MSIE bzw. EDGE), MOZILLA FIREFOX, SAFARI** und **GOOGLE CHROME.**

Bei jeder Standardinstallation ist bereits eine Browsersoftware eingerichtet.

WWW = World Wide Web.

Das WWW stellt unterschiedliche Suchmöglichkeiten zur Verfügung. Neben den Suchmaschinen (zum Beispiel GOOGLE) gibt es unter anderem Metasuchmaschinen, Webkataloge, Portale, Archive, Foren ... Sie lernen nun, wie Sie Schritt für Schritt das Internet zur Informationsbeschaffung nutzen können.

Informationsbeschaffung im Internet

- Was suchen Sie?
- Wo suchen Sie?
- Wie werten Sie Ihre Suchergebnisse aus?
- Wie können Sie Ergebnisse sammeln?

1.2.1 Was suchen Sie?

Im Internet finden Sie beinahe zu jedem Themengebiet eine Vielzahl von Informationen. Es beginnt die berühmte Suche nach der Nadel im Heuhaufen. Es ist wichtig, dass Sie sich klarmachen, wonach Sie genau suchen, welche Suchbegriffe oder auch Synonyme zu Ihrer Frage passen könnten.

Die wohl bekannteste Suchmaschine ist google.at.

Aha!
Wussten Sie, dass 98 Prozent der Webeinstiege über eine Suchmaschine erfolgen? Suchmaschinen werden genutzt, obwohl die Domain bekannt ist, es wird einfach alles gesucht. In Europa geschieht das zu über 90 Prozent über die Suchmaschine GOOGLE.

1.2.2 Wo suchen Sie?

Die erste Wahl für die Onlinesuche ist meist die klassische Suchmaschine. Sie können aber auch auf Informationsquellen, wie Metasuchmaschinen, Kataloge, Archive und Foren, zurückgreifen.

FILM AB!
Wie eine Suchmaschine wie Google funktioniert, erfahren Sie im Video unter www.trauner.at/aim_v12.aspx.

Suchmaschinen

In Europa wird die Suchmaschine GOOGLE am meisten verwendet, daher wird die Suchmaschinenoptimierung auf GOOGLE zugeschnitten. Die Suchmaschine BING (von MICROSOFT) wird nur selten verwendet.

Was ist eine Suchmaschine?
Suchmaschinen durchsuchen das Internet nach Begriffen, nach sogenannten Keywords und liefern uns Ergebnisse nach einem bestimmten Algorithmus. Suchmaschinen liefern Ergebnisse in Sekundenbruchteilen.

Streng genommen wird nicht das ganze Internet durchsucht, es wird auf die bereits auf einem Server abgelegten Daten zugegriffen. Jede Suchmaschine erstellt einen Index (eine Kartei), der das Internet kategorisiert und indexiert. Dieser Index ermöglicht es, Ergebnisse in Sekundenbruchteilen zu erhalten.

Algorithmus: Er gibt eine Vorgehensweise vor, um ein Problem zu lösen. In der Informatik spielen Algorithmen eine wichtige Rolle. Sie bilden die Grundlage der Programmierung.

Wie suchen Suchmaschinen?

Geben Sie mehrere Suchbegriffe in das Suchfeld der Suchmaschine ein, führen Sie automatisch eine UND-Suche durch. Daher erhalten Sie sämtliche Seiten zu allen angeführten Suchbegriffen in beliebiger Reihenfolge.

Beispiele: Operatoren in Suchmaschinen

- Präsentationstechnik **AND** Software: Gesucht wird nach Seiten, die den Begriff Präsentationstechnik UND den Begriff Software enthalten.
- Präsentationstechnik **OR** Vortrag: Gesucht wird nach Seiten, die den Begriff Präsentationstechnik ODER den Begriff Vortrag enthalten.
- Präsentationstechnik **NOT** PowerPoint: Der Begriff PowerPoint darf in der Suche NICHT vorkommen.

Suchen Sie online nach Informationen zu einem Thema, das Sie interessiert, und versuchen Sie die verschiedenen Operatoren einzusetzen. Wie verändern diese Ihr Suchergebnis?

Verwenden Sie die erweiterte Suche der Suchmaschine. Hier können Sie nach Wortgruppen, bestimmten Begriffen etc. suchen.

Tipp!
Dokumentieren Sie Ihre Suche! Verwenden Sie Favoriten bzw. Lesezeichen von Ihrem Internetbrowser, um wichtige Internetseiten und Informationen wiederzufinden bzw. zu speichern.

Mehr dazu erfahren Sie später in diesem Kapitel.

Metasuchmaschinen

Metasuchmaschinen arbeiten anders als herkömmliche Suchmaschinen. Bei der Suche werden andere Suchmaschinen und Indexe genutzt. Es gibt keine eigene Suchmaschinen-Datenbank, in der Daten gespeichert sind. Die Suche in Metasuchmaschinen ist langsamer als bei der herkömmlichen Suchmaschine.

metaGer

Die Metasuchmaschine METAGER ist aktuell die bekannteste.

apollo7

APOLLO ist eine weitere Metasuchmaschinen.

Webkatalog

Ein Webkatalog (Webverzeichnis) ist eigentlich keine Suchmaschine. Ein Webkatalog ist eine Datenbank, die die Einträge von Redakteurinnen und Redakteuren überprüfen und kommentieren lässt.

Jeder, der eine Website betreut, kann den Link seiner Website in einem Webkatalog eintragen lassen. Die Websites werden kontrolliert und geprüft, daher ist der Arbeitsaufwand sehr hoch und die Zahl der Suchergebnisse wird stark eingeschränkt. Bei lokalen Dienstleistungen ist ein Webkatalog beliebt, er wird wie ein lokales Branchenbuch genutzt. Es werden auch Webkataloge zu Fremdsprachen, Wissenschaften, Politik, Berufen usw. angeboten.

Die Qualität der Suchergebnisse ist aufgrund der Überprüfung von Redakteurinnen/Redakteuren sehr hoch.

webspider24.de ist ein Beispiel für einen Webkatalog.

Portale

Portale beinhalten häufig Kommunikationsdienste wie Foren und/oder Chats. Die Themenbereiche werden meist kategorisiert. Dadurch haben die Nutzer/innen ein benutzerdefiniertes Sucherlebnis. Portale kann es z. B. für Mitarbeiter-/innen-, Lieferanten-, Schüler-/innenportale etc. geben.

Bei Portalen gibt es meist einen benutzerdefinierten Zugang.

scholar.google.com

GOOGLE SCHOLAR

Suchen Sie wissenschaftliche Literatur ist die Suche in GOOGLE SCHOLAR zu empfehlen. Als Suchergebnis bekommen Sie vor allem Fachliteratur, wissenschaftliche Arbeiten, Fachzeitschriften ... in deutscher und englischer Sprache.

Übung

- **Nach wissenschaftlichen Artikeln suchen – 25 min**
  Für Ihr nächstes Referat sind Sie auf der Suche nach wissenschaftlichen Artikeln.
  a) Suchen Sie nach Artikeln zum Thema Digitalisierung und Klimaschutz.
  b) Filtern Sie die Suche nach aktuellen Beiträgen.
  c) Protokollieren Sie Ihre gefundenen Ergebnisse in einem WORD-Dokument. Denken Sie an die korrekte Quellenangabe!

1.2.3 Wie werten Sie Ihre Ergebnisse aus?

Haben Sie Ergebnisse zu Ihrer Frage erhalten, ist es wichtig, die gefundenen Informationen zu analysieren bzw. auszuwerten. Grundsätzlich müssen Sie die Glaubwürdigkeit der Website kontrollieren.

Redigieren = einen Text bearbeiten und für die Veröffentlichung freigeben.

Seien Sie vorsichtig bei privaten Websites und Blogs. Auch WIKIPEDIA-Einträge müssen Sie kritisch betrachten. Die Beiträge werden oft nicht von Fachleuten redigiert.

Suchen Sie im Zweifelsfall nach einer zweiten und/oder dritten Quelle.

Aha!
Die folgenden Fragen können Ihnen helfen, die Glaubwürdigkeit Ihrer Suchergebnisse zu bewerten:
- Wie gut passen die gefundenen Ergebnisse zu meiner Frage?
- Können die Informationen der Wahrheit entsprechen? Stimmen Sie mit meinem Vorwissen überein?
- Wie seriös ist die gefundene Website? Findet sich die Information nur auf privaten Websites oder auch auf der Seite einer glaubwürdigen Institution bzw. auf Seiten von bekannten Anbietern (Instituten, namhaften Unternehmen, Forschungseinrichtungen, Regierungseinrichtungen etc.)?
- Wer ist die Verfasserin/der Verfasser? Gibt es ein Impressum?
- Ist die Information aktuell?
- Wird die Information mit anderen Quellen belegt?
- Wie ist die sprachliche Qualität der Website einzuschätzen? Rechtschreibung, Grammatik, Schreibstil ...?

Hinterfragen Sie die Glaubwürdigkeit Ihrer Suchergebnisse

Werbefinanzierte Ergebnisse (Sponsered Links) sollten Sie ebenfalls genauer unter die Lupe nehmen. Die Ergebnisse müssen nicht falsch bzw. unseriös sein, ganz klar steht aber ein Geschäftsinteresse im Vordergrund.

Übung

- **Die richtige Suche – 30 min**
  - **a)** Geben Sie einer Mitschülerin/einem Mitschüler ein Stichwort zu einem Thema, das Sie gerade beschäftigt (z. B. aktuelle Nachrichten).
  - **b)** Ihre Mitschülerin/Ihr Mitschüler hat die Aufgabe, zu diesem Thema fünf interessante Links zu suchen, zu analysieren und zu überprüfen. Verwenden Sie dafür unterschiedliche Suchmethoden und -strategien. Die gefundenen Ergebnisse sollen gespeichert werden.
  - **c)** Im Anschluss präsentieren Sie sich gegenseitig die gefundenen Ergebnisse. Besprechen Sie gemeinsam, wie Sie zu den Suchergebnissen gekommen sind, ob sie seriös/unseriös wirken, finden Sie Pro und Kontra für die Suchergebnisse und versuchen Sie, die Ergebnisse zu bewerten.
  - **d)** Analysieren Sie mit der gesamten Klasse, welche Suchmethoden Sie empfehlen können und welche eher nicht. Protokollieren Sie die Ergebnisse auf einer A4-Seite.

1.2.4 Wie können Sie Ergebnisse sammeln?

Wenn Sie nach bestimmten Themen suchen und bereits einige Ergebnisse gefunden, geprüft und kontrolliert haben, müssen Sie die vielen Quellen sammeln und speichern:

- Legen Sie ein Bookmark für interessante Websites an. Nutzen Sie dafür die Favoriten/Lesezeichen des Internetbrowsers. Sie können Ordner erstellen und Ihre gefundenen Websites als Favoriten speichern.
- Sammeln Sie Ihre gefundenen Ergebnisse auf Papier, machen Sie eine Ergebnissammlung mithilfe einer Mindmap, gliedern und/oder veranschaulichen Sie die Ergebnisse mit kreativen Methoden. Online finden Sie viele verschiedene Gratistools für die Gestaltung einer Mindmap.

Beispiel
Sie können die kostenlosen Programme mindmeister.com oder freemind.de.softonic.com zur Erstellung nutzen.

- Verwenden Sie Bookmarking-Apps, wenn Sie unterschiedliche Endgeräte (Handy, Tablet, Desktop PC ...) verwenden.

Beispiel
Eine umfangreiche Möglichkeit, Suchergebnisse zu speichern, bietet die App raindrop.io.

- Eine weitere Möglichkeit ist, Ihre gesammelten Links für das Referat, Hausübungen usw. in einem ONENOTE-Notizbuch zu speichern.

MICROSOFT EDGE/INTERNET EXPLORER: Favoriten
MOZILLA FIREFOX: Lesezeichen

Mindmaps können helfen, Ihre Suchergebnisse zu organisieren

Tipps!

- Achten Sie bei der Verwendung von Texten, Bildern, Musik, Videos ... auf das Urheberrecht und die korrekte Quellenangabe.
- Es können auch Texte, Bilder ... unter der sogenannten Creative-Commons-Lizenz zur Verfügung stehen. Mit dieser Lizenz geben Urheber und Urheberinnen anderen Personen die Möglichkeit, die Texte, Bilder ... zu verwenden, ohne ausdrücklich um Erlaubnis zu fragen.
- Wie die Werke verwendet werden dürfen, hängt von der jeweiligen Lizenz ab.
- Lesen Sie die Einschränkungen immer gut durch!

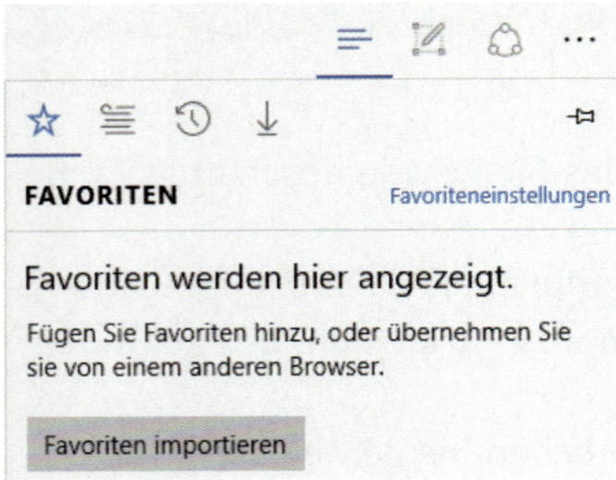

Favoriten verwalten

Sie können eine Website in Ihrem Browser speichern, damit sie auch nach einem Neustart des Browsers verfügbar ist. In EDGE heißen die gespeicherten Websites **Favoriten.** Je nach Browser werden Sie auch als **Lesezeichen** oder **Bookmarks** bezeichnet.

Vorteile von Favoriten

- Websites für einen späteren Besuch speichern
- Häufig besuchte Websites schnell ansteuern
- Webadressen nicht händisch eingeben

Favoriten aus anderen Browsern in EDGE importieren

- Auf Symbol Hub klicken – Symbol Favoriten
- Favoriten importieren – Browser auswählen – Importieren

Favoritenleiste anzeigen

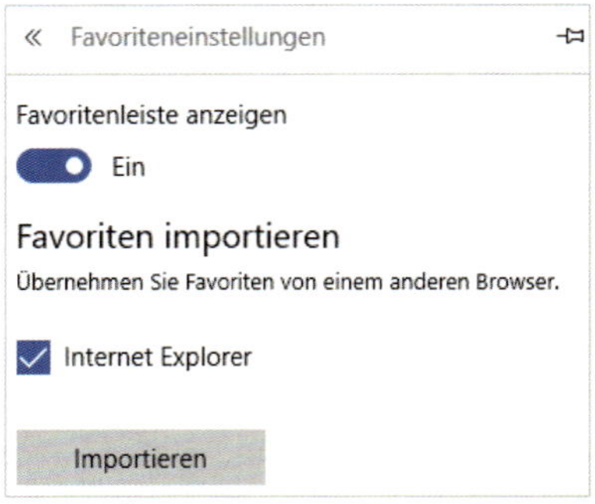

- Auf Symbol Hub klicken – Symbol Favoriten
- Favoriten importieren – Favoritenleiste anzeigen – Schieberegler auf Ein ziehen
- Oder Symbol Mehr ··· – Einstellungen
- Favoriteneinstellungen anzeigen – Favoritenleiste anzeigen – Schieberegler auf Ein ziehen

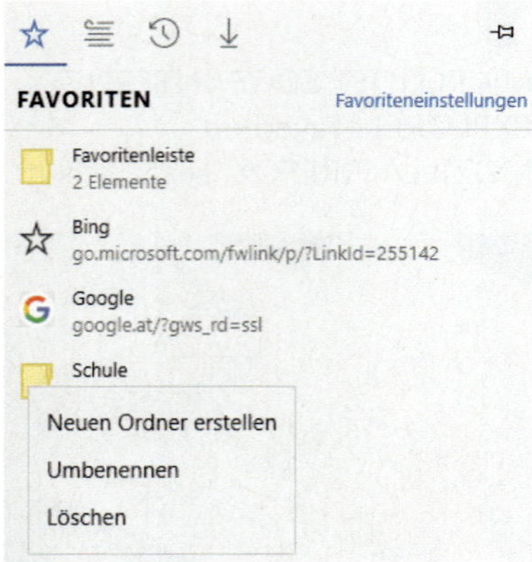

Favoriten hinzufügen

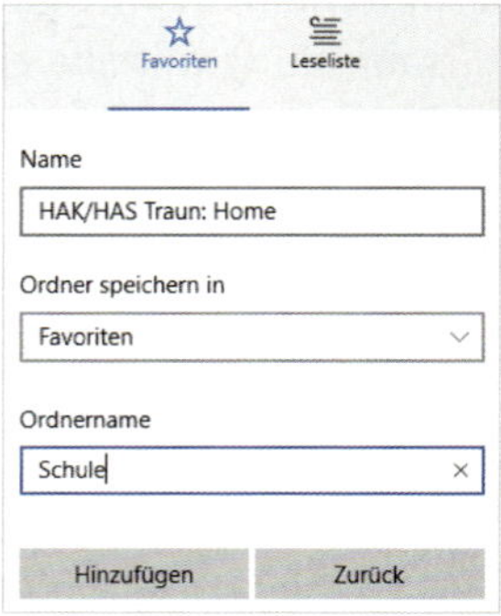

- Auf Symbol ☆ klicken – Hinzufügen
- Unter Speichern In Speicherort auswählen – Hinzufügen
- Oder über Neuen Ordner erstellen – Ordnername einen passenden Ordnernamen vergeben – Hinzufügen
- Über das Symbol ★ Zu Favoriten oder Leseliste hinzufügen können Sie Websites direkt in der Favoritenleiste speichern

Favoriten verwalten

- Auf Symbol Hub klicken – Symbol Favoriten
- Favoriten – Ordner auswählen – Kontextmenü Neuen Ordner erstellen, umbenennen oder löschen

WissensCheck – „Informationsbeschaffung im Internet"

1. Erklären Sie, was man unter einem Katalog im Internet versteht.
2. Nennen Sie einen bekannten Webkatalog.
3. Erklären Sie die Arbeitsweise einer Suchmaschine.
4. Erläutern Sie, worum es sich bei einer Metasuchmaschine handelt.
5. Zählen Sie die verschiedenen logischen Operatoren auf, die zur Eingrenzung der Suchergebnisse eingesetzt werden können.
6. Beschreiben Sie, wie Sie Suchergebnisse strukturiert sammeln können.

Ziele erreicht? – „Informationsbeschaffung im Internet“

KOMPETENZ-ERWERB

1. Aussagen zum Thema Suchen im WWW beurteilen

Kreuzen Sie die richtigen Aussagen zum Thema **Suchen im WWW** an.

Es ist egal, welche Suchmaschine verwendet wird, es wird immer das gleiche Suchergebnis angezeigt.	
YAHOO ist die aktuell weltweit am meisten verwendete Suchmaschine.	
Durch die Verbindung zweier Begriffe mit „AND“ können Sie die Anzahl der Suchergebnisse einschränken.	X
Browser und Suchmaschine sind synonyme Begriffe (d. h. zwei unterschiedliche Begriffe, die dasselbe beschreiben).	
Suchmaschinen sind kostenlos.	X

Hinweis

Achten Sie bei allen Aufgaben, Protokollen und Lösungen auf die korrekte Quellenangabe!

2. Leitfaden für eine Onlinesuche – 15 min

Visualisieren Sie die Inhalte zur Internetrecherche. Erstellen Sie eine Mindmap, in der Sie die wichtigsten Kriterien, die einzelnen Schritte, von der Vorbereitung bis zur Ergebnisauswertung, darstellen.

3. Kaufempfehlung – 15 min

Ausgangssituation

Sie benötigen zu Hause einen neuen Drucker. Ihre Eltern entscheiden sich für einen WLAN-Drucker, da sie Fotos gerne direkt vom Smartphone oder vom Tablet ausdrucken möchten. Sie sollen ihnen dabei helfen, ein passendes und preiswertes Modell zu finden.

a) Recherchieren Sie im Internet nach passenden Produkten auf unterschiedlichen Websites. Entscheiden Sie sich für drei Produkte und suchen Sie für diese drei Modelle Hardwaretests bzw. vergleichen Sie die Bewertungen der Drucker.
b) Speichern Sie die gefundenen Websites in Ihrem Internetbrowser ab, um Ihren Eltern später die Suchergebnisse zu präsentieren.
c) Besprechen Sie mit Ihrer Mitschülerin/Ihrem Mitschüler für welches Produkt Sie sich letztendlich entschieden haben, wie Sie den Drucker gefunden haben und warum gerade dieser Sie überzeugt hat.

3. Gezielte Suche mit Suchmaschinen – 35 min

a) Nutzen Sie eine Suchmaschine (z. B. GOOGLE) für eine gezielte Informationssuche (mit logischen Operatoren) zu den folgenden Begriffen:
Präsentationsmittel, -kriterien, -software und -seminare
b) Erstellen Sie ein einseitiges A4-Handout mit der Überschrift »Rund ums Präsentieren«. Beantworten Sie dabei die folgenden Fragen:
- Welche unterstützenden Präsentationsmittel gibt es?
- Wie lauten die wichtigsten Präsentationskriterien?
- Welche aktuelle Software (außer POWERPOINT) steht Ihnen für Präsentationen zur Verfügung?
- Welche Präsentationsseminare werden angeboten?

c) Suchen Sie für das optimale Layout ein passendes Bild, das lizenzfrei zu Ihrer Verfügung steht.
d) Protokollieren Sie zusätzlich, ob es bei der Suche mit logischen bzw. ohne logische Operatoren Unterschiede gibt.

Einen interaktiven **Safety-Check** finden Sie in der TRAUNER-DigiBox.

2 E-Mail, Termin- und Aufgabenverwaltung

Wie verwalten Sie Ihre Termine und Aufgaben? Digital oder klassisch im Kalender auf Papier?

Sarah ist seit diesem Schuljahr Klassensprecherin. Sie ist für diese umfassende Aufgabe sehr motiviert und hat sich viel vorgenommen. Besonders wichtig ist ihr eine gute Kommunikation mit den anderen Klassensprecherinnen und Klassensprechern. In der letzten Schüler/innen-Vertretersitzung wurde daher entschieden, dass Infos, Termine und Aufgaben zukünftig per E-Mail ausgetauscht werden. Da jeder Schüler und jede Schülerin eine E-Mail-Adresse hat, beschließt Sarah, von nun an ihre E-Mails, ihren Kalender, ihre Aufgaben und Notizen über OUTLOOK zu verwalten.

KOMPETENZ-ERWERB

Meine Ziele

Nach Bearbeitung dieses Kapitels kann ich
- erklären, was eine E-Mail ist, wie sich eine E-Mail-Adresse zusammensetzt und wie ein E-Mail-Programm funktioniert;
- den Begriff Netiquette erklären;
- E-Mails lesen, formal richtig gestalten, senden und verwalten;
- Kontakte und Adressen verwalten;
- Termine im Kalender sowie Aufgaben und Notizen erstellen und verwalten;
- webbasierte E-Mail-Dienste anwenden;
- die Vor- und Nachteile von webbasierten E-Mail-Diensten beurteilen.

2.1 Was ist eine E-Mail?

Der Begriff E-Mail steht für eine elektronische Nachricht. Mit einer E-Mail werden Nachrichten versendet, die auch Datei-Anhänge (digitale Dokumente, Bilder etc.) beinhalten können. E-Mails kommen in der Regel innerhalb weniger Sekunden bei der Empfängerin/beim Empfänger an.

Die Empfängerin/Der Empfänger muss nicht gerade online sein, die Nachricht kann jederzeit abgerufen werden, am Computer bzw. auf dem Smartphone. Der Zugriff darauf ist aus der ganzen Welt möglich.

Damit eine E-Mail überhaupt gesendet und empfangen werden kann, wird eine E-Mail-Adresse benötigt. Es gibt eine Vielzahl von Anbietern, zu den bekanntesten zählen beispielsweise Outlook, Google Mail, GMX etc.

Die meisten Unternehmen arbeiten mit Outlook, da es ein gutes Gesamtkonzept bietet und einfach zu bedienen ist.

Tipp!
Überlegen Sie sich gut, für welche E-Mail-Adresse Sie sich entscheiden. Mit einer schlecht gewählten E-Mail-Adresse verlieren Sie an Vertrauen und Seriosität (z. B. eignet sich sternchen8@gmx.at nicht für einen professionellen Eindruck).

Wie ist eine E-Mail-Adresse aufgebaut?

Egal für welchen Anbieter Sie sich entscheiden, der Aufbau einer E-Mail-Adresse ist immer gleich und eindeutig definiert, z. B. sarah.huber@schule.at.

Die E-Mail-Adresse besteht aus UserName@Domainname.Top-Level-Domain.

E-Mail-Adresse

Username	Trennzeichen	Domain	Top-Level-Domain

meist Vor- und Zuname	Klammeraffe oder at	Name des Mailservers, kann sich in Unterdomains gliedern	Organisatorische Einheit, z. B. Land

⚠ E-Mail-Adressen sind ungültig, wenn

- das @-Zeichen fehlt;
- am Anfang/am Ende ein Punkt steht;
- beim Usernamen zwei Punkte hintereinander vorkommen;
- mehr als ein @-Zeichen vorkommt.

Warum E-Mails senden?

Es gibt viele Gründe, warum es vorteilhaft ist, eine E-Mail zu versenden.

Zeit und Ort

- Innerhalb von Sekunden bei der Empfängerin/beim Empfänger
- Weltweit abrufbar
- Zu jeder Tageszeit abrufbar
- Einfache und schnelle Kommunikation mit einer Empfängerin/einem Empfänger bzw. mehreren Empfängern

Kosten

- Im Vergleich zum Postversand fallen nur geringe Kosten an
- Kein bestimmter Anbieter nötig
- Keine bestimmte App notwendig

Vereinbarungen

- Alles wird schriftlich festgehalten
- E-Mails können gespeichert werden
- Anhänge (Dokumente, Bilder, Videos etc.) können mitgesendet und gespeichert werden

Aha!
Weltweit werden ca. 269 Milliarden E-Mails täglich versendet, Tendenz steigend.

SMTP = **S**imple **M**ail **T**ransfer **P**rotocol, legt fest, wie eine E-Mail im Internet transportiert wird. Es können nur Texte versendet werden.

MIME = **M**ultipurpose **I**nternet **M**ail **E**xtension.

POP 3 = **P**ost **O**ffice **P**rotocol **3**, E-Mails werden vom Posteingangsserver abgerufen. Die E-Mail-Nachrichten werden auf Ihren Computer heruntergeladen und vom Server gelöscht.

IMAP = **I**nternet **M**essage **A**ccess **P**rotocol, regelt wie POP3 den Zugang zu Ihren E-Mails. E-Mail-Nachrichten werden jedoch nicht vom Posteingangsserver gelöscht und können dort bearbeitet werden.

Wie funktioniert ein E-Mail-Programm?

Damit Ihre E-Mail den Weg zur Empfängerin/zum Empfänger findet, sind entsprechende Schritte notwendig.

1. Sie schreiben von Ihrer E-Mail-Adresse, z. B. sarah.huber@schule.at, eine E-Mail, tragen die Empfängeradresse, z. B. lisa.mayr@drei.at, ein und versenden die Nachricht.
2. Die E-Mail wird über **SMTP** zum **Postausgangsserver** der Domain „schule.at" transportiert. Um auch Bilder, Attachments etc. zu verschicken, benötigen Sie das Zusatzprotokoll **MIME.**
3. Der Postausgangsserver sucht zuerst den für die Empfängerin/den Empfänger zuständigen **Posteingangsserver,** z. B. jenen Server, der sich um Nachrichten an die Empfängerin/den Empfänger der Domain „drei.at" kümmert. Anschließend sendet er die E-Mail an diesen Server.
4. Ihre E-Mail gelangt nicht immer auf dem direkten Weg zum Posteingangsserver von „drei.at", sondern wird von einem Server zum nächsten geschickt.
5. Ist das Ziel erreicht, wird die E-Mail vom Posteingangsserver, z. B. „drei.at", in das Postfach der Empfängerin/des Empfängers, z. B. „lisa.mayr", abgelegt.
6. Damit der Empfänger die E-Mail abholen kann, benötigt er entweder **POP3** oder **IMAP.**

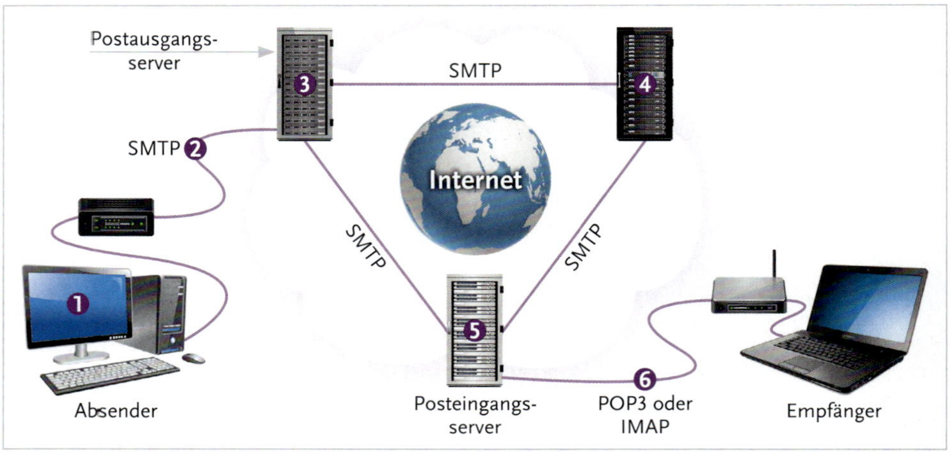

2.2 Netiquette

Der Begriff **Netiquette** setzt sich aus dem englischen Begriff **net** (für Netz) und dem französischen Begriff **etiquette** (für Verhaltensregeln) zusammen.

In der realen sowie in der digitalen Welt gibt es spezielle Anforderungen bzw. Verhaltensvereinbarungen. Die Netiquette beschreibt die Verhaltensvereinbarungen bei der elektronischen Kommunikation.

Folgende Netiquette-Regeln helfen Ihnen bei der Kommunikation via E-Mail:

⚠ Halten Sie sich immer an die Netiquette-Regeln des Unternehmens, in dem Sie arbeiten.

Sicherheit und Datenschutz:

- Oft ist bei geschäftlichen E-Mails eine „sichere" Datenübertragung notwendig. Bei der elektronischen Kommunikation ist dies mittels Verschlüsselung (z. B. mit der Bürgerkarte) möglich. Dadurch können wichtige Dokumente vertraulich versendet werden.
- Geben Sie per E-Mail keine Daten an unbekannte Empfängerinnen/Empfänger weiter. Öffnen Sie keine Links und Attachments in E-Mails von unbekannten Absendern.
- Beachten Sie auch bei E-Mails die rechtlichen Rahmenbedingungen (Urheberrecht etc.).

Sprachliche Gestaltung und formale Aspekte

- Formulieren Sie Ihre E-Mails knapp und präzise, verwenden Sie für lange Nachrichten Anhänge.
- Überprüfen Sie Rechtschreibung und Grammatik, beachten Sie die Groß- und Kleinschreibung und formulieren Sie vollständige Sätze.
- Antworten Sie auf alle E-Mails immer höflich und zurückhaltend, auch wenn Sie eine unhöfliche E-Mail bekommen haben.
- Achten Sie bei der Gestaltung von E-Mails auf die formalen Aspekte. Gestalten Sie E-Mails ähnlich wie einen Geschäftsbrief (Betreff, Anrede, Grußformel, Signatur etc.)
- Senden Sie keine zu großen Dateianhänge (mehrere MB). Wenn es sich nicht vermeiden lässt, kündigen Sie größere Anhänge vorab an.
- Weniger ist mehr: Verwenden Sie keine Emoticons. Nicht jedes E-Mail-Programm kann diese entziffern und sie können mit Spyware infiziert sein.

Signatur = eine digitale Unterschrift und ein wichtiger Bestandteil der geschäftlichen Kommunikation.

Spyware = Software, die Daten von Computern bzw. Computernetzwerken ohne das Wissen der User/innen ausspäht.

Organisation

- Kontrollieren Sie den Posteingang mehrmals täglich und beantworten Sie Ihre E-Mails rasch. Wenn Sie für längere Zeit nicht erreichbar sind, erstellen Sie eine automatische Antwort.

Automatische Antwort = Auto-reply-Message bzw. Out-of-Office-Funktion.

> **Beispiel für eine Auto-reply-Message:**
> „Ich bin bis 19. August d. J. nicht erreichbar. Nach meiner Rückkehr werde ich alle Mails schnellstmöglich bearbeiten. In dringenden Fällen wenden Sie sich bitte an meinen Kollegen Herrn Andreas Hager unter andreas.hager@office.at oder unter der Telefonnummer +43 732 750 89-12."

- Bei wichtigen bzw. dringenden Informationen greifen Sie besser zum Telefon. Es werden nicht immer alle E-Mails rechtzeitig gelesen, manche E-Mails werden übersehen oder als vermeintlicher Spam gelöscht.

Spam = unerwünschte Nachrichten, meist mit werbenden Inhalten.

2.3 E-Mails schreiben mit OUTLOOK 365

Um E-Mails senden und empfangen zu können, gibt es zwei Varianten:

E-Mail-Programm	Webmail-Dienst
■ Software wird auf dem Rechner installiert ■ Verwaltung der E-Mails erfolgt auf dem Rechner	■ E-Mails werden mit einem Webbrowser auf Mailservern verwaltet ■ E-Mails können weltweit auf Rechnern bzw. Smartphones (via App) abgerufen werden
Beispiele: MICROSOFT OUTLOOK, MOZILLA THUNDERBIRD etc.	**Beispiele:** OFFICE 365, GOOGLE MAIL, GMX etc.

> **Beispiele für Webbrowser:**
> EDGE, INTERNET EXPLORER, MOZILLA FIREFOX, GOOGLE CHROME etc.

Warum mit MICROSOFT OUTLOOK arbeiten?

OUTLOOK ist ein Teil des MICROSOFT-OFFICE-Pakets. In erster Linie ist es ein E-Mail-Programm. Wenn Sie eine E-Mail-Adresse eingerichtet haben, können Sie mit OUTLOOK E-Mails versenden, empfangen, beantworten und weiterleiten. Zusätzlich können Sie mit OUTLOOK Aufgaben, Termine und Kalender verwalten.

2.3.1 OUTLOOK öffnen und Benutzeroberfläche

Öffnen Sie das Programm OUTLOOK:

- START – OUTLOOK
- Oder über das Verknüpfungssymbol in der Schnellstartleiste
- Oder Doppelklick auf das Verknüpfungssymbol auf dem Desktop

Wenn OUTLOOK gestartet wird, öffnet sich standardmäßig die INBOX (Posteingang) des Moduls E-MAIL.

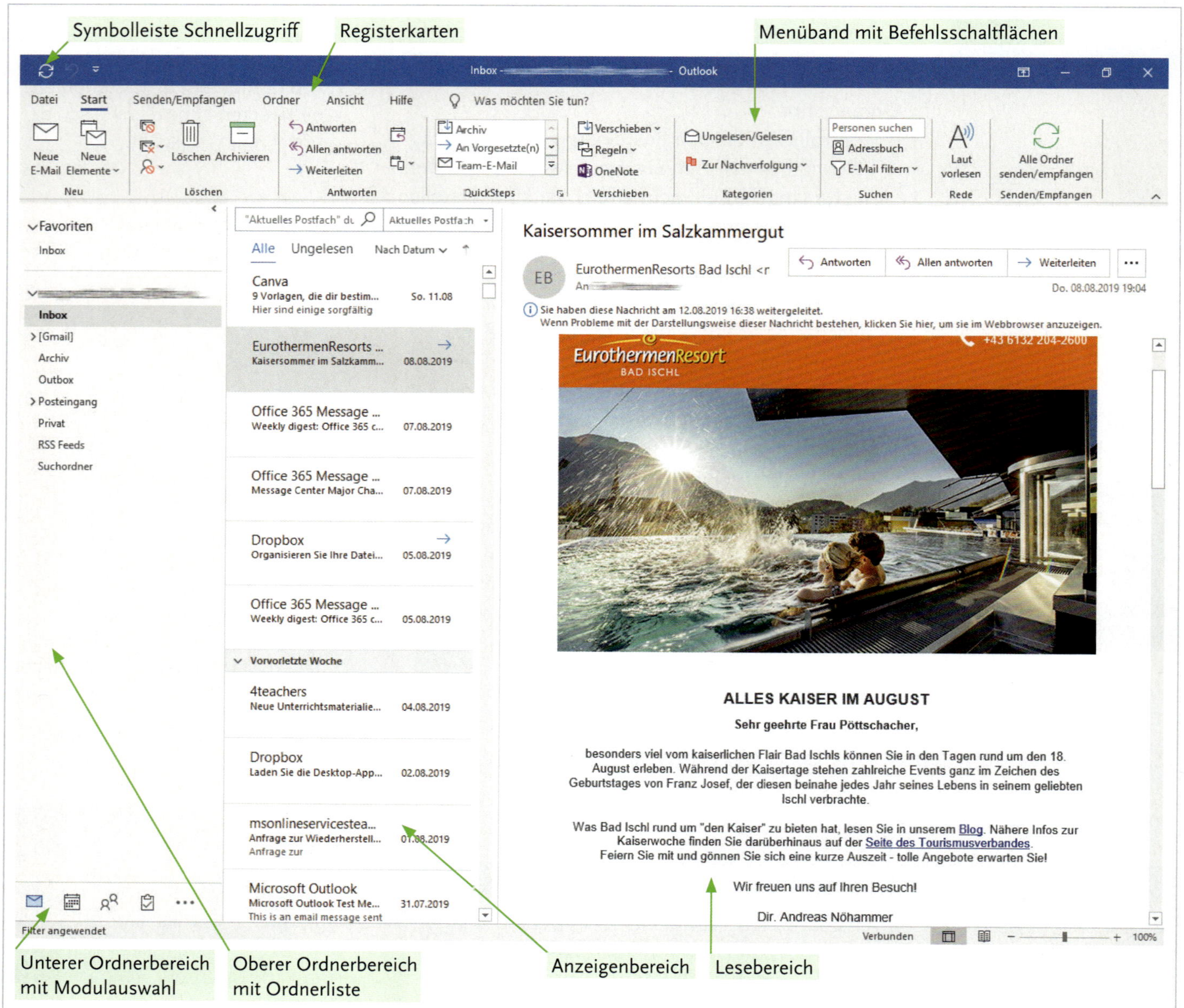

2.3.2 Ordner und Ansichten von OUTLOOK

Für eine bessere Übersicht und eine einfache Verwaltung stellt OUTLOOK unterschiedliche Ordner zur Verfügung:

- POSTEINGANG
- GESENDETE ELEMENTE
- GELÖSCHTE ELEMENTE
- JUNKS
- Etc.

Junks: Dabei handelt es sich meist um Nachrichten mit werbendem Inhalt (auch Spam genannt). In diesen Ordner werden automatisch alle eingehenden E-Mails verschoben, die gewissen Kriterien entsprechen. Es muss sich allerdings nicht immer um „echte" Junk-E-Mails handeln, es können auch wichtige E-Mails in diesen Ordner gelangen. Kontrollieren Sie immer wieder!

Ordnerbereich

Damit die von OUTLOOK zur Verfügung gestellte Ordnerstruktur angezeigt wird, muss der Ordnerbereich NORMAL aktiviert sein.

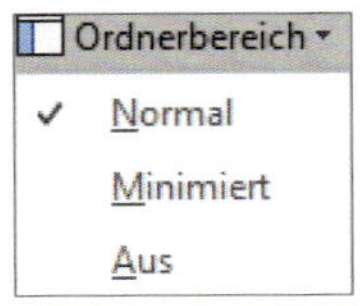

- Registerkarte ANSICHT – LAYOUT – ORDNERBEREICH
- NORMAL auswählen

Ordnerbereich Posteingang

Im Posteingang werden alle Mails angezeigt.

- In der mittleren Spalte werden die empfangenen E-Mails mit der Absenderin/dem Absender und dem Betreff angezeigt.
- In der rechten Spalte kann die E-Mail gelesen werden.
- Noch ungelesene Mails werden fett und in blauer Schrift dargestellt.

E-Mails im JUNK-Ordner bzw. im Ordner GELÖSCHTE ELEMENTE werden nach 30 Tagen automatisch gelöscht.

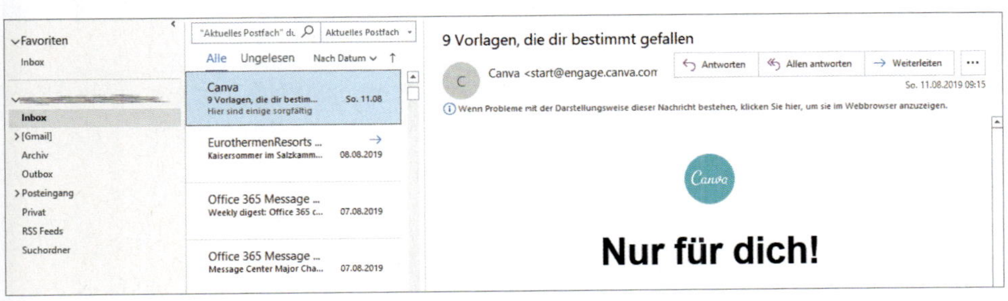

Ordnerbereich Entwürfe

Möchten Sie eine begonnene Nachricht zu einem späteren Zeitpunkt versenden, können Sie diese als Entwurf speichern. Die E-Mail wird im Ordner ENTWÜRFE gespeichert und kann später bearbeitet und versendet werden.

Lesebereich

In der Registerkarte ANSICHT – LAYOUT – LESEBEREICH kann der Bereich, in dem die Vorschau der E-Mail angezeigt wird, geändert werden. Wenn Sie Aus wählen, wird keine Vorschau angezeigt.

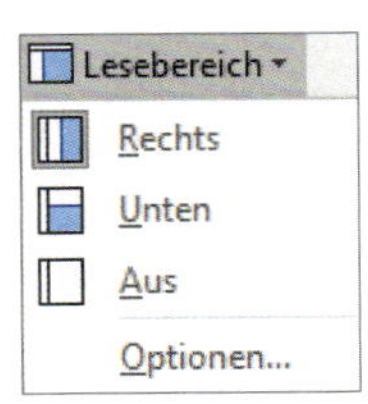

Module von OUTLOOK

Die Programmoberfläche ändert sich entsprechend der **Modulauswahl.** Mit den Schaltflächen im unteren Ordnerbereich können die einzelnen Module von OUTLOOK ausgewählt werden. KALENDER, KONTAKTE, TO-DO-LISTEN, NOTIZEN etc. stehen zur Verfügung.

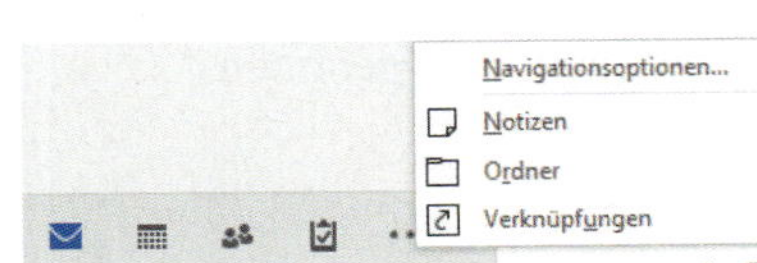

- Verwalten von E-Mails
- Verwalten von Terminen
- Verwalten von Kontakten, Adressbuch
- Verwalten von To-Do-Listen, Aufgaben
- Verwalten von Notizen, Ordnern, Verknüpfungen

Doppelklick auf eine E-Mail

Sie können eine E-Mail entweder im Lesebereich als Vorschau ansehen oder diese durch einen Doppelklick auf die Nachricht in einem neuen Fenster öffnen. In diesem Fenster scheinen nur die Registerkarten NACHRICHTEN und HILFE auf. Hier lassen sich E-Mails einfach und schnell bearbeiten.

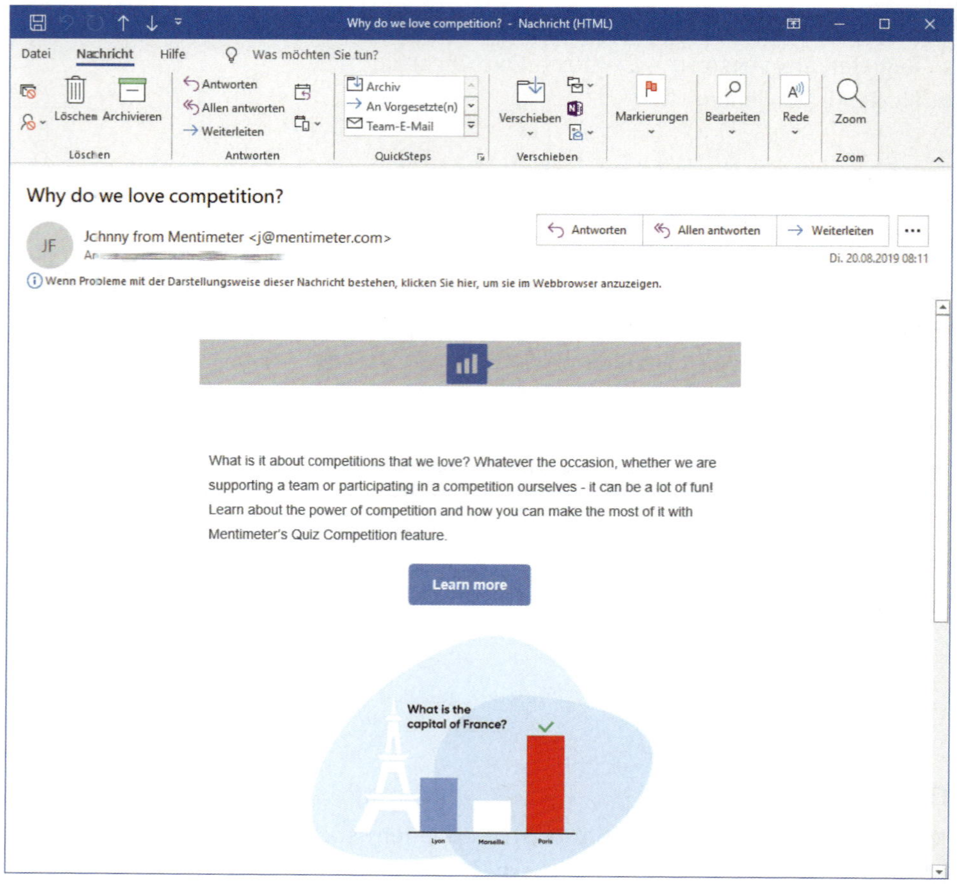

2.3.3 E-Mails in OUTLOOK lesen

Neue, noch ungelesene E-Mails werden im Ordner POSTEINGANG fett und in blauer Schriftfarbe dargestellt.

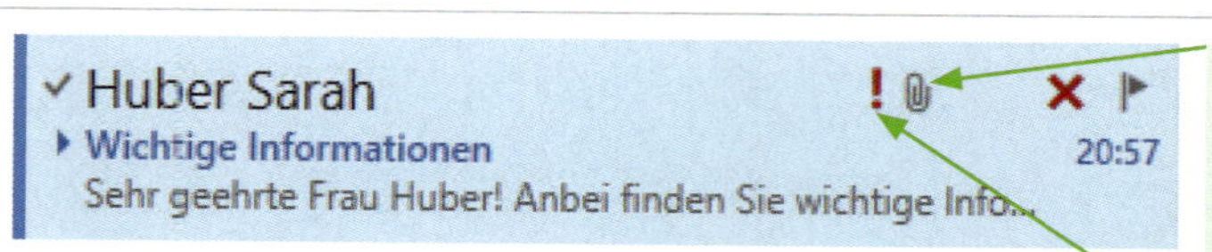

Enthalten empfangene E-Mails einen Dateianhang, wird dieser durch eine Büroklammer gekennzeichnet. Dateianhänge können geöffnet und/oder gespeichert werden.

E-Mails mit wichtigen bzw. dringenden Informationen werden mit einem roten Rufzeichen gekennzeichnet.

Bereits gelesene E-Mails werden nicht mehr durch den Schriftschnitt fett oder die Schriftfarbe blau hervorgehoben.

Nachrichten vom gleichen Absender suchen

Sie können nach weiteren E-Mails der Absenderin/des Absenders der empfangenen E-Mail suchen.

- In der geöffneten E-Mail klicken Sie in der Registerkarte NACHRICHTEN auf BEARBEITEN – VERWANDT – NACHRICHTEN VOM GLEICHEN ABSENDER.
- Es werden alle E-Mails von dieser Absenderin/diesem Absender angezeigt und mit gelber Hintergrundfarbe hervorgehoben.

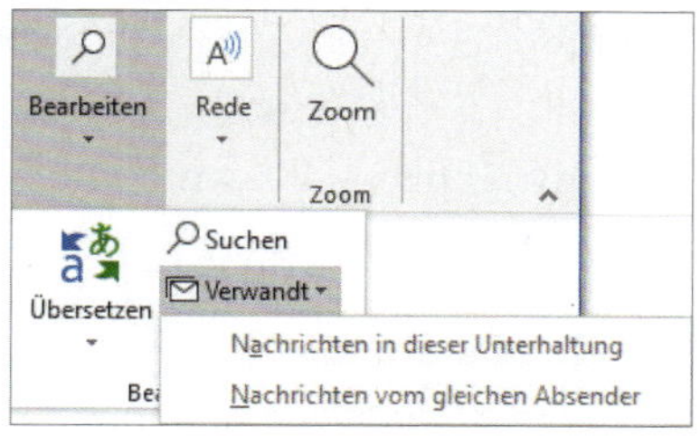

2.3.4 E-Mails in OUTLOOK erstellen und versenden

Eines der wichtigsten Module in OUTLOOK ist das Modul E-MAIL. In diesem können Sie E-Mails erstellen und versenden. Es ist standardmäßig ausgewählt.

Neue Nachricht schreiben

- START – NEU – NEUE E-MAIL
- Oder START – NEU – NEUE ELEMENTE – E-MAIL-NACHRICHT
- Oder Strg + N

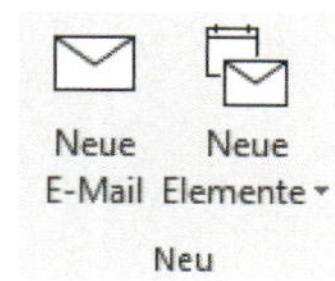

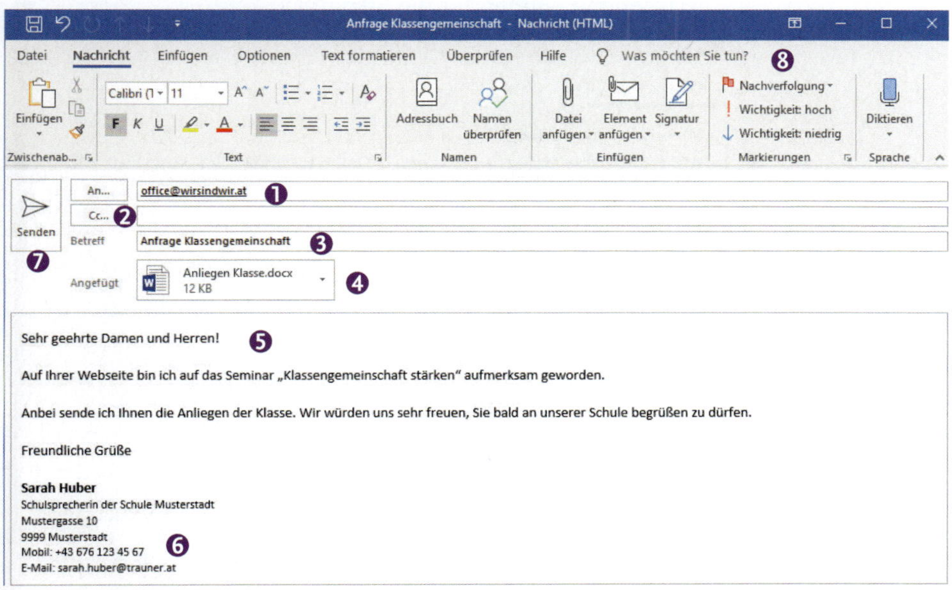

1 **AN...** **(E-Mail-Empfänger)**	■ E-Mail-Adresse der Empfängerin/des Empfängers eingeben. ■ Schaltfläche AN...: bereits gespeicherte Kontakte können hinzugefügt werden. ■ Mehrere E-Mail-Adressen werden mit einem Strichpunkt (Semikolon) getrennt eingegeben. ■ Die genaue Eingabe der E-Mail-Adresse ist wichtig, damit die E-Mail auch bei der richtigen Empfängerin/beim richtigen Empfänger ankommt.
2 **Cc...** **Bcc...** 	■ Cc... ▶ Carbon Copy (Kopie) ▶ Kopie der E-Mail an weitere Empfänger/innen senden ■ Bcc... ▶ Blind Carbon Copy (Blindkopie) ▶ OPTIONEN – FELDER ANZEIGEN – BCC... ▶ Die E-Mail-Adressen der Empfängerinnen/Empfänger sind für alle anderen nicht sichtbar.

Die Groß- und Kleinschreibung spielt bei E-Mail-Adressen keine Rolle.

3 Betreff

- Jede E-Mail benötigt einen kurzen, aussagekräftigen Betreff.
- Ein Betreff ist unbedingt erforderlich, damit die Empfängerin/der Empfänger die E-Mail zuordnen kann und die E-Mail nicht ungewollt im Junk-Ordner landet.

4 Attachment Datei anfügen

- Weitere wichtige Dateien (Dokumente, Bilder, Videos etc.) werden bei E-Mails als Attachment (Anhang) mitgesendet.
- Sie können über
  - Nachricht – Einfügen – Datei anfügen
  - Oder Einfügen – Datei anfügen

  angehängt werden.
- Versehentlich angehängte Dateien können über Anlage entfernen schnell wieder entfernt werden.

5 Inhalt der E-Mail

Bei der Formatierung von E-Mails stehen die gewohnten Möglichkeiten wie in WORD zur Verfügung. Schreiben Sie den Inhalt der E-Mail nach den Netiquette-Regeln (Anrede, Text, Grußformel etc.).

6 Signatur

Am Ende einer Mail können Sie die Absenderangabe mithilfe einer Signatur einfügen. Je nach Bedarf können Sie eine oder mehrere Signaturen erstellen und speichern:

- Start – Neue E-Mail – Nachricht – Einfügen – Signatur – Signaturen... – Neu – vergeben Sie einen passenden Namen für die Signatur
- OK

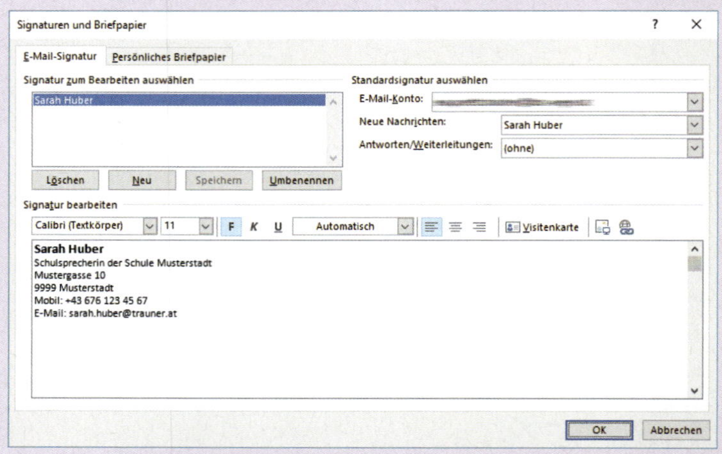

7 Senden

Die E-Mail wird über die Schaltfläche Senden an alle Empfängerinnen und Empfänger versendet.

8 Dringlichkeit

Handelt es sich um eine besonders wichtige und/oder dringende Nachricht, können Sie die Empfängerin/den Empfänger darauf hinweisen.

- Nachricht – Markierungen – Wichtigkeit hoch bzw. Wichtigkeit niedrig

Achten Sie darauf, nicht zu große Dateien anzuhängen, damit die E-Mail problemlos versendet werden kann (2 bis 3 MB).

In der Registerkarte Persönliches Briefpapier können individuelle Einstellungen (Schriftart etc.) für die E-Mail eingestellt werden.

Für im Firmenbuch eingetragene Unternehmen gibt es eine Impressumspflicht bei E-Mails. Folgende Daten müssen angegeben werden:

- Firmenwortlaut (allenfalls: Vorname und Zuname, wenn nicht im Firmenwortlaut enthalten)
- Rechtsform
- Firmensitz
- Firmenbuchnummer, Firmenbuchgericht
- Kontaktdaten sind gesetzlich nicht gefordert, aber üblich: Telefonnummer, Faxnummer, E-Mail-Adresse, Postadresse, Webadresse

Zustellungs- und Lesebestätigung anfordern

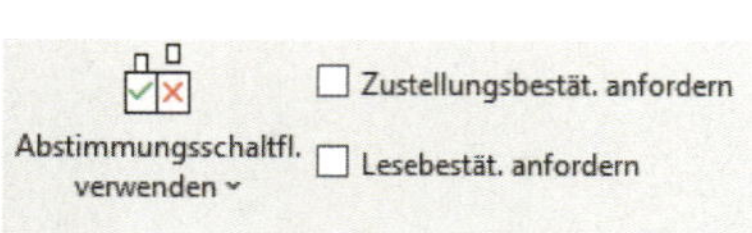

Bei besonders wichtigen bzw. dringenden E-Mails ist es oft notwendig, eine Lesebestätigung und/oder Übermittlungsbestätigung von der Empfängerin/vom Empfänger anzufordern. Dadurch muss die Empfängerin/der Empfänger den Erhalt der E-Mail bestätigen.

- Optionen – Verlauf – Zustellungsbestät. anfordern bzw. Lesebestät. anfordern

Abstimmungsschaltflächen verwenden

Sie können einer E-Mail Abstimmungsschaltflächen hinzufügen. Bei diesen Schaltflächen handelt es sich um eine Möglichkeit, Abstimmungen (ja/nein, genehmigt/nicht genehmigt) durchzuführen. Die Empfängerinnen und Empfänger werden mit der E-Mail aufgefordert, an der Abstimmung teilzunehmen. Die Ergebnisse bekommt der Absender in einer eigenen E-Mail zugesendet.

Die Abstimmungsschaltflächen werden nicht bei allen E-Mail-Programmen richtig dargestellt.

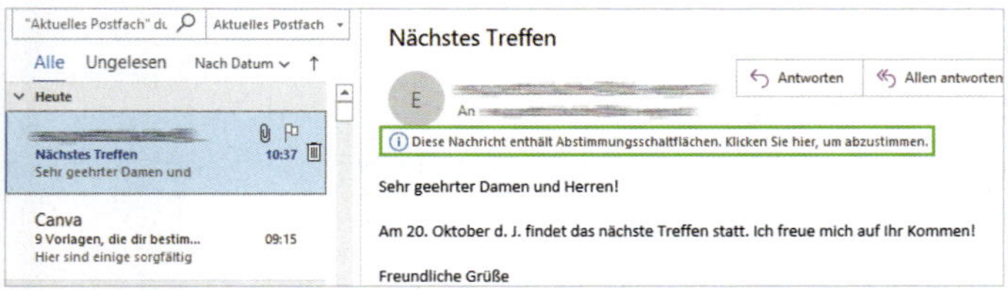

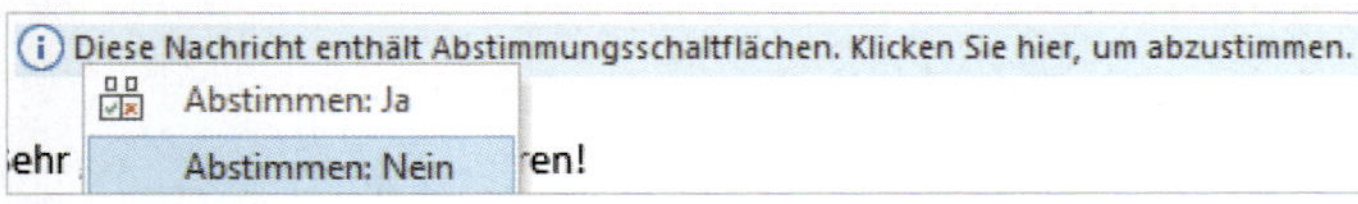

2.3.5 E-Mails mit OUTLOOK beantworten und weiterleiten

E-Mails können einfach und schnell beantwortet und/oder weitergeleitet werden.

- E-Mail markieren – START – ANTWORTEN – ANTWORTEN, ALLEN ANTWORTEN oder WEITERLEITEN
- Oder E-Mail markieren – im Lesebereich der E-Mail – ANTWORTEN, ALLEN ANTWORTEN oder WEITERLEITEN
- Im Lesebereich der E-Mail verändert sich das Fenster zum E-Mail verfassen. Die Empfängerin/Der Empfänger der E-Mail ist bereits im Feld AN... eingetragen und der Text der alten E-Mail wird angezeigt.
- Im Betreff steht vorweg die Buchstabenkombination AW: (für antworten) bzw. WG: (für weitergeleitet).

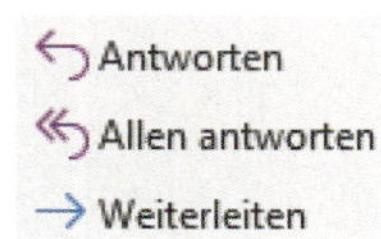

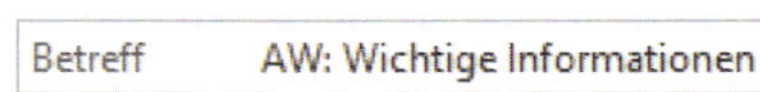

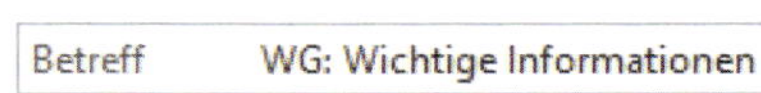

WEITERLEITEN: Wollen Sie die erhaltene E-Mail mit allen Informationen (inkl. Anhänge) an andere Empfängerinnen/Empfänger weitersenden, dann wird die E-Mail weitergeleitet.

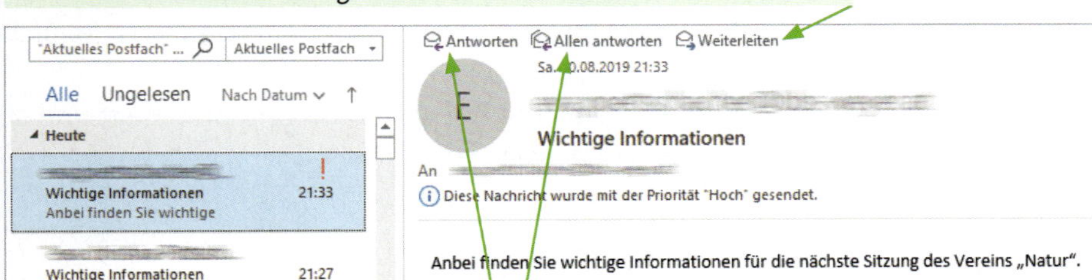

ANTWORTEN: Sie wollen der Absenderin/dem Absender der E-Mail eine Antwort auf die gesendete E-Mail geben.

ALLEN ANTWORTEN: Wurde die E-Mail an mehrere Empfänger gesendet, können Sie mit ALLEN ANTWORTEN auch allen Empfängern antworten.

2.3.6 E-Mails mit OUTLOOK verwalten

Nachrichten löschen

- START – LÖSCHEN – LÖSCHEN
- Oder E-Mail markieren – Kontextmenü – LÖSCHEN
- Oder über das Symbol LÖSCHEN im Posteingang
- E-Mail wird in den Ordner GELÖSCHTE ELEMENTE verschoben
- E-Mails im Ordner GELÖSCHTE ELEMENTE werden nach 30 Tagen endgültig gelöscht oder Sie löschen den Ordner manuell über Kontextmenü – ORDNER LEEREN

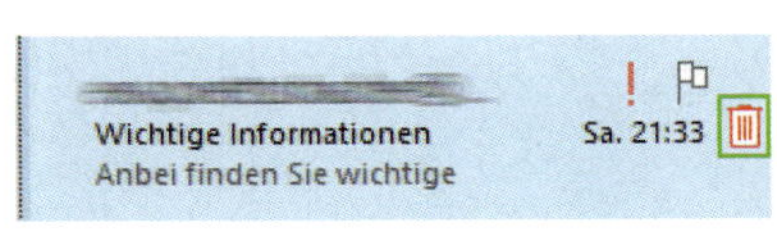

Nachrichten archivieren

Zur Sicherheit können wichtige E-Mails automatisch bzw. manuell archiviert werden. Dafür wird ein eigener Ordner Archiv erstellt.

- E-Mail markieren – Löschen – Archivieren
- Oder Kontextmenü – Archivieren
- E-Mail wird in den Archiv-Ordner verschoben

E-Mails verschieben und Ordner erstellen

Für eine bessere Übersicht können Sie eigene Ordner im Posteingang erstellen und E-Mails in diese verschieben.

Ordner erstellen

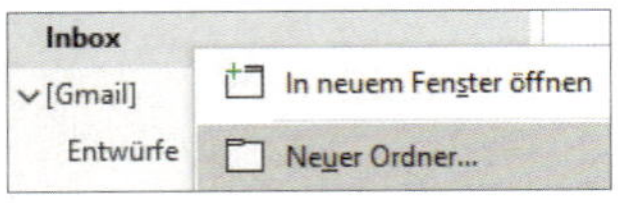

- Posteingang bzw. Inbox markieren – Kontextmenü – Neuer Ordner
- Oder Ordner – Neu – Neuer Ordner
- Namen für den Ordner vergeben

E-Mail verschieben

- E-Mail markieren – Kontextmenü Verschieben – Ordner auswählen
- Oder E-Mail markieren – Start – Verschieben – Verschieben – Ordner auswählen

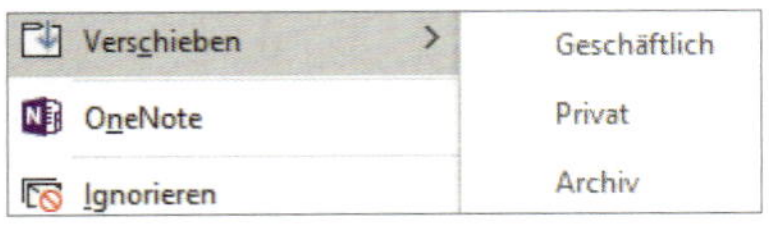

Sie können die Ordnerstruktur jederzeit ändern über

- Kontextmenü – Ordner umbenennen, Ordner kopieren, Ordner verschieben, Ordner löschen

E-Mails kategorisieren

Übersichtlicher wird der Posteingang, wenn Sie eine E-Mail, die noch bearbeitet werden muss, zur Nachverfolgung kategorisieren.

- E-Mail markieren – Start – Kategorien – Ungelesen/Gelesen bzw. Zur Nachverfolgung – Nachricht kennzeichnen
- Gekennzeichnete E-Mails werden automatisch im Aufgabenbereich (tägliche Aufgabenliste) von OUTLOOK angezeigt
- Zusätzlich wird die E-Mail im Posteingang mit der Farbe gelb hinterlegt und somit hervorgehoben (rote Fahne ist ein weiterer Hinweis)

E-Mails suchen

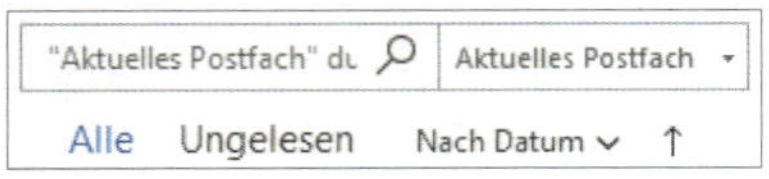

Wenn Sie eine bestimmte E-Mail suchen, können Sie Ihre E-Mails filtern und den gesamten Posteingang nach beliebigen Begriffen durchsuchen. Bereits beim Eintippen des ersten Buchstabens beginnt OUTLOOK mit der Suche und zeigt die ersten Ergebnisse gelb markiert an.

2.3.7 Geschäftskorrespondenz per E-Mail

Wenn Sie eine E-Mail als Geschäftsbrief versenden, müssen Sie die Bestimmungen der aktuellen Normen und Richtlinien für den Schriftverkehr beachten.

Beispiel

Sarah arbeitet in den Semesterferien einige Tage beim Unternehmen Schinko e. U., um ihr Taschengeld aufzubessern. Sie hat die Aufgabe, per E-Mail einen Termin zu fixieren und formuliert nachfolgendes Schreiben normgerecht. Um sicher zu sein, dass sie die Richtlinien beachtet hat, macht Sarah nachfolgende Notizen:

Senden

An andrea.reiter@marketing.at

Cc t.mayer@schoko-linz.at

Bcc m.eder@schoko-linz.at

Betreff Terminbestätigung 20. November ....

Sehr geehrte Frau Dr. Reiter!

Ihr Termin mit Herrn Dr. Mayer findet wie besprochen in unserem Unternehmen, im Sit

Donnerstag, 20. November ...., um 15:30 Uhr

statt. Folgende Themen sind für die Besprechung vorgesehen:

- Werbebudget
- Messeauftritt in Wien
- Werbemaßnahmen für das 1. Halbjahr ....

Ihre Gesprächspartner möchten die Besprechung gerne mit einem gemeinsamen Abendessen ausklingen lassen. Bitte geben Sie mir bekannt, ob ich eine Tischreservierung vornehmen darf. Im Anhang finden Sie eine genaue Wegbeschreibung zu unserem Unternehmen.

Freundliche Grüße

Christina Gold
Sekretariat
Schoko Linz GmbH
Freistädter Straße 100
4040 LINZ
ÖSTERREICH/AUSTRIA
Tel. +43 732 123 45-15
E-Mail: c.gold@schoko-linz.at
Web: www.schoko-linz.at

Wegbeschreibu...

In das Feld **Betreff** stichwortartige Informationen über die Nachricht eintragen.

Die **E-Mail-Anrede** hat den Regeln der Briefanrede zu entsprechen.

Unterschriftenblock
- Grußformel: keine Abkürzungen
- Voller Namenswortlaut
- Funktionsbeschreibung
- Evtl. Abteilung und Dienststelle

Signatur
Am Ende des E-Mails die Signatur (vollständige Absenderangabe) einfügen.

Wird ein **Anhang** angefügt, soll er im Text erwähnt werden. Anhänge werden im HTML- und RICH-TEXT-FORMAT anders dargestellt, als im NUR TEXT-FORMAT.

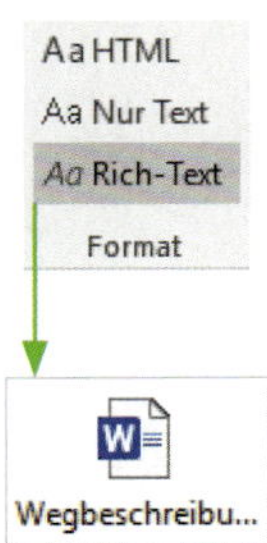

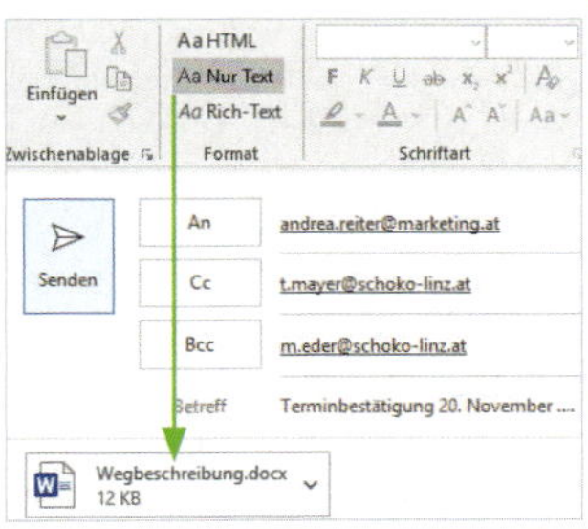

E-Mails im Format NUR TEXT werden unabhängig vom E-Mail-Programm des Empfängers (auch auf Mobiltelefonen) immer ordnungsgemäß angezeigt. Das RICH-TEXT- bzw. HTML-FORMAT erlaubt Formatierungen, die aber bei manchen Empfängern nicht ordnungsgemäß angezeigt werden.

Textformate

TEXT FORMATIEREN – FORMAT – HTML, NUR TEXT oder RICH-TEXT.

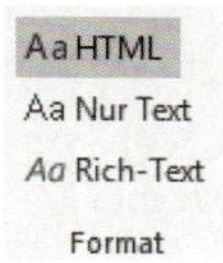

Das Internet und seine Dienste

Übung

- **Mit dem Modul E-Mail in OUTLOOK arbeiten – 20 min**

  Sie sind in verschiedenen Vereinen sehr engagiert, daher erhalten Sie viele Informationen per E-Mail und müssen auch wichtige Informationen versenden bzw. weiterleiten. Sie haben sich dafür entschieden, mit OUTLOOK zu arbeiten.

  a) Erstellen Sie eine E-Mail-Signatur mit Ihren eigenen Daten.

  b) Für eine bessere Übersicht im Posteingang erstellen Sie eine neue Ordnerstruktur mit folgenden Ordnern: Musikverein, Turnverein, Schwimmverein, Schule und Privat.

  c) Sie haben in letzter Zeit mitbekommen, dass in Ihrer Klasse immer wieder der Begriff Junk/Spam auftaucht und teilweise falsch verstanden wird. Senden Sie an Ihre Klassenkolleginnen und Klassenkollegen eine E-Mail mit Informationen zu diesen Begriffen. Da es sich um sehr wichtige Informationen handelt fordern Sie eine Lesebestätigung an und setzen Sie die Priorität der E-Mail auf hoch. Versenden Sie die E-Mail mit einem passenden Anhang (PDF-Information, Bild etc.). Senden Sie Ihrer Lehrkraft eine Kopie der E-Mail.

  d) Verschieben Sie die erhaltenen E-Mails in den Ordner Schule.

  e) Beantworten Sie eine erhaltene E-Mail und bedanken Sie sich für die Informationen bzw. ergänzen Sie fehlende wichtige Informationen rund um das Thema Junk/Spam. Löschen Sie alle weiteren E-Mails.

2.4 Kontakte und Adressen in OUTLOOK 365 verwalten

Mit OUTLOOK können Sie nicht nur E-Mails senden und empfangen, sondern haben auch die Möglichkeit, Kontakte, Personen, Adressen ... zu verwalten. Um Ihre Kontakte zu verwalten, wählen Sie die Modulschaltfläche KONTAKTE.

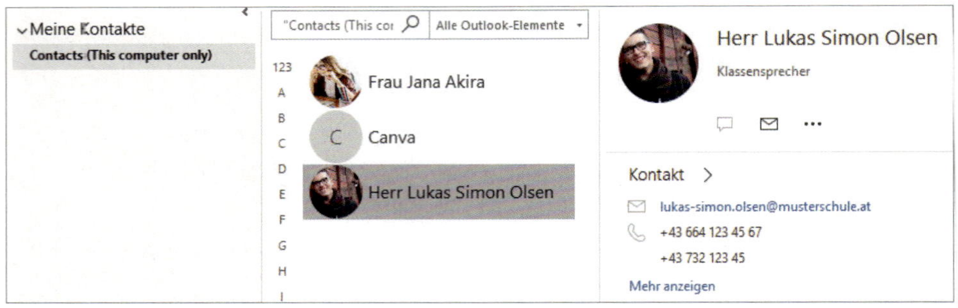

Wenn Sie eine E-Mail erhalten haben, können Sie direkt aus der E-Mail die Absenderin/den Absender in Ihren Kontakten speichern:

- die E-Mail-Adresse der Absenderin/des Absenders anklicken
- ZU OUTLOOK-KONTAKTEN HINZUFÜGEN – Daten bei Bedarf ergänzen
- SPEICHERN & SCHLIESSEN.

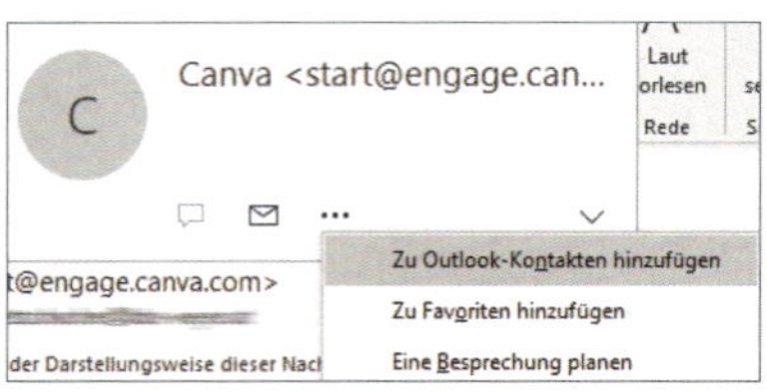

2.4.1 Neuen Kontakt erstellen

- START – NEU – NEUER KONTAKT
- Oder START – NEU – NEUE ELEMENTE – KONTAKT
- Daten der Person eingeben – SPEICHERN & SCHLIESSEN

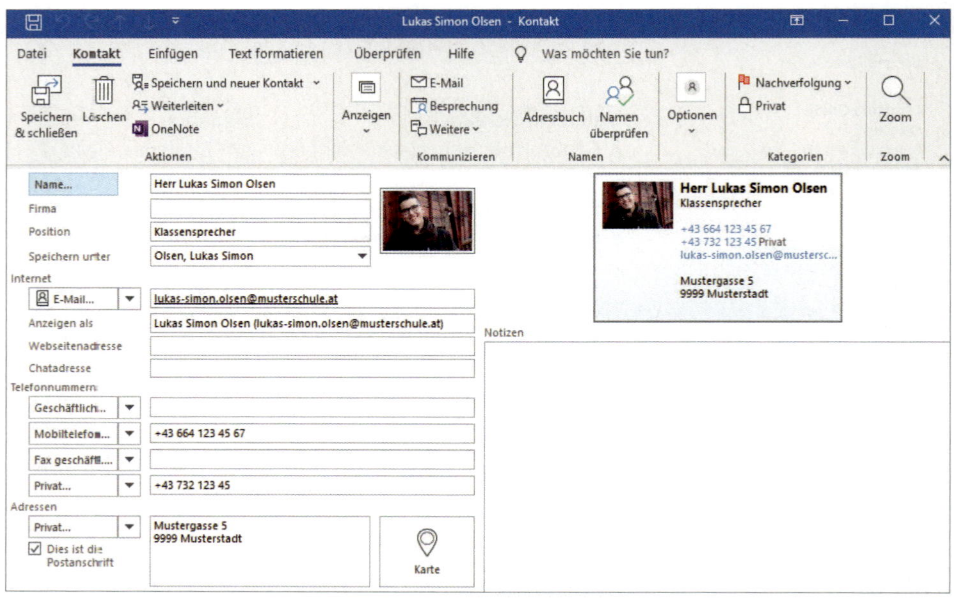

2.4.2 Kontakte verwalten

Achten Sie darauf, Ihr Adressbuch aktuell zu halten.

Kontakte werden alphabetisch sortiert.

Kontakte bearbeiten und löschen

Sie können bereits gespeicherte Kontakte jederzeit bearbeiten:

- Kontakt auswählen – Doppelklick auf den Kontakt
- Oder Kontakt auswählen – Kontextmenü – KONTAKT BEARBEITEN
- Ändern bzw. ergänzen Sie Ihren Kontakt – SPEICHERN & SCHLIESSEN.

Gespeicherte Kontakte können natürlich wieder gelöscht werden:

- Kontakt auswählen – START – LÖSCHEN – LÖSCHEN
- Oder Kontakt auswählen – Kontextmenü – LÖSCHEN

Kontaktgruppen erstellen

Eine Kontaktgruppe besteht aus den E-Mail-Adressen mehrerer Mitglieder. Wenn Sie eine Kontaktgruppe erstellen, können Sie schnell und bequem allen Mitgliedern dieser Gruppe gleichzeitig eine E-Mail senden.

- Start – Neue Kontaktgruppe
- Oder Start – Neue Elemente – Kontaktgruppe
- Namen für die Gruppe vergeben und Mitglieder hinzufügen

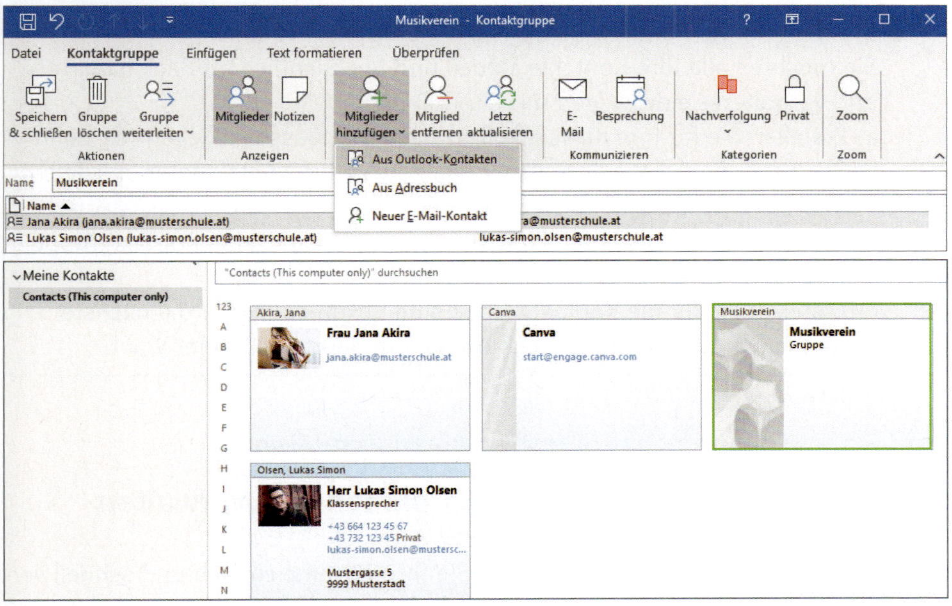

Sie können jederzeit Mitglieder hinzufügen, entfernen oder die Gruppe löschen.

Senden Sie eine E-Mail an eine Kontaktgruppe, wird der Gruppenname im Adressfeld An... angezeigt.

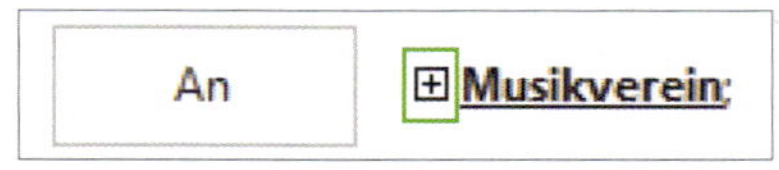

Mit einem Klick auf das Plus-Symbol werden alle Mitglieder sichtbar.

Mit Kontakten bzw. Kontaktgruppen kommunizieren

Sie können im Modul Kontakte Ihren Kontakten bzw. Kontaktgruppen eine E-Mail schreiben und/oder diese zu einer Besprechung einladen.

- Kontakt auswählen – Start – Kommunizieren – E-Mail – E-Mail wie gewohnt verfassen und senden
- Oder Besprechung – Betreff, Beginn/Ende, Ort etc. eingeben – Senden
- Evtl. Dateien anhängen – Einfügen – Einschliessen – Dateien anhängen

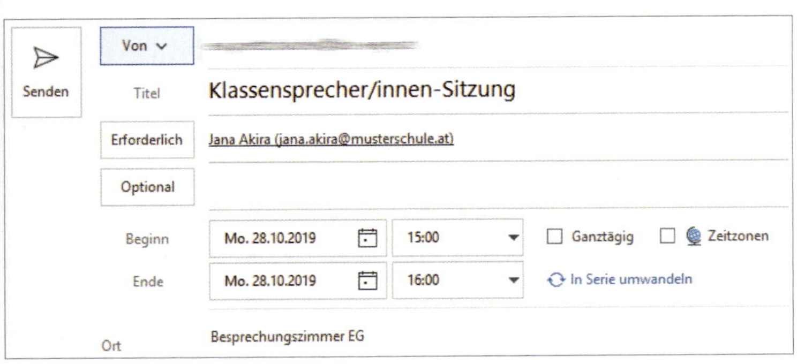

Damit dieser Termin sofort in Ihren OUTLOOK Kalender übertragen wird, wählen Sie Besprechung – Aktionen – In meinen Kalender kopieren.

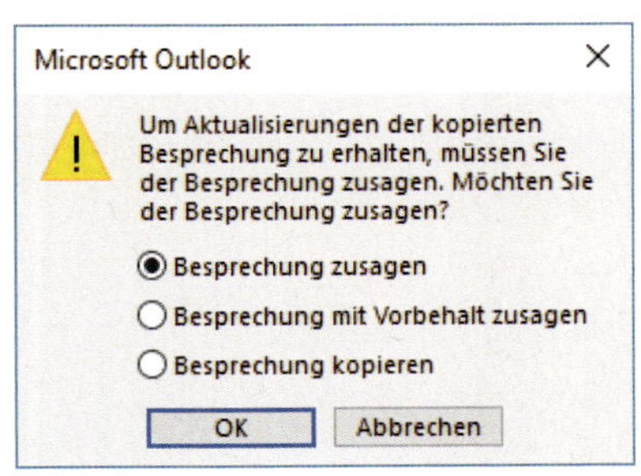

Kontakte weiterleiten

Von Ihnen gespeicherte Kontakte können einfach an andere Personen weitergeleitet werden.

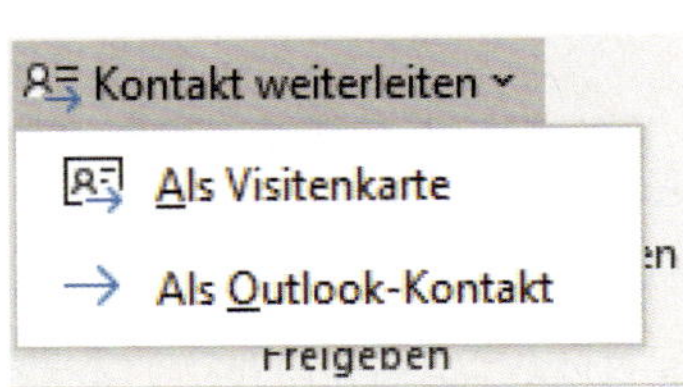

- Kontakt auswählen
- Start – Freigeben – Kontakt weiterleiten – Als Visitenkarte bzw. Als Outlook-Kontakt

Gehen Sie sorgsam mit Ihren Kontakten um. Leiten Sie nicht alle Kontaktdaten einfach weiter.

Das Internet und seine Dienste

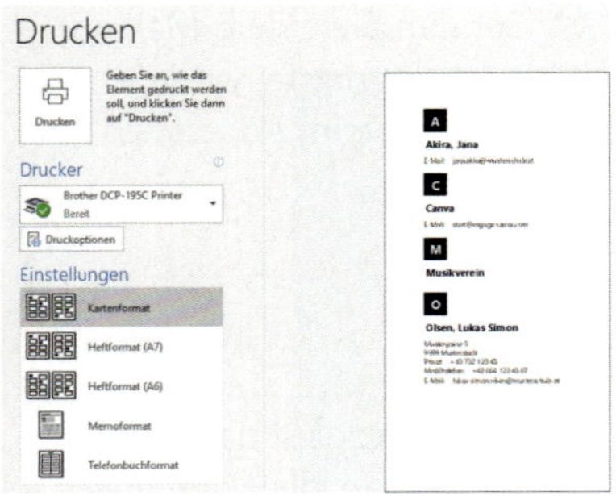

Kontakte ausdrucken

Manchmal benötigen Sie vielleicht die gespeicherten Adressen (Kontakte) nicht nur digital, sondern auch in Papierform.

- DATEI – DRUCKEN – EINSTELLUNG auswählen
- Je nach Einstellung variieren die möglichen Druckformate

Übung

- **Mit dem Modul Kontakte in OUTLOOK arbeiten – 15 min**
  Sie möchten alle Ihre Kontakte aktuell und übersichtlich im Blick haben und verwalten sie deswegen mit OUTLOOK.
  a) Erstellen Sie für Ihre Klassenkolleginnen und Klassenkollegen (ca. zehn Schüler/innen) neue Kontakte. Ergänzen Sie die Kontaktdaten mit Telefonnummer, Adresse, Bild etc.
  b) Erstellen Sie für die bereits hinzugefügten Kontakte eine Kontaktgruppe, vergeben Sie einen passenden Namen.
  c) Erstellen Sie für die Kontaktgruppe eine Besprechung für die nächste Klassenvorstandsstunde – Datum, Zeit und Ort nach freier Wahl.

2.5 Termine mit OUTLOOK 365 planen und verwalten

OUTLOOK bietet einen Kalender, in dem Sie Ihre Termine einfach und schnell verwalten können. Wechseln Sie dafür in das Modul KALENDER.

Das Modul KALENDER bietet verschiedene Ansichtsmöglichkeiten. Standardmäßig ist die Monatsübersicht aktiviert, diese bietet einen guten Überblick über Ihre Termine.

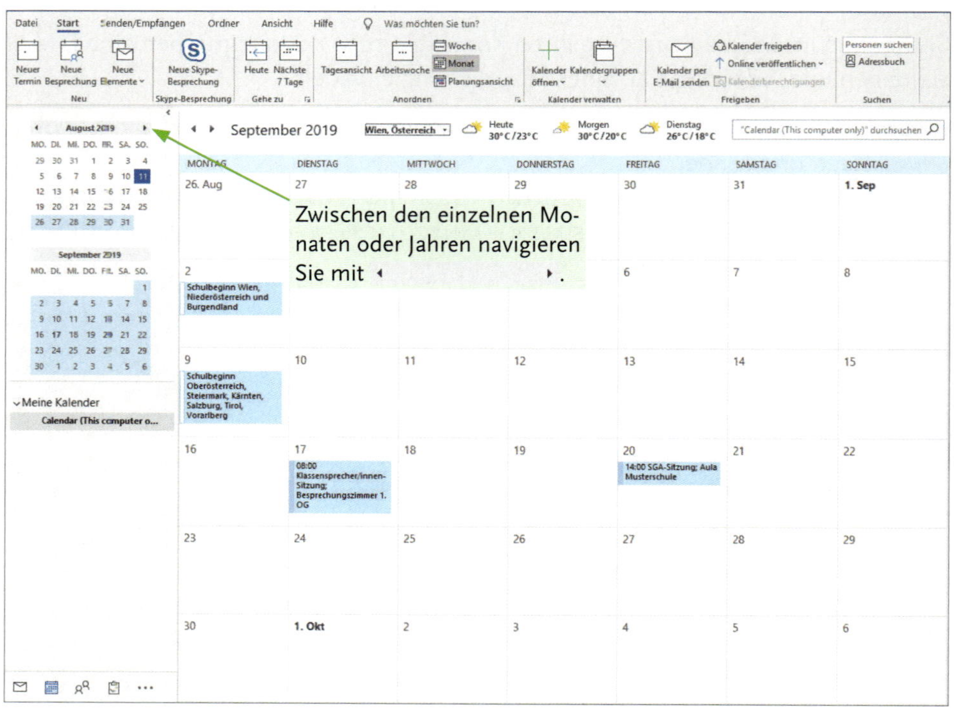

Ansicht ändern

Sie können die Ansicht natürlich auch ändern.

- START – ANORDNEN – TAGESANSICHT, ARBEITSWOCHE, WOCHE, MONAT auswählen

Arbeitswoche = Montag bis Freitag.
Woche = Montag bis Sonntag.

2.5.1 Termine verwalten

Neuen Termin bzw. neue Besprechung eintragen

Neue Termine können Sie im Modul KALENDER einfach erstellen und verwalten.

- START – NEU – NEUER TERMIN
- Oder START – NEU – NEUE ELEMENTE – TERMIN
- TITEL, BEGINN, ENDE, ORT und evtl. INFOTEXT eingeben
- Evtl. TEILNEHMER einladen
- Evtl. ERINNERUNG aktivieren – Sie können angeben wann und ob Sie an den Termin erinnert werden wollen
- SPEICHERN & SCHLIESSEN
- Erstellter Termin wird im Kalender angezeigt

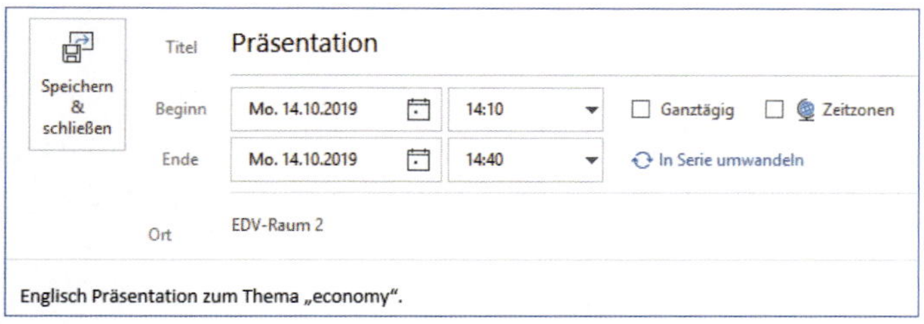

Die Verwaltung von Terminen bzw. Besprechungen funktioniert gleich.

Die Erinnerung ist standardmäßig mit 15 min vor dem Termin eingestellt.

Ganztägig bedeutet 24 Stunden (von Mitternacht bis Mitternacht).

Termine bearbeiten bzw. löschen

Ändern sich Termine (Uhrzeit, Datum) oder finden nicht statt, können die Einträge einfach bearbeitet werden.

- Termin auswählen – TERMIN – AKTIONEN – ÖFFNEN
- Änderungen vornehmen – SPEICHERN & SCHLIESSEN
- Oder Termin auswählen – TERMIN – AKTIONEN – LÖSCHEN

Terminen Kategorien zuweisen

Termine lassen sich in Kategorien zusammenfassen.

- Termin auswählen – TERMIN – KATEGORIEN – PRIVAT, WICHTIGKEIT: HOCH oder WICHTIGKEIT: NIEDRIG auswählen

Ändert sich nur der Tag des Termins, kann dieser in der Kalenderübersicht mit der Maus auf den gewünschten Termin verschoben werden.

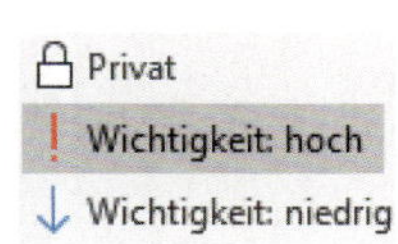

Serientyp

Finden Termine täglich, wöchentlich, monatlich oder jährlich immer um die gleiche Zeit statt, können Terminserien erstellt werden.

- START – NEU – NEUER TERMIN
- TERMIN – OPTIONEN – SERIENTYP
- Einstellungen wählen
- TITEL und ORT eingeben – SPEICHERN & SCHLIESSEN

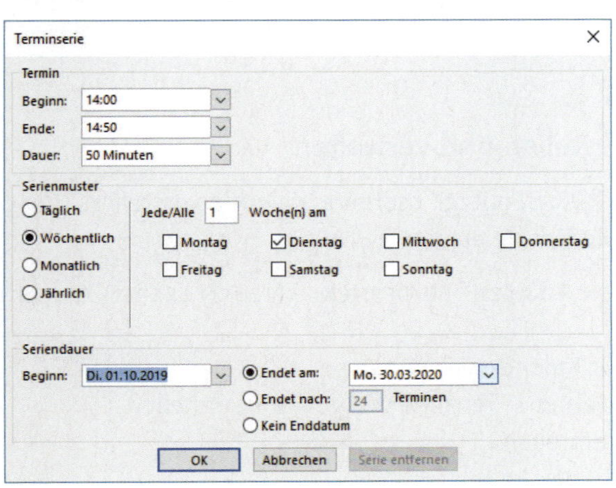

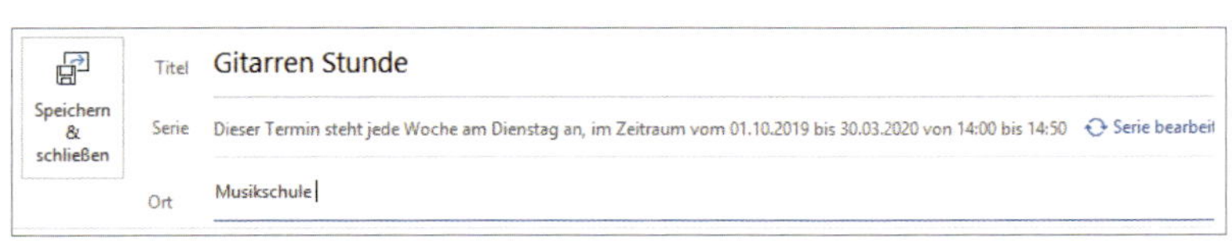

- Die erstellte Terminserie wird im Kalender angezeigt

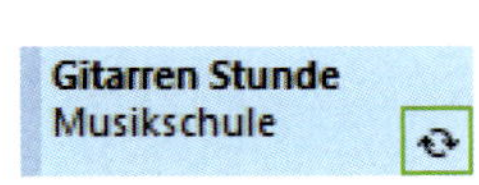

Eine Änderung eines einzelnen Termins der Terminserie ist möglich.

- Doppelklick auf den Termin – Nur diesen Termin auswählen – OK

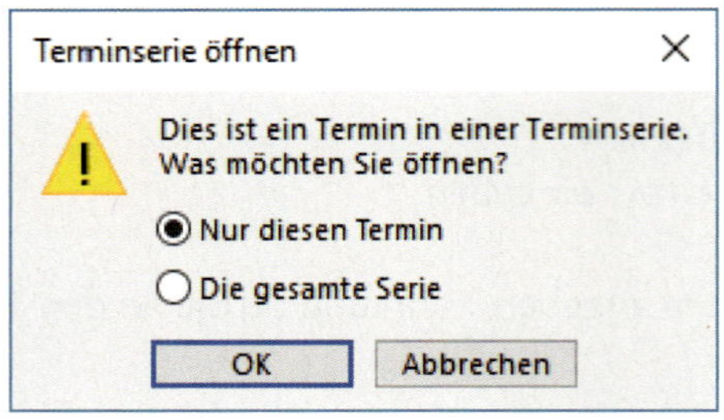

- Änderungen vornehmen – Speichern & schliessen

Kalender per E-Mail senden

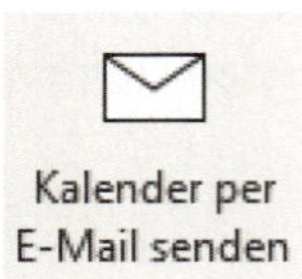

Sie können Termine aus Ihrem Kalender an andere Personen senden und dafür einen Datumsbereich definieren. Die Empfängerin/Der Empfänger sieht, wann Sie bereits Termine eingetragen haben bzw. noch Zeit für weitere Termine haben.

- Start – Freigeben – Kalender per E-Mail senden
- Empfängerin oder Empfänger auswählen und Termine senden

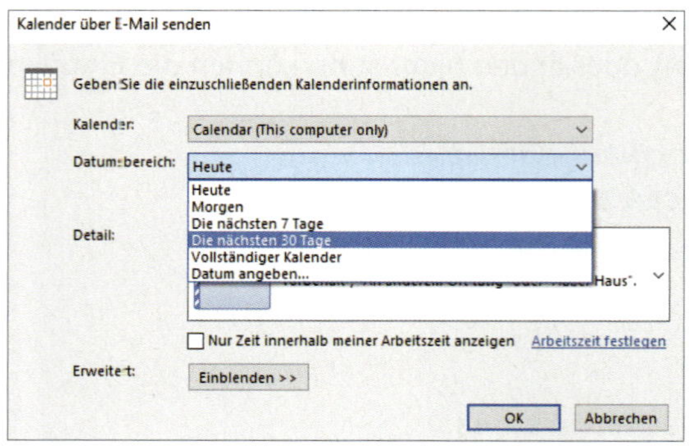

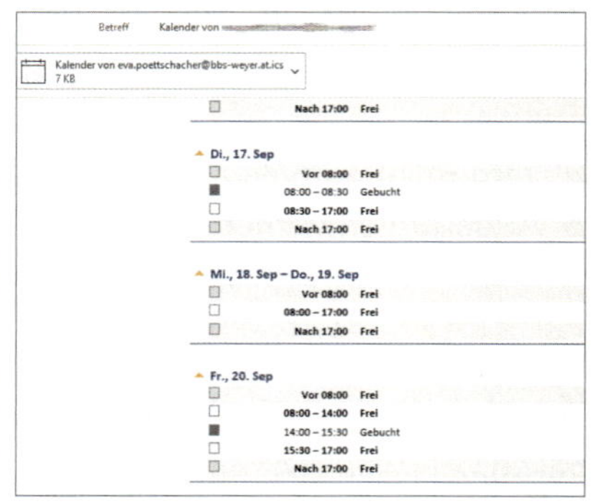

Kalender freigeben bzw. veröffentlichen

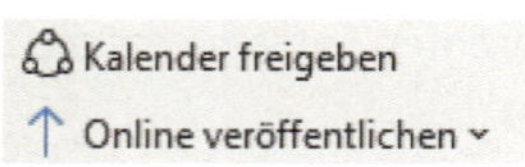

Sie können Ihren gesamten Kalender anderen Personen freigeben bzw. ihn online veröffentlichen.

- Start – Freigeben – Kalender freigeben bzw. Online veröffentlichen

Die Funktion Kalender freigeben funktioniert mit dem MICROSOFT EXCHANGE SERVER. Dieser bietet die Möglichkeit, Kalender mit anderen Personen (die ebenfalls einen MICROSOFT EXCHANGE SERVER haben) zu teilen. Kalender können gemeinsam genutzt und verwaltet werden, wenn die Kalenderberechtigungen erteilt wurden.

2.5.2 Mehrere Kalender erstellen und verwalten

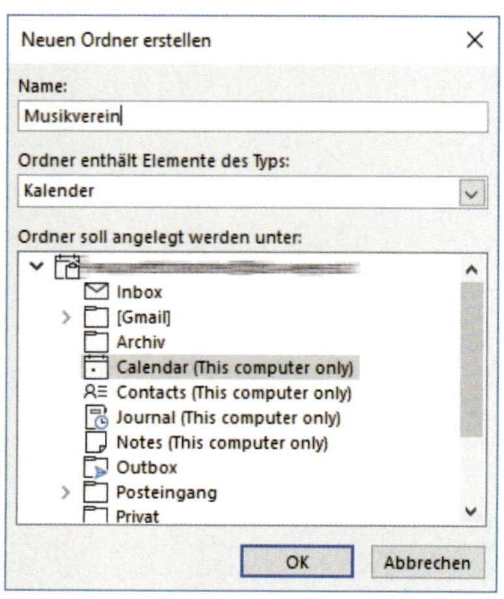

Sie können mit einem OUTLOOK-Benutzer mehrere Kalender erstellen (für den Turnverein, den Musikverein, die Schule etc.).

- Start – Kalender verwalten – Kalender öffnen – Neuen leeren Kalender erstellen
- Name: passenden Namen für Kalender eingeben
- Gewünschten Kalender auswählen – Termine wie gewohnt erstellen
- Bei Bedarf weitere Kalender erstellen

Es können mehrere Kalender nebeneinander angezeigt werden.

- START – MEINE KALENDER
- Kontrollkästchen von gewünschten Kalendern aktivieren
- ANSICHT – ANORDNUNG – ÜBERLAGERUNG
- Kalender werden nebeneinander/übereinander angezeigt

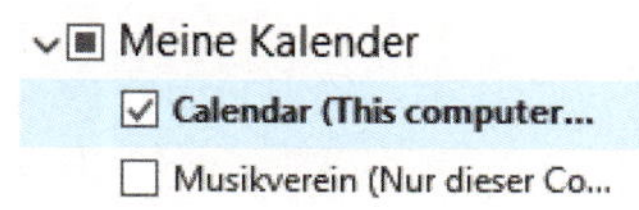

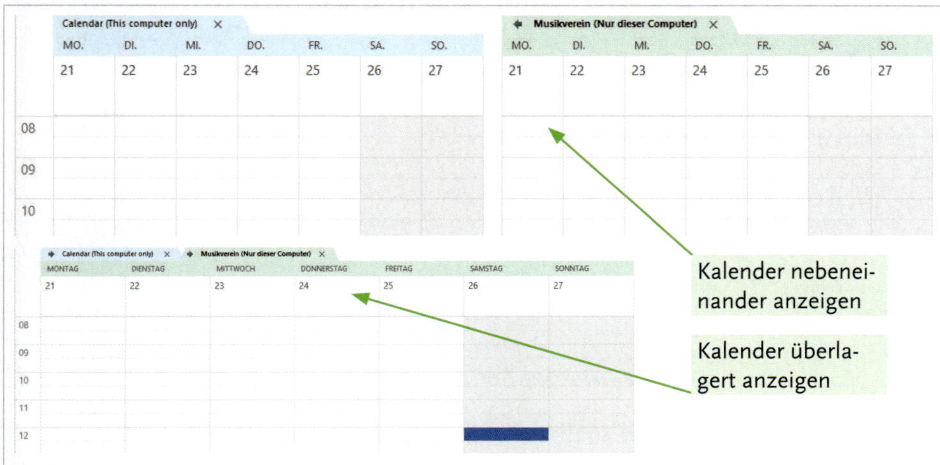

Die Farbe des Kalenders kann individuell festgelegt werden. MEINE KALENDER – KONTEXTMENÜ – FARBE – Farbe auswählen.

Übung

- **Mit dem Modul Kalender in OUTLOOK arbeiten – 15 min**
  Ihnen sind die Vorteile einer Kalenderverwaltung bewusst geworden und Sie wollen daher gleich einige wichtige Termine festlegen.
  a) Damit Sie keine Tests, Schularbeiten, Präsentationen übersehen, tragen Sie die fünf nächsten schulischen Termine in Ihren Kalender ein. Damit Sie auch rechtzeitig erinnert werden, stellen Sie eine Erinnerung zwei Tage vor dem Termin ein.
  b) Sie vergessen leicht Geburtstage – das darf und kann jetzt nicht mehr passieren. Tragen Sie fünf Geburtstage in den Kalender ein und erstellen Sie eine jährliche Terminserie.
  c) Sie besuchen die Musikschule und haben wöchentlich Klavierstunde. Donnerstags von 17:00 bis 17:50 Uhr. Es ist keine Erinnerung dafür notwendig.
  d) Damit Sie auch weiterhin keine Termine übersehen, verwalten und aktualisieren Sie laufend Ihren Kalender.

2.6 Aufgaben mit OUTLOOK 365 erstellen und verwalten

Unter Aufgaben versteht OUTLOOK Vorgänge, die keinen festgelegten Zeitrahmen haben, aber dennoch erledigt werden müssen. Um Aufgaben festzulegen, wechseln Sie in das Modul AUFGABEN.

Neue Aufgabe erstellen

- START – NEU – NEUE AUFGABE
- Oder START – NEU – NEUE ELEMENTE – AUFGABE
- BETREFF, START- UND FÄLLIGKEITSDATUM, ERINNERUNG, STATUS, PRIORITÄT, INFOTEXT eingeben
- Wiederholt sich diese Aufgabe immer wieder – SERIENTYP festlegen
- SPEICHERN & SCHLIESSEN

- Termin erscheint in der Aufgabenliste

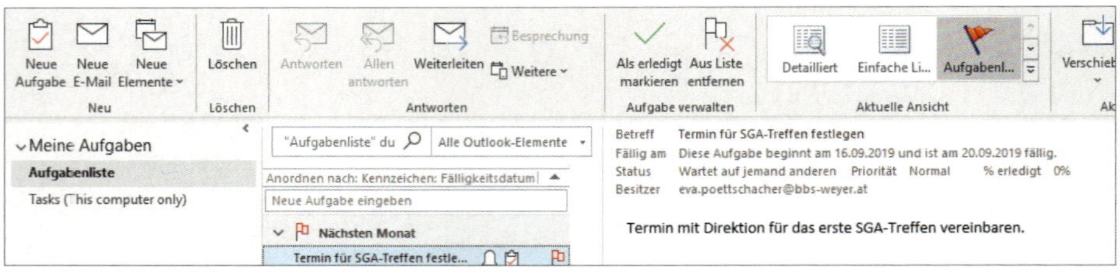

- Termin kann Als erledigt markiert bzw. Aus Liste entfernt werden

Übung

- **Mit dem Modul Aufgaben in OUTLOOK arbeiten – 10 min**

  Eine elektronische Aufgabenliste hilft Ihnen, die Übersicht über all Ihre To-Dos nicht zu verlieren.

  a) Erstellen Sie jeweils fünf unterschiedliche Aufgaben für den privaten und den schulischen Bereich.

  b) Legen Sie eine Aufgabe als Serientyp fest.

  c) Markieren Sie drei Aufgaben als erledigt.

  d) Priorisieren Sie zwei Aufgaben mit der Priorität hoch.

  e) Ergänzen Sie die Aufgabenliste im laufenden Schuljahr.

2.7 Weitere nützliche Funktionen von OUTLOOK 365

Notizen

OUTLOOK bietet noch weitere Funktionen. Eine davon ist das Modul Notizen. Notizen dienen als Erinnerungshilfe.

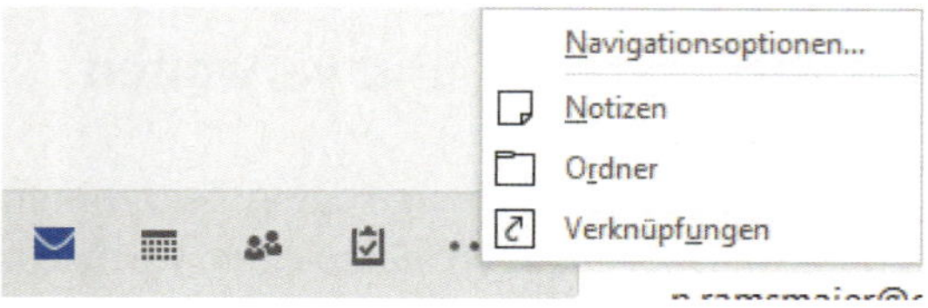

Neue Notiz anlegen

- Start – Neu – Neue Notiz
- Das gelbe Fenster kann in der Größe verändert und beliebig am Bildschirm verschoben werden
- Text in die Notiz eintragen
- Fenster mit dem Schließkreuz schließen – Notiz wird gespeichert
- Notizen können per E-Mail weitergeleitet oder ausgedruckt werden

Die Notiz kann während der Arbeit geöffnet bleiben und jederzeit ergänzt/geändert werden.

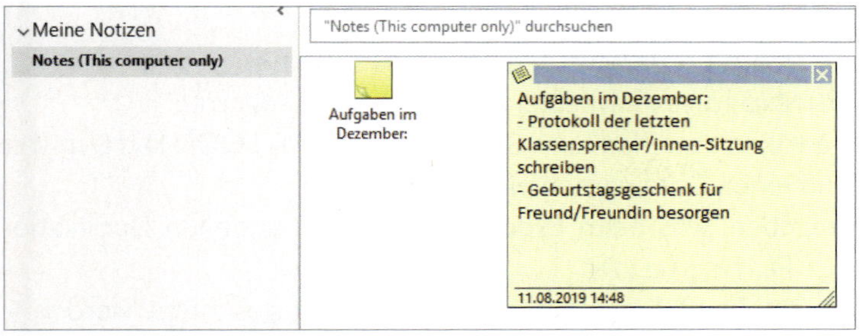

Drucken

In allen Modulen können Elemente über Datei – Drucken ausgedruckt werden. Je nach Modul sind unterschiedliche Druckeinstellungen möglich.

Suchtool

In allen Modulen können Sie nach Kontakten suchen.

- Start – Suchen – Personen suchen

Nach beliebigen Begriffen suchen Sie über das Suchfeld. Ein Klick auf das Suchfeld aktiviert die Suchtools. Tragen Sie einen Suchbegriff in das Suchfeld ein.

Bereits mit dem Eintippen des ersten Buchstabens beginnt OUTLOOK mit der Suche und zeigt die ersten Ergebnisse gelb markiert an.

2.8 Exportieren, importieren und sichern von E-Mails, Kontakten und Kalendern

2.8.1 Datensicherung, Export

Sie können alle Ihre Informationen aus OUTLOOK durch das Erstellen einer PST-Datei sichern. Dabei handelt es sich um eine OUTLOOK-Datendatei. Diese Datei enthält alle E-Mails, Termine, Kontakte etc. und wird auf Ihrem Computer gespeichert.

- Datei – Optionen – Erweitert – Exportieren – Exportieren
- In Datei exportieren – Weiter

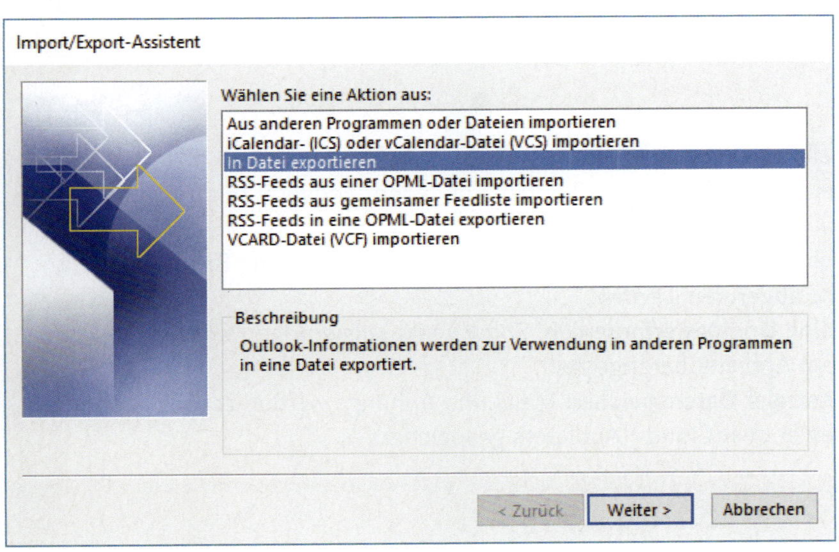

Beim Exportieren werden keine Daten gelöscht, es wird eine Kopie erzeugt. Es kann immer nur für ein E-Mail-Konto exportiert werden.

- OUTLOOK-Datendatei (.pst) auswählen – Weiter
- Ordner, in den die Daten exportiert werden sollen, auswählen
- Kontrollkästchen Unterordner einbeziehen aktivieren – Weiter
- Durchsuchen – gewünschten Pfad zum Speichern der OUTLOOK-Datendatei (.pst) auswählen und einen Dateinamen eingeben
- Unter Optionen angeben, was beim Export mit evtl. vorhandenen Duplikationen geschehen soll – Fertig stellen
- OUTLOOK-Datendatei (.pst) kann mit einem Kennwort geschützt werden – OUTLOOK-Datendatei erstellen – Kennwort in die Felder Kennwort und Kennwort bestätigen eingeben
- Beim Exportieren in eine vorhandene, kennwortgeschützte OUTLOOK-Datendatei (.pst) im Dialogfeld Kennwort für OUTLOOK-Datendatei das Kennwort eingeben

2.8.2 Datenimport

Wird die .pst-Datei im Profil bereits verwendet, kann sie nicht importiert werden.

Wenn OUTLOOK-Daten von einem Computer auf einen anderen übertragen werden oder eine Sicherungskopie wiederhergestellt werden soll, ist es am einfachsten, den Import/Export-Assistenten zu verwenden.

- Datei – Öffnen und Exportieren – OUTLOOK-Datendatei öffnen
- Datei auswählen – OK
- Oder Datei – Öffnen und Exportieren – Importieren/Exportieren – Aus anderen Programmen oder Dateien importieren – Weiter
- OUTLOOK-Datendatei (.pst) – Weiter
- Durchsuchen und die zu importierende Datei auswählen
- Optionen – festlegen, welche Option auf die Duplikate angewendet wird
- Bei Bedarf Kennwort für die .pst-Datei eingeben
- Fertigstellen

2.9 Webmail mit OFFICE 365

MICROSOFT zählt neben GOOGLE und APPLE zu den größten Anbietern von Clouddiensten. Das sind Serviceleistungen im Internet (z. B. Speicherplatzangebote oder Software), die von verschiedenen Dienstleistern angeboten werden.

OFFICE 365 ist eine Sammlung von Programmen (WORD, EXCEL, POWERPOINT etc.), die von Unternehmen, Bildungseinrichtungen und von privaten Personen genutzt werden können.

Bildungseinrichtungen steht OFFICE 365 zur Verfügung. Der Einstieg zum Service erfolgt über den Link: https://login.microsoftonline.com/ oder https://portal.office.com.

Vorteile von Webmails
- **Leichter Zugang:** Mails können von jedem Endgerät mit Internetzugang abgerufen werden.
- **Keine zusätzliche Software:** E-Mails können über eine Browseroberfläche abgerufen werden.
- **Keine Updates erforderlich:** Softwareaktualisierungen werden direkt vom Anbieter bereitgestellt.
- **Zentraler Datenspeicher:** Mails und Anhänge werden zentral auf dem Server des (Cloud-) Anbieters gespeichert.

Um über das Smartphones E-Mails abzurufen, sind eine E-Mail-App sowie eine Kalender-App notwendig.

2.9.1 OUTLOOK WEB APP für OFFICE 365

Wenn Sie ein OFFICE 365-Konto eingerichtet haben, haben Sie Zugriff auf OUTLOOK im Web. Die OUTLOOK WEB APP (kurz OWA) hat eine ähnliche Oberfläche wie OUTLOOK, wird aber über einen Webbrowser bedient. Die OUTLOOK WEB APP wird ständig aktualisiert und es stehen so gut wie alle wichtigen Funktionen zur Verfügung (außer z. B. die Abstimmungsschaltflächen, die Herstellung einer Verbindung mit mehreren Konten, die Wetterleiste).

Nur für die Browser MICROSOFT INTERNET EXPLORER, APPLE SAFARI und MOZILLA FIREFOX stehen die Funktionen in vollem Umfang zur Verfügung.

Programmübersicht

Wie in OUTLOOK können Sie auch in der OUTLOOK WEB APP zwischen den einzelnen Modulen, wie z. B. E-MAIL, KALENDER, PERSONEN und AUFGABEN wechseln.

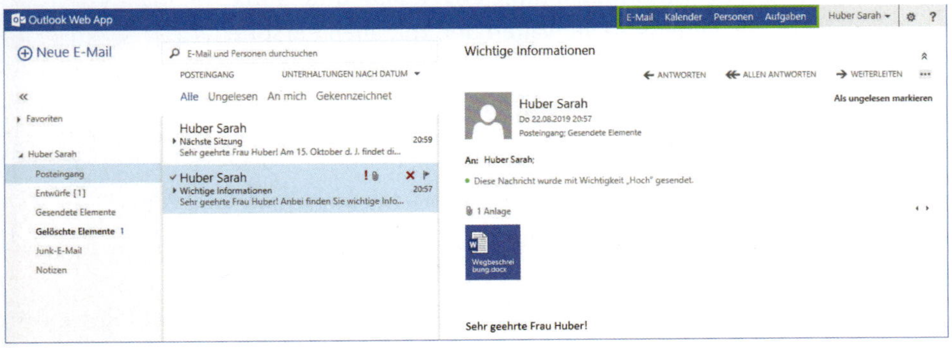

Sie können in den einzelnen Modulen genau wie in OUTLOOK arbeiten. Neue E-Mails erstellen, bearbeiten, versenden, neue Ereignisse (Termine) planen, Kontakte verwalten sowie Aufgaben erstellen.

2.9.2 Vor- und Nachteile einer Online-App

Online-Apps oder **Web-Apps** sind zentrale Begriffe im Zusammenhang mit Clouddiensten. Diese Programme haben oftmals eine reduzierte Funktionalität im Vergleich zu installierter (Desktop-)Software, bieten aber auch Vorteile.

Vorteile einer Online-App

- Die Daten sind zentral gespeichert und somit auch gesichert.
- Die Daten können bei Bedarf gemeinsam bearbeitet werden (Online-Zusammenarbeit).
- Unabhängigkeit von Endgeräten – die Daten können von überall aus abgerufen werden.

Nachteile einer Online-App

- Es werden nicht alle Funktionen einer Desktopversion zur Verfügung gestellt.
- Die Ladezeiten verlängern sich (in Abhängigkeit von der Internetverbindung).
- Web-Apps sind je nach Anbieter für bestimmte Browser optimiert, somit stehen nicht alle Möglichkeiten im gleichen Ausmaß für alle Browser zur Verfügung.
- Eine Internetverbindung muss bestehen.

Verwenden Sie sichere Passwörter!

Sicherheit von Clouddiensten

- Daten werden nicht publiziert, sondern liegen in einem geschützten Bereich, der nur Benutzerinnen/Benutzern zur Verfügung steht.
- Alle großen Anbieter sind bestrebt, ein hohes Sicherheitsniveau einzuhalten und die Daten des Einzelnen zu schützen.
- Auf Clouddaten sollte nur mit einem sicheren Passwort in Kombination mit einem Benutzerkonto zugegriffen werden.

Ziele erreicht? – „E-Mail, Termin- und Aufgabenverwaltung“

KOMPETENZ-ERWERB

1. Mit OUTLOOK arbeiten

Sie sind Mitglied in einem Musikverein und dort als Schriftführer/in tätig. OUTLOOK unterstützt Sie, Aufgaben und Termine mit allen Mitgliedern des Vereins zu verwalten und mit allen Personen im Verein per E-Mail in Kontakt zu bleiben.

Hinweis: Tauschen Sie für die Bearbeitung der folgenden Aufgabenstellungen die Kontaktdaten mit Ihrer Sitznachbarin/Ihrem Sitznachbarn aus.

a) Erstellen Sie eine E-Mail-Signatur mit Ihrem Namen für den Musikverein.

b) Damit Sie sich einen Überblick in Ihrem Posteingang verschaffen, erstellen Sie folgende Ordner: Sektion Blasinstrumente, Sektion Streichinstrumente und Allgemein.

c) Monatlich finden in der Musikschule „Come-together“-Treffen statt. Die Treffen finden jeden ersten Montag im Monat im kleinen Konzertsaal, von 18:30 bis 20:00 Uhr statt. Erstellen Sie die Termine und laden Sie auch Ihre Mitschülerin/Ihren Mitschüler zu diesen Terminen ein. Damit Sie den Termin nicht vergessen, lassen Sie sich jeweils einen Tag vor den Treffen erinnern.

d) Sie vereinfachen Ihre E-Mail-Verwaltung und erstellen eine Kontaktgruppe für den Musikverein, der Sie die Adressen von drei Mitschülerinnen/Mitschülern zuordnen. Drucken Sie die Kontakte als Visitenkarten aus.

e) Gerade eben erhielten Sie einen Anruf vom Obmann des Musikvereins. Machen Sie sich eine Notiz, damit Sie die Telefonnummer nicht vergessen: +43 664 123 45 67.

f) Am Telefon hat Sie der Obmann gebeten, eine Einladung zur nächsten Sitzung per E-Mail zu senden. Sie haben von ihm folgende Informationen bekommen:
15. November d. J., ab 15:00 Uhr, Dauer ca. 2 Stunden, Sitzungszimmer Musikschule
Formulieren Sie ein Schreiben und beachten Sie die Richtlinien für den Schriftverkehr. Fordern Sie von den Empfängern eine Lesebestätigung an und senden Sie die E-Mail mit hoher Priorität.

g) Für die bevorstehende Sitzung im November haben Sie einiges zu erledigen. Legen Sie dafür eine neue Aufgabe an. Ihre Aufgabe ist, die Mehlspeisen und Getränke zu besorgen. Damit haben Sie noch nicht begonnen.

h) Verschieben Sie die erhaltenen E-Mails in den Ordner Allgemein.

2. E-Mail korrigieren

Sie haben von einem Mitglied des Musikvereins eine E-Mail bekommen. Sie merken sofort, dass sie/er sich dessen nicht bewusst ist, dass es auch im E-Mail-Schriftverkehr Regeln gibt. In der folgenden E-Mail finden Sie eine Vielzahl von Fehlern:

a) Korrigieren Sie die Fehler und gestalten Sie die E-Mail nach den Richtlinien für den E-Mail-Schriftverkehr.

b) Beschreiben Sie in der gleichen E-Mail den Begriff Netiquette und nennen Sie sieben wichtige Netiquette-Regeln für die E-Mail-Kommunikation.

c) Senden Sie die korrigierte E-Mail sowie die Informationen per E-Mail an eine Mitschülerin/einen Mitschüler.

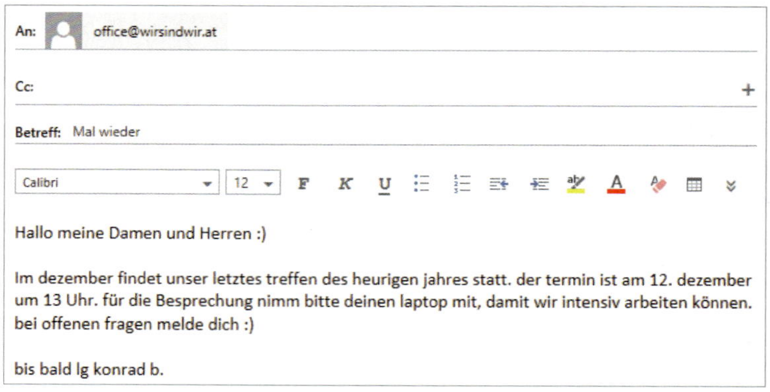
An: office@wirsindwir.at
Cc:
Betreff: Mal wieder
Calibri 12

Hallo meine Damen und Herren :)

Im dezember findet unser letztes treffen des heurigen jahres statt. der termin ist am 12. dezember um 13 Uhr. für die Besprechung nimm bitte deinen laptop mit, damit wir intensiv arbeiten können. bei offenen fragen melde dich :)

bis bald lg konrad b.

Einen interaktiven **Safety-Check** finden Sie in der TRAUNER-DigiBox.

3 Cloud-Computing

Sarah hat eine Hausübung in WORD erstellt. Beim Speichern entdeckt sie die Option SPEICHERN UNTER – ONEDRIVE. Sarah möchte wissen, was dahinter steckt, und recherchiert im Internet. Dabei stößt sie auf einen weiteren neuen Begriff: Cloud-Computing. Nun ist Sarah wirklich neugierig und beschließt, sich intensiver mit dem Thema zu beschäftigen.

Überlegen Sie gemeinsam mit Ihren Mitschülern/Mitschülerinnen, was Sie bereits über Cloud-Computing wissen. In welchen Situationen haben Sie bereits Daten in der Cloud gespeichert?

Meine Ziele

KOMPETENZ-ERWERB

Nach Bearbeitung dieses Kapitels kann ich

- die verschiedenen Arten von Cloud-Diensten nennen und erklären;
- Vor- und Nachteile von Cloud-Computing aufzählen;
- Probleme sowie Chancen und Risiken des Cloud-Computing erkennen und einschätzen.

3.1 Arten von Cloud-Diensten

Persönliche Daten verfügbar – immer und überall und online – das ist die Grundidee, die hinter dem Begriff Cloud-Computing steckt. Technisch handelt es sich hier nicht um ein bestimmtes Softwareprodukt, sondern vielmehr um das Konzept, Daten, Dienste bzw. Rechnerkapazitäten online auszulagern, die bei verschiedenen Anbietern verwaltet werden.

Dienstleistungen, die im Rahmen von Cloud-Computing angeboten werden, werden häufig in drei Kategorien, die sogenannten **Servicemodelle,** eingeteilt:

- **IaaS:** Grundlegende IT-Ressourcen, wie Rechenleistung, Speicherplatz oder Netzwerkkapazität, werden vom Anbieter zur Verfügung gestellt. Die Kundinnen und Kunden haben dabei die Kontrolle über die eingesetzten Betriebssysteme und die installierten Anwendungen. Sie müssen sich aber selbst darum kümmern, dass beispielsweise Updates ihrer Software installiert werden. Kundinnen/Kunden sind vor allem Unternehmen, die sich damit ein eigenes Rechenzentrum ersparen oder für Spitzenzeiten (z. B. im Weihnachtsgeschäft) ihre Rechnerkapazitäten erweitern.

IaaS = **I**nfrastructure **a**s **a** **S**ervice.

Beispiele für Anbieter
Die wichtigsten Anbieter sind AMAZON AWS, MICROSOFT AZURE sowie die GOOGLE CLOUD PLATFORM.

- **PaaS:** Der Anbieter stellt wie bei IaaS eine komplette Infrastruktur zur Verfügung, bietet aber zusätzlich Schnittstellen an, die von Diensten und Programmen der Kundin/des Kunden genutzt werden. In Entwicklungsumgebungen können eigene Webanwendungen bzw. Apps programmiert, getestet und eingesetzt werden. Die Kundin/Der Kunde hat in der Regel keinen Zugriff auf die Hardware- oder Betriebssystemebene. Kunden sind hier vor allem Software-Entwickler.

PaaS = **P**latform **a**s **a** **S**ervice.

Beispiele für Anbieter
AWS ELASTIC BEANSTALK, GOOGLE APP ENGINE oder IBM CLOUD

Saas = **S**oftware **as** **a** **S**ervice.

Diskutieren Sie gemeinsam mit Ihren Mitschülerinnen/Mitschülern welche Formen des Cloud-Computing hier vorliegen.

- **SaaS:** Verschiedenste webbasierte Anwendungen fallen in dieses Servicemodell. Das können E-Mail-Clients, Finanzbuchhaltungssoftware oder ganze OFFICE-Pakete sein. Kunden können hier Unternehmen aber auch Konsumenten sein.

Beispiele für Anbieter
OFFICE 365, GOOGLE DOCS, BMD

Beispiel: Cloud-Service nutzen
Sarahs Tante lebt seit zwei Jahren in Finnland. Sie arbeitet als Programmiererin bei einem Software-Unternehmen. Über IBM CLOUD arbeitet sie mit ihren Kolleginnen und Kollegen in Österreich und Indien zusammen.

Sarah bittet ihre Tante um Hilfe bei einer POWERPOINT-Präsentation zum Thema „Kollaboratives Arbeiten“. Sie verwenden OFFICE 365, um gemeinsam an der Präsentation zu arbeiten.

3.2 Vor- und Nachteile

Für Cloud-Dienste benötigt die Anwenderin/der Anwender einen PC, ein Notebook oder ein mobiles Endgerät sowie eine funktionierende Internet-Verbindung und zumeist einen Browser. Daraus ergeben sich bereits einige der Vor- und Nachteile.

Nur bei bestehender Onlineverbindung kann man ortsunabhängig immer auf die eigenen Daten zugreifen.

	Vorteile	Nachteile
Orts- u. zeitunabhängige Verfügbarkeit	Ortsunabhängiger Zugriff auf eigene Daten bei aktiver Internetverbindung	Besteht keine Onlineverbindung, kann nicht auf eigene Daten zugegriffen werden, es besteht eine Abhängigkeit von Technik und Anbieter.
Sicherheit	Unternehmen, die Cloud-Dienste anbieten, haben diese Dienste normalerweise gut gegen Angriffe abgesichert.	Die Gefahr von Hacking-Attacken besteht trotzdem, wodurch eigene Daten ungeschützt in das Internet gelangen können oder Dienste nicht erreichbar sind.
Backups	Alle Cloud-Daten werden permanent gesichert. Sollten Daten auf dem eigenen PC verloren gehen, können sie online wieder hergestellt werden.	
Kollaboration	Das gemeinsame Arbeiten an Dateien bzw. das einfache Teilen von Informationen mit anderen Usern/Userinnen steigert Effizienz und verringert Redundanz (z. B. Mehrfachdatenspeicherung).	

Cloud-Dienste ermöglichen die ortsunabhängige Zusammenarbeit

Ressourcen	Viele Anbieter stellen großzügige Ressourcen zur Onlinearbeit zur Verfügung.	Wenn Speichergrenzen überschritten werden, werden Dienste für Konsumenten oftmals kostenpflichtig. Man spricht von sogenannten Freemium-Modellen.
	Software-Anbieter haben den Vorteil, Aktualisierungen der Programmfunktionalitäten (Updates) leicht durchführen zu können. Für den Anwender/die Anwenderin bedeutet das, immer aktuelle Programmversionen zur Verfügung zu haben.	Die Nutzung der Ressourcen entspricht einem Mietmodell. Für die Ressourcen werden Gebühren bezahlt, solange sie genutzt werden. Das kann auf Dauer teurer werden als ein Kauf entsprechender Ressourcen (z. B. Speicherplatz, Rechnerkapazität oder Lizenzen für Software).

Freemium = ein Kunstwort, das sich aus den Wörtern free und premium zusammensetzt. Bei diesem Geschäftsmodell werden Basisdienste gratis angeboten werden, während für die Vollversion kostenpflichtig erworben werden muss.

3.3 Problemfeld Datenschutz und Datensicherheit

Ein weiterer Bereich, der in Überlegungen, Dienste in der Cloud zu nutzen, miteinbezogen werden muss, ist der Datenschutz: Cloud-Dienste liegen häufig auf Servern außerhalb der EU. Unternehmen, die Cloud-Dienste anbieten, sichern sich mit den AGB in der Regel gut ab. Darin werden zum Beispiel Gewährleistungs- und Haftungsausschlüsse für den Fall des Datenverlustes formuliert. Als Kunde unterwirft man sich in vielen Fällen ausländischem Recht. Besonders bei personenbezogenen Daten könnte dies problematisch werden. Über Zertifikate können Cloud-Anbieter ihre DSGVO-Konformität nachweisen.

Bei der Auswahl von Cloud-Diensten sollten daher auch zertifizierte inländische bzw. europäische Anbieter bei der Entscheidung mitberücksichtigt werden.

DSGVO = Datenschutzgrundverordnung, eine Verordnung mit der die Verarbeitung von personenbezogenen Daten in allen EU-Staaten geregelt ist.

Konformität = die Erfüllung von Vorschriften.

Zertifikat = Gütesiegel, das nach einem Prüfprozess durch eine berechtigte Stelle ausgestellt wird.

Beispiele für Zertifikate

Trotzdem sprechen die genannten Vorteile für eine Inanspruchnahme der Cloud-Dienste. Es bleibt in der Verantwortung der Kundinnen und Kunden, welche Daten in die Cloud ausgelagert bzw. welche Programme online verwendet werden. Wenngleich Dienste in zunehmendem Maße online über Browser genutzt werden, gibt es in vielen Fällen nach wie vor die Möglichkeit, Software „offline" zu verwenden.

Außerdem gibt es neben der Public Cloud für Unternehmen und Privatpersonen auch die Möglichkeit einer Private Cloud. Dabei handelt es sich um eine Cloud-Umgebung, die ausschließlich für eine Organisation betrieben wird, zum Beispiel in einem firmeneigenen Rechenzentrum. Für Privatpersonen gibt es die Möglichkeit, über ein NAS mit einer Schnittstelle zum Internet ihre Daten in einer Private Cloud abzuspeichern. Durch eine Private Cloud ist der Zugriff auf die Daten für Angreifer schwieriger – vorausgesetzt das eigene Netzwerk ist entsprechend abgesichert.

Die Problematik der Datensicherheit wird oft durch Diskussionen über Abhöraktionen, z. B. von Geheimdiensten bei Datenübertragungen, thematisiert.

Recherchieren Sie online und suchen Sie Informationen zu Abhöraktionen durch Geheimdienste.

NAS = **N**etwork **A**ttached **S**torage, ein ins eigene Netzwerk eingebundener Speicher, auf den, wenn er entsprechend konfiguriert wird, über das Internet zugegriffen werden kann.

Ziele erreicht? – „Cloud Computing"

KOMPETENZ-ERWERB

1. Nennen und erklären Sie die verschiedenen Arten von Cloud-Diensten.

2. Vor- und Nachteile von Cloud-Diensten erkennen
Kreuzen Sie an, ob es sich um einen Vor- oder Nachteil handelt

	Vorteil	Nachteil
Daten, die in der Cloud gespeichert sind, werden regelmäßig gesichert.		
Daten sind ortsunabhängig verfügbar.		
Auf Daten in der Cloud kann nur mit bestehender Internetverbindung zugegriffen werden.		
Softwareaktualisierungen können automatisch eingespielt werden.		

3. Welche Probleme ergeben sich in Bezug auf den Datenschutz bei Cloud-Diensten?

Einen interaktiven **Safety-Check** finden Sie in der TRAUNER-DigiBox.

sender
Absender
recipient
Empfänger
attachement
Anhang
search engine
Suchmaschine
search term
Suchbegriff
internet capable
internet compatible
internetfähig

The English words **website** and **homepage** do not refer to the same thing. A homepage (Startseite) is part of a website (Internetauftritt, z. B. einer Firma).

Going international

Now let's use the basics of the chapter "Das Internet und seine Dienste" in English!

Exercise 1 – Google it!
1. Open google.com and try to find English news articles about hacked e-mail accounts.
2. Write down the search terms you entered.
3. Write down how many search results you got.
4. Print out your favourite article (mind that it should be from a newspaper, not a blog or a similar webpage).

Exercise 2 – Internet knowledge
Answer the following questions about the internet.
1. What other search engines do you know, besides GOOGLE?
2. Do you know any browser other than EDGE?
3. Explain in short sentences what an E-Mail is and how it works.

Exercise 3 – Google it!
1. Open google.com and search for common threats on social media platforms.
2. Write down the search terms you used.
3. Write down how many search results you got.
4. Sum up your search results and present them in a POWERPOINT presentation.

IV Professionell präsentieren

In diesem Kapitel vertiefen Sie Ihre Kenntnisse und erzeugen mit POWERPOINT Fotoalben. In POWERPOINT-Präsentationen fügen Sie Audio- und Videodateien sowie Hyperlinks und interaktive Schaltflächen ein.

1 Präsentieren mit POWERPOINT

Ali kennt bereits einige Tools in POWERPOINT. Er war mit seinen Eltern im Ausseerland auf Urlaub und hat dort mit seiner digitalen Videokamera einen Film gedreht. Er lässt den Urlaub Revue passieren und beginnt, seine Reise in einer POWERPOINT-Präsentation festzuhalten. Er bemerkt sehr rasch, dass er noch keine Video- und Audiodateien sowie Hyperlinks einfügen kann und beschließt, sich diese Kenntnisse anzueignen.

Meine Ziele

Nach Bearbeitung dieses Kapitels kann ich

- einen Folienmaster erstellen und bearbeiten;
- Folien mit einer Animation versehen;
- Hyperlinks in Präsentationen einfügen;
- eigenständig eine multimediale Präsentation erstellen;
- Audio- und Videodateien in eine Präsentation einbetten;
- ein Video von einer Website einfügen;
- ein Fotoalbum erstellen und bearbeiten;
- eine interaktive Schaltfläche einfügen.

1.1 Folienmaster erstellen

Im Folienmaster können Sie das Design, die Schriftarten, die Farben usw. ändern. Der Vorteil liegt darin, dass die hier getroffenen Einstellungen automatisch für die gesamte Präsentation übernommen werden. Legen Sie beispielsweise ein neues Aufzählungszeichen fest, so wird dieses automatisch für alle Folien der Präsentation übernommen.

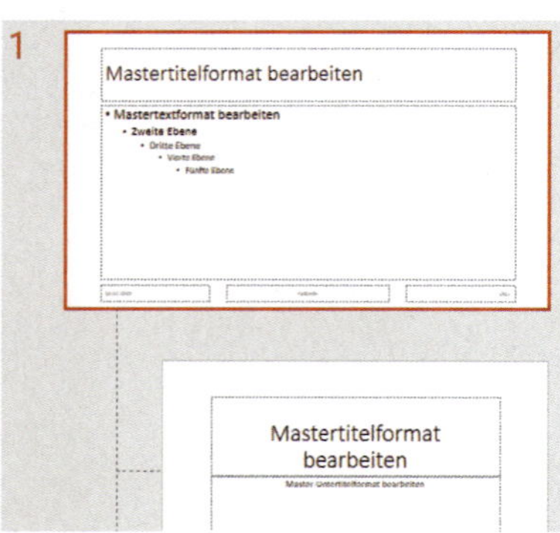

Sie können den Folienmaster individuell anpassen. Fügen Sie beispielsweise ein Logo ein, das automatisch auf jeder Folie erscheint.

- ANSICHT – MASTERANSICHTEN – FOLIENMASTER
- In der Folienansicht die zu ändernde Folie auswählen
- Die Folie bearbeiten
- Wählen Sie, wenn nötig, weitere Folien aus und formatieren Sie sie
- MASTERANSICHT SCHLIESSEN

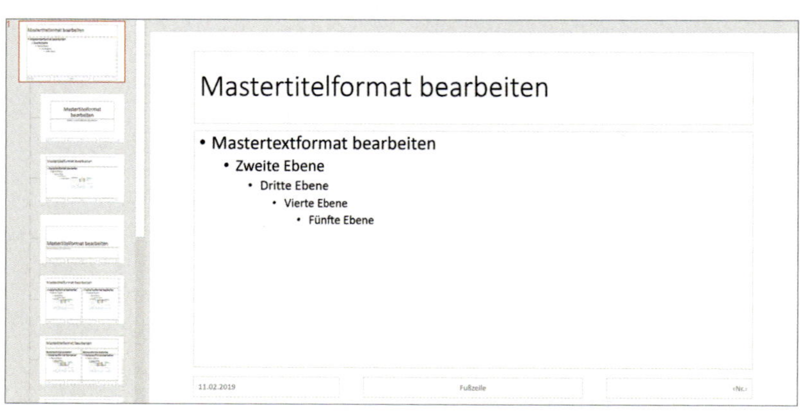

Möchten Sie z. B. die Titelfolie Layout anders gestalten als alle anderen Folien, dürfen Sie den Design-Folienmaster (1. Folie) nicht formatieren. Verwenden Sie die Funktion FORMAT ÜBERTRAGEN.

Möchten Sie ein Layout für alle Folien verwenden, formatieren Sie die erste Folie als DESIGN-FOLIENMASTER, z. B. Office Notizen.

Übung

- **Folienmaster erstellen**

a) Erstellen Sie eine neue Präsentation, die Sie unter **Propolis2.pptx** speichern.
b) Wechseln Sie in den Folienmaster und weisen Sie das Design Rückblick und die Farben Grün zu.
c) Treffen Sie folgende Einstellungen in der Titelfolie Layout:
   - Untertitel Schriftgröße 36 Punkt;
   - Titelmasterformat Textschatten.
d) Treffen Sie folgende Einstellungen im Basis Folienmaster:
   - Titel fett und 48 Punkt formatieren;
   - erste Ebene Schriftgröße 32 Punkt;
   - zweite Ebene Aufzählungszeichen ändern: Silbentrennung-Aufzählungszeichen und 24 Punkt.
   - Grafik **Propolis1.png** einfügen; Höhe 3,3 cm, Breite proportional; Position eingeben: horizontal 30,14 cm und vertikal 14,5 cm von der oberen linken Ecke.

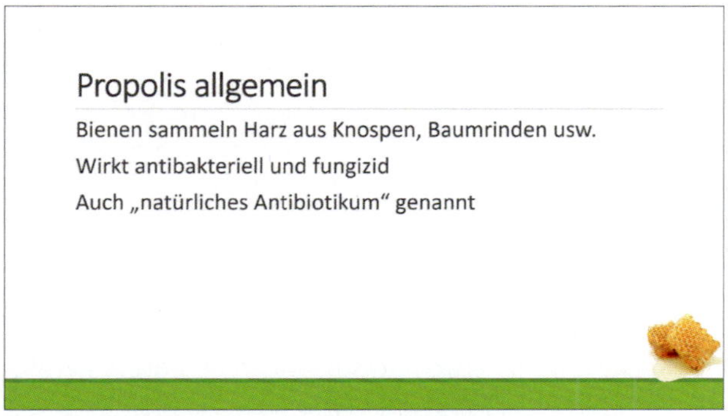

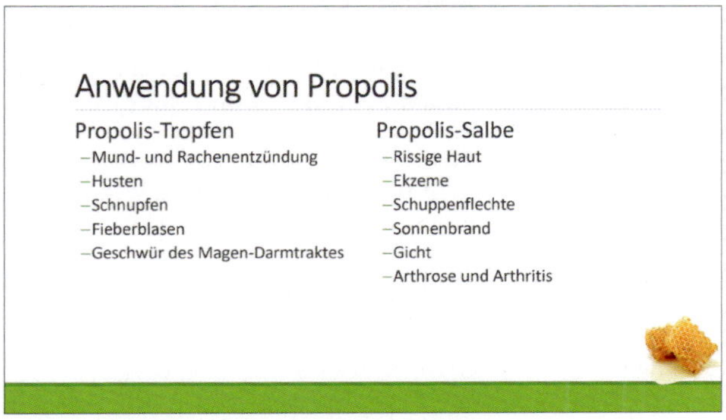

e) Schließen Sie die Masteransicht.
f) Geben Sie folgenden Text auf der Titelfolie ein: Titel: »Propolis«, Untertitel: »Gesundheit aus dem Bienenstock«.
h) Erstellen Sie die beiden Folien (Titel und Inhalt, Zwei Inhalte).

Sehen Sie sich die Folien in der Miniaturansicht an, nachdem Sie die Grafik eingefügt und formatiert haben. Sie erkennen nun, dass die Grafik auch in den anderen Folien zu sehen ist.

In die zweite Ebene gelangen

- ⇄-Taste drücken
- Oder START – ABSATZ – LISTENEBENE ERHÖHEN

1.2 Animation

Sie können die einzelnen Animationspunkte mit Klick oder durch Drücken der Eingabetaste erscheinen lassen.

Sie können die Inhalte einer Folie, Texte, Bilder usw. animieren. Achten Sie darauf, dass Sie nicht zu viele verschiedene Animationen verwenden. Bei manchen Animationsstilen können Sie in den Effektoptionen auswählen, aus welcher Richtung das Objekt erscheint.

Animationsstile und Effektoptionen auswählen

Arten von Animationsstilen	
Eingang	Das Objekt ist noch nicht auf der Folie und erscheint mit dem ausgewählten Effekt.
Hervorhebung	Das Objekt ist bereits auf der Folie sichtbar und wird mit dem eingestellten Effekt hervorgehoben.
Ausgang	Das Objekt verschwindet mit dem ausgewählten Effekt.
Animationspfade	Wählen Sie einen vordefinierten Animationspfad aus oder erstellen Sie einen benutzerdefinierten. Das Objekt ist auf der Folie und wird lediglich diesen Pfad entlang animiert.

Aktuell animierte Folie in der Vorschau ansehen
ANIMATIONEN – VORSCHAU – VORSCHAU

Die Effektoptionen variieren je nach ausgewählter Animation.

- Das zu animierende Objekt markieren
- ANIMATIONEN – ANIMATION
- Animationseffekt auswählen
- Notwendige EFFEKTOPTIONEN einstellen
- Eventuell ANZEIGEDAUER einstellen

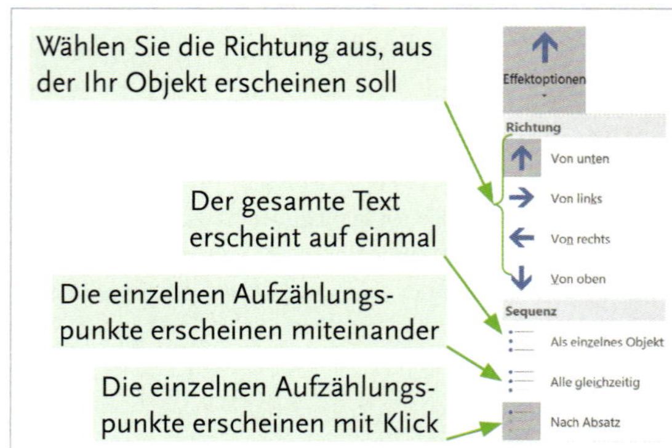

Animationen verwalten Animationsbereich

Nachdem Sie Ihre Objekte auf der Folie animiert haben, erscheinen Zahlen neben den Platzhaltern. Diese zeigen an, in welcher Reihenfolge die Objekte erscheinen.

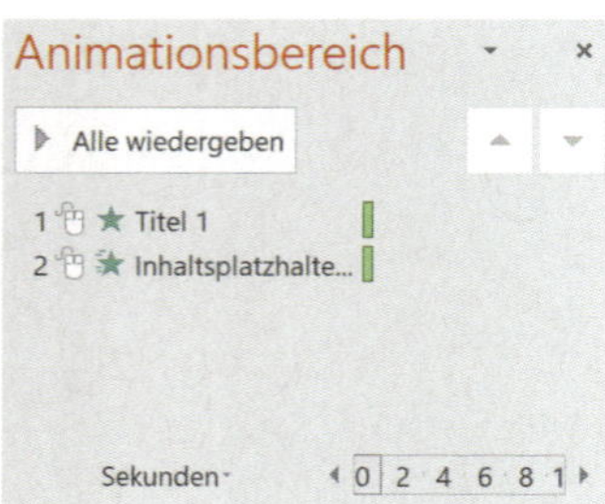

Öffnen Sie den Animationsbereich, um Ihre Animationen zu verwalten. Ändern Sie die Reihenfolge der Animationen.

- ANIMATIONEN – ERWEITERTE ANIMATION – ANIMATIONSBEREICH

Animationen der gesamten Folie ansehen
Klicken Sie auf ALLE WIEDERGEBEN

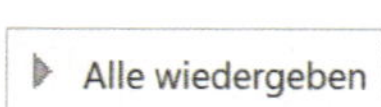

Reihenfolge ändern

Ändern Sie die Reihenfolge der Animationen, indem Sie die zu ändernde Animation im Animationsbereich per Drag-and-drop verschieben oder die Schaltflächen verwenden.

Animation entfernen

- Im Animationsbereich auf die Animation klicken, die gelöscht werden soll
- DROPDOWNLISTE – ENTFERNEN

Animation übertragen Animation übertragen

Animationsbereich
Alt + ⇧ + C

Haben Sie eine Animation auf einer Folie eingestellt, können Sie sie mit der Funktion ANIMATION ÜBERTRAGEN auf andere Elemente übertragen.

- Wählen Sie das Objekt mit der gewünschten Animation aus
- ANIMATIONEN – ERWEITERTE ANIMATION – ANIMATION ÜBERTRAGEN
- Wählen Sie ein anderes Objekt aus, auf das die Animation automatisch angewendet werden soll

1.3 Links

Hyperlinks werden in Präsentationen gesetzt, um auf eine Datei, Internet- oder E-Mail-Adresse zu verlinken. Sie bieten den Vorteil, dass sich im Modus der Bildschirmpräsentation das gewünschte Objekt, die Internetseite usw. öffnet.

Text, Bilder und Illustrationen können mit einem Hyperlink versehen werden.

1.3.1 Link einfügen

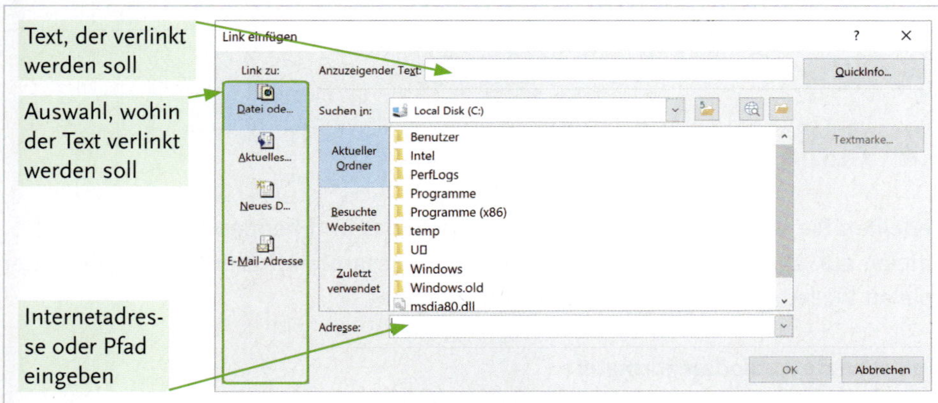

Verlinkte Wörter werden automatisch unterstrichen und sind mit der Hyperlinkfarbe des ausgewählten Designs formatiert.

- Zu verlinkenden Textteil oder Objekt markieren
- EINFÜGEN – LINKS – LINK – LINK EINFÜGEN...
- Oder Kontextmenü – LINK
- Auswahl, wohin verlinkt werden soll
- In der Adressleiste den Pfad oder den Hyperlink eingeben
- OK

Geben Sie beim Verlinken auf Websites immer **http://** bzw. **https://** an.

1.3.2 Link bearbeiten

- Einfügemarke in das verlinkte Objekt stellen
- Kontextmenü – LINK BEARBEITEN...

1.3.3 Link entfernen

- Einfügemarke in das verlinkte Objekt stellen
- Kontextmenü – LINK ENTFERNEN

Wenn Sie die Präsentation zu Hause erstellen und in der Schule präsentieren, achten Sie darauf, dass Sie auch die verlinkten Dateien auf dem USB-Stick gespeichert haben und prüfen Sie anschließend den Pfad. Testen Sie den Link, bevor Sie die Präsentation vorführen.

1.3.4 Link öffnen

- In der BILDSCHIRMPRÄSENTATION auf das verlinkte Objekt klicken
- Oder Kontextmenü – LINK ÖFFNEN
- Oder Strg + Klick auf den Link

1.3.5 Link kopieren

- Kontextmenü – LINK KOPIEREN

Um mittels Hyperlink von einer Folie auf die andere oder auf andere Seiten zu gelangen siehe „Interaktive Schaltflächen“.

Übung

- **Präsentation erstellen und Hyperlink einfügen**

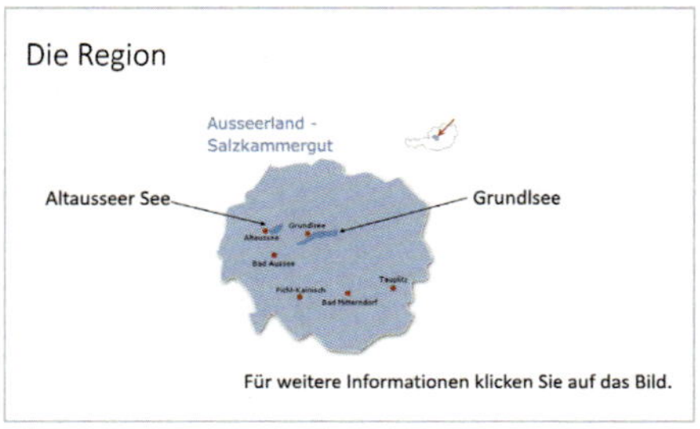

a) Erstellen Sie eine neue Präsentation mit einer Titelfolie und einer Titel und Inhalt Folie im Standarddesign.
b) Speichern Sie die Präsentation unter **Ausseerland1.pptx.**
c) Titelfolie: Titel: »Das Ausseerland«, Untertitel: »Mitten in Österreich«.
d) Titel und Inhalt Folie:
   - Titel »Die Region«;
   - Grafik **Ausseerland5.jpg** einfügen, Texte und Formen laut Abbildung;
   - Hyperlink auf die Website https://ausseerland.salzkammergut.at beim Bild.
e) Animieren Sie die Formen und Textplatzhalter passend und wählen Sie jeweils Start: Nach Vorherigen. Wählen Sie eine passende Verzögerung.
f) Legen Sie einen automatischen Folienübergang nach sechs Sekunden für die Titelfolie fest.
g) Testen Sie den Hyperlink.

1.4 Audio

Verleihen Sie Ihrer Präsentation das gewisse Etwas und peppen Sie sie mit Audiodateien auf. Lassen Sie die Musik während der gesamten Präsentation laufen oder spielen Sie lediglich eine kurze Audiosequenz ab.

Unterstützte Audiodateiformate:
AIFF, AU, MID, MIDI, MP3, WAV, WMA, M4A, MP4

Automatisch ablaufende Präsentationen werden häufig mit Musik untermalt, um der Präsentation mehr Ausdruckskraft zu verleihen.

Audiosymbol

1.4.1 Audio einfügen

- Einfügen – Medien – Audio
- Audioaufnahme... oder Audio auf meinem Computer... auswählen
- Audiodatei aus dem Speicherort bzw. ClipArt auswählen
- Audiosymbol erscheint
- Audiosymbol positionieren

Für Audioaufnahmen müssen Sie ein Audioaufnahmegerät (Mikrofon) am PC angeschlossen haben.

Audio folienübergreifend abspielen
- Einfügen – Medien – Audio
- Audio auf meinem Computer...
- Audiodatei aus dem Speicherort auswählen
- Register Audiotools – Wiedergabe
- Audiooptionen – Folienübergreifend wiedergeben aktivieren.

Achten Sie beim Verwenden von Audiodateien auf das Urheberrecht.

1.4.2 Audio formatieren

In den Registern Audiotools – Format und Wiedergabe können Sie weitere Einstellungen für Ihre Audiodatei vornehmen.

Im Register Audiotools – Format können Sie das Audiosymbol formatieren. Diese Formatierungsmöglichkeiten kennen Sie bereits.

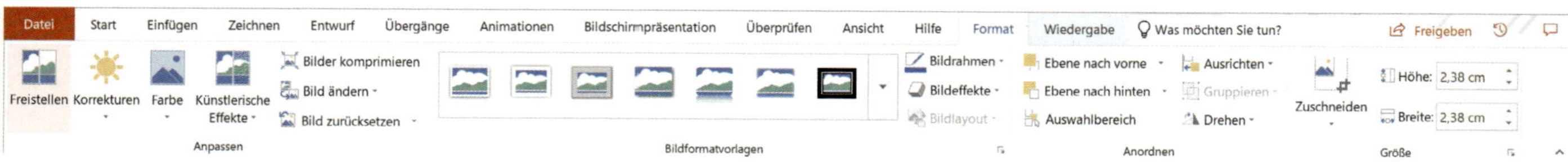

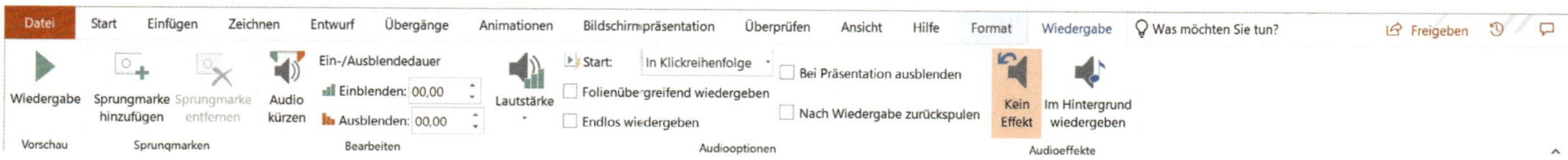

Wiedergabe	Die Audiodatei wird abgespielt. Währenddessen erscheint anstatt der Schaltfläche WIEDERGABE die Schaltfläche ANHALTEN.
Sprungmarke hinzufügen	Sprungmarken ermöglichen eine rasche Navigation in der Audiodatei.
Sprungmarke entfernen	Eingefügte Sprungmarken können Sie auch wieder entfernen.
Audio kürzen	Wenn Ihre Audiodatei zu lang ist, können Sie sie schneiden.
Ein-/Ausblende-dauer	Sie können das Lied leise beginnen und leise enden lassen, indem Sie eine Ein-/Ausblendedauer einstellen.
Audiooptionen	Bestimmen Sie, wann Ihre Audiodatei abgespielt und beendet werden soll und legen Sie die Abspiellautstärke fest.
Audioeffekte	Sie können Ihre Audiodatei im Hintergrund abspielen lassen.

Zur nächsten Sprungmarke springen Alt + Ende

Zur vorherigen Sprungmarke springen Alt + Pos1

Achten Sie beim Verwenden von Audiodateien auf das **Urheberrecht.**

Übung

- **Audiodatei einfügen**

a) Öffnen Sie die Datei **Ausseerland1.pptx** und wechseln Sie zur Titelfolie.
b) Speichern Sie die Präsentation unter **Ausseerland2.pptx.**
c) Audio einfügen:
   - Audiodatei **Ausseerland7.mp3** passend einfügen;
   - automatisch starten festlegen.

d) Formatieren Sie das Objekt nach Ihrem Geschmack.
e) Fügen Sie den Text aus der Datei **Ausseerland8.txt** in den Notizbereich ein.
f) Sehen Sie sich die Präsentation in der Bildschirmpräsentationsansicht an.

1.5 Video

Das Einbetten von Videos in Präsentationen ist professioneller als das Abspielen eines Videos mit einem anderen Programm.

Videos können in die Präsentation eingebettet oder Verknüpfungen zum Video eingefügt werden. Der Vorteil des Einbettens liegt darin, dass das Video direkt in POWERPOINT gespeichert wird und das Video nicht separat mit auf dem Datenträger gespeichert werden muss.

Unterstützte Videodateiformate:
ASF, AVI, MPG, MPEG, WMV, SWF, MP4, M4V, MOV

1.5.1 Video aus Datei einfügen

- Im Textplatzhalter Klick auf VIDEO EINFÜGEN
- Oder EINFÜGEN – MEDIEN – VIDEO
- VIDEO AUF MEINEM COMPUTER...
- Video auswählen
- Schwarzes Rechteck erscheint auf der Folie, in dem das Video abgespielt wird
- Rechteck kann vergrößert oder verkleinert sowie an anderer Stelle positioniert werden

Videos, die in die Präsentation eingefügt werden, erhöhen die Dateigröße der Präsentation enorm, da das Video in der Datei abgespeichert wird.

Bei einer **Verknüpfung** zu einem Video ändert sich die **Dateigröße der Präsentation kaum.**

www.youtube.com

Die meisten Videowebsites enthalten einen Einbettungscode. Dieser ist jedoch nicht auf jeder Website an der gleichen Stelle zu finden.

Achten Sie beim Verwenden von Videos auf das **Urheberrecht.**

1.5.2 Onlinevideo

- EINFÜGEN – MEDIEN – VIDEO – ONLINEVIDEO...
- Video auf YOUTUBE suchen oder
- den Code AUS EINEM VIDEOEINBETTUNGSCODE einfügen
- EINFÜGEN
- Das Video kann vergrößert oder verkleinert sowie an anderer Stelle positioniert werden

Übung

- **Verknüpfung zu einem YouTube-Video einfügen**
  a) Öffnen Sie die Datei **Ausseerland2.pptx.**
  b) Speichern Sie die Präsentation unter **Ausseerland3.pptx.**
  c) Fügen Sie als Folie 3 die Folie Leer ein.
  d) Fügen Sie das Video »Das Jahr im Ausseerland – Salzkammergut« von YouTube ein.
  e) Vergrößern Sie die Videoansicht.
  f) Spielen Sie das Video ab.

1.5.3 Video formatieren

In den Registern VIDEOTOOLS – FORMAT und WIEDERGABE können Sie weitere Einstellungen für Ihre Videodatei vornehmen.

Format

Wiedergabe	Die Videodatei wird abgespielt.
Korrekturen	Verändern Sie die Helligkeit und den Kontrast des Videos.
Farbe	Das Video wird neu eingefärbt.
Vorschaubild	Dieses Bild ist das Titelbild des Videos. Sobald Sie darauf klicken, wird das Video abgespielt.
Entwurf zurücksetzen	Alle vorgenommenen Formatierungsänderungen werden gelöscht.
Videoeffekte, Videorahmen	Erstellen Sie z. B. einen Rahmen oder Schatten rund um das Video.
Videoform	Legen Sie eine Form fest, in der das Video abgespielt wird.
Alternativtext	Erstellen Sie eine Textbeschreibung des Videos für Bildschirmsprachausgaben.
Zuschneiden	Schneiden Sie das Video zu.
Größe	Legen Sie die Größe des Videos fest.

Das Video selbst wird dadurch nicht beschnitten.

Wiedergabe

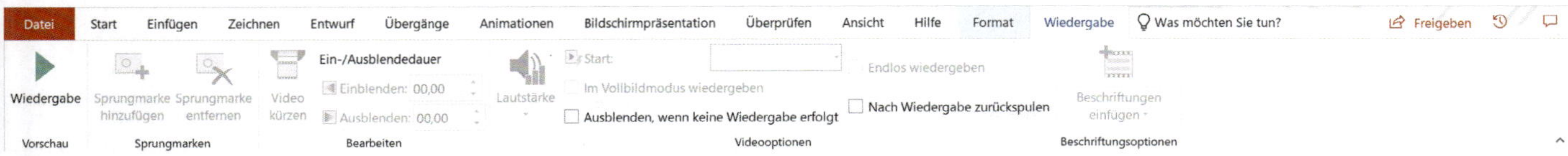

Wiedergabe	Die Videodatei wird abgespielt.
Sprungmarke hinzufügen	Sprungmarken ermöglichen eine rasche Navigation in der Videodatei.
Sprungmarke entfernen	Eingefügte Sprungmarken können Sie auch wieder entfernen.
Video kürzen	Schneiden Sie das Video zu.
Ein-/Ausblendedauer	Sie können Ihr Video mit einem Ein- und Ausblendeffekt starten und beenden.
Videooptionen	Bestimmen Sie, wann Ihre Videodatei abgespielt und beendet werden soll und legen Sie die Abspiellautstärke fest.
Im Vollbildmodus wiedergeben	Ihr Video wird am gesamten Bildschirm angezeigt. Achten Sie auf hohe Qualität des Videos.
Endloswiedergabe	Ihr Video wird so oft abgespielt, bis Sie es beenden.

Ein verknüpftes Video zu einer Website kann nicht gekürzt und die Ausblendedauer nicht eingestellt werden.

1.6 Fotoalbum

Fotoalben bieten die Möglichkeit zum raschen Präsentieren von Fotos. Mit wenigen Klicks können Sie Ihre Urlaubsfotos Ihren Freundinnen und Freunden zeigen.

1.6.1 Fotoalbum einfügen

- EINFÜGEN – BILDER – FOTOALBUM
- NEUES FOTOALBUM...
- Bilder hochladen und gewünschte Einstellungen treffen
- ERSTELLEN
- Fotoalbum wird in einer neuen Präsentation erstellt und geöffnet

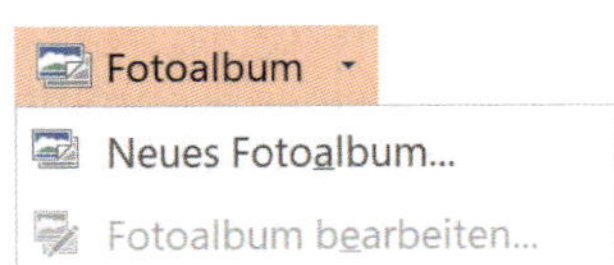

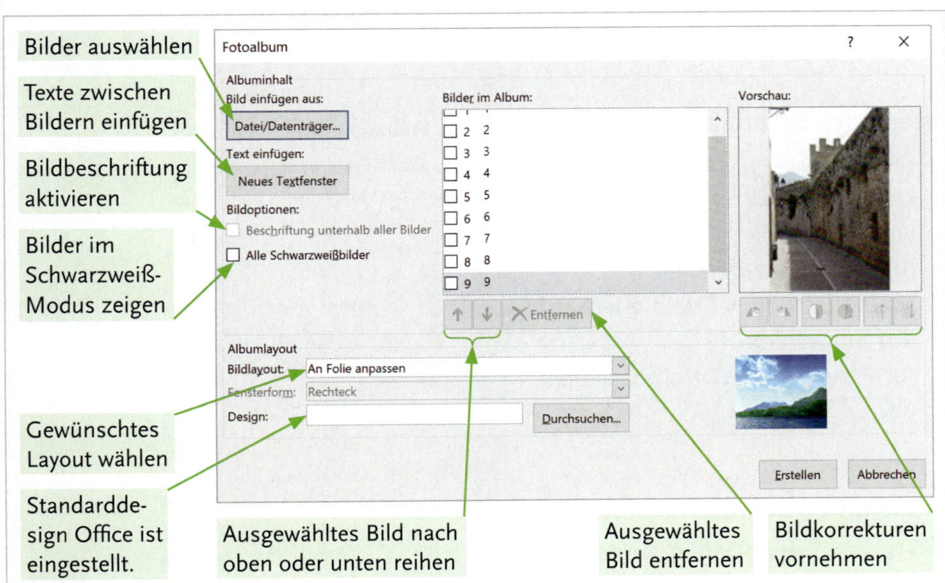

Sie können Ihre Fotopräsentation nun mit den bereits bekannten POWERPOINT-Werkzeugen formatieren und weiterbearbeiten.

1.6.2 Fotoalbum bearbeiten

Ihr erstelltes Fotoalbum können Sie bearbeiten

- Einfügen – Bilder – Fotoalbum
- Fotoalbum bearbeiten...
- Gewünschte Einstellungen treffen
- Aktualisieren

Übung

- **Fotoalbum erstellen**

a) Öffnen Sie eine neue Präsentation in POWERPOINT und speichern Sie diese unter **Mallorca1.pptx.**
b) Erstellen Sie ein Fotoalbum mit den Bildern aus dem Ordner **Mallorca.**
c) Treffen Sie folgende Einstellungen:
   - Bild 2 entfernen;
   - Bilder 3 und 4 tauschen;
   - Textfeld nach Bild 1 erstellen.
d) Text auf Folie 3 ändern »Ausflug nach Palma de Mallorca« und passend formatieren.
e) Passenden Folienübergang für alle Folien wählen, das Fotoalbum soll automatisch abgespielt werden.
f) Text auf der Titelfolie: Titel »Sommerurlaub auf Mallorca«, Untertitel »eigener Vor- und Nachname«.
g) Legen Sie eine passende Audiodatei als Hintergrundmusik fest.
h) Speichern nicht vergessen!

1.7 Interaktive Schaltflächen

Interaktive Schaltflächen sind Formen, die eine Aktion ausführen, wenn darauf geklickt oder mit der Maus gezeigt wird. Sie funktionieren lediglich in der Bildschirmpräsentationsansicht. Folgende Aktionen können Sie auswählen:

- Wechseln zur nächsten, vorherigen, ersten, letzten und zuletzt angezeigten Folie oder zu einer bestimmten Folie,
- Programm ausführen,
- Makro ausführen,
- Sound wiedergeben,
- Video abspielen,
- Datei öffnen,
- Website öffnen.

Wenn Sie auf eine Website verlinken möchten, vergessen Sie nicht http:// einzugeben.

Bei der Aktion **Mausklick** wird die eingestellte Aktion beim Klick auf die Schaltfläche ausgeführt. Bei **Maus ruhen lassen auf** wird die Aktion ausgeführt, wenn die Maus auf die Schaltfläche zeigt.

Interaktive Schaltfläche einfügen

- Einfügen – Illustrationen – Formen – Interaktive Schaltflächen
- Form auswählen
- Auf der Folie aufziehen
- Mausklick oder Maus ruhen lassen auf auswählen
- Aktionseinstellung auswählen
- OK

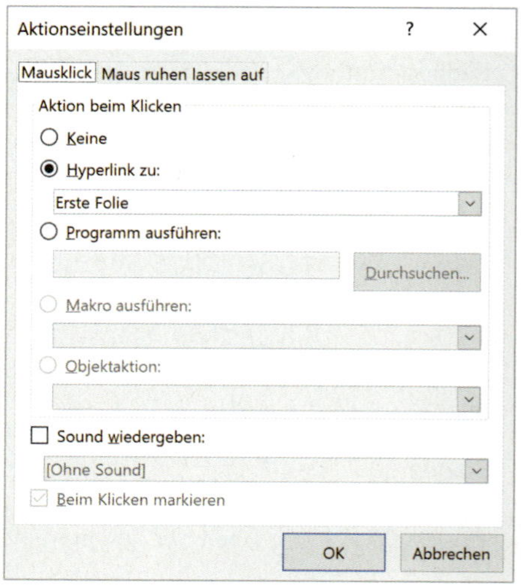

Interaktive Schaltfläche formatieren

Interaktive Schaltflächen werden genauso formatiert wie Formen.

Interaktive Schaltfläche bearbeiten

Sie können die eingestellte Aktion jederzeit ändern.

- Interaktive Schaltfläche markieren
- EINFÜGEN – LINKS – AKTION
- Änderungen durchführen
- OK

Interaktive Schaltfläche bearbeiten
Kontextmenü – LINK BEARBEITEN

Übung

- **Interaktive Schaltflächen erstellen**

a) Öffnen Sie die Präsentation **Ausseerland3.pptx** und wechseln Sie zur ersten Folie.
b) Speichern Sie die Präsentation unter **Ausseerland4.pptx.**
c) Erstellen Sie die interaktive Schaltfläche Ende mit Mausklick und Hyperlink zur letzten Folie an einer passenden Stelle.
d) Erstellen Sie auf der letzten Folie die interaktive Schaltfläche zum Anfang mit Maus ruhen lassen auf.

1.8 Präsentationen in anderen Formaten veröffentlichen

Eine Präsentation kann neben dem POWERPOINT-Format ***.pptx** auch in anderen Formaten gespeichert und veröffentlicht werden.

Dadurch können Sie ein Format wählen, das optimal auf Ihre Bedürfnisse abgestimmt ist. Für einen Vortrag eignet sich gut, die Präsentation als Bildschirmpräsentation zu speichern. Möchten Sie die Präsentation automatisch auf einem Fernseher abspielen lassen, bietet sich an, die Präsentation als Video zu speichern.

Hinweise zum Speichern

POWERPOINT 365 ermöglicht Ihnen, die Medienkompatibilität, -größe und -leistung zu optimieren. Diese Dienste können Sie unter DATEI-BACKSTAGE einstellen und prüfen:

- DATEI – INFORMATIONEN

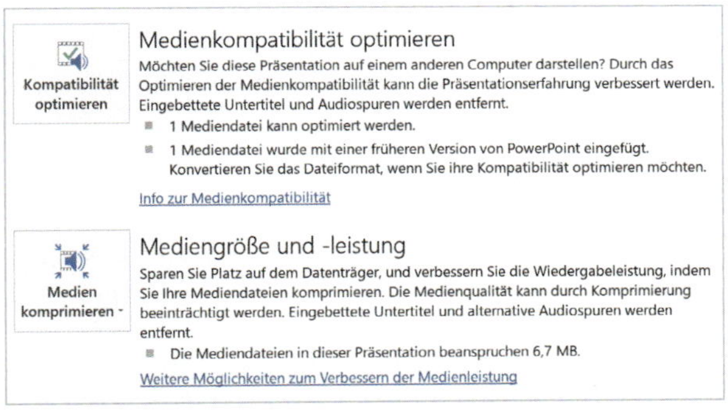

1.8.1 Präsentation als PDF speichern

- DATEI – EXPORTIEREN – PDF/XPS-DOKUMENT ERSTELLEN
- PDF/XPS-DOKUMENT ERSTELLEN
- Speicherort auswählen und Speichername eingeben
- VERÖFFENTLICHEN

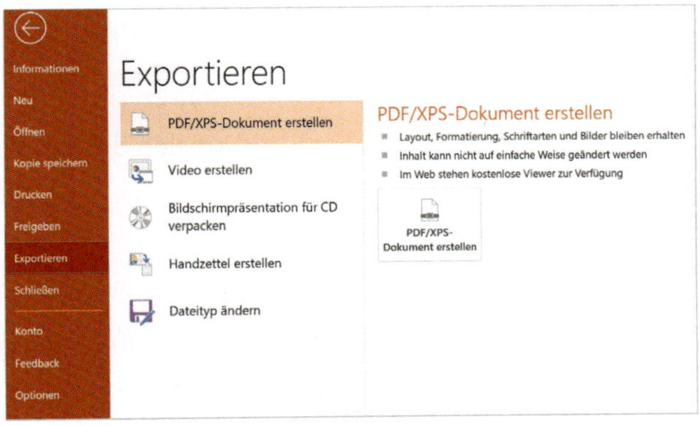

Sie können Ihre Präsentation im PDF-Format den Zuhörern und Zuhörerinnen als Informationsbegleitung austeilen oder digital zur Verfügung stellen.

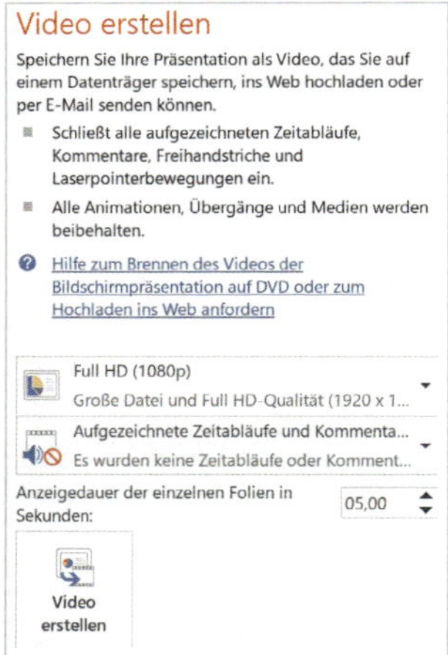

1.8.2 Präsentation als Video speichern

Wenn Sie Ihre Präsentation als Video speichern, können Sie sie auf einem Computer, im Internet oder auf einem Fernseher automatisch abspielen lassen.

Das Video wird als MPEG4-Video ***.mp4** gespeichert und im standardmäßig eingestellten Programm abgespielt, z. B. im WINDOWS MEDIA PLAYER.

- DATEI – EXPORTIEREN – VIDEO ERSTELLEN
- Einstellungen auswählen
- VIDEO ERSTELLEN
- Speicherort wählen und Speichername eingeben
- SPEICHERN

Legen Sie vor Präsentationsbeginn eine Verknüpfung auf den Desktop, können Sie direkt von dort mit einem Doppelklick die Präsentation starten.

1.8.3 Präsentation als POWERPOINT-Bildschirmpräsentation speichern

Um Ihre Bildschirmpräsentation mit Doppelklick zu starten, ohne POWERPOINT zu öffnen, speichern Sie sie als POWERPOINT-Bildschirmpräsentation ***.ppsx.**

- DATEI – KOPIE SPEICHERN
- Speicherort wählen und Dateiname eingeben
- Dateityp POWERPOINT-BILDSCHIRMPRÄSENTATION wählen
- SPEICHERN

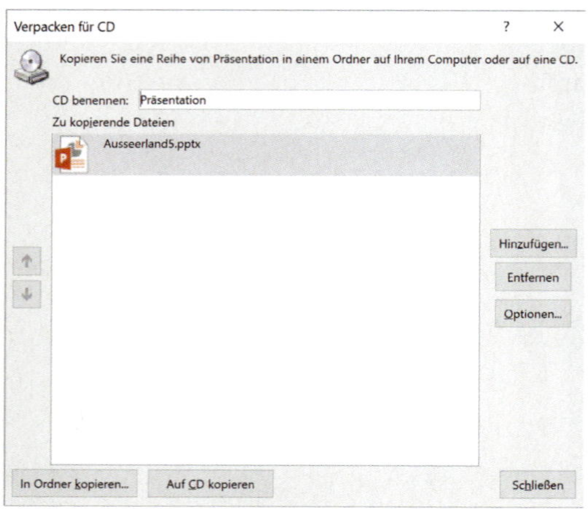

1.8.4 Bildschirmpräsentation für CD verpacken

Die Funktion eignet sich gut, wenn Sie multimediale Dateien in die Präsentation eingefügt haben. Dadurch wird verhindert, dass Objekte nicht abgespielt werden können.

- DATEI – EXPORTIEREN – BILDSCHIRMPRÄSENTATION FÜR CD VERPACKEN
- VERPACKEN FÜR CD
- Namen für die CD eingeben
- Dateien für die CD hinzufügen
- IN ORDNER KOPIEREN... oder AUF CD KOPIEREN auswählen
- Ordnername und Speicherort wählen
- OK
- VERKNÜPFTE DATEIEN IN PAKET EINSCHLIESSEN: JA

Übungen

1. Präsentation als Video speichern

a) Öffnen Sie die Präsentation **Mallorca1.pptx.**
b) Speichern Sie die Präsentation als Video und treffen Sie folgende Einstellungen:
- Qualität;
- Anzeigedauer der einzelnen Folien 4 Sekunden.

c) Speichern Sie die Präsentation als Video unter **Mallorca2.mp4** und spielen Sie das Video ab.

2. Präsentation als POWERPOINT-Bildschirmpräsentation speichern

a) Öffnen Sie die Präsentation **Ausseerland4.pptx.**
b) Prüfen Sie die Datei auf Medienkompatibilität.
c) Speichern Sie die Präsentation als POWERPOINT-Bildschirmpräsentation unter **Ausseerland6.ppsx.**
d) Testen Sie die Bildschirmpräsentation, indem Sie sie mit Doppelklick öffnen.

Ziele erreicht? – „Präsentieren mit POWERPOINT"

KOMPETENZ-ERWERB

1. Multimediale Präsentation erstellen

a) Erstellen Sie eine neue Präsentation und speichern Sie sie unter **Fairtrade6.pptx.** Wechseln Sie in den Folienmaster:
- Design Office, Farben Blaugrün, Schriftarten Trebuchet MS;
- Titelfolie Layout: Titelmasterformat fett;
- Office Notizen: Titelmasterformat fett, Grafik **Fairtrade1.png** einfügen, Höhe 3,3 cm, Breite proportional, Position rechts oben laut Abbildung;
- legen Sie die Schriftfarbe Aquamarin, Akzent 1 für die Überschrift fest;
- formatieren Sie das Aufzählungszeichen der ersten Ebene in Blaugrün, Akzent 4.

b) Text auf der Titelfolie:
- Titel »FAIRTRADE Österreich«;
- Untertitel »www.fairtrade.at«;
- Verlinken Sie »www.fairtrade.at« auf die Website http://www.fairtrade.at.

c) Gestalten Sie folgende Folien (Grafik: **Fairtrade2.jpg**):

d) Erstellen Sie eine neue Folie (Nur Titel).
- Titel: »Öffentlichkeitsarbeit«;
- im Textplatzhalter das Video **Fairtrade3.mpeg** mittig einfügen.

e) Formatieren Sie das Video:
- Höhe 12 cm, Breite proportional;
- Videoeffekt Subtil – Konkaves abgeschrägtes Rechteck.

f) Erstellen Sie eine neue Folie (Zwei Inhalte):
- Titel: »Produktpalette«;
- linke Spalte: »Bananen«, »Kakao«, »Tee«, »Fruchtsäfte«, »Rohrzucker«, »Reis«, »Baumwolle«, »Blumen«;
- rechte Spalte: **Fairtrade4.jpg** einfügen und passend formatieren;
- fügen Sie rechts unten die Audiodatei **Fairtrade5.mp3** ein.

g) Animieren Sie die Inhalte auf den Folien passend.

h) Sehen Sie sich die Präsentation in der Bildschirmpräsentationsansicht an.

i) Speichern nicht vergessen!

j) Verpacken Sie die Präsentation als Bildschirmpräsentation auf CD:
- nennen Sie die CD »Fairtrade«;
- wählen Sie in Ordner kopieren.

k) Legen Sie den Ordnernamen »Fairtrade« fest und wählen Sie den Speicherort.

2. Multimediale Präsentation erstellen

a) Öffnen Sie die Präsentation **Vigo1.pptx.**

b) Speichern Sie die Präsentation unter **Vigo5.pptx.**

c) Text auf der Titelfolie:
- Titel: »VIGÖ«;
- Untertitel: »Ihr Veranstaltungsfinder«;
- Audiodatei **Vigo2.mp3** einfügen, Endloswiedergabe; Start Automatisch.

d) Erstellen Sie eine neue Folie (Titel und Inhalt):
- Titel: »Kerndaten«;
- Text im Textplatzhalter: »2001 gegründet«; »8 kompetente Mitarbeiter/innen«; »Kostenloses Service für Veranstaltungszentren«; »Zentrale in Eisenstadt«; »Büros in Wien, Bregenz, Salzburg, Linz«; »Kostenlose Hotline 0800 12 12 12«.

e) Erstellen Sie eine neue Folie (Zwei Inhalte):
- Titel: »Aus unserem Programm«;
- Text im linken Textplatzhalter: »Lady Gaga«; »Robbie Williams«; »Volbeat«; »Michael Niavarani«; »uvm.«;
- verlinken Sie die Künstlerinnen und Künstler auf deren offiziellen Websites;
- rechten Platzhalter löschen;
- Grafik **Vigo3.jpg** einfügen, Größe anpassen und passend platzieren; Schnellformatvorlage Abgerundete diagonale Ecken, weiß. Grafik verlinken auf die Website www.oeticket.com;
- erstellen Sie eine interaktive Schaltfläche; verlinken Sie diese auf die Datei **Vigo4.pdf.**

f) Erstellen Sie eine neue Folie (Titel und Inhalt):
- Titel: »Verkaufte Karten pro Jahr«;
- Diagramm einfügen: Linie – Linie; Daten laut Tabelle eingeben; passend formatieren.

	Kabarett	Musical	Konzert
2006	1030	2306	2103
2011	2556	3217	3998
2015	3011	4539	6410

g) Erstellen Sie eine neue Folie (Titel und Inhalt) mit dem Titel »Konzertausschnitt«.
h) Fügen Sie von www.youtube.com einen Konzertausschnitt einer Künstlerin bzw. eines Künstlers Ihrer Wahl ein.
i) Setzen Sie auf Folie 5 eine interaktive Schaltfläche zum Anfang.
j) Drucken Sie die Folien als Handzettel (6 Folien horizontal) aus.
k) Speichern Sie die Präsentation als PDF unter **Vigo6.pdf.**

3. Multimediale Präsentation erstellen in 45 Minuten

a) Erstellen Sie eine Präsentation mit mindestens vier Folien zu einem Thema Ihrer Wahl (Lieblingsband, Serie ...). Achten Sie auf ein formschönes Layout.
b) Speichern Sie die Präsentation unter **Kuenstler1.pptx.**
c) Wählen Sie ein passendes Design.
d) Fügen Sie folgende Elemente ein:
- interaktive Schaltfläche;
- Link auf eine Website;
- Verknüpfung oder Link zu einem Video.

e) Animieren Sie die Präsentation nach Ihrem Geschmack. Beachten Sie dabei die Regeln, beispielsweise „Weniger ist mehr."
f) Erstellen Sie für die Folien eine passende Kopf- und Fußzeile.

4. Fotoalbum erstellen in 10 Minuten

a) Erstellen Sie ein Fotoalbum mit Fotos der letzten Schulveranstaltung (Lehrausgang, Wandertag ...).
b) Fügen Sie Textfelder zur Beschreibung diverser Fotos ein.
c) Animieren Sie die Präsentation und stellen Sie die Endloswiedergabe ein.
d) Legen Sie eine passende Hintergrundmusik fest.
e) Speichern Sie die Präsentation als Bildschirmpräsentation unter **Fotoalbum1.ppsx.**

Einen interaktiven **Safety-Check** finden Sie in der TRAUNER-DigiBox.

Business-Case 3. Semester – „Waldviertel Tourismus“

AUSGANGSSITUATION
Sie arbeiten bei **Waldviertel Tourismus**. Gestern haben Sie eine Anfrage per E-Mail erhalten.

Di 25.07.2017 08:48
Pitschmann Eva
Anfrage Prospektmaterial
An office-info@waldviertel.at

Sehr geehrte Damen und Herren,

auf Ihrer Website habe ich erfahren, dass Sie romantische Bahnfahrten anbieten. Ich würde sehr gerne in den Osterferien eine dreitägige Reise mit dem Zug unternehmen. Wir sind insgesamt vier Erwachsene und benötigen ein Doppel- und zwei Einzelzimmer. Bitte stellen Sie uns ein Reiseangebot zusammen.

Schicken Sie mir bitte ein Angebot und passendes Prospektmaterial an meine Postadresse:

Eva und Ewald Pitschmann
Sonnensteinstraße 24
4020 Linz

Herzlichen Dank und liebe Grüße

Eva Pitschmann

Das Paket „Eisenbahnromantik“ passt perfekt für Frau Pitschmann. Am besten schreibe ich gleich ein Angebot mit allen Details und den Kosten.

WALD VIERTEL
Wo wir sind, ist oben.

UNTERNEHMENSINFORMATION
Destination Waldviertel GmbH
Sparkassenplatz 1/2/2
3910 Zwettl
Tel. +43 2822 541 09
E-Mail info@waldviertel.at
Web www.waldviertel.at

Landesgericht St. Pölten, FN 136789 p,
UID-Nr. ATU12345678,
IBAN AT20272154325, BIC SPZWAT21

Business-Case 3. Semester – „Präsentation ÖBB“

AUSGANGSSITUATION
Sie sind Mitarbeiterin bzw Mitarbeiter in der Marketingabteilung der Österreichischen Bundesbahnen. Ihr Chef hat eine dringende Aufgabe für Sie.

Bitte erstellen Sie für den Messeauftritt eine Präsentation der Hamburg-Fotos. Die Fotos sind unbearbeitet, das müssten Sie noch machen.

OK. Ich nehme an, die Präsentation läuft automatisch ab und die Bilder sollen als Werbung für das Reiseziel dienen?

Genau so habe ich es mir vorgestellt. Es eilt, in einer Stunde liegt die Präsentation auf dem Server! Lassen Sie alles andere liegen und beginnen Sie zu arbeiten!

Die Fotos für die Präsentation finden Sie im Zip-Ordner **Hamburg** in der TRAUNER-DigiBox.

UNTERNEHMENSINFORMATION
ÖBB – Werbung GmbH
Am Hauptbahnhof 2
1100 Wien
Tel.: +43 1 930 00 44 50
E-Mail: werbung@oebb.at
Web: konzern.oebb.at

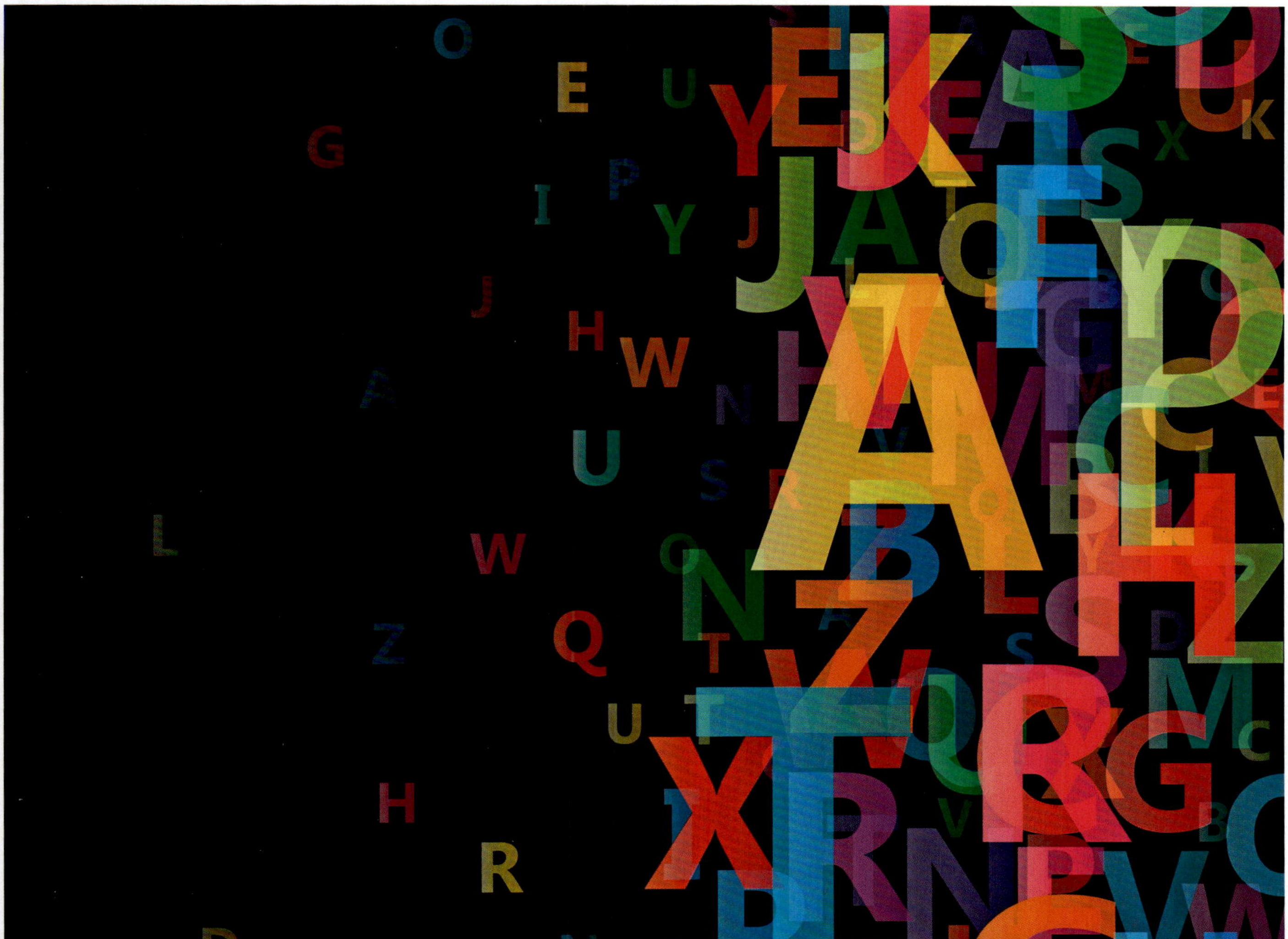

I Textverarbeitung

In diesem Kapitel erlernen Sie die Grundlagen der Fonotypie, um Dokumente nach Tonträgern gestalten zu können. Mit dem Perfektionstraining und der 10-Minuten-Abschrift, trainieren Sie abschließend Ihre Schreibfertigkeit.

1 Schriftstücke nach Tonträgern gestalten – Fonotypie

Überlegen Sie gemeinsam mit einer Partnerin/einem Partner, in welchen Berufen oder beruflichen Situationen Diktiergeräte zum Einsatz kommen. Was könnten die Gründe dafür sein?

„Wie ist der Unfall passiert?", fragt die Ärztin in der Notaufnahme Sarah. „Beim Basketballspielen", antwortet Sarah. „Prellung des rechten Knöchels, Unfallursache: Sturz beim Basketballspielen", nimmt die Ärztin mit ihrem Diktiergerät auf.

KOMPETENZ-ERWERB

Meine Ziele

Nach Bearbeitung dieses Kapitels kann ich
- die Vor- und Nachteile des Schreibens nach Tonträgern aufzählen;
- einen Text nach Diktierregeln mit Anweisungen und Konstanten diktieren bzw. einen diktierten Text schreiben;
- Wörter mit dem Buchstabieralphabet buchstabieren.

1.1 Allgemeines

Fonotypie ist das Schreiben nach Tonträgern. Außerdem umfasst Fonotypie alle Tätigkeiten, die mit dem Besprechen von Tonträgern und dem Übertragen in den Computer zusammenhängen. Spracheingabe und automatische Konvertierung von Audiodateien in Text haben sich noch nicht durchgesetzt.

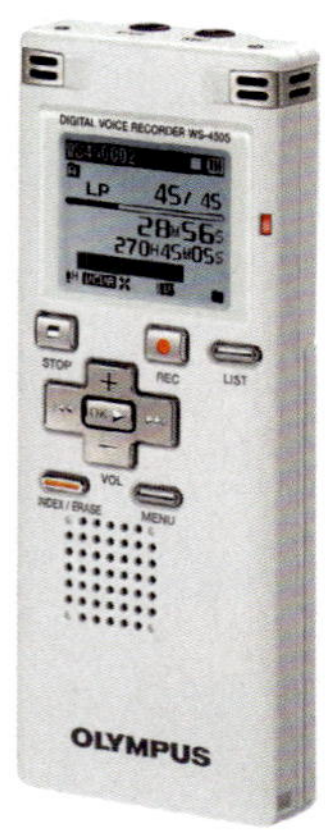

Digitales Diktiergerät

Technische Ausstattung	
Diktieren	Diktiergeräte sind mit Mikrofon, manche mit Sprachsteuerung für die Aufnahme, mit USB-Speicher, Speicherkarten oder einer Möglichkeit der direkten Übertragung in den Computer ausgestattet und speichern die Aufnahme im WAV- oder MP3-Dateiformat.
Übertragen/ Schreiben	Erforderlich ist ein Computer mit Soundkarte, USB-Anschluss und Spracherkennungssoftware, um die WAV- oder MP3-Datei in Textdateien zu konvertieren, bzw. mit einer Anschlussmöglichkeit für Kopfhörer und Fußtaste.

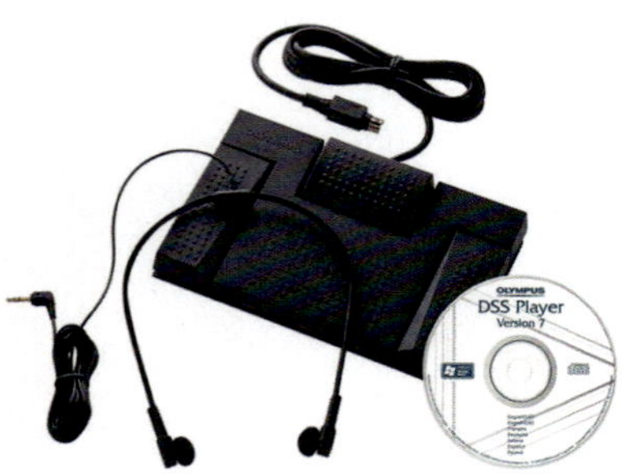

Kopfhörer, Fußtaste und Übertragungssoftware

Konvertieren = Dateien übertragen/umwandeln

VOR = **V**oice **O**perated **R**ecording (Sprachsteuerung)

Pluspunkte	Minuspunkte
▪ Diktat jederzeit möglich. ▪ Bessere Auslastung der Arbeitszeit. ▪ Diktant/in und Schreibkraft zeitlich und räumlich unabhängig. ▪ Vermeiden von Arbeitsspitzen (Übertragung in Heimarbeit). ▪ Bessere Arbeitsorganisation (Aufteilung auf mehrere Mitarbeiter/innen). ▪ Mit Spracherkennungssoftware konvertierter Text muss nur mehr nachbearbeitet werden.	▪ Rückfragen nicht möglich. ▪ Gründliche Vorbereitung des Diktates. ▪ Die Nachbearbeitung des automatisch konvertierten Textes kann in manchen Fällen sehr zeitaufwendig sein. ▪ Stilistisch und sprechtechnisch einwandfreies Diktat notwendig. ▪ Beherrschung der Diktierregeln, der Befehlsführung und des VOR für die Spracherkennungssoftware. ▪ Abgabe einer Sprachprobe je Diktant/in für das Spracherkennungsprogramm.

1.2 Das Diktat

Ein Diktat, das von der Schreibkraft nicht wörtlich verstanden wird, verursacht Ärger und Rückfragen. Ein schlecht verständliches Diktat wird vom Spracherkennungsprogramm sehr fehlerhaft vom Audioformat in Text konvertiert.

Diktierregeln	
Deutlich sprechen	■ Sprechen Sie in der gewohnten Sprechgeschwindigkeit. ■ Betonen Sie die einzelnen Laute deutlich und klar. ■ Verschlucken Sie keine Silben. ■ Die Lautstärke sollte von der Schreibenden/vom Schreibenden als angenehm empfunden werden.
Regeln für die Anweisungen beachten	■ Anweisungen mit Konstanten. ■ Anweisungen mit Stopp. ■ Anweisungen mit Stopp – Text. ■ Buchstabieren Sie schwierige Wörter.
Für einen reibungslosen Ablauf bei der Aufnahme und Wiedergabe des Diktates sorgen	■ Legen Sie sich die erforderlichen Unterlagen bereit (z. B. Vorkorrespondenz, Telefonnotizen). ■ Beginnen Sie beim konventionellen Diktat mit „Guten Tag, hier spricht ..." und schließen Sie es mit „Ende des Diktates, Danke ...". ■ Am Beginn des Diktats geben Sie der Schreibkraft (wie bei einem schriftlichen Schreibauftrag) Ihren Namen und Ihre Abteilung, bei Behördenschriftstücken eine Geschäftszahl, die Briefart und/oder die Dokumentvorlage bzw. den Vordruck, die Anzahl der Kopien, Beförderungs- und sonstige Vermerke bekannt. ■ Geben Sie die erforderlichen Unterlagen mündlich oder schriftlich bekannt.

Sprechen Sie beim Diktat verständlich!

Auf die Anforderungen der verschiedenen Diktiergeräte und Spracherkennungsprogramme wird nicht näher eingegangen, beachten Sie die Anweisungen der Hersteller.

Welche Probleme können durch mangelnde Vorbereitung bei der Aufnahme und Wiedergabe des Diktates entstehen?

Konventionelles Diktat = Diktat in das Diktiergerät für die Wiedergabe ohne Spracherkennungssoftware.

Diktieren mit Anweisungen

Zusätzlich zum Text werden Anweisungen diktiert, die nicht mitgeschrieben werden dürfen.

Anweisungsarten		
Anweisungen mit Konstanten	Anweisungen mit „Stopp"	Anweisungen mit „Stopp ... Text"

Anweisungen mit Konstanten

Anweisungen mit Konstanten sind alle Satzzeichen wie Komma, Punkt, Rufzeichen, Fragezeichen, Doppelpunkt, Semikolon (Strichpunkt), alle Mittelstriche, Absatz, neue Zeile (Zeile), Leer (Leerzeichen), Schrägstrich, Klammer auf, Klammer zu, alle Wortersatzzeichen, Rechenzeichen und alle Teilbereiche des Geschäfts- und Privatbriefes: Absender/in, Empfänger/in, Beförderungsvermerke, Bezugszeichenblock und -zeile, Betreff, Anrede, Grußformel, Beilagen- und Verteilervermerke.

Anweisungen mit Konstanten werden im Diktat ohne „Stopp" oder „Text" angesagt!

Beispiel: Diktat mit Anweisungen mit Konstanten

Die Bewegung im Film

Film ist bewegtes, „lebendes“ Bild. Dabei kann es sich um die Bewegung des fotografierten Objektes (Mensch, Fahrzeug) oder um die Bewegung der Kamera handeln.

Die Bewegung im Film **Absatz** Film ist bewegtes **Komma Anführungszeichen** lebendes **Anführungszeichen** Bild **Punkt** Dabei kann es sich um die Bewegung des fotografierten Objektes **Klammer auf** Mensch **Komma** Fahrzeug **Klammer zu** oder um die Bewegung der Kamera handeln **Punkt**

Diese Anweisungen werden im Diktat mit „Stopp“ angekündigt! Wenn es zum besseren Verständnis beiträgt, **darf** die Anweisung mit dem Wort „Text“ beendet werden.

Anweisungen mit „Stopp“

Die Anweisungen werden mit „Stopp“ angekündigt, damit die folgende Anweisung nicht mitgeschrieben wird. Ist die Anweisung zu Ende, wird weiterdiktiert.

Beispiel: Anweisungen mit „Stopp“

Stopp abkürzen ... (Text), Stopp ich buchstabiere ..., Stopp großer Anfangsbuchstabe ..., Stopp in Ziffern ..., Stopp in Worten ...

Der Betrag von fünftausend (5.000,00) Schweizer Franken ist zu hinterlegen.
Der Betrag von **Stopp in Worten** fünftausend **Klammer auf Stopp in Ziffern** fünftausend **Komma** Null Null **Klammer zu** Schweizer Franken ist zu hinterlegen **Punkt**

Anweisungen mit „Stopp ... Text“ enthalten keinen mitzuschreibenden Text!

Anweisungen mit „Stopp ... Text“

Diese Anweisungen werden aus schreibtechnischen Gründen im Vorhinein oder im Nachhinein angesagt und enthalten keinen mitzuschreibenden Text.

Beispiel: Anweisungen mit „Stopp ... Text“

Stopp es folgt ein Textteil mit Stichwörtern Text, Stopp Schriftstück in Schriftart Calibri 11 Punkt Text, Stopp es folgt ein Text mit zwei Spalten Text, Stopp fett Text, Stopp in Großbuchstaben Text, Stopp Kapitälchen Text, Stopp hochgestellt Text, Stopp tiefgestellt Text, Stopp linker Einzug um 2 cm Text etc.

Wir laden alle Angestellten sehr herzlich zu unserer diesjährigen **WEIHNACHTSFEIER** im Gasthof „Goldene Brücke“ ein.

Wir laden alle Angestellten sehr herzlich zu unserer diesjährigen Weihnachtsfeier im Gasthof **Anführungszeichen** Goldene Brücke **Anführungszeichen** ein **Punkt Stopp** Weihnachtsfeier **fett und in Kapitälchen Text**

Schwierige Zahlen (Konto- oder Polizzennummern, Aktenzahlen usw.) sowie Nummerncodes (BIC, IBAN) sind ziffernweise zu diktieren! Sonst ist es üblich, Ziffern in Zweiergruppen zu diktieren.

Diktieren von Ziffern, Zahlen, Daten

Für manche Ziffern gibt es Ausspracheregeln, um Verwechslungen zu vermeiden.

Beispiel: Ausspracheregeln für Ziffern und Daten

Juli = „Julei“ (um eine Verwechslung mit „Juni“ auszuschließen), zwei = zwo, 1 000 = tausend (nicht eintausend, zur Unterscheidung von neuntausend)

Für Rückfragen stehen wir unter 0800 80 20 80 gerne zur Verfügung.
Für Rückfragen stehen wir unter **Vorwahl null achthundert achtzig zwanzig achtzig** gerne zur Verfügung **Punkt**

Senden Sie die Antwortkarte an das Postfach 123.
Senden Sie die Antwortkarte an das Postfach **eins zwo drei Punkt**

Textverarbeitung

Übung

- **Text mit Anweisungen mit „Stopp“, „Stopp ... Text“ und Ziffern diktieren**
  Diktieren Sie Ihrem Sitznachbarn/Ihrer Sitznachbarin einen beliebigen Text aus dem Lehrbuch. Beachten Sie die Anweisungen mit „Stopp“, „Stopp ... Text“ und die Ausspracheregeln für Ziffern, Zahlen und Daten.

1.3 Buchstabieralphabet

Eigennamen, nicht allgemein bekannte Abkürzungen, Fachausdrücke und wenig gebräuchliche Wörter sollten beim Diktat bzw. Telefonat buchstabiert werden.

Beispiel: Stopp ich buchstabiere Djandzic:
Dora, Julius – Anton, Nordpol – Dora, Zürich – Ida, Cäsar.

Österreichisch		Englisch		Französisch		International	
A	Anton	A	Alfred	A	Anatole	A	Alfa
Ä	Ärger	B	Benjamin	B	Berthe	Ae	Alfa Echo
B	Berta	C	Charles	C	Célestine	B	Bravo
C	Cäsar	D	David	D	Désiré	C	Charlie
D	Dora	E	Edward	E	Eugène	D	Delta
E	Emil	F	Frederick	F	François	E	Echo
F	Friedrich	G	George	G	Gaston	F	Foxtrot
G	Gustav	H	Harry	H	Henri	G	Golf
H	Heinrich	I	Isaac	I	Irma	H	Hotel
I	Ida	J	Jack	J	Joseph	I	India
J	Julius	K	King	K	Kléber	J	Juliet
K	Konrad	L	London	L	Louis	K	Kilo
L	Ludwig	M	Mary	M	Marcel	L	Lima
M	Martha	N	Nellie	N	Nicolas	M	Mike
N	Nordpol	O	Oliver	O	Oscar	N	November
O	Otto	P	Peter	P	Pierre	O	Oscar
Ö	Österreich	Q	Queen	Q	Quintal	Oe	Oscar Echo
P	Paula	R	Robert	R	Raoul	P	Papa
Q	ku	S	Samuel	S	Suzanne	Q	kju
Qu	Quelle	T	Tommy	T	Thérèse	Qu	Quebec
R	Richard	U	Uncle	U	Ursule	R	Romeo
S	Siegfried	V	Victor	V	Victor	S	Sierra
ß	scharfes S	W	William	W	William	ss	Sierra Sierra
Sch	Schule	X	X-ray	X	Xavier	Sch	Sierra Charlie Hotel
T	Theodor	Y	Yellow	Y	Yvonne	T	Tango
U	Ulrich	Z	Zebra	Z	Zoé	U	Uniform
Ü	Übel					Ue	Uniform Echo
V	Viktor					V	Victor
W	Wilhelm					W	Whiskey
X	Xaver					X	X-ray
Y	Ypsilon					Y	Yankee
Z	Zürich					Z	Zulu

Beim Buchstabieren sprechen Sie zuerst das Wort vollständig aus, anschließend werden die Buchstaben in Zweiergruppen mit Pausen dazwischen diktiert!

Welche Probleme können in welchen Arbeitsbereichen durch mangelnde Kenntnis des Buchstabieralphabets verursacht werden?

Im Internetlexikon Wikipedia finden Sie Buchstabieralphabete für sehr viele Sprachen.

Falls Sie eine weitere Sprache sprechen, suchen Sie das passende Buchstabieralphabet im Internet.

Übung

- **Buchstabierübung**
  Buchstabieren Sie folgende Wörter: Zapotovskie, Czerdinsky, Propylenglykol.

1.4 Übertragen des Fonodiktates

Nach Fertigstellung des Schriftstückes geben Sie alle Unterlagen an die Diktantin/den Diktanten zurück. Löschen Sie keinesfalls die Audiodatei!

Informieren Sie sich vor Schreibbeginn über den Inhalt und Hinweise wie Fertigstellungstermin, Art und Layout der Schriftstücke, die Anzahl der Exemplare. Erfassen Sie nicht einzelne Wörter, sondern zusammenhängende, nicht zu lange Wortgruppen. Das oftmalige Stoppen erfordert Zeit und verzögert den Übertrag.

Arbeitsablauf

starten → hören und überlegen → stoppen → schreiben

Übungen

1. **Fonodiktat**
   Das Fonodiktat „Baden in der Alpenregion Bludenz“ steht Ihnen als Audiodatei in der TRAUNER-DigiBox zur Verfügung.

2. **Diktat mit „Stopp“, „Stopp ... Text“ und Anwenden des Buchstabieralphabets**
   a) Öffnen Sie die Datei **Diktat_u.docx** und ergänzen Sie im Text die Anweisungen.

   > Sehr geehrter Herr Dr. Krycz!/Wir wissen, dass nichts älter ist als eine TAGESZEITUNG von GESTERN. Dass Sie erst heute Ihre OÖ Nachrichten von gestern erhalten, liegt an einem Schaden an der Druckmaschine, der die Produktion letzte Nacht um zwei Stunden verzögert hat. Trotz des Einsatzes von 100 Hilfskräften war es uns nicht möglich, Ihnen gestern Ihre Tageszeitung in gewohnter Weise zuzustellen./Sie erhalten daher heute sowohl die aktuelle als auch die gestrige Ausgabe der OÖ Nachrichten. Wir entschuldigen uns für den entstandenen Ärger./Mit freundlichen Grüßen/DI Frederik Mayr/Technische Leitung

   b) Speichern Sie das Dokument unter **Diktat1.docx.**

WissensCheck – „Schriftstücke nach Tonträgern gestalten – Fonotypie“

1. Zählen Sie die Geräte auf, die Sie benötigen, um Diktate aufzunehmen und wiederzugeben.
2. Nennen Sie die Vor- und Nachteile eines automatisch konvertierten Diktats.

Ziele erreicht? – „Schriftstücke nach Tonträgern gestalten – Fonotypie“

KOMPETENZ-ERWERB

1. Diktat mit „Stopp“, „Stopp ... Text“ und Ziffern

Guten Tag, hier spricht Berger, schreiben Sie bitte folgenden Artikel für eine Tourismusbroschüre in Schriftart Calibri 11 Punkt, mit automatischer Silbentrennung, Zeilenabstand einzeilig. Achtung, Text:

Baden in der Alpenregion Bludenz **Stopp** Alpenregion Bludenz **fett, gesamte Überschrift zentrieren Text Absatz** In vielen Ferienorten der Alpenregion Bludenz **Stopp** Alpenregion Bludenz **fett Text** laden Schwimmbäder mit allem **Komma** was dazugehört **Klammer auf** die meisten sind sogar beheizt **Klammer zu Komma** zum Besuch ein **Punkt Absatz** Unsere Telefonnummer **Doppelpunkt Vorwahl** null fünf fünf fünf zwo **Telefonnummer** sechs drei eins null sechs **Gedankenstrich** wir freuen uns auf Ihr Kommen **Rufzeichen Ende des Diktates, danke!**

2. Diktat mit „Stopp“, „Stopp ... Text“ und Anwenden des Buchstabieralphabets

Diktieren Sie einem Mitschüler/einer Mitschülerin den Text.

Sehr geehrte Damen und Herren, leider müssen wir Sie heute erneut an die Bezahlung unserer Rechnung vom 20. August d. J. erinnern. Der Rechnungsbetrag von 10.400,00 EUR ist seit vier Monaten fällig. Sie hatten uns im September gebeten, den Betrag bis Ende Oktober zu stunden. Diesem Wunsch sind wir nachgekommen,

weil wir Verständnis dafür haben, dass Ihnen in Ihrer Branche in den Spätsommermonaten nicht genügend flüssige Mittel zur Verfügung stehen. Die Stundungsfrist ist nun schon um zwei Monate überschritten, ohne dass eine Zahlung von Ihnen eingegangen ist. Stattdessen haben Sie weitere Bestellungen aufgegeben, es aber nicht einmal für nötig erachtet, auf

unsere Mahnungen vom 30. November und 10. Dezember zu antworten. Für dieses Verhalten können Sie kein Verständnis von uns erwarten. Wir müssen Ihnen deshalb für die Zahlung eine Frist bis zum 30. d. M. setzen. Sollten Sie Ihre Schuld bis dahin nicht beglichen haben, werden wir das gerichtliche Mahnverfahren einleiten.

3. Buchstabierübung

Buchstabieren Sie folgende Wörter: Khonsoongnöen, Slijaj, Karatheodoris.

Going international

Now let’s use the basics of the chapter “Schriftstücke nach Tonträgern gestalten – Fonotypie” in English!

Exercise – Spelling alphabet

Solve the following exercises by using the English spelling alphabet in your book.

a) dictate the following words to one of your classmates
Alexandria, subtle, dictation

b) think of 3 other words or names and dictate them to your classmate

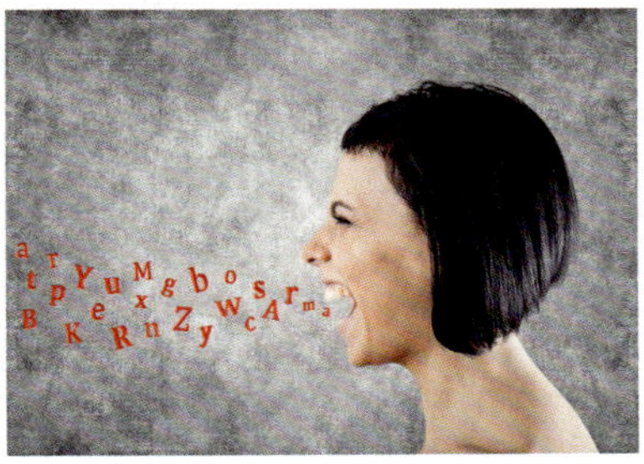

2 Training Schreibfertigkeit

Sarah hat von ihrer Professorin die Informationsbroschüre über einen Schreibwettbewerb erhalten. Da sie zu den schnellsten ihrer Klasse gehört, meldet sie sich an.

KOMPETENZ-ERWERB

Meine Ziele

Nach Bearbeitung dieses Kapitels kann ich

- die Geläufigkeit und Schreibgeschwindigkeit steigern.

Übungen

1. Alkohol

a) Erfassen Sie den Text in der Schriftart Cambria 12 Punkt.

Die meisten Menschen benutzen Begriffe wie „Alkoholiker“ und „Alkoholismus“ im 87
Alltag, ohne genau zu wissen, was darunter zu verstehen ist; und wie wir noch sehen 172
werden, ist es selbst für medizinisch oder psychologisch geschulte Personen nicht 254
gerade leicht, die Alkoholkrankheit zu beschreiben oder zu erkennen. 323

Trotzdem oder gerade deshalb gibt es einiges, was jeder über Alkoholismus wissen 405
sollte – insbesondere natürlich, wenn es in seinem Umfeld Menschen mit Alkohol- 486
problemen gibt. Und natürlich auch, wenn er glaubt, selbst gefährdet oder abhängig 569
zu sein. Allem voraus die wichtigste Botschaft: Menschen mit Alkoholproblemen 652
kann geholfen werden! Denn Alkoholismus ist keine angeborene Charaktereigen- 731
schaft und ebenso wenig ein hoffnungslos stimmender Schicksalsschlag. 801

So zahlreich, wie die Erscheinungsformen sind, so zahlreich sind auch die Möglich- 885
keiten und Perspektiven für Alkoholkranke, aus ihrer Sucht auszubrechen! Alkoho- 969
lismus ist fast immer ein schleichender Prozess – schleichend im doppelten Sinne: 1053
Erstens verläuft er langsam, Schritt für Schritt; und zweitens vollzieht er sich meis- 1142
tens im Verborgenen. 1163

Neben sozialen Kontakten und der Gesundheit geht dabei aber auch immer mehr die 1245
Leistungsfähigkeit des Betroffenen zurück, das zeigt sich besonders am Arbeitsplatz. 1332
Arbeitgeber, die ihrem Betrieb etwas Gutes tun wollen, tun am besten auch ihren 1414
alkoholkranken Mitarbeitern etwas Gutes: Sie sprechen mit ihnen, helfen ihnen und 1499
gönnen ihnen eine Behandlung oder Kur; denn der einmalige Arbeitsausfall wiegt 1581
ungleich weniger schwer als jahrzehntelange Arbeit mit halber Kraft! 1652

Betrunkene gefährden nicht nur sich selbst, sondern auch andere. Übermäßiger Al- 1734
koholgenuss bringt den Menschen in verschiedene Gefahren, die er nicht mehr be- 1814
einflussen kann (z. B. im Verkehr und am Arbeitsplatz). Viele Straftaten werden im 1903
Rausch begangen, z. B. Körperverletzung, Totschlag und Gewalt in der Familie. 1986

Viele halten sich auch nach mehreren Gläsern Bier oder Wein noch für nüchtern, 2068
also fahrfähig, und setzen sich hinters Steuer. In Wirklichkeit gefährden sie ihr eige- 2157
nes und das Leben anderer Menschen. 2195

Bereits ab 0,2 Promille sind Sehfähigkeit, Bewegungskoordination und die Leistung 2281
von Gehör und Geruchssinn beeinträchtigt. Ab ca. 0,5 Promille reagiert man langsa- 2366
mer, Geschwindigkeiten werden falsch eingeschätzt, die Risikobereitschaft ist höher. 2452
Bei etwa 0,8 Promille sind alle Reaktionen deutlich verlangsamt, wie etwa nach ei- 2536
ner durchwachten Nacht. 2561

Kommt es zu einem Unfall, sind die Konsequenzen weitreichend. Man hat eine Straf- 2646
tat begangen und wird z. B. wegen fahrlässiger Körperverletzung angezeigt und be- 2728
straft. Der Versicherungsschutz von Autohaftpflicht- und Kaskoversicherung, priva- 2813
ter Unfallversicherung und Berufsgenossenschaft erlischt teilweise oder ganz. 2892

Ganz allgemein kann gesagt werden, dass der Übergang zwischen starkem nicht- 2969
süchtigem Alkoholtrinker und Alkoholiker fließend verläuft. Aus dem Alkoholpro- 3051
bieren wird mehrmaliger Alkoholkonsum, daraus regelmäßiges Trinken, dann 3125
Starktrinken mit Trinkexzessen und unkontrolliertes Trinken. Die Frage, wie viel 3210
Alkohol man trinken kann, ohne dabei Schaden zu nehmen, lässt sich immer nur 3288
individuell beantworten. Hier müssen verschiedene Punkte beachtet werden, z. B. 3370
Geschlecht und Körpergewicht. 3402

Frauen vertragen weniger Alkohol als Männer. Ebenso spielt es eine Rolle, ob man 3487
häufig Alkohol trinkt oder nicht. Neben der Gewöhnung ist auch die körperliche und 3572
seelische Verfassung des Konsumenten von Bedeutung oder die Art und Weise, wie 3655
man trinkt. Zwei hastig auf leeren Magen hinuntergekippte Gläser Bier haben andere 3741
Folgen als zwei Gläser Bier, die man gemütlich zum Essen trinkt. Die Alkoholwir- 3826
kung kann durch Medikamente erheblich verstärkt werden. 3882

Die Kennzeichen der Sucht sind unter anderem: Der Betroffene hat ständig Ausre- 3976
den, um seine Sucht zu entschuldigen, ständiges Lügen, Abstieg auf allen Ebenen: 4052
sozial, psychisch und körperlich, Verlust des Arbeitsplatzes, Aggressivität, emotiona- 4140
le Mauer, der Kontakt zur Außenwelt ist gestört, der Suchtstoff wird zur Ersatzbe- 4226
friedigung für unerfüllte Wünsche und Sehnsüchte, Verharmlosung und Verniedli- 4307
chung werden praktiziert, Steigerung der Dosis, weil sich der Körper an das Quan- 4391
tum gewöhnt hat. 4407

Auch am Schluss nochmals die wichtigste Botschaft: Menschen mit Alkoholproble- 4490
men kann geholfen werden! Man muss nur den ersten Schritt tun und sich helfen 4569
lassen. 4576

Quelle: www.dorstener-selbsthilfegruppe.at

b) Speichern Sie die Abschrift unter **Alkohol1.docx.**

2. Kreuzfahrtträume einst und jetzt

a) Erfassen Sie den Text in Schriftart Franklin Gothic Book 12 Punkt.

Heute bedient der Kreuzfahrtmarkt sowohl Klasse als auch Masse, doch das war nicht 86
immer so. Die Reise mit dem Kreuzfahrtschiff hat sich in der zweiten Hälfte des 19. Jahr- 179
hunderts aus bescheidenen Anfängen entwickelt. Dann nämlich begannen Reedereien 262
Vergnügungsreisen auf See zu organisieren. Das außergewöhnliche Reisen zu den touris- 350
tisch interessanten Zielen war jedoch den Reichen und Privilegierten vorbehalten. „Vergnü- 445
gungsreisen“ waren sie anfangs nur dem Namen nach. 530

Der fehlende Komfort machte die Reise oft eher zur Strapaze. Bis Albert Ballin, Direktor 626
von Hapag, es sich zum Ziel setzte, „die Reisenden von allen Unzuträglichkeiten zu befrei- 720
en, die bisher als untrennbar von einer Seereise angesehen wurden, und ihnen dieselben 807
Bequemlichkeiten zu sichern, wie sie nur ein erstklassiges Hotel zu bieten vermag“. Dies 899
tat er nicht etwa, um die Freizeitgestaltung der Reichen zu revolutionieren, es ging ihm vor 993
allem darum, seine Flotte auch während der Wintermonate auszulasten. 1063

Der Erfolg gab ihm recht, die erste touristische Kreuzfahrt von Hapag wurde in den Fol- 1154
gejahren – mit Ausnahme der Zeit des Ersten Weltkriegs – wiederholt. Konkurrierende 1244
Reedereien zogen nach und Ende des 19. Jahrhunderts etablierte sich die Kreuzfahrt als 1334
ein neues gesellschaftliches Symbol. 1371

Der exklusive Charakter von Kreuzfahrten änderte sich im Zuge der amerikanischen Pro- 1460
hibition. Altgediente Passagierschiffe verwandelten sich kurzerhand in „Booze Cruises“, 1553
da auf offenen Gewässern kein Alkoholverbot herrschte und die Leute zum Trinken an 1639
Bord kamen. Die Einnahmen waren auch bitternötig, denn durch das US-amerikanische 1725
Quotengesetz von 1921, das die Einwanderung beschränkte, buchten weniger Passagiere 1811
die günstigen Passagen im Zwischendeck. Auswanderer waren bis dahin eine regelmäßige 1898
Einnahmequelle im Überseeverkehr gewesen. 1941

Die Reedereien zielten danach darauf ab, neue, bescheidenere Zielgruppen an Bord ihrer 2031
„Vergnügungsdampfer“ zu holen. Vor allem die amerikanische Mittelklasse war von der 2119
Seereise angetan und amerikanische Studenten wollten mit dem Schiff Europa entdecken. 2208
Die dritte Klasse wurde kurzerhand in die „Touristenklasse“ verwandelt und preiswertere 2300
All-inclusive-Reisen wurden angeboten. Die zweite Klasse verschwand und die „Kabinen- 2390
klasse“ gewordene First Class wurde noch luxuriöser. 2445

Mit dem Aufschwung neuer norwegischer und amerikanischer Reedereien (in den 1960ern 2532
und 1970ern), die sich auf Karibikreisen von der Ostküste der USA aus konzentrierten, be- 2627
gann die moderne Kreuzfahrt. Die neuen Pioniere, darunter die Royal Caribbean Line, die 2720
Norwegian Caribbean Line oder die Carnival Cruise Line, zielten darauf ab, mithilfe relativ 2817
günstiger Preise Kunden jeden Alters aus der Mittelschicht auf ihre Schiffe zu locken. Die 2913
Seereisen dauerten nur ein paar Tage, aber man hoffte auf offene Geldbörsen der Passa- 3002
giere. Zum Erfolg trug ganz wesentlich auch die Serie „Love Boat“ bei. 3079

Quelle: www.kurier.at

b) Speichern Sie die Abschrift unter **Kreuzfahrt1.docx.**

II Mehrseitige Dokumente und Seriendokumente

In diesem Kapitel werden Sie Ihre bisher erlernten WORD-Kenntnisse in umfangreichen Dokumenten, wie beispielsweise Projekt- und Abschlussarbeiten, anwenden. Außerdem erfahren Sie, wie Sie Serienbriefe und Serienmails mit vorhandenen Datenquellen erzeugen und aktualisieren bzw. neue Datenquellen erstellen.

1 Mehrseitige Dokumente

Welche WORD-Funktionen könnten für die Erstellung mehrseitiger Dokumente hilfreich sein?

Für eine Projektarbeit muss Ali ein mehrseitiges Dokument mit Bildern, Zitaten und Verzeichnissen erstellen. Motiviert fängt er an zu schreiben – nach kurzer Zeit merkt Ali, dass er sich noch unsicher ist, wie manche Funktionen in WORD richtig eingesetzt werden. „Ein Inhaltsverzeichnis kann man doch sicher irgendwie automatisch erstellen – oder muss man das immer händisch aktualisieren?"

KOMPETENZ-ERWERB

Meine Ziele

Nach Bearbeitung dieses Kapitels kann ich

- die Gliederung eines umfassenden Dokumentes durchführen;
- ein mehrseitiges Dokument gestalten;
- Formatvorlagen verwenden und anpassen;
- ein Deckblatt einfügen und anpassen;
- SmartArts einfügen, beschriften und ein Abbildungsverzeichnis einfügen;
- ein automatisches Inhaltsverzeichnis erstellen und anpassen;
- Stichwörter festlegen und in einem Stichwortverzeichnis auflisten;
- in Fußnoten Quellenangaben einfügen, Texte zitieren und ein Literaturverzeichnis einfügen;
- ein optisch ansprechendes Deckblatt gestalten;
- passende Seitenumbrüche und Abschnittswechsel einfügen.

1.1 Gliederungen

Achten Sie bei umfangreichen Dokumenten auf einen strukturierten Aufbau. Eine übersichtliche Gliederung erhalten Sie durch nummerierte Haupt- und Unterüberschriften. Dadurch entstehen Gliederungsebenen. Die Formatierungen der Überschriften einer Gliederungsebene sind immer gleich.

Um Gliederungen effizient zu verwalten, müssen Sie allen Überschriften Formatvorlagen zuweisen. Die Formatvorlagen ÜBERSCHRIFT 1 bis ÜBERSCHRIFT 9 sind in WORD vorhanden und können individuell verändert werden.

Gliederungen sind auch notwendig, um ein automatisches Inhaltsverzeichnis erstellen zu können.

Gliederungsansicht

Die Gliederungsansicht (ANSICHT – ANSICHTEN – GLIEDERUNG) bietet eine übersichtliche Darstellung aller Gliederungsebenen. Die einzelnen Gliederungsebenen werden durch Einrückung und spezielle Symbole gekennzeichnet.

⊕	Überschrift mit untergeordnetem Text
⊖	Überschrift ohne untergeordneten Text
○	Textkörper (Fließtext)

Verwenden Sie für eine einheitliche Formatierung und Gliederung von mehrseitigen Dokumenten Formatvorlagen.

Das Register GLIEDERUNG zeigt die verschiedenen Gliederungstools.

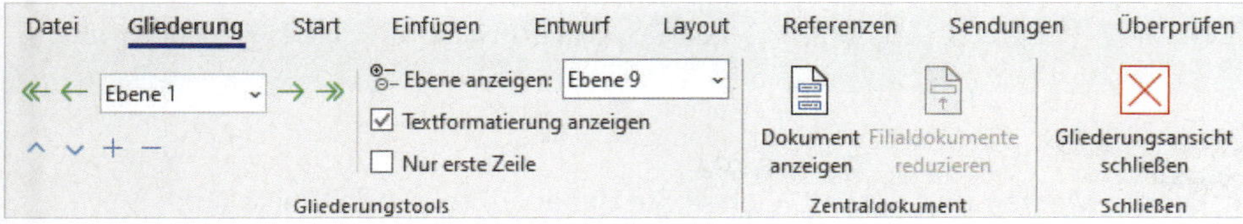

Verwenden Sie für eine einheitliche Formatierung und Gliederung von mehrseitigen Dokumenten Formatvorlagen.

Schreiben Sie alle Haupt- und Unterüberschriften in der Gliederungsansicht untereinander. Den Überschriften wird automatisch die Formatvorlage ÜBERSCHRIFT 1 = Ebene 1 zugeordnet.

Standardmäßig ist die Option TEXTFORMATIERUNG ANZEIGEN aktiviert. So wird auch in der Gliederungsansicht das Format der Formatvorlagen der einzelnen Ebenen angezeigt.

Um den Überblick zu behalten, können Sie sich eine Übersicht der Gliederungsebenen anzeigen lassen.

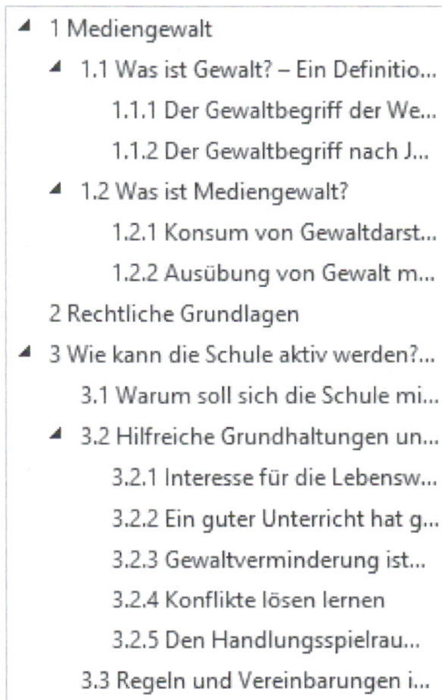

Ebenen festlegen

→	Tiefer stufen oder ⇄	≫	Umwandeln in Textkörper
←	Höher stufen oder ⇧ + ⇄	≪	Zurückstufen auf Ebene 1

Zur weiteren Bearbeitung des Textes wechseln Sie zurück in die Seitenlayoutansicht.

Numerische Gliederung

Umfangreiche Dokumente benötigen zur besseren Strukturierung eine numerische Gliederung. Standardmäßig werden die Überschriften in der Gliederungsansicht ohne Gliederung angezeigt. Sie müssen aus der Listenbibliothek ein Gliederungsformat mit Überschriftsformatvorlagen auswählen.

- START – ABSATZ – LISTE MIT MEHREREN EBENEN
- LISTENBIBLIOTHEK – Voreinstellung numerische Überschriften

Entspricht die Gliederung nicht Ihren Vorstellungen und wollen Sie sie z. B. auf eine einheitliche Textposition ändern, wählen Sie

- START – ABSATZ – LISTE MIT MEHREREN EBENEN
- NEUE LISTE MIT MEHREREN EBENEN DEFINIEREN
- Zahlenformat und Textposition auswählen

Wenn Sie nicht die Standard-Formatvorlagen ÜBERSCHRIFT 1 bis 9 verwenden, müssen Sie über die Schaltfläche ERWEITERN>> die einzelnen Überschriftsebenen mit den entsprechenden Formatvorlagen verbinden.

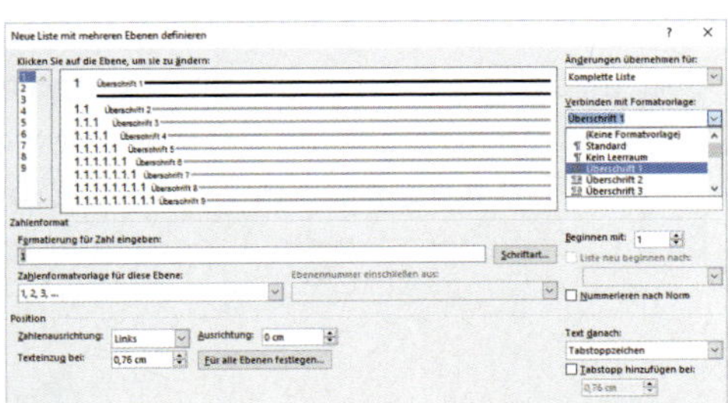

Feld StyleRef

Das StyleRef-Feld ist ein spezielles Verweisfeld, um Informationen automatisch in ein Dokument, insbesondere in der Kopf- oder Fußzeile, einzugeben. Diese Funktion durchsucht das Dokument nach der gewählten Formatvorlage und fügt den Text (meist eine Überschrift) an der entsprechenden Stelle ein.

- EINFÜGEN – SCHNELLBAUSTEINE – FELD
- Feldname STYLEREF
- Formatvorlagenname (z. B. ÜBERSCHRIFT 1)
- OK

Formatvorlagen Überschriften zuweisen

Überschrift 1
Alt + 1

Überschrift 2
Alt + 2

Überschrift 3
Alt + 3

Übung

- **Gliederung erstellen**

a) Erstellen Sie eine Broschüre zum Thema Medien und Gewalt. Gehen Sie dabei auf folgende Weise vor:
   - Öffnen Sie das Dokument **Medien und Gewalt_u.docx.**
   - Wechseln Sie in die Gliederungsansicht.
   - Weisen Sie den einzelnen Textpassagen die entsprechende Gliederungsebene zu.

b) Stellen Sie die Designfarben Grün und die Designschriftarten Franklin Gothic ein. Ändern Sie die Standardschnellformatvorlage auf Schriftgröße 10.

c) Weisen Sie den Überschriften eine numerische Liste mit mehreren Ebenen zu. Nummernposition für alle Ebenen: 0 cm, Textposition 1,4 cm.

d) Weisen Sie die Standardformatvorlage Zitat dem zweiten Textabsatz bei 1.1.1 zu, die einzelnen Gesetze beim Punkt 2 erhalten die Schnellformatvorlage Intensive Hervorhebung.

e) Formatieren Sie den dritten bis siebten Absatz bei Kap. 3.2.4 mit einer Aufzählung. Speichern Sie diese als neue Formatvorlage ab. Weisen Sie im Kapitel 3.2.5 den Punkten 1 bis 7 ebenfalls diese Formatvorlage zu. Die Motive für die Beschäftigung mit Mediengewalt (Kap. 3.1) formatieren Sie auch mit der Aufzählungsformatvorlage.

f) Ändern Sie die verwendeten Schnellformatvorlagen nach Ihren Vorstellungen um, z. B. Schriftgrößen, Abstände, Schriftschnitt usw.

g) Geben Sie in den Dokumenteigenschaften den Titel »Medien und Gewalt« ein.

h) Speichern Sie die Datei unter **Medien und Gewalt1.docx** ab.

Wenn Sie ein automatisches Deckblatt einfügen, erstellt WORD einen Seitenumbruch und die Formatierung ERSTE SEITE ANDERS.

1.2 Deckblatt

Auf dem Deckblatt platzieren Sie den Titel ihrer Arbeit, evtl. das Logo Ihrer Schule, Ihre Klasse und das Erscheinungsjahr (Schuljahr). WORD stellt dafür vordefinierte Deckblätter zur Verfügung. Ein Deckblatt wird immer am Anfang eines Dokuments eingefügt, unabhängig davon, an welcher Stelle die Einfügemarke im Dokument angezeigt wird.

- EINFÜGEN – SEITEN – DECKBLATT

Übung

- **Deckblatt einfügen**

a) Öffnen Sie das Dokument **Medien und Gewalt1.docx.**

b) Erstellen Sie ein Deckblatt. Verwenden Sie dafür das integriertes Deckblatt Semaphor. Entfernen Sie unnötige Inhaltssteuerelemente.

c) Speichern Sie die Änderungen unter **Medien und Gewalt2.docx.**

Die Schritte, die nötig sind, um ein Dokument in Abschnitte zu unterteilen, haben Sie im Kapitel „Format- und Dokumentvorlagen in WORD" kennengelernt.

Tipp!

In mehrseitigen Dokumenten kann es nötig sein, unterschiedliche Kopf- und Fußzeilen bzw. Papierformate, Seitenränder und -ausrichtungen einzustellen. Dafür muss man das Dokument in WORD mit Abschnittswechseln unterteilen.

- LAYOUT – UMBRÜCHE – ABSCHNITTSUMBRUCH NÄCHSTE SEITE

1.3 Verzeichnisse

WORD bietet eine Reihe von automatisch erstellbaren Verzeichnissen. Voraussetzung ist, dass den entsprechenden Einträgen die speziellen Formatvorlagen zugewiesen wurden.

1.3.1 Inhaltsverzeichnis

WORD bietet die praktische Funktion, ein Inhaltsverzeichnis automatisch zu erstellen. Voraussetzung dafür ist, dass Sie allen Überschriften die speziellen Formatvorlagen zugewiesen haben und somit eine Gliederung des Dokumentes vorhanden ist.

Bei Internetquellen ist das Datum des Abrufes anzugeben. Dieses können Sie nur eingeben, wenn Sie sich alle Literaturfelder anzeigen lassen.

Inhaltsverzeichnis einfügen

- REFERENZEN – INHALTSVERZEICHNIS – INHALTSVERZEICHNIS
- Integriertes Inhaltsverzeichnis auswählen
- Oder BENUTZERDEFINIERTES INHALTSVERZEICHNIS

Sollen nicht alle Ebenen im Inhaltsverzeichnis angezeigt werden, klicken Sie auf EBENEN ANZEIGEN und wählen die gewünschten Ebenen aus.
Das Inhaltsverzeichnis wird als Feldfunktion eingefügt. Die Überschriften stehen als Hyperlinks zur Verfügung.

Ebenen für das Inhaltsverzeichnis definieren

Haben Sie bereits bei der Erstellung der Formatvorlagen die passenden Ebenen für die Überschriften ausgewählt, werden diese Überschriften automatisch in das Inhaltsverzeichnis übernommen.
Sie können jedoch auch über die INHALTSVERZEICHNIS-OPTIONEN bestimmen, welche Formatvorlagen als Inhaltsverzeichnisebene angezeigt werden sollen.

Inhaltsverzeichnis formatieren

Haben Sie bei den Formaten VON VORLAGE ausgewählt, können Sie die Verzeichnisformatvorlagen über ÄNDERN umformatieren. Für alle anderen Formate stehen die Einstellungen SEITENZAHLEN RECHTSBÜNDIG und FÜLLZEICHEN zur Verfügung.

Inhaltsverzeichnis aktualisieren

- REFERENZEN – INHALTSVERZEICHNIS – INHALTSVERZEICHNIS AKTUALISIEREN
- Nur Seitenzahlen oder das gesamte Inhaltsverzeichnis aktualisieren

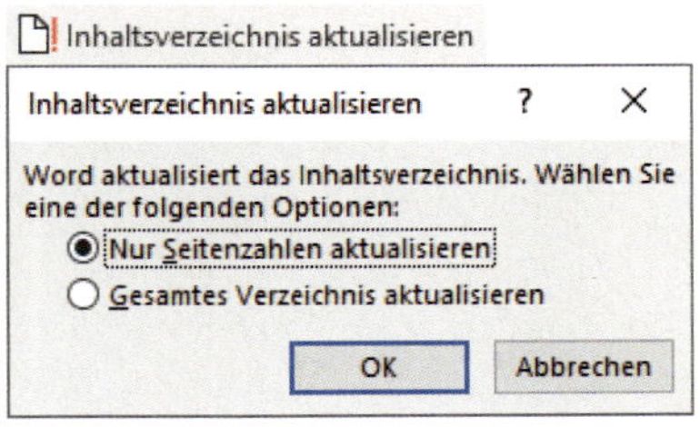

Inhaltsverzeichnis aktualisieren
F9 oder KONTEXTMENÜ – NUR SEITENZAHLEN AKTUALISIEREN bzw. GESAMTES VERZEICHNIS AKTUALISIEREN

Inhaltsverzeichnis beschriften

In der Fußzeile des Inhaltsverzeichnisses beginnt die Nummerierung der Seiten (Paginierung). Damit auf den vorhergehenden Seiten keine Nummerierung erscheint, müssen Sie vor dem Inhaltsverzeichnis einen Abschnittsumbruch einfügen.

- LAYOUT – SEITE EINRICHTEN – UMBRÜCHE – ABSCHNITTSUMBRUCH NÄCHSTE SEITE
- Wechsel in die Fußzeile
- KOPF- UND FUSSZEILENTOOLS – NAVIGATION – MIT VORHERIGER VERKNÜPFEN deaktivieren

1.3.2 Abbildungsverzeichnis

Voraussetzung für das Erstellen eines Abbildungsverzeichnisses ist, dass alle Abbildungen im Dokument beschriftet sind.

Bild beschriften

- Bild markieren
- Referenzen – Beschriftungen – Beschriftung einfügen
- Oder Kontextmenü

Neue Beschriftungsbezeichnung erstellen

- Referenzen – Beschriftungen – Beschriftung einfügen
- Neue Bezeichnung – Beschriftung einfügen

Abbildungsverzeichnis einfügen

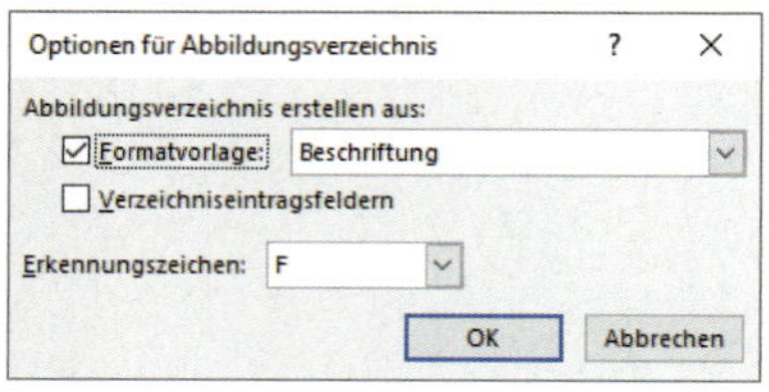

- Referenzen – Beschriftungen – Abbildungsverzeichnis einfügen
- Beschriftungskategorie Abbildung – Formate auswählen

In den Optionen kann ausgewählt werden, aus welchen Formatvorlagen das Abbildungsverzeichnis erstellt werden soll.

Abbildungsverzeichnis formatieren

Haben Sie bei den Formaten Von Vorlage ausgewählt, können Sie die Abbildungsformatvorlagen über Ändern anpassen. Für alle anderen Formate stehen die Einstellungen Seitenzahlen rechtsbündig und Füllzeichen zur Verfügung.

Abbildungsverzeichnis aktualisieren

- Referenzen – Beschriftungen – Abbildungsverzeichnis aktualisieren
- Nur Seitenzahlen aktualisieren oder das gesamte Abbildungsverzeichnis

1.3.3 Zitate und Literaturverzeichnis

Quellennachweise dienen dazu, fremdes Gedankengut als solches zu kennzeichnen. Weiters haben Zitate den Sinn, der Leserin/dem Leser die Möglichkeit zu geben, die verwendete Literatur im Original zu finden. Die hier empfohlenen Zitierregeln folgen dem Standard der American Psychological Association (APA-Style 2003).

Zitierregeln

„**Zitate** sind wörtlich (direktes Zitat) oder sinngemäß (indirektes Zitat) übernommene Meinungen, Auffassungen, Gedanken und/oder Ergebnisse anderer Autoren." (Lück, Wolfgang (1997): Techniken des wissenschaftlichen Arbeitens. 5. Auflage. – München: Oldenbourg Verlag, S. 56)

In den Fußnoten ist die Kurzzitierweise zu wählen. Sie umfasst den

- **Nachname(n)** der Autorin/des Autors bzw. der Autoren/Autorinnen (die ersten Autoren mit Beistrichen getrennt, zwischen letztem und vorletztem „&") – Beistrich
- **Titel**
- **Erscheinungsjahr** des betreffenden Werkes – Beistrich
- **Seitenangabe („S.")** des Zitates

Wörtlich übernommene Stellen müssen – auch wenn sie kurz sind – mit Anführungszeichen versehen sein.

Internetquellen sind wie gedruckte Texte zu behandeln. Ergänzt werden sie mit dem Datum der Veröffentlichung und dem Datum des Abrufs.

Tipp!
Umfasst das Zitat mehrere Seiten geben Sie „f.“ für eine Folgeseite oder „ff.“ für mehrere folgende Seiten an.

Zitat im Text einfügen

- Einfügemarke nach zitierter Textstelle positionieren
- Referenzen – Zitate und Literaturverzeichnis – Zitat einfügen
- Neue Quelle hinzufügen
- Quellentyp (Buch, Zeitungsartikel usw.) wählen
- Autorin/Autor, Titel, Jahr, Ort und Verlag eingeben – OK

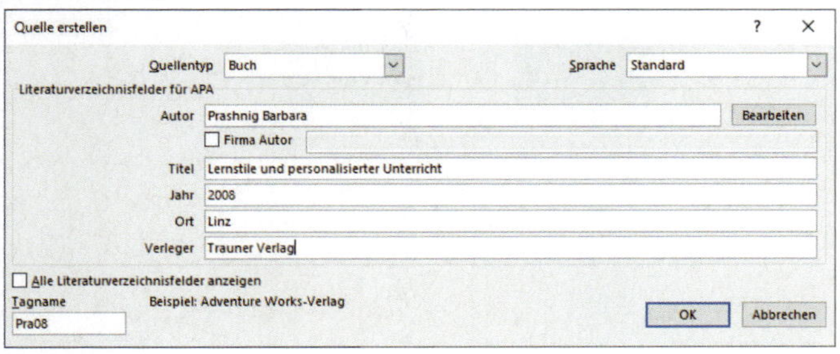

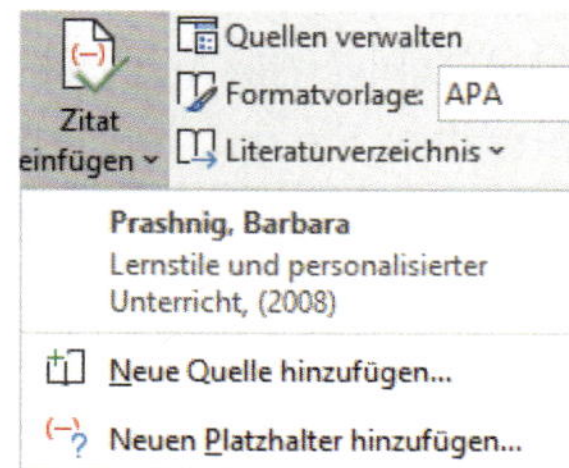

Je nach Auswahl der Zitatformatvorlage werden die Inhalte in einem Inhaltssteuerelement angezeigt.

Literaturverzeichnis

Im Literaturverzeichnis sind alle verwendeten Quellen alphabetisch geordnet nach Autorennamen anzuführen. WORD verwendet in der Formatvorlage APA, 6. Auflage, standardmäßig die folgende Struktur:

- **Nachname(n)** der Autorin/des Autors bzw. der Autorinnen/Autoren – Beistrich
- **Vorname(n)** der Autorin/des Autors bzw. der Autorinnen/Autoren, abgekürzt (mit Punkt) oder ausgeschrieben
- **Erscheinungsjahr** des betreffenden Werkes in Klammern – Punkt
- **Titel** der Arbeit (vollständig, mit Untertitel) – Punkt
- **Ort** – Doppelpunkt
- **Verlag**

Bei Internetquellen sind die ersten vier Punkte gleich wie bei gedruckten Quellen, die weiteren Angaben lauten:

- **Quellenart** (= URL): (bei Net-Publikationen als Link)
- **Datum des Abrufs** (Kurzform)

Beispiel:
Rey, G. (2009). E-Learning.
Bern: Verlag Hans Huber.
http://www.elearning-psychologie.de/elearning_multimedia.html. Abgerufen am 11. 08. 2013

Literaturverzeichnis

Gutmayer, Stickler, Lenger. (....). *Service. Die Getränke.* Linz: Trauner Verlag.

Stevancsecz, S. u. (....). *Barlexikon.* Linz: Trauner Verlag.

Ziele erreicht? – „Mehrseitige Dokumente“

KOMPETENZ-ERWERB

■ Mehrseitiges Dokument gestalten – 45 min

a) Neuen Abschnitt definieren

- Öffnen Sie **Medien und Gewalt2.docx.**
- Für ein SmartArt-Objekt benötigen Sie eine Seite im Querformat. Fügen Sie dafür im Punkt 3.2.5 nach dem zweiten Textabsatz zweimal einen Abschnittsumbruch nächste Seite ein. Setzen Sie den Cursor auf die entstandene leere Seite und wählen Sie Ausrichtung Querformat.
- Erstellen Sie nun ein SmartArt-Objekt Richtungsloser Kreis, ergänzen Sie mit Textfeldern ohne Kontur und formatieren Sie das gesamte Objekt mit einer SmartArt-Formatvorlage nach Wahl.
- Speichern Sie die Änderungen unter **Medien und Gewalt3.docx.**

b) Inhaltsverzeichnis erstellen

- Öffnen Sie **Medien und Gewalt3.docx.**
- Positionieren Sie den Cursor nach dem Deckblatt.
- Fügen Sie ein integriertes Inhaltsverzeichnis ein.
- Setzen Sie nach dem Inhaltsverzeichnis einen Abschnittsumbruch Nächste Seite.
- Formatieren Sie das Inhaltsverzeichnis für alle Ebenen gleich: Linker Einzug 0 cm, linker Tabstopp 1,4 cm, rechter Tabstopp 16 cm, Füllzeichen 2.
- Speichern Sie die Änderungen unter **Medien und Gewalt4.docx.**

c) Abbildungsverzeichnis erstellen

- Öffnen Sie **Medien und Gewalt4.docx.**
- Fügen Sie die Bilder **Medien und Gewalt 5–7.jpg** im Dokument ein und positionieren Sie sie rechtsbündig.
- Beschriften Sie die Bilder mit der neuen Bezeichnung »Abb.« und der Bezeichnung des Bildes.
- Beschriften Sie das Schaubild bei Kap. 3.2.5 mit »Kreislauf der Gewalt«.
- Ändern Sie die Formatvorlage Beschriftung um: Schriftgröße 8, Schriftfarbe Akzent 2.
- Stellen Sie den Cursor an das Ende Ihres Dokumentes und fügen Sie einen Seitenumbruch ein.
- Schreiben Sie die Überschrift Abbildungsverzeichnis und formatieren Sie diese mit der Schnellformatvorlage Überschrift 1. Entfernen Sie die Nummerierung.
- Fügen Sie unterhalb der Überschrift ein Abbildungsverzeichnis ein.
- Speichern Sie die Änderungen unter **Medien und Gewalt8.docx.**

d) Kopf- und Fußzeile erstellen

- Öffnen Sie **Medien und Gewalt8.docx.**
- Wechseln Sie in die Kopfzeile.
- Aktivieren Sie Gerade & ungerade Seiten unterschiedlich.
- Stellen Sie den Cursor in die Kopfzeile der ersten Textseite (Gerade Kopfzeile). Deaktivieren Sie Erste Seite anders.
- Schreiben Sie die Überschrift Medien und Gewalt in diese Kopfzeile. Da diese eine gerade Kopfzeile ist, formatieren Sie den Text linksbündig. Zusätzliche Rahmenlinie und Textformatierungen sind erwünscht.
- Stellen Sie nun den Cursor auf die nächste Textseite (Ungerade Kopfzeile). Bevor Sie Text hineinschreiben bzw. einfügen deaktivieren Sie die Verknüpfung zur vorherigen Seite. Der Grund dafür ist, dass auf der Seite des Inhaltsverzeichnisses keine Beschriftung erwünscht ist. Formatieren Sie den Text in der Kopfzeile rechtsbündig.
- Fügen Sie auf allen Seiten eine automatische Seitenzahl ein.
- Die Formatierung der weiteren Seitenzahlen lautet: Fortsetzen vom vorherigen Abschnitt.

- Kontrollieren Sie alle weiteren Seiten, deaktivieren Sie Erste Seite anders und setzen Sie die Nummerierung vom vorherigen Abschnitt fort.
- Speichern Sie die Änderungen unter **Medien und Gewalt9.docx.**

e) Zitate und Literaturverzeichnis einfügen

- Öffnen Sie **Medien und Gewalt9.docx.**
- Positionieren Sie den Cursor nach der Überschrift Mediengewalt.
  Fügen Sie ein neues Zitat hinzu: (Verwenden Sie die Formatvorlage APA)
  Quellentyp: Dokument von Website
  Autor: Saferinternet.at
  Name der Website: Saferinternet.at
  Jahr: 2012
  Datum des Zugriffs: Jahr ...., Monat 01, Tag 04
  URL: http://www.saferinternet.at
- Positionieren Sie den Cursor nach dem Zitat bei Kap. 1.1.1.
  Fügen Sie ein neues Zitat hinzu:
  Quellentyp: Dokument von Website
  Autor: Weltgesundheitsorganisation
  Name der Website: Weltbericht Gewalt und Gesundheit
  Jahr: 2003
  Datum des Zugriffs: Jahr 2012, Monat 09, Tag 05
  URL: http://www.who.int
- Positionieren Sie den Cursor nach der Definition des Gewaltbegriffes nach Johan Galtung (Kap. 1.1.2).
  Fügen Sie eine neue Quelle hinzu:
  Quellentyp: Buch
  Autor: Johan Galtung
  Titel: Frieden mit friedlichen Mitteln. Friede und Konflikt, Entwicklung und Kultur
  Jahr: 1998
  Ort: Opladen
  Verleger: Leske + Budrich
- Positionieren Sie den Cursor nach dem 2. Nummerierungspunkt im Kap. 1.2 Was ist Mediengewalt?
  Fügen Sie eine neue Quelle hinzu:
  Quellentyp: Dokument von Website
  Autor: Körber, C., Schaffar, A.w
  Name der Website: Mediamanual
  Jahr: 2002
  Datum des Zugriffs: Jahr 2012, Monat 09, Tag 05
  URL: http://www.mediamanual.at/mediamanual/themen/
- Positionieren Sie den Cursor nach dem Zitat im letzten Aufzählungspunkt im Kap. 3.1
  Fügen Sie eine neue Quelle hinzu:
  Quellentyp: Dokument von Website
  Autor: BMUKK
  Name der Website: Medienerziehung. Grundsatzerlass des Bundesministeriums für Unterricht, Kunst und Kultur
  Jahr: 2012
  Datum des Zugriffs: Jahr 2012, Monat 09, Tag 05
  URL: http://www.bmukk.gv.at/medienpool/5796/medienerziehung.pdf
- Fügen Sie nach dem Abbildungsverzeichnis ein Literaturverzeichnis ein.
- Entfernen Sie bei der Überschrift die Nummerierung.
- Kontrollieren Sie die Seitenumbrüche.
- Aktualisieren Sie die Verzeichnisse.
- Speichern Sie die Änderungen unter **Medien und Gewalt10.docx.**

Ein weiteres Übungsbeispiel finden Sie in der TRAUNER-DigiBox.

Einen interaktiven **Safety-Check** finden Sie in der TRAUNER-DigiBox.

2 Seriendokumente

Welche Schriftstücke könnten im Schriftverkehr eines Unternehmens als Serienbrief gestaltet werden?

Sarah ist Schulsprecherin. Sie lädt monatlich die Klassensprecherinnen und Klassensprecher zu einer Besprechung ein. Dafür teilt sie Einladungen an die geladenen Personen aus. Darin möchte sie jede Klassensprecherin und jeden Klassensprecher persönlich ansprechen. Relativ schnell bemerkt sie, dass es mühsam ist, jedes Mal die Personen händisch in die Einladung einzutippen. Sie beschließt, sich die Vorteile des Seriendrucks näher anzusehen.

Meine Ziele

Nach Bearbeitung dieses Kapitels kann ich

- eine Adressliste verwenden, bearbeiten und neu erstellen;
- Seriendruckfelder einfügen;
- eine Grußzeile und einen Adressblock anpassen und einfügen;
- einen Serienbrief erstellen bzw. ein Serienmail versenden;
- Datensätze filtern;
- akademische Grade, Mastergrade und verliehene Titel in der Empfängeranschrift und einer persönlichen Briefanrede einfügen;
- Regeln einfügen und Bedingungen erstellen;
- Etiketten, Umschläge und Verzeichnisse erstellen;
- Seriendokumentvorlagen erstellen;
- eigenständig einen Serienbrief mit Bedingungen entwerfen.

2.1 Seriendruck

2.1.1 Allgemeines

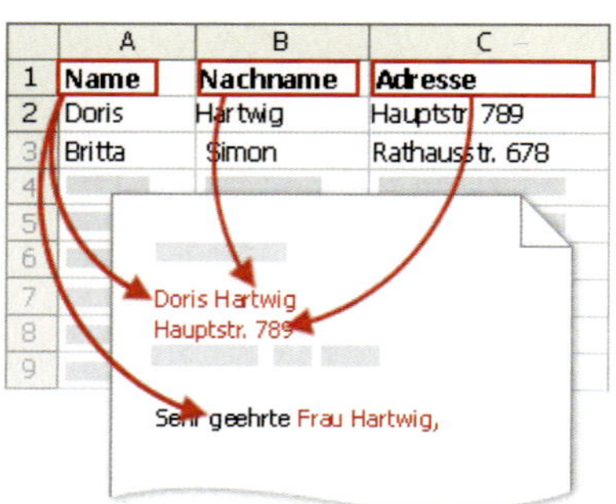

Wenn Sie einen Brief mit kleinen Abänderungen an viele Empfängerinnen und Empfänger senden möchten, eignet sich der Seriendruck am besten dafür. Sie können die Daten verwenden, die in der Datenbank, in EXCEL-Dateien usw. erfasst sind. Diese können individuell, z. B. für Etiketten, Serienbriefe oder E-Mails verwendet werden.

Zum Erstellen eines Seriendokumentes benötigen Sie zwei Dateien:

Adressliste → **Serienbrief** ← Hauptdokument

Adressliste	Die Adressliste, auch **Datenquelle** genannt, enthält alle Teile der Empfängeranschrift. Sie ist tabellarisch aufgebaut. Sie kann aus einer EXCEL-Tabelle, aus dem OUTLOOK-Adressbuch, aus einer ACCESS-Datenbank oder aus anderen Datenbanken kommen bzw. neu erstellt werden. Die einzelnen Teile der Adressliste für den Serienbrief werden **Seriendruckfelder** genannt.
Hauptdokument	Das **Hauptdokument** wird druckfertig formatiert. Die Seriendruckfelder werden in dieses Dokument eingefügt.
Serienbrief	Die Adressliste und das Hauptdokument werden miteinander verknüpft. Das Ergebnis ist der Serienbrief.

Seriendruck erstellen

- Registerkarte SENDUNGEN

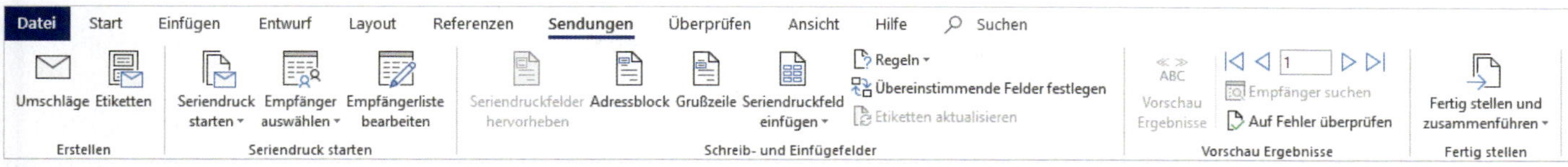

Mit wenigen Klicks können Sie einen Serienbrief erstellen.

Seriendruck erstellen	
SERIENDRUCK STARTEN	Wählen Sie das Schriftstück aus, das Sie erstellen möchten.
EMPFÄNGER AUSWÄHLEN	Wählen Sie die Empfängerinnen und Empfänger aus einer vorhandenen Datei aus oder geben Sie sie neu ein.
EMPFÄNGERLISTE BEARBEITEN	Sie können die Empfängerliste bearbeiten, z. B. Fehler korrigieren oder Empfängerinnen/Empfänger deaktivieren.
SERIENDRUCKFELDER HERVORHEBEN	Eingefügte Seriendruckfelder können im Text optisch (grau hinterlegt) hervorgehoben werden. Dies wird jedoch nicht ausgedruckt.
ADRESSBLOCK	Fügen Sie eine Adresse ein. Position und Formatierung können Sie selbst vorgeben. Wenn Sie den Seriendruck fertigstellen, ersetzt WORD diese Stellen durch die tatsächlichen Adressen aus der Empfängerliste.
GRUSSZEILE	Fügen Sie eine geschlechtsspezifische persönliche Anrede ein.
SERIENDRUCKFELD EINFÜGEN	Fügen Sie die Seriendruckfelder in das Hauptdokument ein.
REGELN	Geben Sie Regeln für den Seriendruck an, um Unterschiede im Brieftext aufzuzeigen.
ÜBEREINSTIMMENDE FELDER FESTLEGEN	Definieren Sie die Bedeutung verschiedener Felder Ihrer Empfängerliste. Legen Sie z. B. fest, dass das benutzerdefinierte Feld „Zuname" dem integrierten Feld „Nachname" entspricht.
ETIKETTEN AKTUALISIEREN	Beim Erstellen von Etiketten spielt diese Schaltfläche eine wichtige Rolle.
VORSCHAU ERGEBNISSE	Die Seriendruckfelder zeigen die tatsächlich eingegebenen Daten. Navigieren Sie mit den Vorwärts- und Rückwärts-Schaltflächen zum nächsten bzw. vorherigen Datensatz.
AUF FEHLER ÜBERPRÜFEN	Prüfen Sie Ihr Dokument auf Fehler im Seriendruck.
FERTIG STELLEN UND ZUSAMMENFÜHREN	Senden Sie Ihr Dokument an ausgewählte E-Mail-Empfängerinnen und -Empfänger, exportieren Sie es in ein neues Dokument oder drucken Sie es aus.

Der **Seriendruck-Assistent** begleitet Sie Schritt für Schritt und gibt Ihnen vor, welche Einstellungen zu treffen sind.

- SENDUNGEN – SERIENDRUCK STARTEN – SERIENDRUCK STARTEN – SERIENDRUCK-ASSISTENT MIT SCHRITT-FÜR-SCHRITT-ANWEISUNGEN...

Eine interaktive Übung dazu finden Sie in der TRAUNER-DigiBox.

2.1.2 Hauptdokument für Seriendruck erstellen

- Leeres WORD-Dokument öffnen
- SENDUNGEN – SERIENDRUCK STARTEN – SERIENDRUCK STARTEN – BRIEFE
- Brief im Dokument schreiben (Platz für Empfängerinnen und Empfänger freilassen) und gestalten

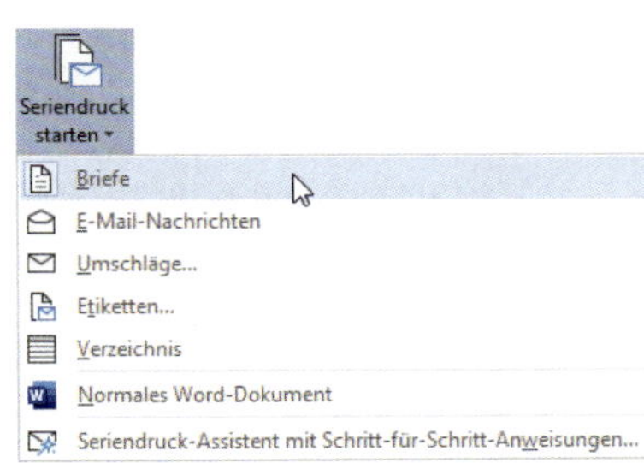

Erstellen Sie für jedes Feld eine eigene Spalte. Dies ermöglicht Ihnen das Auswählen aller Daten für diverse Zwecke.

2.1.3 Adressliste

Die Adressliste kann neu eingegeben oder eine vorhandene Liste verwendet werden.

Adresslisten aus OFFICE-Programmen

Wenn Sie eine neue Liste eingeben, wird sie automatisch als ACCESS-Datei **(*.mdb)** gespeichert. Sie können diese Liste in ACCESS oder in WORD bearbeiten.

Sie können aber auch Daten aus einer EXCEL-Liste oder aus den OUTLOOK-Kontakten zum Erstellen eines Seriendokumentes verwenden.

Wenn Sie eine Liste in WORD eingeben, achten Sie darauf, dass die Tabelle in der ersten Zeile Spaltenüberschriften (Anrede, Vorname, Nachname ...) aufweist. Diese Bezeichnungen werden im Seriendruck bei den Seriendruckempfängerinnen und Seriendruckempfängern als Seriendruckfelder verwendet.

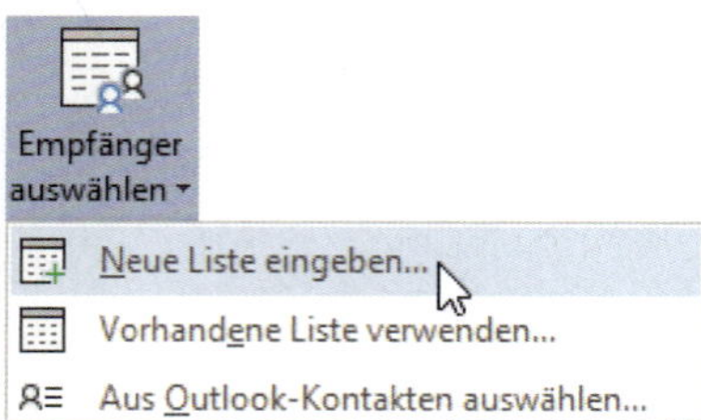

Neue Adressliste erstellen

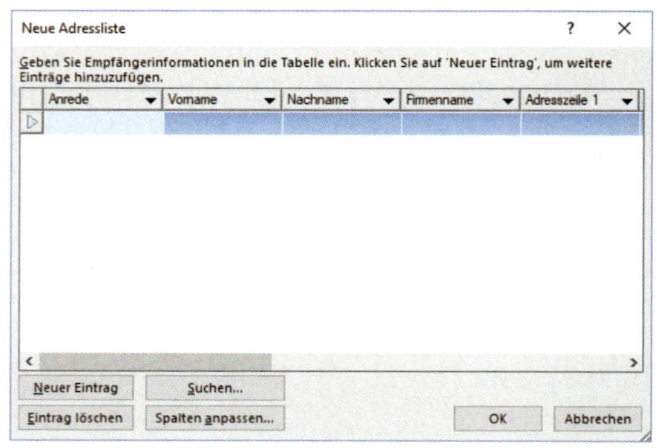

- Hauptdokument
- SENDUNGEN – SERIENDRUCK STARTEN – EMPFÄNGER AUSWÄHLEN – NEUE LISTE EINGEBEN...
- Häufig verwendete Feldnamen werden angezeigt
- Datensätze eingeben
- Durch Drücken der ⇄-Taste springen Sie in die nächste Zelle
- Fügen Sie einen neuen Datensatz durch Drücken der ⇄-Taste am Ende eines Datensatzes ein oder wählen Sie NEUER EINTRAG
- Nach dem Eingeben der Daten wählen Sie OK
- Speicherort auswählen und Adressliste speichern

Wenn Sie am Ende eines Datensatzes die ↵-Taste drücken, werden Sie aufgefordert, die Liste zu speichern.

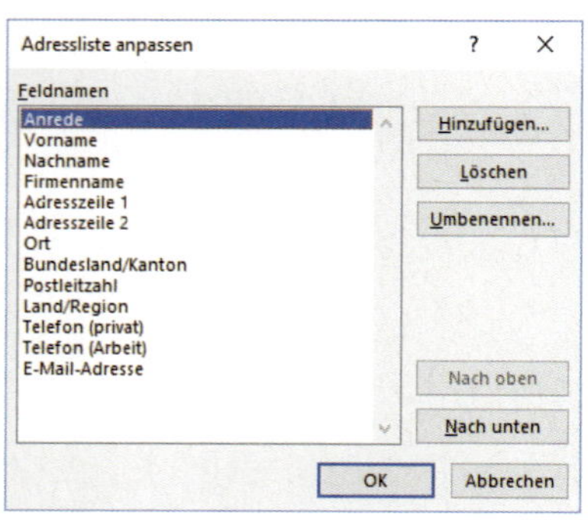

Adressliste anpassen

Möchten Sie andere als die vorgegebenen Feldnamen verwenden, die Liste ergänzen oder Felder löschen, wählen Sie SPALTEN ANPASSEN...

- Feld, das geändert werden soll, markieren
- HINZUFÜGEN, LÖSCHEN oder UMBENENNEN auswählen

Felder verschieben Sie nach oben oder unten, indem Sie das Feld markieren und NACH OBEN oder NACH UNTEN auswählen.

Übung

- **Serienbrief und Adressliste erstellen**
  a) Erstellen Sie ein neues Dokument im Standarddesign Office.
  b) Gestalten Sie den Brief mit Aufzählungszeichen als Serienbrief-Hauptdokument.
  c) Logo Absender: Calibri 36 Punkt, fett, Rahmenlinie schwarz 1,5 Punkt, Schriftfarben laut Vorlage, Schattierung rot.
  d) Erstellen Sie nebenstehende Adressliste.
  e) Speichern Sie die Adressliste unter **Lutz Adr.mdb.**
  f) Speichern Sie das Hauptdokument unter **Lutz HD.docx.**

Anrede	Vorname	Nachname	Adresszeile 1	Postleitzahl	Ort
Frau	Michaela	Kerraus	Anemonenstraße 21	4481	Asten
Herr	Detlef	Ohlsen	Pegasusstraße 16/2	4030	Linz
Frau	Marina	Bozic	Schmieding 4	4484	Kronstorf
Frau	Sonja	Hagenauer	Greiner Straße 78	4320	Perg
Herr	Norbert	Gußner	Kirchenberg 33	4310	Mauthausen

XXXLutz

Im Astenfeld 3 | 4490 St. Florian
Tel.: 07224 660 22-0 | Fax: 07224 660 23
E-Mail: info@lutz.at | Internet: www.lutz.at

Name:	Thomas Meissl
Telefon:	07224 660 22-6859
E-Mail:	meissl@lutz.at
Datum:	....-03-15

Einladung zum exklusiven VIP-Shopping

die Pflege unserer Stammkundinnen und Stammkunden ist eine der wichtigsten Aufgaben im Unternehmen XXXLutz. Ihrer Treue verdanken wir unseren Erfolg.

Wir freuen uns daher, Sie zu unserem exklusiven VIP-Shopping vom **22. bis 24. März ....** beim XXXLutz in St. Florian einladen zu dürfen. Dazu haben wir uns einiges für Sie einfallen lassen.

- Wählen Sie in unserem XXXLutz-Restaurant aus drei angebotenen Gratismenüs samt Nachspeise und Getränk.
- Es erwartet Sie an unserer Bar ein Glas Prosecco.
- Für Kinder gibt es einen eigenen Kindergutschein, ebenfalls mit Gratisbewirtung und Kindergeschenk.
- Für diese drei Tage haben wir erhebliche Preisreduktionen vorgenommen. Sie erhalten einen Rabatt von 10 % auf alle Markenprodukte bei XXXLutz.

Bitte kommen Sie zu unserem Informationsstand, wo Sie entsprechende Gutscheine und Ihr VIP-Band als Eintrittsmarke erhalten.

Wir freuen uns sehr auf Ihr Kommen.

Freundliche Grüße

Wolfgang Treumann
Filialleiter

Bank Austria | BIC: BKAUATWE | IBAN: AT11 2012 0512 3654 0149
Firmenbuchgericht: Wels | Firmenbuch-Nr.: FN 125698 b | UID-Nr.: ATU12345789

Vorhandene Adressliste verwenden

- Serienbrief-Hauptdokument
- SENDUNGEN – SERIENDRUCK STARTEN – EMPFÄNGER AUSWÄHLEN – VORHANDENE LISTE VERWENDEN...
- Datenquelle auswählen
- ÖFFNEN

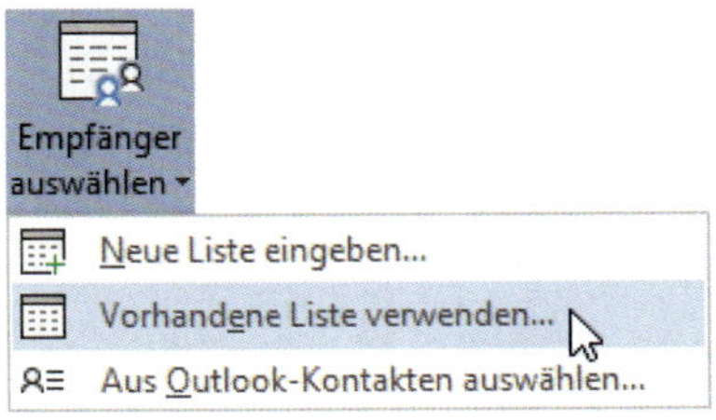

2.1.4 Empfängerinnen und Empfänger auswählen

Das Hauptdokument ist mit den Adressen verbunden. Um das Dokument nur an bestimmte Personen zu senden, können Sie Empfängerinnen und Empfänger auswählen, denen Sie das Dokument schicken möchten:

- Serienbrief-Hauptdokument
- SENDUNGEN – SERIENDRUCK STARTEN – EMPFÄNGERLISTE BEARBEITEN
- Das Kontrollkästchen aktivieren, wenn der Brief an diese Empfängerin/diesen Empfänger geschickt werden soll

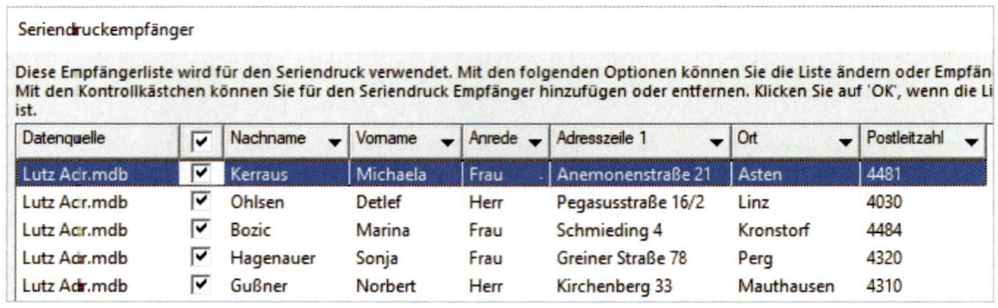

2.1.5 Datensätze filtern

Auf einfache Weise können Sie Empfängeranschriften auswählen, indem Sie sie filtern.

- Serienbrief-Hauptdokument
- SENDUNGEN – SERIENDRUCK STARTEN – EMPFÄNGERLISTE BEARBEITEN
- EMPFÄNGERLISTE VERFEINERN – FILTERN...

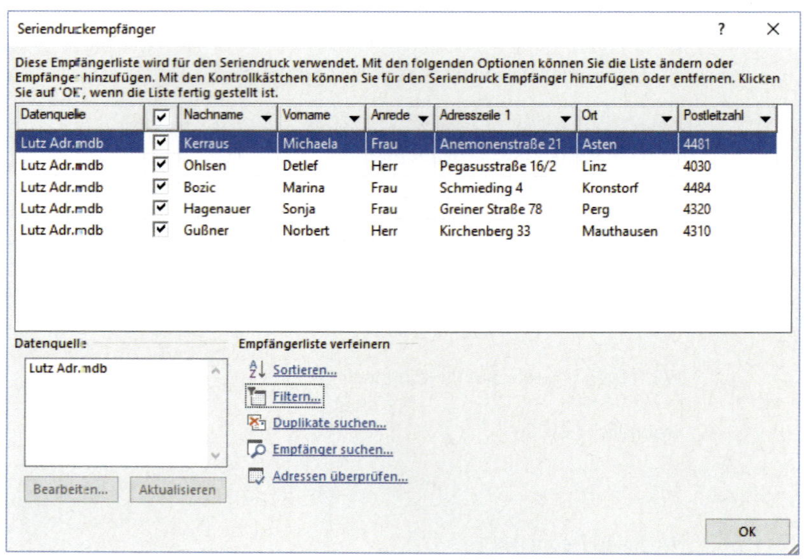

- Geben Sie hier Ihre Bedingungen für die Empfängerinnen und Empfänger ein.

Beispiel:
Es sollen alle Frauen diesen Brief erhalten.

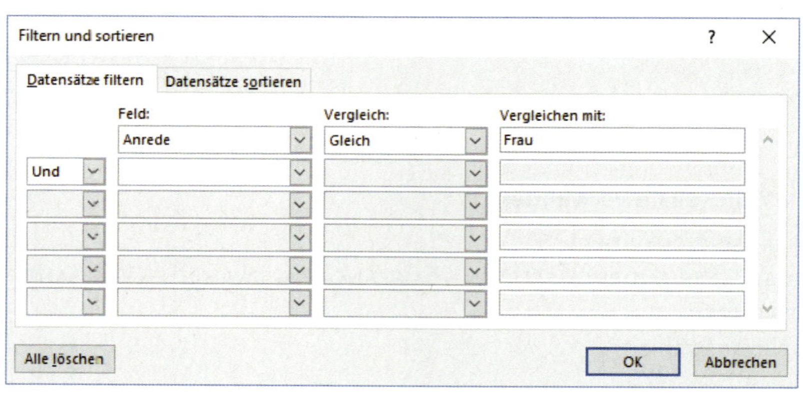

- Es werden alle Frauen angezeigt.

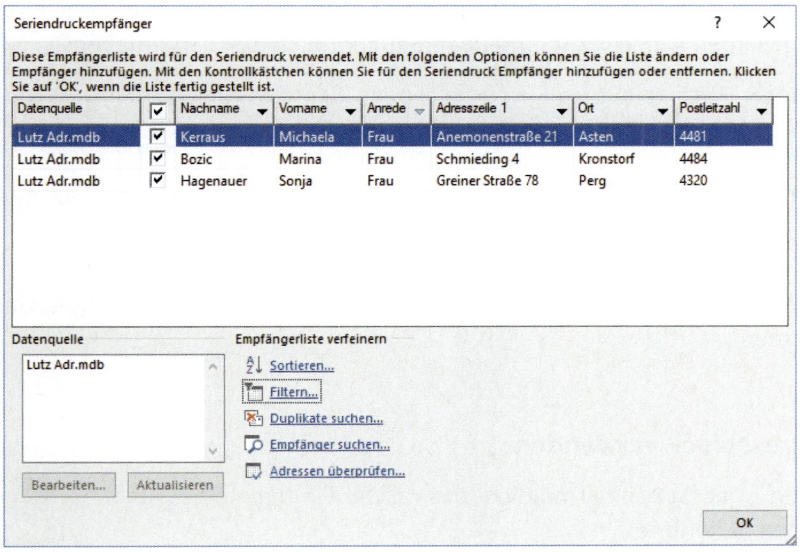

- Die anderen Datensätze werden lediglich ausgeblendet, aber nicht gelöscht. Sobald Sie die Bedingung bei FILTERN... löschen, werden wieder alle Datensätze angezeigt.

2.1.6 Seriendruck fortsetzen

Sie können Ihren Serienbrief speichern und zu einem späteren Zeitpunkt daran weiterarbeiten. Beim Öffnen erscheint eine Meldung, in der Sie aufgefordert werden, die Adressliste wieder in den Serienbrief einzufügen. Klicken Sie auf NEIN, wird die Verknüpfung zwischen dem Serienbrief und der Datenquelle entfernt.

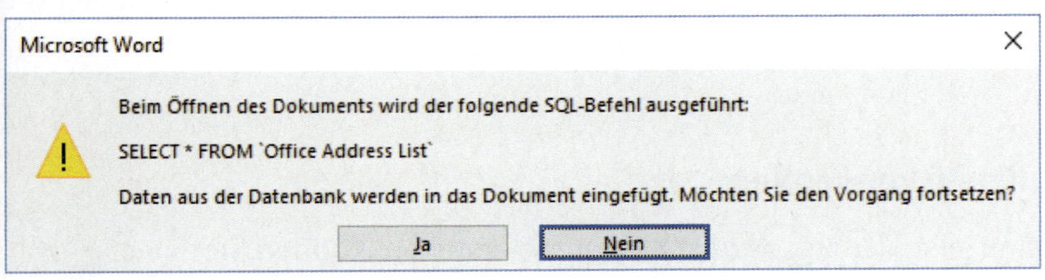

Diese Meldung erscheint beim Öffnen eines Hauptdokuments, wenn die Quelle bereits hinzugefügt wurde.

Findet WORD die Verknüpfung zur Datenquelle nicht automatisch, werden Sie aufgefordert, den Speicherort der Datenquelle aufzurufen.

2.1.7 Seriendruckfelder einfügen

Fügen Sie die Seriendruckfelder ein, um Empfängerinnen und Empfänger Ihres Schreibens persönlich anzusprechen:

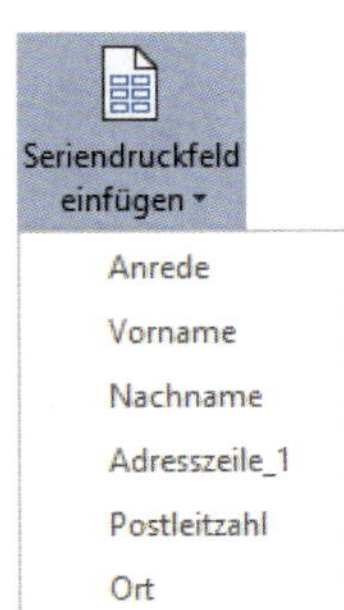

- Serienbrief Hauptdokument
- Einfügemarke an die Position stellen, wo Sie ein Seriendruckfeld einfügen möchten
- SENDUNGEN – SCHREIB- UND EINFÜGEFELDER – SERIENDRUCKFELD EINFÜGEN
- Felder auswählen

Sie können auch auf die Schaltfläche SERIENDRUCKFELD EINFÜGEN klicken und die Seriendruckfelder mittels Doppelklick auf ein Feld einfügen.

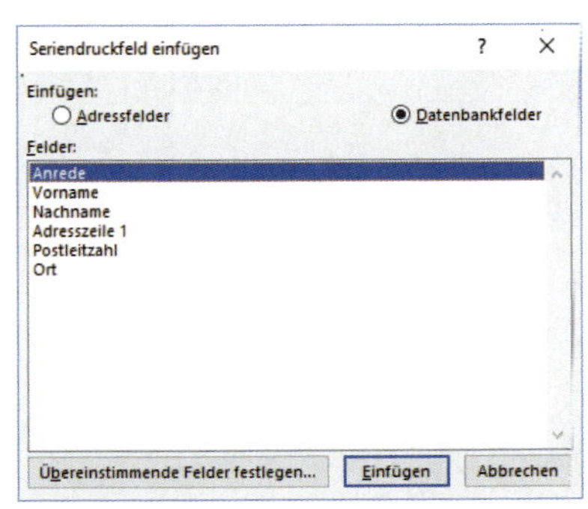

Seriendruckfelder können formatiert werden. Setzen Sie Leerzeichen dazwischen, wenn Sie mehrere nebeneinander einfügen.

Ansicht ohne Feldfunktion
«Anrede»

Ansicht mit Feldfunktionen
Alt + F9
{MERGEFIELD "Anrede"}

2.1.8 Seriendruckfelder anzeigen, bearbeiten und löschen

Seriendruckfelder werden mit Spitzklammern (Chevrons) eingefügt. Mit einem Klick darauf werden sie hellgrau hinterlegt. Seriendruckfelder hervorheben:

- SENDUNGEN – SCHREIB- UND EINFÜGEFELDER – SERIENDRUCKFELDER HERVORHEBEN

Achten Sie beim Formatieren von Seriendruckfeldern darauf, dass Sie die Spitzklammern mitmarkiert haben.

Seriendruckfelder löschen Sie, indem Sie das gesamte Feld inklusive Spitzklammern entfernen.

2.1.9 Adressblock verwenden

Die Funktion ADRESSBLOCK ermöglicht das rasche Einfügen einer Adresse in einen Serienbrief.

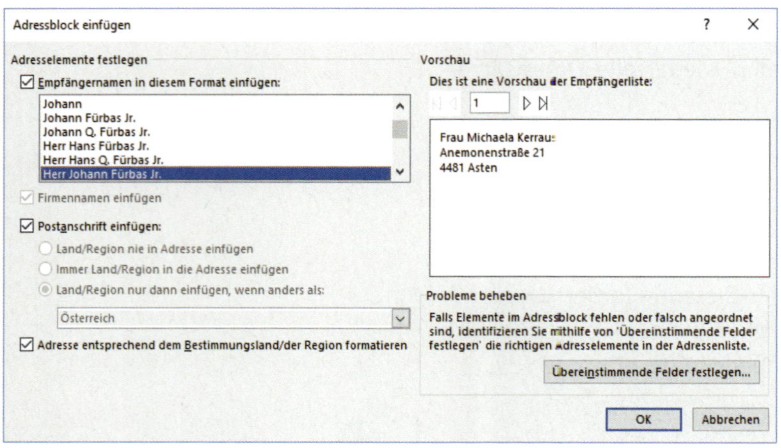

- An die Einfügeposition stellen
- SENDUNGEN – SCHREIB- UND EINFÜGEFELDER – ADRESSBLOCK
- Vorschläge bei EMPFÄNGERNAMEN IN DIESEM FORMAT EINFÜGEN ansehen und in der Vorschau kontrollieren
- Vorschlag auswählen
- OK

Ist kein passender Vorschlag angeführt, wählen Sie
- ÜBEREINSTIMMENDE FELDER FESTLEGEN...
- Bestimmen Sie, welche Felder zur Postanschrift hinzugefügt oder gelöscht werden sollen

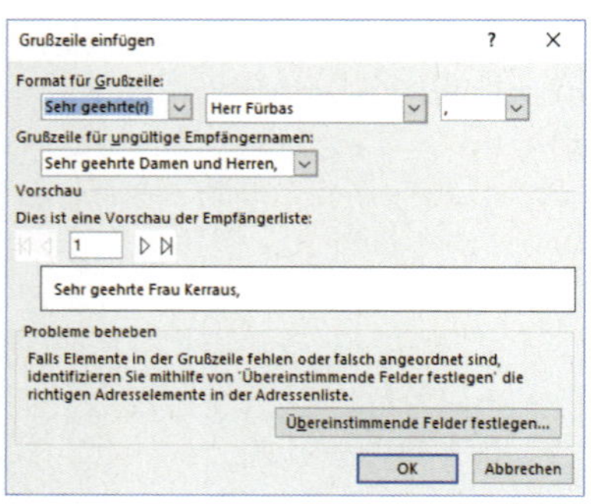

2.1.10 Grußzeile verwenden

Möchten Sie eine geschlechtsspezifische Anrede erstellen, können Sie sie mit der Schaltfläche GRUSSZEILE einfügen. Die Voraussetzung dafür ist jedoch ein Seriendruckfeld, aus dem hervorgeht, ob es sich um einen Herrn oder eine Frau handelt.

- An die Einfügeposition stellen
- SENDUNGEN – SCHREIB- UND EINFÜGEFELDER – GRUSSZEILE
- Anredeformat auswählen und in der Vorschau kontrollieren
- OK

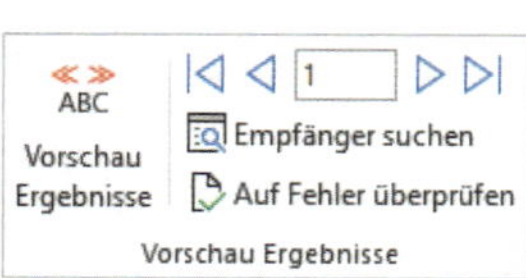

2.1.11 Vorschau – Ergebnisse

Sie können sich die Vorschau Ihres Serienbriefes im Hauptdokument ansehen, um Fehler vor dem Zusammenführen zu korrigieren.

- SENDUNGEN – VORSCHAU ERGEBNISSE – VORSCHAU ERGEBNISSE
- Anstelle Ihrer Seriendruckfelder werden die Daten aus der Adressliste angezeigt
- Mit den Navigationsschaltflächen können Sie zum nächsten Datensatz und wieder zurückspringen

2.1.12 Auf Fehler überprüfen

Bevor Sie Ihr Hauptdokument mit den Adressen verbinden, können Sie die automatische Fehlerüberprüfung durchführen. Diese simuliert die Zusammenführung.

- SENDUNGEN – VORSCHAU ERGEBNISSE – AUF FEHLER ÜBERPRÜFEN
- Die Zusammenführung wird simuliert, eventuell auftretende Fehler werden aufgezeichnet
- Korrigieren Sie die Fehler, bevor Sie weiterarbeiten

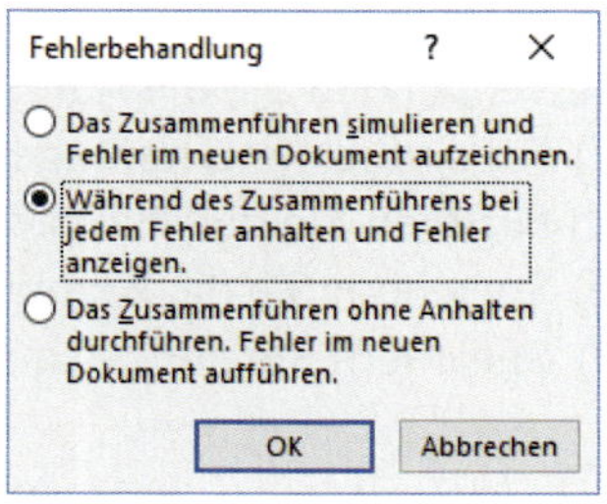

2.1.13 Seriendruck fertigstellen und zusammenführen

Ihren fertigen Serienbrief können Sie in einem neuen Dokument öffnen, an den Drucker senden oder per E-Mail versenden.

- SENDUNGEN – FERTIG STELLEN – FERTIG STELLEN UND ZUSAMMENFÜHREN

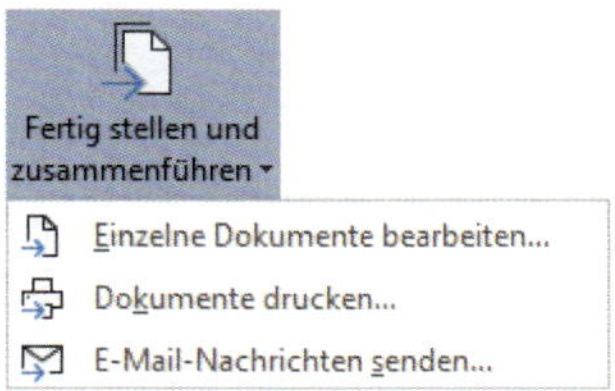

Seriendruck in neues Dokument

Wenn Sie diese Option wählen, erscheint ein Dialogfeld, in dem Sie auswählen, ob Sie den Serienbrief mit allen Datensätzen, nur mit dem aktuell ausgewählten oder von ... bis erstellen möchten.

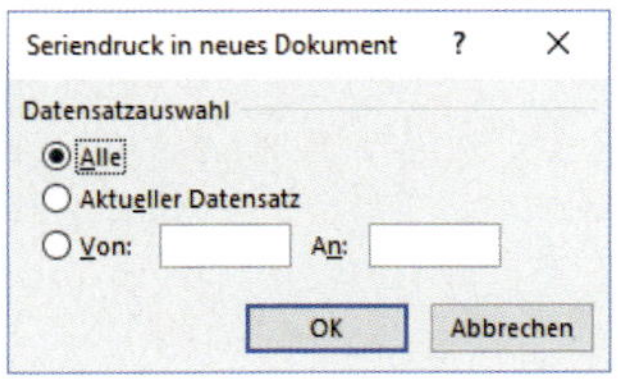

Die Lösung sieht wie ein normales WORD-Dokument aus. Es ist keine Datenquelle verbunden.

Seriendruck an Drucker senden

Sie können Ihren fertigen Serienbrief direkt an den Drucker senden.

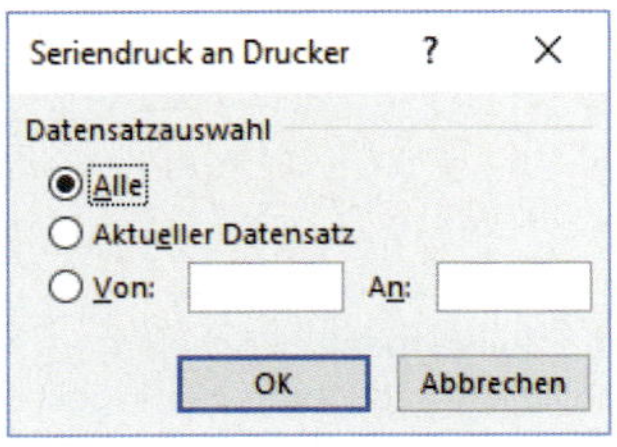

Seriendruck per E-Mail senden

Wenn Sie eine E-Mail-Adresse in der Datenquelle angegeben haben, können Sie den fertigen Serienbrief sofort an Ihre E-Mail-Kontakte versenden.

- Seriendruckfeld im Listenfeld bei Zu auswählen
- Gegebenenfalls Betreff in die BETREFFZEILE eingeben
- E-MAIL-FORMAT auswählen
- DATENSATZAUSWAHL treffen
- OK

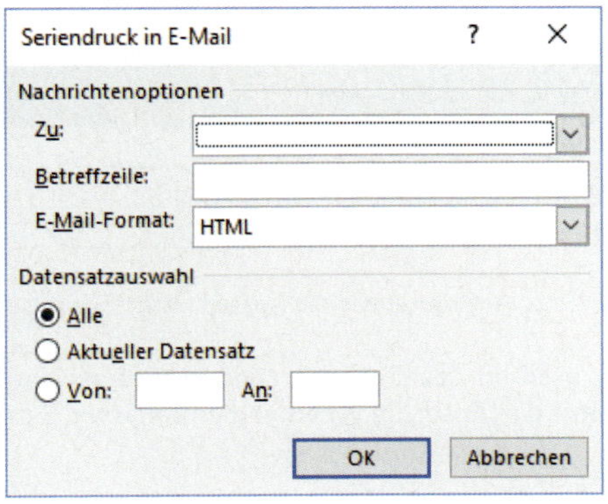

Kontrollieren Sie den Serienbrief auf Fehler, bevor Sie den Brief per E-Mail versenden. Sobald Sie auf OK klicken, wird der Brief verschickt.

Übungen

1. Seriendruckfelder einfügen und Serienbrief fertigstellen

a) Öffnen Sie das Dokument **Lutz HD.docx.**
b) Fügen Sie die Seriendruckfelder für die Empfängeranschrift ein.
c) Fügen Sie die persönliche Anrede mithilfe der Grußzeile ein.
d) Kontrollieren Sie Ihren Serienbrief in der Vorschau.
e) Führen Sie die Datenquelle mit dem Hauptdokument zusammen.
f) Speichern Sie das neue erstellte Dokument, die Lösung, unter **Lutz SD.docx.**

«Anrede»
«Vorname» «Nachname»
«Adresszeile 1»
«Postleitzahl» «Ort»

2. Serienbrief erstellen

a) Erstellen Sie einen Serienbrief in einem neuen Dokument.
b) Verwenden Sie die Adressliste **Actioncamp Adr.mdb.**
c) Fügen Sie die Empfängeranschrift als Adressblock und die persönliche Anrede mit der Grußzeile ein.
d) Drucken Sie das Hauptdokument aus.
e) Speichern Sie das Hauptdokument unter **Actioncamp HD.docx.**
f) Speichern Sie den zusammengeführten Serienbrief unter **Actioncamp SD.docx.**

ActionCamp Oberpullendorf

Hauptstraße 14 ◆ 7350 OBERPULLENDORF ◆ ÖSTERREICH/AUSTRIA
Tel.: +43 2612 423 23-0 ◆ Fax: +43 2612 423 24
E-Mail: office@actioncamp.at ◆ Internet: www.actioncamp.at

«Firmenname»
«Adresszeile_1»
«Postleitzahl» «Ort»

Name: Sonja Hoster
Telefon: +43 2612 523 23-4
E-Mail: hoster@actioncamp.at

Datum: ...-03-01

Die Klassengemeinschaft stärken

«Anrede»

verbringen Sie mit Ihren Schülerinnen und Schülern ein paar Tage im schönen Burgenland. Bei Schulveranstaltungen sollen die pädagogischen Aspekte sowie der Spaß nicht zu kurz kommen. Deshalb bieten wir für Schulen drei Klassenprogramme an. Diese wurden von Sportlerinnen und Sportlern und Freizeitpädagoginnen und -pädagogen speziell für Jugendliche im Alter zwischen 14 und 19 Jahren ausgearbeitet.

Programm	Dauer	Anzahl der Schüler/innen
Seid ihr stark genug?	1 Woche	Max. 30
Geht an die Grenzen!	2 – 4 Tage	Max. 25
Bewegt euch!	1 Woche	Max. 28

Details zu den einzelnen Programmen sowie die Kosten finden Sie in der beiliegenden Broschüre.

Die Programme können auch individuell geändert und an die derzeitige Klassensituation angepasst werden. Die Planung sowie die Umsetzung übernehmen gerne wir. Setzen Sie sich einfach mit uns in Verbindung.

Wir freuen uns, Sie und Ihre Klasse begrüßen zu dürfen.

Freundliche Grüße

ActionCamp Oberpullendorf

i. A. Sonja Hoster

1 Broschüre

BKS Oberpullendorf ◆ BIC: BKSOPBGI ◆ IBAN AT78 1700 0000 0541 2879 ◆ UID: ATU14714714 ◆ FN 1254789 b

Sarah hat das Design Fundament und die Farben Grün verwendet. Den Absender hat sie mit einem Texteffekt formatiert.

2.1.14 Seriendruckfelder im Brieftext einfügen

Seriendruckfelder können nicht nur für die persönliche Anrede und die Empfängeranschrift verwendet werden, sondern individuell in einen Brieftext eingebaut werden. Diese Funktionen werden vorwiegend für Direct Mailings genutzt. Sie können in Ihrer Datenquelle weitere Daten speichern, beispielsweise die Kundennummer, Mitglied seit, Jahresumsatz. Diese Kriterien können Sie nutzen, um die Kundinnen und Kunden persönlich anzusprechen. Beispiel: „Sie haben seit dem Jahr 2017 nicht mehr bei uns eingekauft."

Direct Mailings sind Dokumente, die vom Unternehmen direkt an die Kundin bzw. an den Kunden gesendet werden.

Übung

- **Direct Mailing erstellen**

a) Erstellen Sie ein Direct Mailing als Serienbrief in einem neuen Dokument im Design Rückblick oder verwenden Sie die Vorlage **Styriahome_v.dotx.**

b) Logo Absender: Fülleffekt Struktur Walnuss, Schriftgrößen 22 und 10 Punkt.

c) Textgestaltung: Schriftgrößen 9 und 11 Punkt.

Absender:	**Styriahome GmbH** Burgfried 102 | 8342 GNAS | ÖSTERREICH/AUSTRIA Telefon +43 3151 52 89-0 | Fax +43 3151 52 90 E-Mail office@styriahome.at | Internet www.styriahome.at
Empfänger:	Herr Alfred Köster, Neutorgasse 81, 8010 Graz, E-Mail Herr Fatih Güner, Raning 9, 8342 Gnas, Fax Frau Samira Helml, Friedhofweg 30, 8345 Straden, Telefon Herr Markus Krieger, Brunnenstraße 26, 8344 Bad Gleichenberg, E-Mail Frau Andrea Schausberger, Stefansberg 34, 8083 St. Stefan/Rosental, E-Mail
Bezugszeichen:	....-03-17, st-my, Yvette Mayrwöger, +43 3151 52 89-35, mayrwoeger@styriahome.at
Betreff:	**Ihr Katalog zum Wunschhaus**
Anlage:	Katalog
Am Ende der Seite:	Alles aus einer Hand Planung – Durchführung – Montage Zentriert, 24 Punkt, Texteffekt Füllung – Braun, Akzent 4; Sanfte Abschrägung
Weitere Firmen-informationen:	Raiffeisenbank Gnas | BIC RZSTAT00 | IBAN AT68 3810 0000 0432 5100 | UID-Nr. ATU44710236 | Landesgericht Leibnitz |FN 521478 b

Gestaltungsvorschlag von Sarah

Briefinhalt: Passende Anrede! Vielen Dank für Ihre Kataloganfrage per «Anfrage». Sie halten Ihr persönliches Exemplar nun in Händen und wir wünschen Ihnen viel Freude beim Durchsehen. Für nähere Informationen stehen wir Ihnen jederzeit zur Verfügung. / Gerne laden wir Sie zu einem unverbindlichen, kostenlosen Erstgespräch ein, um all Ihre Fragen zu beantworten. / Unsere Baufamilienabende haben sich bewährt. Erfahren Sie mehr rund um das Bauen mit Holz und stellen Sie die Fragen, die Sie schon längst beantwortet haben wollen. Melden Sie sich gleich dafür an. Der nächste Abend findet bereits am 18. April statt. Freundliche Grüße

d) Fügen Sie die Empfängeranschrift und die Briefanrede sowie das im Briefinhalt passende Seriendruckfeld ein.

e) Kontrollieren Sie die Serienbriefe und drucken Sie sie aus.

f) Speichern Sie das Hauptdokument unter **Styriahome HD.docx.**

g) Speichern Sie die Adressen unter **Styriahome Adr.mdb.**

h) Speichern Sie das zusammengeführte Dokument unter **Styriahome SD.docx.**

2.1.15 Adressliste bearbeiten

EXCEL-Dateien bearbeiten Sie, indem Sie die Liste in EXCEL öffnen und die Datensätze ändern und speichern. Die Daten werden automatisch im Hauptdokument aktualisiert. Im fertigen Serienbrief werden diese Änderungen nicht wirksam.

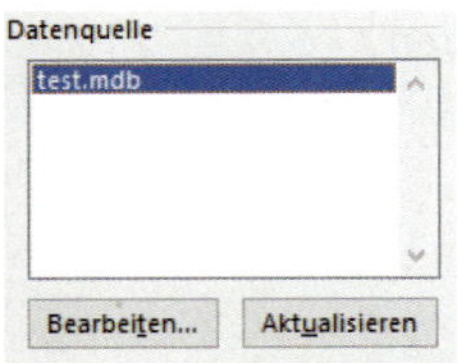

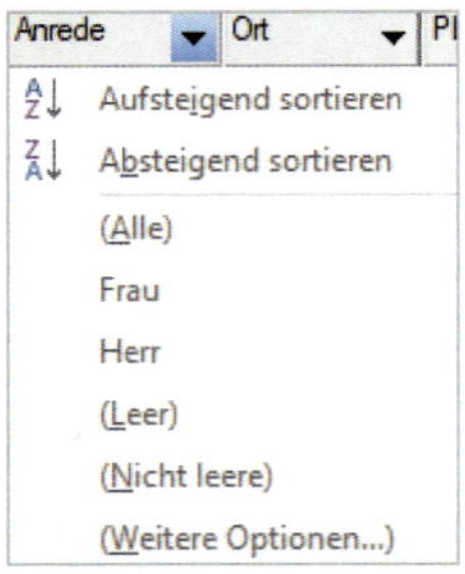

Mdb-Adressliste

- SENDUNGEN – SERIENDRUCK STARTEN – EMPFÄNGERLISTE BEARBEITEN
- Links unten den Dateinamen markieren
- BEARBEITEN...
- Änderungen durchführen und speichern

Neuer Eintrag	Ein neuer Datensatz wird hinzugefügt.
Eintrag löschen	Der markierte Datensatz wird gelöscht.
Suchen...	Einträge können gesucht werden.
Spalten anpassen...	Fügen Sie Felder hinzu, löschen Sie sie oder benennen Sie sie um.

Übung

- **Adressliste bearbeiten**

a) Öffnen Sie das Dokument **Styriahome HD.docx.**
b) Fügen Sie zwei neue Empfänger in die Adressliste ein:
- Herr Norbert Freller, Buchwallner Weg 7, 8093 Draschen, Telefon;
- Frau Carolina Stoiß, Teichweg 21, 8324 Schönberg, E-Mail.

c) Löschen Sie den ersten Eintrag.
d) Korrigieren Sie den Nachnamen von »Helml« auf »Helml-Böhm«.
e) Sortieren Sie die Empfängerinformationen nach dem Nachnamen aufsteigend.
f) Speichern Sie alle Änderungen.

2.2 Serienmails

WORD bietet die Möglichkeit, Serienbriefe per E-Mail zu versenden. Die E-Mail-Adressen können aus den OUTLOOK-Kontakten oder aus einer eigenen Liste verwendet werden.

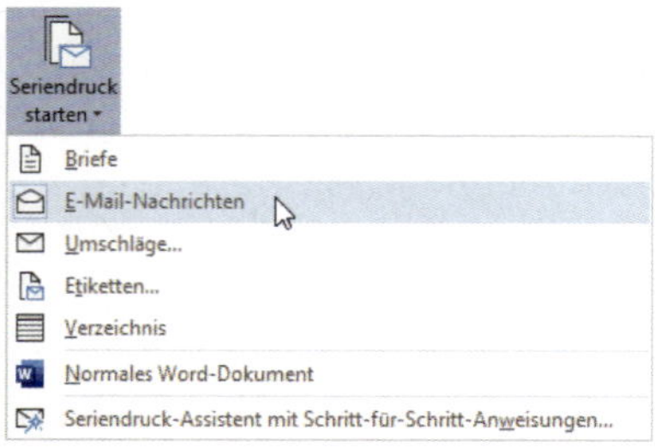

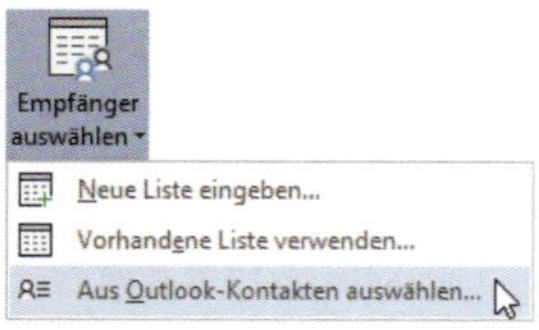

2.2.1 Serienmail verfassen und OUTLOOK-Kontakte einbinden

- SENDUNGEN – SERIENDRUCK STARTEN – SERIENDRUCK STARTEN – E-MAIL-NACHRICHTEN
- Die Ansicht in WORD ändert sich auf die WEBLAYOUT-Ansicht
- Text für die E-Mail-Aussendung verfassen und formatieren
- Empfänger auswählen: SENDUNGEN – SERIENDRUCK STARTEN – EMPFÄNGER AUSWÄHLEN – AUS OUTLOOK-KONTAKTEN AUSWÄHLEN...
- Kontakteordner zum Importieren auswählen
- Im Dialogfeld SERIENDRUCKFELD EINFÜGEN die Kontakte bestimmen, an die die Serienmail gesendet werden soll

2.2.2 Serienmail senden

- Sendungen – Fertig stellen – Fertig stellen und zusammenführen – E-Mail-Nachrichten senden...
- Betreff eingeben
- Datensätze auswählen
- OK

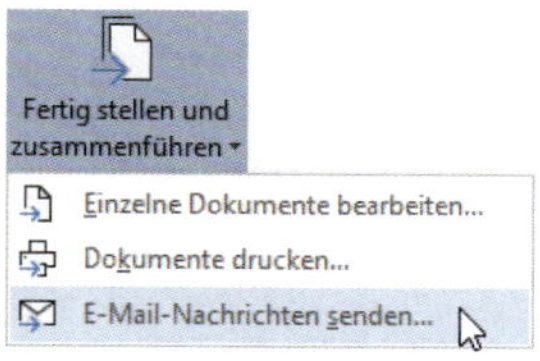

Die E-Mail wird nun an alle ausgewählten OUTLOOK-Kontakte verschickt.

Verwenden Sie dazu das vordefinierte Feld E-Mail-Adresse.

Hinweise zum Versenden von Serienmails

- Die E-Mail kann als fertige Nachricht vor dem Senden nicht mehr kontrolliert werden.
- Die E-Mail kann nur bei aktiver Internetverbindung gesendet werden.
- Wählen Sie ein passendes E-Mail-Format für Ihr Serienmail aus: Text-E-Mails eignen sich sehr gut, da HTML-Formate oftmals nicht korrekt angezeigt werden können. Möchten Sie dennoch einen Brief mit Bildern und aufwendiger Formatierung versenden und möchten, dass die Formatierung ordnungsgemäß angezeigt wird, erstellen Sie den Brief im PDF-Format und senden Sie ihn als Anlage.
- Wählen Sie einen aussagekräftigen Betreff.
- Beachten sie auch die gesetzlichen Regelungen.

Auszug aus dem Telekommunikationsgesetz:
§ 107 (2) Die Zusendung einer elektronischen Post – einschließlich SMS – ist ohne vorherige Einwilligung des Empfängers unzulässig, wenn die Zusendung zu Zwecken der Direktwerbung erfolgt.

§ 107 Telekommunikationsgesetz 2003
www.ris.bka.gv.at

2.2.3 E-Mail-Adresse aus Datenquelle verwenden

Sie können Serienmails an E-Mail-Adressen versenden, die Sie in die Datenquelle eingegeben haben.

- Im Dialogfeld Seriendruck in E-Mail – Zu: – das Seriendruckfeld auswählen, in dem die E-Mail-Adresse eingetragen ist

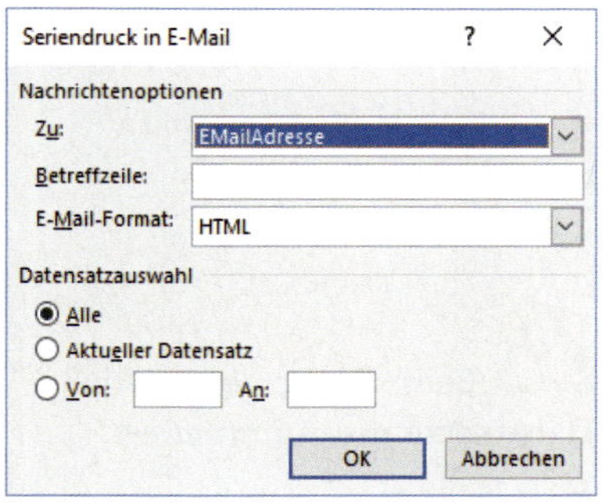

Serienmails werden direkt aus dem Dokument versendet, d. h. es gibt keine zusammengeführte Datei (Lösungsdatei).

Übung

- **Serienmail erstellen und versenden – 25 min**
  a) Erfassen Sie in einer Datenquelle die Namen und E-Mail-Adressen Ihrer Mitschülerinnen und Mitschüler.
  b) Speichern Sie die Datenquelle unter **Party Adr.xlsx.**
  c) Gestalten Sie eine persönliche Einladung zu einer Party (Geburtstag, Silvester, Fasching, Sommerfest ...).
  d) Fügen Sie in die Einladung die Seriendruckfelder für den Namen ein.
  e) Speichern Sie die Einladung unter **Party SM.docx.**
  f) Senden Sie die Einladung an alle Ihre Mitschülerinnen und Mitschüler.

FILM AB!

Zur Vorbereitung auf diese Kapitel können Sie sich das Video unter www.trauner.at/aim_v7.aspx ansehen.

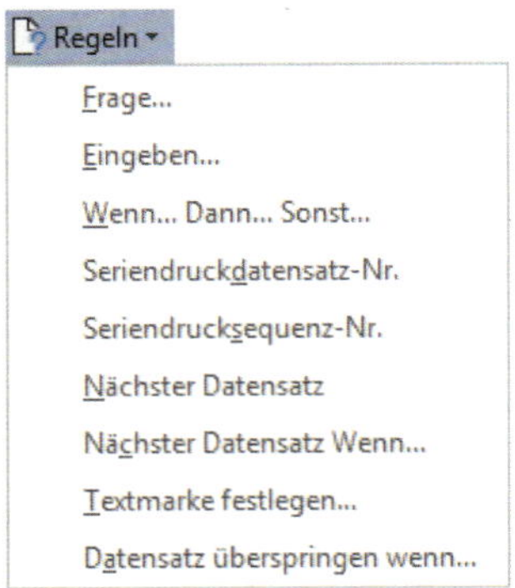

2.3 Regeln im Seriendruck erstellen

Seriendokumente haben Sie bereits kennengelernt und erstellt. Oftmals ist es notwendig, Textbausteine die austauschbar sind bzw. sich von Person zu Person individuell verändern, in einen Brieftext einzubinden. Dazu gibt es in WORD Regeln, die für Seriendruckfelder oder variable Briefpassagen verwendet werden können.

Die am häufigsten verwendete Regel ist die **Wenn... Dann... Sonst...** .

Beim Filtern werden die Datensätze neu nummeriert.

Regeln im Seriendruck

Befehl	Erklärung	Beispiel
FRAGE... EINGEBEN...	Ermöglicht die Abfrage und die Eingabe von Informationen, die nicht in der Datenquelle gespeichert sind. Beide Felder haben die gleiche Funktion. Der wesentliche Unterschied besteht darin, dass der Text mit der EINGEBEN...- -Funktion direkt im Dokument angezeigt wird. Über die FRAGE...-Funktion wird der Text einer Textmarke zugewiesen.	Bei monatlichen Einladungen zu einem Meeting wird die Vorlage angefertigt und mithilfe des Frage-Feldes werden das Datum und die Uhrzeit des Meetings abgefragt. Mithilfe des Eingeben-Feldes werden das Datum und die Uhrzeit eingegeben. So kann die Vorlage immer wieder verwendet werden.
WENN... DANN... SONST...	Mithilfe der Wenn... Dann... Sonst...-Funktion können Textpassagen oder Wörter individuell, jedoch automatisch, eingegeben werden. Es wird eine Bedingung geprüft. Ist sie wahr, wird der Text aus dem Feld DANN... eingefügt, ist die Bedingung falsch, wird der Text aus dem Feld SONST... eingefügt.	Briefanrede: Sehr geehrter Herr bzw. sehr geehrte Frau. Wird der Brief an einen Herrn geschickt, soll geehrter, ansonsten geehrte angezeigt werden.
DATENSATZ ZUSAMMENFÜHREN	Ermöglicht das automatische Weiternummerieren von Datensätzen. Beginnend bei eins, wird die Zahl immer um eins erhöht.	Rechnungsnummern werden automatisch weiternummeriert.
SEQUENZ ZUSAMMENFÜHREN	Im Gegensatz zu DATENSATZ ZUSAMMENFÜHREN werden die Datensätze beim Filtern nicht neu nummeriert.	Rechnungsnummern werden automatisch weiternummeriert.
NÄCHSTER DATENSATZ	Der nächste Datensatz wird ohne Seiten- oder Abschnittswechsel eingefügt.	Wird bei Etiketten verwendet.
NÄCHSTER DATENSATZ WENN...	Wenn die Bedingung erfüllt ist, wird der nächste Datensatz ausgegeben und ohne Seiten- oder Abschnittswechsel eingefügt.	Kann zum Erstellen einer Adressliste verwendet werden.
TEXTMARKE FESTLEGEN...	Eine Textmarke wird bestimmt, auf die mit Feldfunktionen zugegriffen werden kann.	Rabattsätze, die händisch eingegeben werden müssen.
DATENSATZ ÜBERSPRINGEN WENN...	Wenn eine Bedingung erfüllt ist, wird der Datensatz übersprungen und nicht ausgegeben.	Mahnungen: Wurde die Rechnung bereits bezahlt, wird die Mahnung nicht ausgedruckt.

2.3.1 Eingeben-Funktion (Fill in)

Mithilfe der Eingeben-Funktion können Sie Daten eingeben, die in der Datenquelle nicht gespeichert sind.

Fill-in-Felder werden in Kombination gerne im Seriendruck verwendet. Der Vorteil: Als Expertin/Experte können Sie eine mit Fill-in-Feldern erstellte Seriendruckvorlage an Dritte weitergeben. Die Bearbeiterin/Der Bearbeiter muss dabei den Serienbrief nicht so gut beherrschen, sie/er muss nur die Dialogfelder ausfüllen.

Stellen Sie die Einfügemarke an die Position, an der Sie einen Text eingeben möchten, der nicht in der Datenquelle vorhanden ist, und wählen Sie

- SENDUNGEN – SCHREIB- UND EINFÜGEFELDER – REGELN
- EINGEBEN...
- Fügen Sie in das Textfeld EINGABEAUFFORDERUNG den Text ein, der angezeigt werden soll, z. B. geben Sie Ihr Geburtsdatum ein
- Fügen Sie in das Textfeld STANDARDEINGABETEXT den Text ein, der vorgegeben ist und lediglich geändert werden soll, oder geben Sie Anweisungen, wie der Text einzugeben ist, z. B. Datum tt.mm.yyyy, ein; dieses Feld müssen Sie nicht ausfüllen
- EINMAL FRAGEN: Möchten Sie nicht bei jedem Datensatz gefragt werden, ob der Text eingefügt werden soll, aktivieren Sie das Kontrollkästchen; ansonsten wird der Text in allen Briefen eingefügt
- OK
- Das Dialogfenster erscheint – geben Sie hier Ihren Text, z. B. das Datum, ein
- OK

Ihr eingegebener Text steht nun im Hauptdokument. Wenn Sie den Seriendruck zusammenführen, werden Sie wieder aufgefordert, den Text einzugeben. Der Vorteil eines Eingeben-Feldes besteht darin, dass Sie eine Dokumentvorlage für den Seriendruck anlegen können und lediglich Teile aktualisieren.

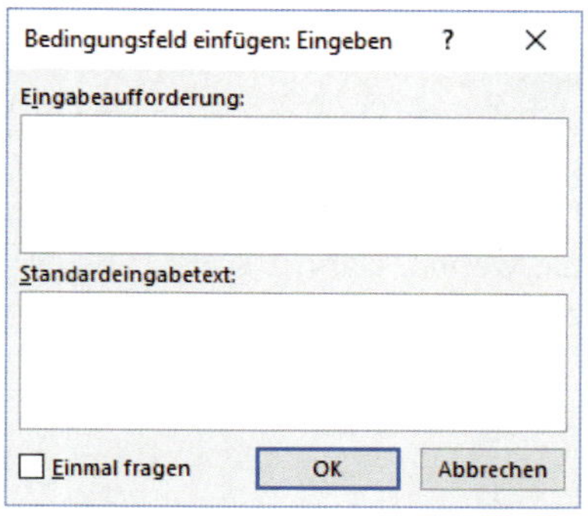

Das Eingeben-Feld funktioniert nur, wenn Sie eine Datenquelle ausgewählt haben. D. h. Sie benötigen eine Datenquelle, auch wenn Sie die Daten nicht aus der Datenquelle abrufen.

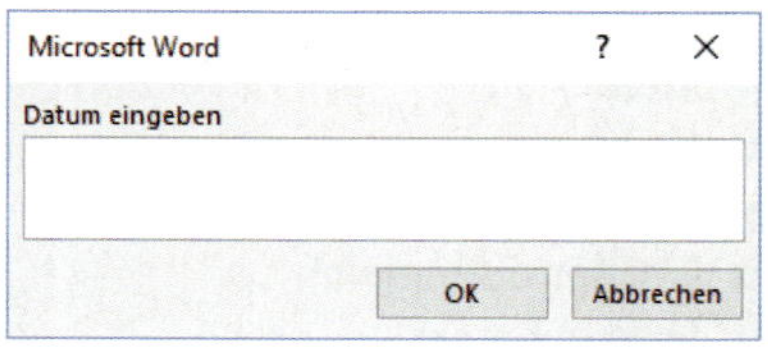

Mehrseitige Dokumente/Seriendokumente

Übung

- **Eingeben-Feld erstellen**

a) Öffnen Sie das Dokument **Tennis HD.docx.**
b) Legen Sie die Datenbank **Tennis Adr.accdb** als Datenquelle fest.
c) Fügen Sie die persönliche Anrede mit der Grußzeile ein.
d) Erstellen Sie neben den Leitwörtern Datum und Beginn die Regel EINGEBEN... Geben Sie bei der Eingabeaufforderung Datum »Geben Sie das Datum der Jahreshauptversammlung ein.« und bei Beginn »Geben Sie den Beginn der Jahreshauptversammlung ein.« ein. Wählen Sie einmal fragen.
e) Geben Sie in das Dialogfeld „Geben Sie das Datum der Jahreshauptversammlung ein." »30. März ....« und in das Dialogfeld „Geben Sie den Beginn der Jahreshauptversammlung ein." »19:00 Uhr« ein.
f) Führen Sie das Hauptdokument mit den Adressen zusammen.
g) Speichern Sie das zusammengeführte Dokument unter **Tennis SD.docx.**

Feldfunktion anzeigen
Alt + F9

2.3.2 Wenn... Dann... Sonst...-Bedingung

Die Wenn... Dann... Sonst...-Regel prüft eine Bedingung. Ist sie wahr, wird der Wert, der im Feld „Dann" steht, wiedergegeben. Ist die Bedingung falsch, wird der Wert aus dem Feld „Sonst" verwendet.

```
{ IF { MERGEFIELD Anrede } = "Frau" "Kundin" "Kunde" }
                             Wenn     Dann     Sonst
```

Die Angaben für die Bedingung werden automatisch zwischen zwei Anführungszeichen gesetzt.

Sehen Sie sich die Beispiele gut an und überlegen Sie, welches Feld Sie verwenden müssen, um die Wenn... Dann... Sonst...-Regel zu erstellen.

Diese Regel eignet sich hervorragend dazu, individuelle Textpassagen zu erstellen.

Erläuterung	Beispiele für veränderte Textpassagen
Alle Frauen werden mit „Kundin“, alle Herren mit „Kunde“ angesprochen.	Als **Kundin** unseres Hauses genießen Sie das ganze Jahr über viele Vorteile. Als **Kunde** unseres Hauses genießen Sie das ganze Jahr über viele Vorteile.
Alle Frauen werden mit „liebe“, alle Herren mit „lieber“ angesprochen. Das Geschenk ist ebenso geschlechterspezifisch.	Wir freuen uns, Ihnen, **liebe Frau** Maier, Ihr persönliches Weiterempfehlungsgeschenk – eine Flasche **Sekt** – übergeben zu dürfen. Wir freuen uns, Ihnen, **lieber Herr** Maier, Ihr persönliches Weiterempfehlungsgeschenk – eine Flasche **Wein** – übergeben zu dürfen.
Alle Ostösterreicherinnen und Ostösterreicher wenden sich an den Standort in Wien, alle Westösterreicherinnen und Westösterreicher an den Standort in Salzburg.	Bitte wenden Sie sich an unseren Standort in Wien. Bitte wenden Sie sich an unseren Standort in Salzburg.

Operatoren bei Vergleich

- Gleich
- Ungleich
- Kleiner als
- Größer als
- Kleiner oder gleich
- Größer oder gleich
- Ist nicht leer
- Ist leer

Stellen Sie die Einfügemarke an die Position, an der Sie die Bedingung erstellen möchten.

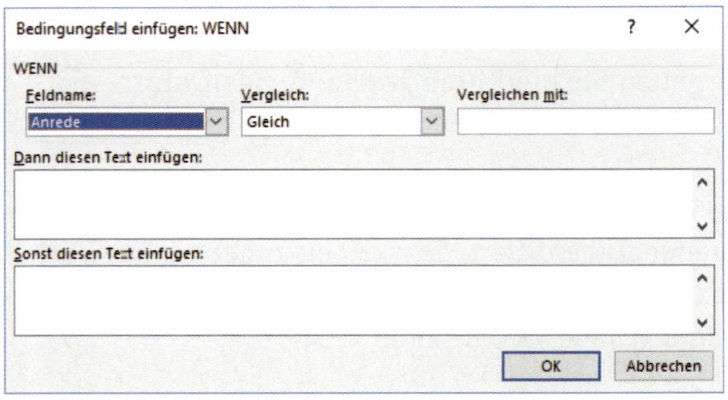

- SENDUNGEN – SCHREIB- UND EINFÜGEFELDER – REGELN
- WENN... DANN... SONST...
- Wählen Sie den FELDNAMEN aus, mit dem Sie prüfen möchten
- Wählen Sie einen Operator im Feld VERGLEICH aus
- Schreiben Sie in das Feld VERGLEICHEN MIT Ihren Vergleichstext
- Schreiben Sie in das Feld DANN DIESEN TEXT EINFÜGEN den Text, der ausgegeben werden soll, wenn die Prüfung wahr ist
- Schreiben Sie in das Feld SONST DIESEN TEXT EINFÜGEN den Text, der ausgegeben werden soll, wenn die Prüfung falsch ist

Wenn... Dann... Sonst...-Regeln der vorherigen Beispiele erstellen:

a) Alle Frauen werden mit „Kundin“, alle Herren mit „Kunde“ angesprochen.

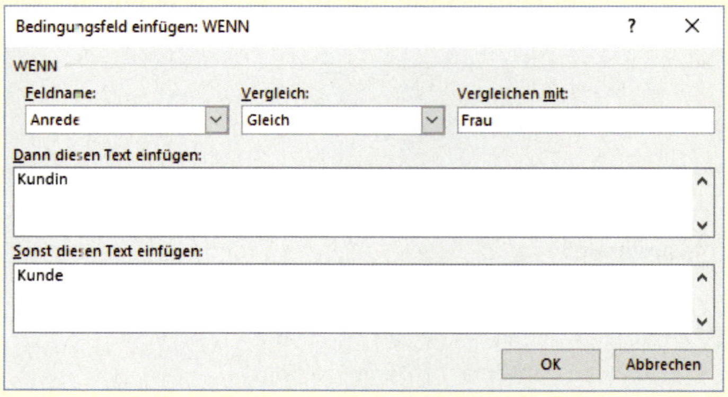

b) Alle Herren bekommen eine Flasche Wein, alle Frauen eine Flasche Sekt.

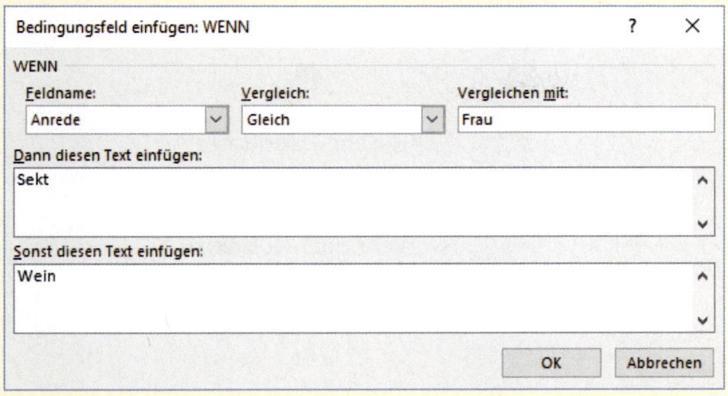

c) Alle Wienerinnen und Wiener, Niederösterreicherinnen und Niederösterreicher sowie Oberösterreicherinnen und Oberösterreicher wenden sich an den Standort in Wien, alle Bewohnerinnen und Bewohner der anderen Bundesländer wenden sich an den Standort in Salzburg.

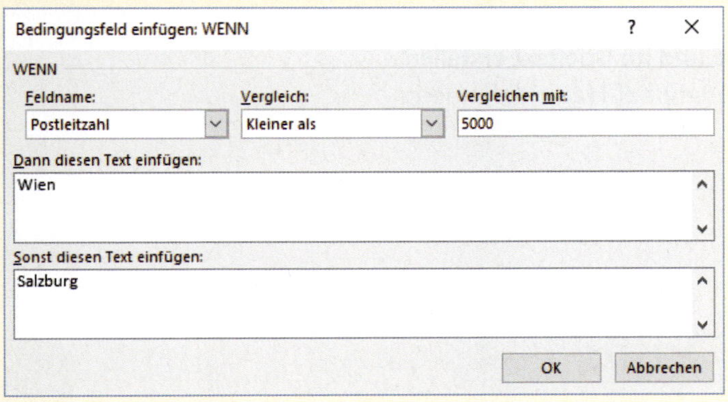

Denken Sie mit Ihrer Sitznachbarin/Ihrem Sitznachbarn die Wenn... Dann... Sonst...-Bedingung für die geschlechtsspezifische Briefanrede durch.

Übungen

1. Wenn... Dann... Sonst...-Bedingung für die Briefanrede erstellen

a) Erstellen Sie ein neues Dokument. Ali hat das Design Facette gewählt.
b) Gestalten Sie den folgenden Brief mit mehrzeiliger Zentrierung als Serienbrief-Hauptdokument.
c) Formatierungs- und Gestaltungselemente nach eigener Wahl.

Absender:	Tennisverein „Flinke Hände“, Obmann: Kurt Weingartner, Heimschuh 100, 8451 HEIMSCHUH, ÖSTERREICH/AUSTRIA, Telefon: +43 3452 82 70, E-Mail: flinke_haende@gmx.at
Datum:	15. Juni ....
Betreff:	**Einladung zum Sommerfest**
Weitere Firmeninformationen:	ZVR-Zahl 123456789, Sparkasse Heimschuh, IBAN AT05 2394 2000 0012 3212, BIC SPST2200

Briefinhalt: Briefanrede mit Bedingung! Wir laden Sie, Ihre Familie, Freundinnen und Freunde sehr herzlich zu unserem traditionellen Tennisfrühschoppen ein. / *Es folgt eine mehrzeilige Zentrierung* Sonntag, 8. Juli .... / 9:00 Uhr Feldmesse vor dem Vereinshaus / anschließend Frühschoppen mit den „Guad-drauf-Musikern“ / Moderation durch Gaudi-Traudi *Ende Zentrierung* / Wir verwöhnen Sie mit Steckerlfischen, Grillwürsteln, Koteletts und hausgemachten Mehlspeisen. / Für unsere kleinen Gäste haben wir eine Hüpfburg organisiert. Ein weiteres Highlight ist das Kinderschminken. / Auf Ihr Kommen freut sich das Organisationsteam. Sportliche Grüße

d) Verwenden Sie die Adressliste **Sommerfest Adr.accdb.**
e) Gestalten Sie die Empfängeranschrift mit den Seriendruckfeldern.

f) Erstellen Sie die persönliche Briefanrede mit einer Wenn... Dann... Sonst...-Bedingung.

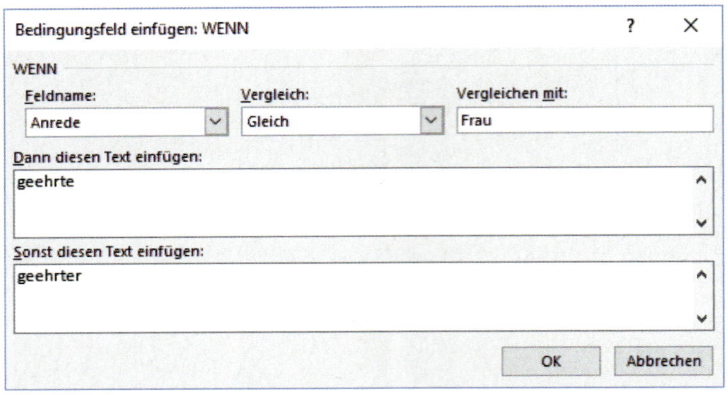

ZVR-Zahl = Zentrales Vereinsregister
Die ZVR-Zahl ist im Rechtsverkehr nach außen zu führen.

g) Speichern Sie das Hauptdokument unter **Sommerfest HD.docx.**
h) Führen Sie die Adressen mit dem Hauptdokument zusammen.
i) Speichern Sie das zusammengeführte Dokument unter **Sommerfest SD.docx.**
j) Drucken Sie das Dokument aus.

2. Wenn... Dann... Sonst...-Bedingung für die Briefanrede und im Brieftext erstellen
Gestalten Sie den folgenden Brief mit Absätzen als Serienbrief-Hauptdokument.

Wein- und Sektkellerei Walter Hirscher
Glanz 204, 8463 GLANZ AN DER WEINSTRASSE, ÖSTERREICH/AUSTRIA
Telefon +43 3454 70 26-0, Fax +43 3454 70 27
E-Mail office@hirscher-wein.at, Internet www.hirscher-wein.at

«Anrede»
«Vorname» «Nachname»
«Straße»
«Postleitzahl» «Ort»

7. März ....

Danke fürs Weiterempfehlen

Sehr geehrte «Anrede» «Nachname»!

Treue Kundinnen und Kunden sind wichtig für uns. Nicht nur, weil sie unsere Produkte gerne kaufen, sie empfehlen uns auch weiter. Dies stärkt uns in unserem Tun und Handeln. Somit wissen wir, dass sich unsere Arbeit lohnt.

Sie, liebe «Anrede» «Nachname», haben uns ebenso weiterempfohlen und dafür möchten wir uns mit einer Flasche Sekt bedanken. Diese können Sie gerne selbst bei uns abholen oder wir legen sie Ihrer nächsten Bestellung kostenlos bei.

Seit Ihrem letzten Besuch im Jahr «Jahr» hat sich Vieles getan. Im Jänner d. J. haben wir vier Exklusivzimmer neu errichtet und alle Winzerzimmer renoviert. Auch die neu gebaute Terrasse über den Weinreben lässt sich sehen. Details dazu entnehmen Sie dem beigelegten Prospekt.

Kommen Sie doch wieder einmal vorbei und überzeugen Sie sich selbst. Wir freuen uns auf Ihren Besuch.

Freundliche Grüße

Walter Hirscher jun.

1 Prospekt

Steiermärkische Sparkasse
IBAN: AT04 2965 8000 0000 6327
BIC: STSPOLSS
DVR-Nr.: 1111125

Firmenbuchgericht: Leibnitz
Firmenbuch-Nr.: FN 630021 b
UID-Nr.: ATU23201258
ARA-Nr.: 1222

Ali hat für diese Lösung das Design Fetzen verwendet.

a) Erstellen Sie die Adressliste **Hirscher Adr.mdb.**

Anrede	Vorname	Nachname	Straße	Postleitzahl	Ort	Jahr
Frau	Miriam	Gstöttner	Fridtjof-Nansen-Straße 2	9800	Spittal an der Drau	2014
Herr	Alvin	Seyer	Minorgasse 12	1140	Wien	2008
Frau	Stefanie	Mayerdorfer	Staudgasse 78	1180	Wien	2010
Herr	Roman	Dirnberger	Sebastian-Scheel-Straße 22/1	6020	Innsbruck	2012
Frau	Ivana	Korovac	Mühlweg 8	8332	Edelsbach	2010
Herr	René	Wagner	Adlerweg 34	8331	Widenwinkel	2011
Frau	Sabrina	Freiseder	Dornburggasse 9	7400	Oberwart	2016
Herr	Nico	Topolovic	Schafflerweg 20	8230	Unterlungitz	2012
Frau	Irina	Stolz-Pichler	Linzer Straße 74	4202	Hellmonsödt	2014

b) Fügen Sie das im Brieftext benötigte Seriendruckfeld ein.
c) Gestalten Sie im Brieftext zwei Wennbedingungen:
- ***Bedingung 1:** Bei einer Frau soll »liebe« und bei einem Herrn »lieber« eingefügt werden.
- ***Bedingung 2:** Alle Frauen erhalten eine Flasche Sekt, alle Herren eine Flasche Wein.

d) Gestalten Sie die Empfängeranschrift mit den Seriendruckfeldern.
e) Erstellen Sie die persönliche Anrede.
f) Speichern Sie das Hauptdokument unter **Hirscher HD.docx.**
g) Führen Sie die Datensätze 1 – 5 mit dem Hauptdokument zusammen.
h) Speichern Sie das zusammengeführte Dokument unter **Hirscher SD.docx.**
i) Drucken Sie das Dokument aus.

2.3.3 Regeln bei der Empfängeranschrift

Bisher haben Sie die Empfängeranschrift ohne akademische Grade, verliehene Titel und Mastergrade gelernt. In einer korrekten Empfängeranschrift sind sie anzuführen.

Beispiel

«Anrede» «Verliehener_Titel»
«Akademischer_Grad»«Vorname» «Nachname» «Mastergrad»
«Straße»
«Postleitzahl» «Ort»

Aha!
Bachelorgrade wie BSc, BEd, Mastergrade wie MSc, MAS und Doktorgrade wie PhD werden dem Nachnamen mit Leerzeichen nachgestellt.

Es werden immer alle vorhandenen Seriendruckfelder in der Empfängeranschrift verwendet, egal ob sie ausgefüllt sind oder nicht. Die Stelle bleibt dann leer.

Ein **Leerzeichen** wird **zwischen** der **Anrede** und dem **verliehenen Titel** gesetzt.

Zwischen dem **akademischen Grad** und dem **Vornamen** wird **kein Leerzeichen** gesetzt, hier wird eine WENN... DANN... SONST...-BEDINGUNG erstellt oder die Funktion FELD BEARBEITEN... verwendet.

Bachelor-, Master- und Doktorgrade werden wegen der einfacheren Lesbarkeit und Umsetzung in der EDV unter dem Begriff „Mastergrad" geführt.

Aha!
Wenn Sie zwischen dem akademischen Grad und dem Vornamen ein Leerzeichen setzen, bleibt es auch erhalten, wenn es keinen akademischen Grad gibt. Standesbezeichnungen, wie Ing. und Diplomgrade, wie Dipl.-Päd. etc., können Sie im Feld «Akademischer Grad» einfügen.

Einfügemarke zwischen die Seriendruckfelder «Akademischer_Grad» und «Vorname» stellen.

Beispiel: Wenn... Dann... Sonst...-Bedingung für den akademischen Grad

Wenn im Seriendruckfeld «Akademischer_Grad» etwas eingetragen ist, dann soll ein Leerzeichen gesetzt werden, sonst nicht.

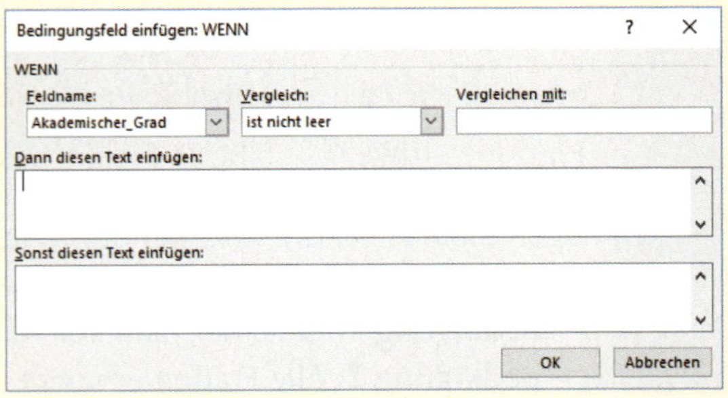

Akademischer Grad mit Leerzeichen einfügen

- DANN DIESEN TEXT EINFÜGEN: Ein Leerzeichen setzen
- OK

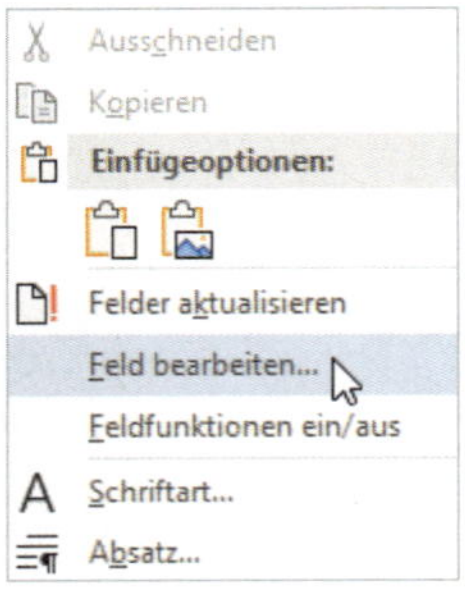

Beispiel: Feld bearbeiten beim akademischen Grad

- Kontextmenü im Feld «Akademischer_Grad»
- FELD BEARBEITEN...
- FELD AUSWÄHLEN – FELDNAMEN: MERGEFIELD
- In den FELDEIGENSCHAFTEN den Feldnamen kontrollieren, ob Akademischer_Grad
- FORMAT: SATZANFANG GROSS
- FELDOPTIONEN – DANACH EINZUFÜGENDER TEXT: aktivieren
- Leerzeichen im Textfeld setzen
- OK

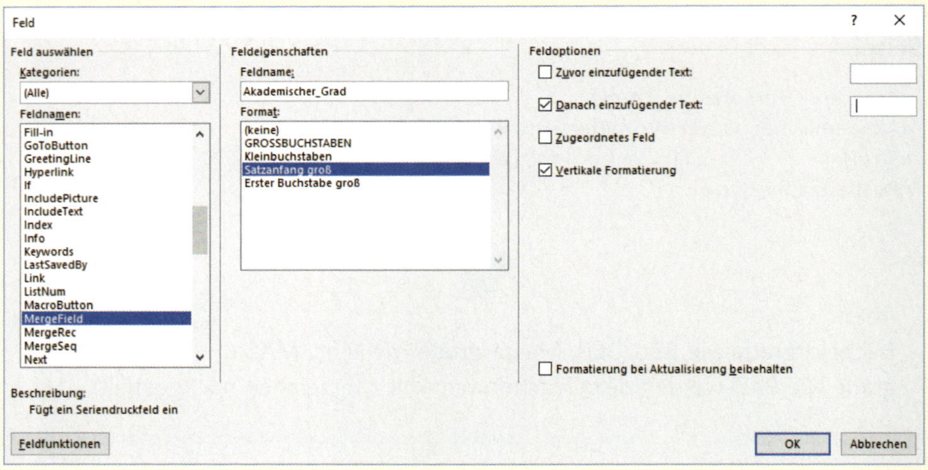

FILM AB!

Wie einfach und unkompliziert die Regeln bei der Empfängeranschrift eigentlich sind, sehen Sie im Video unter www.trauner.at/aim_v8.aspx.

Seriendruckfeld

{ MERGEFIELD Anrede }

Anstatt die Bedingung zu bearbeiten, ist es oftmals einfacher, sie zu löschen und neu zu erstellen.

Wenn... Dann... Sonst...-Bedingungen bearbeiten

Mit der Tastenkombination Alt + F9 können Sie die Seriendruckfelder und Bedingungen ansehen und bearbeiten.

Wenn... Dann... Sonst...-Bedingung für das Leerzeichen beim akademischen Grad

{ IF { MERGEFIELD Akademischer_Grad }<> "" " " "" }

Stellen Sie die Einfügemarke an die Position, an der Sie korrigieren möchten, und geben Sie die Änderungen ein.

Übungen

1. Wenn... Dann... Sonst...-Bedingung für die Empfängeranschrift erstellen

a) Öffnen Sie das Dokument **Saft_v.dotx.**

b) Erstellen Sie eine Adressliste für die Empfängerinnen und Empfänger und speichern Sie sie unter **Saft Adr.accdb.**

Datensatz	Anrede	Verliehener_Titel	Akademischer_Grad	Vorname	Nachname
1	Frau	Kommerzialrätin		Sabine	Kuscher-Marx
2	Herr		Dr.	Johannes	Markart
3	Frau			Monika	Baierl
4	Herr		DI	Norbert	Niederhammer
5	Frau	Direktorin	Mag.	Renée	Schwingenschuh
6	Frau			Alma Mirjam	Husic

Datensatz	Mastergrad	Adresszeile 1	Postleitzahl	Ort
1		Raxstraße 52	1100	Wien
2	MSc	Waldweg 11	3482	Fels am Wagram
3	BEd	Schluiferstraße 49	6330	Kufstein
4		Abtenau 106	5441	Abtenau
5		Faserstraße 4	4860	Lenzing
6		Gallizien 60	9132	Gallizien

c) Fügen Sie die Seriendruckfelder für die Empfängeranschrift und die Wenn... Dann... Sonst...-Bedingungen ein und kontrollieren Sie die Anschriften in der Vorschau.

d) Ergänzen Sie die persönlichen Daten im Brief.

e) Speichern Sie das Dokument unter **Saft HD.docx.**

2. Feld bearbeiten-Funktion in der Empfängeranschrift anwenden

a) Erstellen Sie ein neues Dokument in einem passenden Design.

b) Gestalten Sie den folgenden Brief mit Aufstellung als Serienbrief-Hauptdokument und fügen Sie die Bedingungen ein.

c) Formatierungs- und Gestaltungselemente nach eigener Wahl.

Absender:	Auto Weidlinger GmbH, Hauptstraße 9, 5600 SANKT JOHANN IM PONGAU, ÖSTERREICH/AUSTRIA, Telefon: +43 6412 80 12-0, Fax: +43 6412 80 19
Bezugszeichen:	....-02-28, we-zo, Jana Zorn, +43 6412 80 12-12, zorn@auto-weidlinger.at
Betreff:	**Angebot für Sommerkompletträder**
Weitere Firmeninformationen:	Volksbank St. Johann, Firmenbuchgericht: St. Johann, UID-Nr.: ATU77412547, BIC: VBSBAT5A, IBAN: AT74 4501 0000 0123 5474, Firmenbuch-Nr.: FN 41254b

Briefinhalt: Ihr «Auto» braucht neue Sommerreifen? Mit unserem Angebot für Sommerkompletträder sind Sie bestens gerüstet. Ein Kontingent an Sommerreifen haben wir bereits disponiert. Dieses steht ab Mitte März für Sie bereit. / Alle Sommerreifen sind auf original VW-Leichtmetallfelgen montiert – auf Anfrage bieten wir Ihnen die Sommerreifen auch auf Stahlfelgen an.

Auto	**Reifen**	**Dimension**	**Preis je Stück**
Golf VII	Bridgestone Potenza S001	225/45 R17 91Y	239,00 €
Amarok	Bridgestone Turanza T005	255/55 R19 111V XL	519,00 €
Polo	Falken Ziex ZE-310EC	195/55 R16 91V XL	219,00 €
Touran	Pirelli Cinturato P7	215/55R 17 94W	349,00 €

Alle angegebenen Preise sind **Endpreise inkl. USt** und **Wuchten.** Für die Radmontage stellen wir 10,00 €/Rad (inkl. USt) in Rechnung. / Bei Interesse an unserem attraktiven Sommerkomplettrad-Angebot ersuchen wir um telefonische Terminvereinbarung für die Montage. / Freundliche Grüße und gute Fahrt

PS: Möchten Sie Ihre Winterreifen ***Bedingung 1** bei uns einlagern? ***Bedingung 2**

d) Fügen Sie das im Brieftext benötigte Seriendruckfeld ein.
e) Erstellen Sie zwei weitere Wennbedingungen:
- ***Bedingung 1:** Bei allen Kundinnen und Kunden, die die Reifen bereits eingelagert haben, soll das Wort »wieder« eingefügt werden.
- ***Bedingung 2:** Bei allen Kundinnen und Kunden, die die Reifen noch nicht eingelagert haben, soll »Sichern Sie sich Ihren Platz um nur 35,00 €/Saison.« eingefügt werden. Bei allen anderen, die bereits eingelagert haben, soll kein Text eingefügt werden.

f) Erstellen Sie eine Adressliste für die Empfängerinnen und Empfänger in EXCEL und speichern Sie sie unter **Weidlinger Adr.xlsx.**

Datensatz	Anrede	Verliehener_Titel	Akademischer_Grad	Vorname	Nachname
1	Frau	Direktorin	Mag.	Marion	Hintringer-Mair
2	Herr		DDr.	Ernest	Hoffmann
3	Frau		DI	Marianne	Karlhuber
4	Herr	Stadtrat		Josef Karl	Ebner
5	Frau			Valentina	Feichtinger

Datensatz	Mastergrad	Adresszeile 1	Postleitzahl	Ort	Eingelagert	Auto
1		Urbar 36	5651	Lend	Ja	Golf
2		Kirchboden 103	5602	Kirchboden	Nein	Touran
3		Merlgasse 47	5600	St. Johann im Pongau	Nein	Polo
4		Markt 96	5621	St. Veit im Pongau	Ja	Amarok
5	MSc	Neue Heimat 8/1	5620	Schwarzach im Pongau	ja	Golf

g) Fügen Sie die Seriendruckfelder für die Empfängeranschrift ein, verwenden Sie die Funktion Feld bearbeiten. Kontrollieren Sie die Anschriften in der Vorschau.
h) Speichern Sie das Hauptdokument unter **Weidlinger HD.docx.**

FILM AB!

Ein Video dazu finden Sie unter www.trauner.at/aim_v9.aspx.

2.3.4 Persönliche Briefanrede mit akademischen Graden und verliehenen Titeln

Akademische Grade und verliehene Titel werden, wie Sie bereits wissen, auch in der persönlichen Briefanrede verwendet. Mit Wenn... Dann... Sonst...-Bedingungen ist es möglich, die unterschiedlichen Briefanreden zu erstellen.

Beispiele: Persönliche Briefanreden

Herr Mag. Thorsten Theurer	Sehr geehrter Herr Mag. Theurer,
Frau Bürgermeister Elvira Sommer	Sehr geehrte Frau Bürgermeister,
Herr Ardijan Goran, BEd	Sehr geehrter Herr Goran,
Frau Stephanie Neuhauser	Sehr geehrte Frau Neuhauser,

Positionieren Sie die Einfügemarke an der Stelle, an der Sie die Briefanrede erstellen möchten:

- Schreiben Sie das Wort »Sehr«
- Leerzeichen einfügen
- SENDUNGEN – FELDER SCHREIBEN UND EINFÜGEN – REGELN – WENN... DANN... SONST...: Bedingung vom Bild eingeben

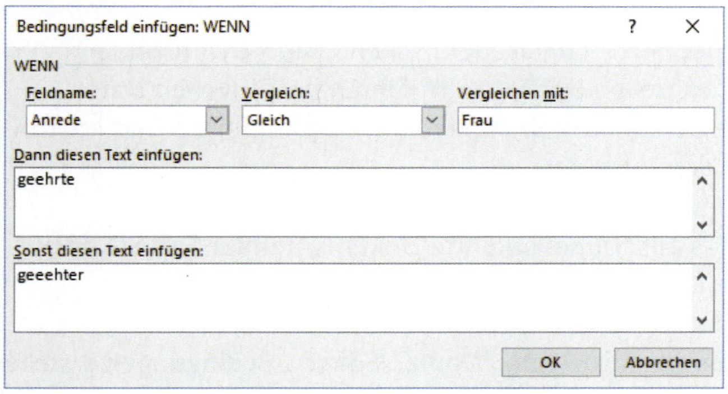

- OK
- Leerzeichen einfügen
- Seriendruckfeld «Anrede» einfügen
- Leerzeichen einfügen
- Seriendruckfeld «Verliehener_Titel» einfügen

```
{ IF { MERGEFIELD Verliehener_Titel }<> "" "" "|" }
```

- SENDUNGEN – FELDER SCHREIBEN UND EINFÜGEN – REGELN – WENN... DANN... SONST...: FELDNAME: Verliehener_Titel – VERGLEICH: ist nicht leer

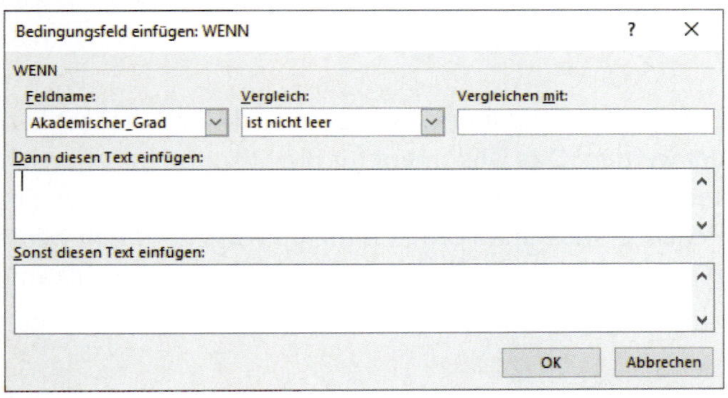

- OK
- Alt + F9
- Einfügemarke in das SONST der Wenn... Dann... Sonst...-Bedingung stellen
- Seriendruckfeld «Akademischer_Grad» einfügen
- SENDUNGEN – FELDER SCHREIBEN UND EINFÜGEN – REGELN – WENN... DANN... SONST...: Bedingung vom Bild eingeben
- Seriendruckfeld «Nachname» einfügen
- Am Ende (außerhalb aller Klammern) Satzzeichen setzen
- Alt + F9

So sieht Ihre fertige Briefanrede aus:

```
Sehr { IF { MERGEFIELD Anrede } = "Frau" "geehrte" "geehrter" } { MERGEFIELD Anrede } { MERGEFIELD Verliehener_Titel }{ IF { MERGEFIELD Verliehener_Titel }<> "" "" "{ MERGE-FIELD Akademischer_Grad }{ IF { MERGEFIELD Akademischer_Grad }<> "" " " "" }{ MERGE-FIELD Nachname }" },
```

Bedingung für Akademischen Grad erstellen

- DANN DIESEN TEXT EINFÜGEN: Leerzeichen setzen
- OK

Kontrollieren Sie die Briefanreden in der Vorschau.

Wenn Sie einen Fehler in der Briefanrede haben, ist es oftmals einfacher, die Briefanrede neu zu erstellen, als den Fehler zu suchen.

Vergleichen Sie Ihre Anrede mit dieser Vorgabe.

Übungen

1. Persönliche Briefanrede mit Wenn... Dann... Sonst...-Bedingungen erstellen und Datenbank bearbeiten

a) Öffnen Sie das Dokument **Saft HD.docx.**
b) Löschen Sie die Kundin Monika Baierl.
c) Fügen Sie bei Frau Husic den akademischen Grad »DDr.« ein.
d) Erstellen Sie einen neuen Datensatz mit Ihren persönlichen Daten.
e) Erstellen Sie die persönliche Briefanrede mit Bedingungen und kontrollieren Sie sie in der Vorschau.
f) Alle Herren sollen diesen Brief erhalten.
g) Speichern Sie das zusammengeführte Dokument unter **Saft SD.docx.**
h) Drucken Sie die Lösung mit Feldinhalten aus.

2. Persönliche Briefanrede mit Wenn... Dann... Sonst...-Bedingungen erstellen

a) Öffnen Sie das Dokument **Weidlinger HD.docx.**
b) Erstellen Sie die persönliche Briefanrede mit Bedingungen und kontrollieren Sie sie in der Vorschau.
c) Führen Sie die Adressen mit dem Hauptdokument zusammen.
d) Speichern Sie das zusammengeführte Dokument unter **Weidlinger SD.docx.**
e) Drucken Sie die Serienbriefe 1 – 3 aus.

2.4 Adressetiketten und Umschläge erstellen

Die Datenbank kann nicht nur für Serienbriefe, sondern auch für Adressetiketten und Umschläge verwendet werden. Das Dokument für die Etiketten bzw. Umschläge besteht ebenso aus einem Hauptdokument, in dem die Seriendruckfelder eingefügt, Bedingungen und Regeln erstellt und Formatierungen vorgenommen werden. Die fertigen Etiketten bzw. Umschläge werden in einem neuen WORD-Dokument ausgegeben.

2.4.1 Seriendruckdokument für Etiketten erstellen

Etiketten erstellen
SENDUNGEN – ERSTELLEN – ETIKETTEN

Kaufen Sie das Etikettenpapier, bevor Sie die Etiketten erstellen. Sie können dann den Hersteller und die Etiketteninformation in WORD auswählen. Es erscheint auf dem Bildschirm eine Tabelle in der Größe der Etiketten, die Sie gekauft haben.

- Leeres WORD-Dokument, in dem die Etiketten erstellt werden sollen, öffnen
- SENDUNGEN – SERIENDRUCK STARTEN – ETIKETTEN...
- ETIKETTENLIEFERANTEN und ETIKETTENNUMMER auswählen
- OK

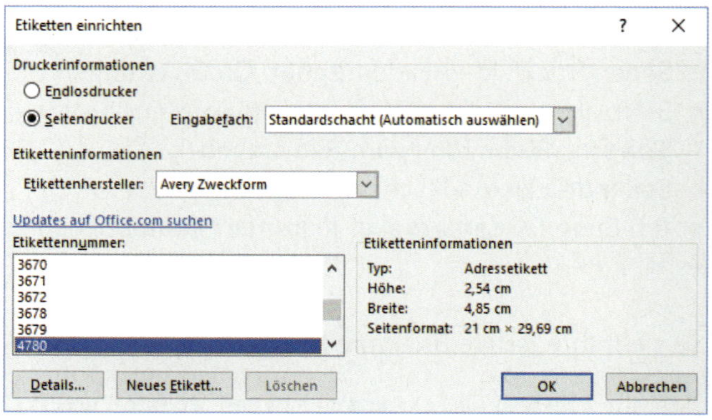

Die Einfügemarke steht im ersten Etikett links oben. Dies ist das Musteretikett, d. h., dieses Etikett wird mit Seriendruckfeldern, Texten, Bedingungen, Formatierungen usw. eingerichtet und diese Formatierung wird dann auf alle anderen Etiketten übertragen.

- Sendungen – Seriendruck starten – Empfänger auswählen – Neue Liste eingeben... oder Vorhandene Liste verwenden... auswählen
- Seriendruckfelder für die Empfängeranschrift einfügen: Sendungen – Schreib- und Einfügefelder – Seriendruckfeld einfügen

«Anrede»·«Verliehener_Titel»¶ «Akademischer_Grad»«Vorname»· «Nachname»«Mastergrad»¶ «Straße»¶ «Postleitzahl»·«Ort»¤	«Nächster·Datensatz»¶ ¤
«Nächster·Datensatz»¶ ¤	«Nächster·Datensatz»¶ ¤

- Evtl. Kurzabsender hinzufügen, Bedingungen erstellen, Felder bearbeiten, Leerzeichen einfügen und formatieren
- Oder die Adresse mithilfe des Adressblocks einfügen

Nachdem Sie Ihr Musteretikett eingefügt und formatiert haben, übertragen Sie den Inhalt und das Layout auf alle anderen Etiketten:

- Sendungen – Schreib- und Einfügefelder – Etiketten aktualisieren

Etiketten aktualisieren

«Anrede»·«verliehener_Titel»¶ «akademischer_Grad»«Vorname»·«Nachname»· «Mastergrad»¶ «Adresszeile_1»¶ «Postleitzahl»·«Ort»¶ ¤	«Nächster·Datensatz»«Anrede»·«verliehener_Titel»¶ «akademischer_Grad»«Vorname»·«Nachname»· «Mastergrad»¶ «Adresszeile_1»¶ «Postleitzahl»·«Ort»¶ ¤
«Nächster·Datensatz»«Anrede»·«verliehener_Titel»¶ «akademischer_Grad»«Vorname»·«Nachname»· «Mastergrad»¶ «Adresszeile_1»¶ «Postleitzahl»·«Ort»¶ ¤	«Nächster·Datensatz»«Anrede»·«verliehener_Titel»¶ «akademischer_Grad»«Vorname»·«Nachname»· «Mastergrad»¶ «Adresszeile_1»¶ «Postleitzahl»·«Ort»¶ ¤

- Sehen Sie sich die Empfängeranschriften in der Vorschau an: Sendungen – Vorschau Ergebnisse – Vorschau Ergebnisse

Herr·Direktor¶ Mag.·Konstantin·Hitzinger·¶ Am·Stadtplatz·8/3¶ 4470·Enns¶ ¤	Frau·¶ Irene·Paukert-Ehlers·BEd¶ Fischerndorf·32¶ 8992·Altaussee¶ ¤
Herr·¶ Dr.·Thomas·Weber·¶ Bahngasse·19¶ 7312·Unterpetersdorf¶ ¤	Frau·¶ Domna·Nikopolidou·¶ Feldgasse·11¶ 2320·Schwechat¶ ¤

- Exportieren Sie die Etiketten in ein neues Dokument: Sendungen – Fertig stellen – Fertig stellen und zusammenführen – Einzelne Dokumente bearbeiten...
- OK

2.4.2 Etiketten mit Mustervorlagen erstellen

Auf OFFICE.com gibt es eine Vielzahl an Vorlagen für Etiketten. Sobald Sie die Vorlage ausgewählt haben, führen Sie dieselben Schritte durch wie ohne Vorlage.

- Datei – Neu
- Suchbegriff »Etiketten« eingeben
- Vorlage auswählen

Benötigen Sie ein anderes Format als die vorgegebenen, können Sie alle Maße händisch eingeben:

- Sendungen – Seriendruck starten – Etiketten
- Neues Etikett...
- Informationen eingeben
- OK

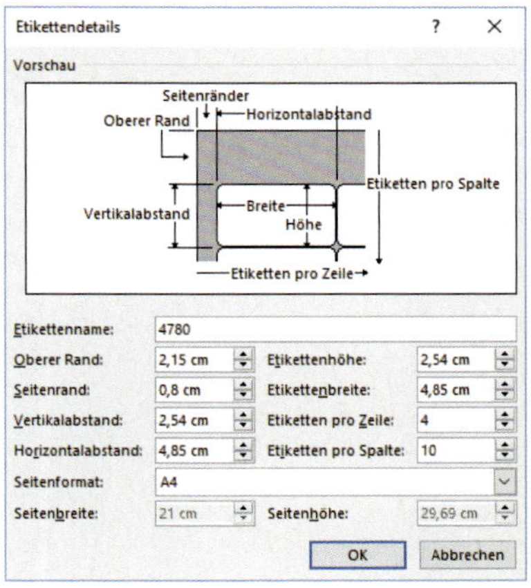

Nach Onlinevorlagen suchen

Mehrseitige Dokumente/Seriendokumente

Sie können die Etikettenfunktion auch für Visitenkarten verwenden.

2.4.3 Eine Seite desselben Etiketts erstellen

Oftmals ist es notwendig, eine Seite desselben Etiketts zu drucken. Dazu benötigen Sie nur ein paar einfache Schritte.

- SENDUNGEN – ERSTELLEN – ETIKETTEN
- Legen Sie in den Optionen den ETIKETTENLIEFERANTEN und die ETIKETTENNUMMER fest
- Geben Sie im Textfeld ADRESSE den Etikettentext ein

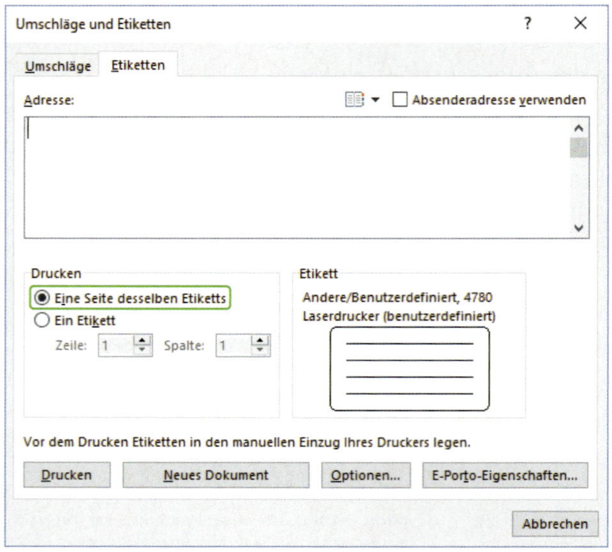

- Wählen Sie die Option EINE SEITE DESSELBEN ETIKETTS aus
- Wählen Sie DRUCKEN, um das Etikett direkt an den Drucker zu senden, oder NEUES DOKUMENT, um es in ein neues Dokument zu exportieren und anschließend bearbeiten und ausdrucken zu können

Übungen

1. Adressetiketten erstellen und ausdrucken

a) Erstellen Sie in einem neuen Dokument Adressetiketten für die Empfängeranschrift zum Aufkleben auf Briefkuverts.
b) Verwenden Sie die Adressliste **Saft Adr.accdb.**
c) Wählen Sie den Etikettenlieferanten Avery Zweckform, Etikettennummer 3477.
d) Fügen Sie den Kurzabsender ein: »Saft GmbH, Alpenstraße 156, 5020 SALZBURG, ÖSTERREICH/AUSTRIA«. Formatieren Sie ihn nach Ihrem Geschmack.
e) Fügen Sie die Seriendruckfelder und Bedingungen für die Empfängeranschrift ein.
f) Kontrollieren Sie die Etiketten in der Vorschau.
g) Führen Sie die Adressen mit dem Etiketten-Hauptdokument zusammen.
h) Speichern Sie das Etiketten-Hauptdokument unter **Saft ET HD.docx.**
i) Speichern Sie die Lösung unter **Saft ET.docx.**
j) Drucken Sie die Lösung aus.

Lösungsvorschlag:

2. Eine Seite desselben Etiketts mit Mustervorlage erstellen

a) Erstellen Sie in einem neuen Dokument Adressetiketten für Visitenkarten mit der Mustervorlage Adressetiketten (Bärchen) oder öffnen Sie die Vorlage **Visitenkarten_u.dotx.**
b) Füllen Sie ein Etikett mit Ihrem Vor- und Nachnamen sowie Ihrer Adresse aus – alle anderen Etiketten werden automatisch ausgefüllt.
c) Speichern Sie die Lösung unter **Visitenkarten SD.docx.**
d) Drucken Sie die Lösung aus.

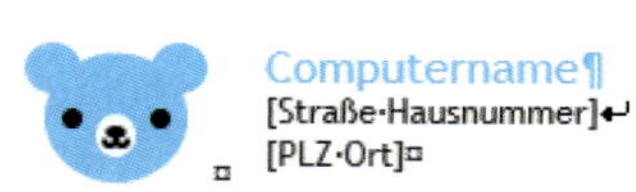

Ändern Sie dieses Musteretikett, indem Sie Ihre persönlichen Daten in die Inhaltssteuerelemente einfügen. Der Text wird automatisch auf allen anderen Etiketten geändert.

3. Adressliste und Adressetiketten erstellen

a) Erstellen Sie in einem neuen Dokument Adressetiketten mit den Namen Ihrer Professorinnen und Professoren für Ihre Abschlussfeier in 20 Minuten.

b) Erstellen Sie eine neue ACCESS-Datenbank für die Adressen. Speichern Sie sie unter **Feier Adr.accdb.**

c) Fügen Sie in die Datenbank die Namen, verliehenen Titel, akademischen Grade und Mastergrade Ihrer Professorinnen und Professoren ein. Wählen Sie die Adresse Ihrer Schule für die Anschrift.

d) Verwenden Sie einen Etikettenhersteller und eine Etikettennummer Ihrer Wahl.

e) Fügen Sie die Seriendruckfelder und Bedingungen für die Empfängeranschrift ein.

f) Speichern Sie das Etiketten-Hauptdokument unter **Feier ET HD.docx.**

g) Speichern Sie die Lösung unter **Feier ET.docx.**

2.4.4 Seriendruckdokument für Umschläge erstellen

Umschläge werden hauptsächlich mit den Empfängeranschriften und dem Firmenabsender bedruckt. Das Erstellen des Dokuments ist ähnlich wie das Erstellen eines Dokuments für Etiketten.

Umschläge erstellen
SENDUNGEN – ERSTELLEN – UMSCHLÄGE

- Leeres WORD-Dokument, in dem die Umschläge erstellt werden sollen, öffnen
- SENDUNGEN – SERIENDRUCK STARTEN – UMSCHLÄGE...
- Registerkarte UMSCHLAGOPTIONEN
- UMSCHLAGFORMAT, d. h. Kuvertformat, auswählen
- Für die EMPFÄNGERADRESSE und die ABSENDERADRESSE Schriftart und Position eingeben

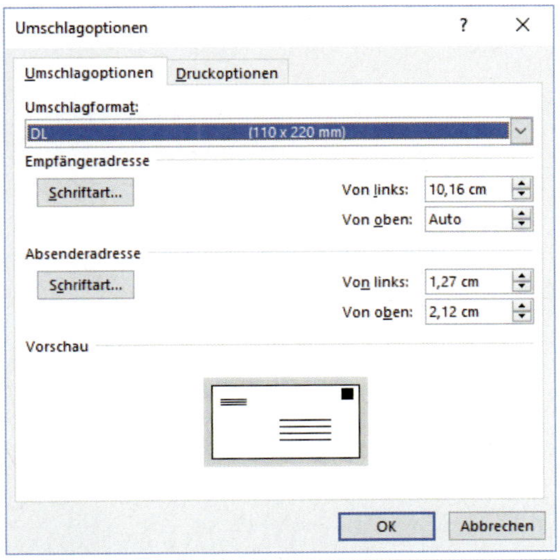

Wechseln Sie in die Registerkarte DRUCKOPTIONEN:

- Wählen Sie die Zufuhrmethode – wie das Kuvert in den Drucker eingezogen werden soll – aus
- Einzugsschacht auswählen
- OK

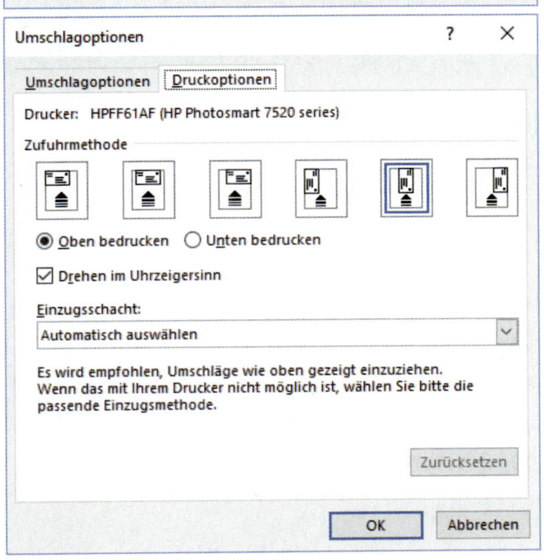

Ansicht im Hauptdokument:

Seriendruckdokument mit Adressdatei verknüpfen:

- SENDUNGEN – SERIENDRUCK STARTEN – EMPFÄNGER AUSWÄHLEN
- Schreiben Sie die Absenderadresse in das dafür vorgesehene Textfeld und formatieren Sie diese passend
- Fügen Sie in das Textfeld für die Empfängeranschrift die entsprechenden Seriendruckfelder und Bedingungen ein
- Kontrollieren Sie die Ergebnisse in der Vorschau
- Seriendruck FERTIG STELLEN UND ZUSAMMENFÜHREN

Es können auch Grafiken auf dem Umschlag eingefügt werden.

Übung

Umschläge erstellen

a) Erstellen Sie in einem neuen Dokument Umschläge mit der Empfängeranschrift und dem Absender.
b) Verwenden Sie die Adressliste **Hofstadler Adr.accdb.**
c) Wählen Sie das Umschlagformat DL.
d) Fügen Sie den Absender in das dafür vorgesehene Textfeld ein: »Hofstadler Industriereiniger GmbH, Kleegasse 59, 7041 WULKAPRODERSDORF, ÖSTERREICH/AUSTRIA, Telefon: +43 2687 622 20-0, Fax: +43 2687 622 30« sowie das Firmenlogo **Hofstadler.jpg;** formatieren Sie den Absender nach Ihrem Geschmack.
e) Fügen Sie die Seriendruckfelder und Bedingungen in das Textfeld für die Empfängeranschrift ein.
f) Kontrollieren Sie die Umschläge in der Vorschau.
g) Führen Sie die Adressen mit dem Umschlag-Hauptdokument zusammen.
h) Speichern Sie das Umschlag-Hauptdokument unter **Hofstadler Umschlag HD.docx.**
i) Speichern Sie die Lösung unter **Hofstadler Umschlag.docx.**

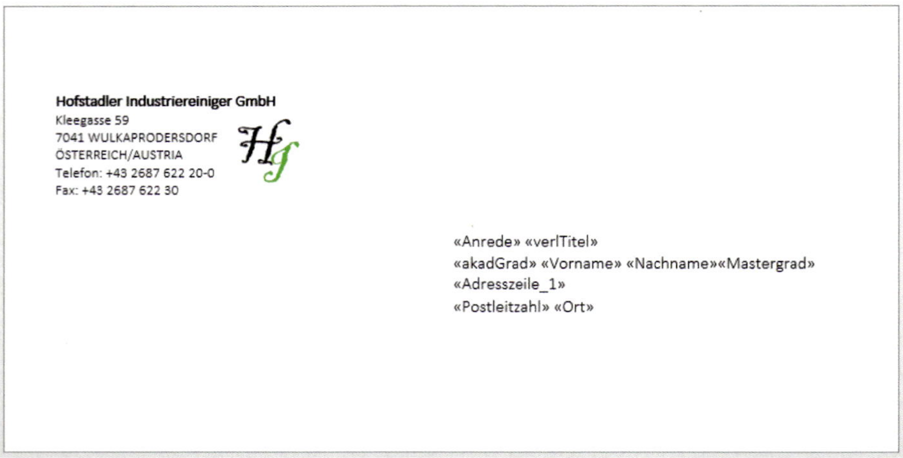
Hofstadler Industriereiniger GmbH
Kleegasse 59
7041 WULKAPRODERSDORF
ÖSTERREICH/AUSTRIA
Telefon: +43 2687 622 20-0
Fax: +43 2687 622 30

«Anrede» «verlTitel»
«akadGrad» «Vorname» «Nachname»«Mastergrad»
«Adresszeile_1»
«Postleitzahl» «Ort»

Ziele erreicht? – „Seriendokumente"

KOMPETENZ-ERWERB

1. Serienbrief mit Stichwörtern erstellen und per E-Mail versenden

a) Erstellen Sie ein Direct Mailing als Serienmail mit Stichwörtern in einem neuen Dokument in einem Design Ihrer Wahl.
b) Gestalten Sie den Absender mit Formatierungs- und Gestaltungselementen eigener Wahl.

Absender:	JUNA GmbH, Stahldesign, Fasanenweg 20, 7100 VÖLKERMARKT, ÖSTERREICH/AUSTRIA, Tel. +43 4232 25 78-0, Fax +43 4232 25 79, E-Mail: office@junastahl.at, Internet: www.junastahl.at
Bezugszeichen:	....-02-27, ju-ame, Elvira Amminger, +43 4232 25 78-19, amminger@junastahl.at
Betreff:	**Angebot – Catering**
Weitere Firmeninformationen:	Hypo Alpe-Adria Bank, BIC HAABAT2K, IBAN AT36 5200 0000 1145 2367 Firmenbuchgericht Völkermarkt, FN 27156 a, UID ATU77458928
Briefinhalt: Persönliche Anrede! Unsere Firma feiert ihr 50-jähriges Bestandsjubiläum. Dazu benötigen wir ein dreigängiges Menü in Buffetform und ersuchen daher um eine unverbindliche Angebotslegung: / Datum: 30. Mai .... um 19:30 Uhr / Ort: Veranstaltungszentrum K3 in St. Kanzian am Klopeiner See / Anzahl: 100 Personen / Bitte senden Sie uns ebenso Speisenvorschläge. Wäre es auch möglich, die Getränke von Ihnen zu beziehen? / Im Voraus vielen Dank für Ihr Angebot. Freundliche Grüße	

c) Verwenden Sie die Adressliste **Juna Adr.xlsx.**
d) Fügen Sie die Seriendruckfelder für die Empfängeranschrift und die Grußzeile ein.
e) Kontrollieren Sie die Serienbriefe in der Vorschau.
f) Senden Sie die Serienbriefe an die E-Mail-Adressen.
g) Speichern Sie das Serienmail unter **Juna SM.docx.**

2. Direct Mailing mit Etiketten – 50 min

a) Erstellen Sie ein Direct Mailing als Serienbrief in einem neuen Dokument im Standarddesign Office, Designfarben Ganymed.
b) Verwenden Sie für das gesamte Dokument die Schriftart Arial Narrow, 11 Punkt.
c) Gestalten Sie den Absender passend.

Absenderangabe:	STYLE IN – Fashion for all Outletstraße 1 | 7111 PARNDORF | ÖSTERREICH/AUSTRIA | Tel: +43 2166 35 14-0 STYLE IN Fashion for all
Bezugszeichen:	1. März ...., Elvira Arnetzeder, +43 2166 35 14-36, arnetzeder@stylein.at
Betreff:	**Vielen Dank für Ihre Treue**
Anlage:	Siehe Briefinhalt
Weitere Firmeninformationen:	Firmenbuchgericht Wien, Firmenbuchnummer FN 15700 o, ARA-Nr. 5520, UID-Nr. ATU 11123541, Bank Austria, BIC BKAUATWW, IBAN AT63 1200 0003 6521 4520

Briefinhalt: Briefanrede mit Bedingung! Treue wird in unserem Haus großgeschrieben. Dafür bedanken wir uns auf diesem Weg ganz besonders bei Ihnen. Als STYLE-IN-***Bedingung 1** genießen Sie das ganze Jahr über viele Vorteile. Einmal im Jahr vergüten wir Ihnen einen Teil Ihrer Einkäufe in Form einer Bonusgutschrift. Trennen Sie den Gutschein ab und lösen Sie ihn bei Ihrem nächsten Einkauf im STYLE IN ein. / Für Schnellentschlossene, die in den nächsten sieben Tagen bei uns einkaufen, gibt es zusätzlich ein kleines Dankeschön gratis. Kommen Sie also rasch vorbei und sichern Sie sich ***Bedingung 2.** / Wir freuen uns auf Ihr Kommen. / Grußformel

Gestaltungsvorschlag von Ali:

d) Verwenden Sie die Adressliste **STYLE IN Adr.mdb.**
e) Fügen Sie die Seriendruckfelder und die Bedingungen für die Empfängeranschrift ein.
f) Erstellen Sie die persönliche Briefanrede mit Bedingungen.
g) Fügen Sie in den Brieftext folgende Bedingungen ein:
- ***Bedingung 1:** Bei allen Frauen soll »Kundin«, bei allen Männern »Kunde« eingefügt werden;
- ***Bedingung 2:** Alle Frauen erhalten flauschig warme Lederhandschuhe, alle Herren erhalten einen trendigen, eleganten Schal.

h) Gestalten Sie unterhalb der Grußformel den Gutschein mit Textfeldern lt. Abbildung und fügen Sie das passende Seriendruckfeld ein.
i) Speichern Sie das Hauptdokument unter **STYLE IN HD.docx.**
j) Speichern Sie das zusammengeführte Dokument unter **STYLE IN SD.docx** und drucken Sie es aus.
k) Erstellen Sie mit der Adressliste **STYLE IN Adr.mdb** Etiketten mit der Empfängeranschrift für den Versand per Post.
l) Speichern Sie das Etiketten-Hauptdokument unter **STYLE IN ET HD.docx.**
m) Speichern Sie die Etikettenlösung unter **STYLE IN ET.docx.**

3. Serienbrief erstellen

a) Erstellen Sie ein Direct Mailing als Serienbrief in einem neuen Dokument im Standarddesign Office.

b) Verwenden Sie für den Brief die Grafik **Exquizit1.png.**

Event Partner Austria
Kulturservice AG
Kwizdastraße 11 | 2100 Korneuburg
Telefon: +43 2262 64 827 | **Ticket Line: 0820 820 606**
E-Mail: office@eventpartner.at | Internet: www.eventpartner.at

Unser Zeichen:	EP-mac
Name:	Christoph Macher
Telefon:	+43 2262 827-66
E-Mail:	mac@eventpartner.at
Datum:	....-04-16

«Anrede»
«Vorname» «Nachname»
«Adresszeile_1»
«Postleitzahl» «Ort»

exQUIZit – das kriminelle Dinnerquiz

«Anrede»

Sie möchten einen formidablen Abend der Extraklasse genießen? Avec plaisir! Hier ist die neue und außergewöhnliche Art einen Spieleabend zu genießen.

Die Zutaten: Raffinierte Quizfragen, interaktiv per iPad serviert. Garniert mit formidablen Showeinlagen. Vollendet abgerundet durch ein exklusives Menü. E voilà. So köstlich haben Sie sich bestimmt noch nie amüsiert.

Pfiffigkeit und Hausverstand sind gefragt. Très bien! Sie können nur brillieren – aber sich niemals blamieren. Denn Sie spielen unter einem Pseudonym. Miteinander, gegeneinander oder im Team. Ganz wie es Ihnen schmeckt ... pardon, gefällt.

Besuchen Sie uns auf unserer Webseite **www.exquizit.at.**

Freundliche Grüße nach «Ort»

i. A. ...

Übersetzungstipps

Avec plaisir!	Mit Vergnügen!
Formidable	Toll
E voilà	Bitte sehr
Très bien	Sehr gut

c) Verwenden Sie die Adressliste **Exquizit Adr.mdb.**
d) Fügen Sie die Seriendruckfelder für die Empfängeranschrift ein.
e) Erstellen Sie die persönliche Anrede mithilfe der Grußzeile.
f) Fügen Sie das im Brieftext benötigte Seitendruckfeld ein.
g) Speichern Sie den Serienbrief unter **Exquizit HD.docx.**
h) Führen Sie die Adressen mit dem Hauptdokument zusammen und kontrollieren Sie die Lösung.
i) Speichern Sie die Lösung unter **Exquizit SD.docx.**

4. Direct Mailing erstellen

a) Erstellen Sie ein Direct Mailing als Serienbrief oder verwenden Sie die Vorlage **Schnell_v.dotx.**
b) Gestalten Sie den Brief mit Formatierungs- und Gestaltungselementen eigener Wahl.

Absender:	Zweirad Schnell, Kög 16, 6600 REUTTE, ÖSTERREICH/AUSTRIA, +43 5672 723 14-0, office@zweiradschnell.at
Bezugszeichen:	12. April ...., Judith Schnell, jschnell@zweiradschnell.at, +43 5672 723 14-6
Betreff:	**Einladung zum Jahresservice**
Weitere Firmen-informationen:	Sparkasse Reutte, IBAN: AT71 2050 9000 0012 7458, BIC SPREAT22, FN: 86012 w, UID-Nr.: ATU12345677
Briefinhalt: Passende Anrede! Ihr «Fahrzeug» mit dem Kennzeichen «Kennzeichen», das am «Zulassung» erstmals zum Verkehr zugelassen wurde, feiert bald Geburtstag, d. h., es muss zur Pickerlüberprüfung. / Ein guter Grund, viele wichtige Funktionen im Rahmen eines Jahres-services überprüfen zu lassen. Ein umfassender Servicecheck gibt Ihnen Gewissheit, dass Sie sich weiterhin zu 100 % auf Ihr Fahrzeug verlassen können. / Bitte vereinbaren Sie in unserem Büro unter der Telefonnummer 05672 723 14-14 einen Termin für die Begutachtung nach § 57a. / Wir wünschen Ihnen eine gute Fahrt! Freundliche Grüße	

c) Erstellen Sie eine Adressliste mit folgenden Informationen und speichern Sie sie unter **Schnell Adr. mdb:**

Anrede	Vorname	Nachname	Adresszeile1	PLZ	Ort	Fahrzeug	Kenn-zeichen	Zulassung
Herr	Thomas	Seibert	Fernpassstraße 6	6600	Reutte	Moped	RE-2PCA	26. Mai 2017
Frau	Nora	Hofmeister	Wiesenweg 32	6600	Reutte	Microcar	RE-1AFL	24. Mai 2017
Herr	Jonas	Gstöttner	Weidasiedlung 79	6610	Hinterbichl	Motorrad	RE-528IR	12. Mai 2016
Herr	Moritz	Reisinger	Auweg 4	6671	Weißenbach am Lech	Moped	RE-2FEW	30. Mai 2018
Frau	Emma	Moser	Nesselwängle 101	6672	Nesselwängle	Motorrad	RE-2BPO	15. Mai 2018

d) Fügen Sie im Brieftext die benötigten Seriendruckfelder ein.
e) Erstellen Sie die Empfängeranschrift mit dem Adressblock.
f) Erstellen Sie eine Grußzeile für die persönliche Anrede.
g) Speichern Sie das Hauptdokument unter **Schnell HD.docx.**
h) Führen Sie die Adressen 1 bis 3 mit dem Hauptdokument zusammen.
i) Speichern Sie das zusammengeführte Dokument unter **Schnell SD.docx.**
j) Drucken Sie das Hauptdokument aus.

5. Serienmail mit Eingeben-Feld erstellen und versenden

a) Erstellen Sie die Einladung zu den Ballkomiteebesprechungen in einem neuen Dokument als Serienmail in einem Design Ihrer Wahl.
b) Wählen Sie für die Absendergestaltung die Daten und das Logo Ihrer Schule.
c) Erstellen Sie in EXCEL die Adressliste mit den Namen, Adressen und E-Mail-Adressen Ihrer Mitschülerinnen und Mitschüler.
d) Speichern Sie die Adressliste unter **Einladung Adr.xlsx.**
e) Fügen Sie die Seriendruckfelder für die Empfängeranschrift ein.
f) Erstellen Sie eine passende Anrede.
g) Formatierung und Gestaltung nach eigener Wahl.
h) Fügen Sie beim Datum und bei der Uhrzeit ein Eingeben-Feld ein und wählen Sie einen passenden Eingabetext.
i) Füllen Sie die Eingeben-Felder aus und speichern Sie das Hauptdokument unter **Einladung SM.docx.**
j) Senden Sie die Einladung an Ihre Mitschülerinnen und Mitschüler.

Liebe «Vorname»!

Zur Ballkomiteebesprechung laden wir Dich recht herzlich ein.

Datum	
Uhrzeit	
Ort	Raum 125

Die Tagesordnungspunkte werden in einer gesonderten E-Mail an Dich gesendet.

Wir ersuchen um pünktliches und verlässliches Erscheinen. Wer nicht teilnehmen kann, möge sich bitte per E-Mail ballkomitee@schule.at oder telefonisch entschuldigen.

Einen interaktiven **Safety-Check** finden Sie in der TRAUNER-DigiBox.

Business-Case 4. Semester – „Rosenbauer"

AUSGANGSSITUATION
Die Abteilungsleiterinnen und Abteilungsleiter treffen sich wöchentlich zu einem Jour-fixe. Dabei werden tagesaktuelle Themen, Aufgaben etc. besprochen. Dieses Mal ist ein Hauptthema der Tag der offenen Tür, der in zwei Monaten stattfinden wird. Gemeinsam mit einer Kollegin/einem Kollegen sind Sie für die Erstellung einer neuen Broschüre verantwortlich. Abteilungsleiter, Herr Michlmair leitet Ihnen das Protokoll der Jour-fixe-Sitzung mit der folgenden Notiz weiter.

Top 4 – Tag der offenen Tür

Am 15. Dezember .... findet der alljährliche Tag der offenen Tür für Kundinnen/Kunden bzw. Geschäftspartnerinnen/Geschäftspartner statt. Der Ablauf und die Organisation wurden bereits beim letzten Jour-fix am 1.10..... besprochen.

Ausständig ist noch die Gestaltung der Willkommensmappen. Der Inhalt der Mappen wurde bereits grob festgelegt:

- Programm
- Lageplan
- Block und Kugelschreiber
- Unterlagen mit Unternehmensinformation

Für die weiteren Schriftstücke brauchen wir einheitliche Vorlagen, damit alles dem Corporate Design entspricht.

Noch nicht geklärt wurde, welche Unternehmensinformationen bzw. welche Broschüren aufgenommen werden sollen. Alle Anwesenden einigten sich auf folgende Punkte:

- Geschichte des Unternehmens
- Firmenphilosophie
- Standorte
- Produkte

Herr Michlmair (Marketing) schlägt vor, statt der einzelnen Broschüren, die bereits auf der Website zur Verfügung stehen, eine kompakte Broschüre mit allen Inhalten zu erstellen. Dieser Vorschlag wird einstimmig angenommen. Voraussetzung ist, dass der Gesamtumfang (inkl. Deckblatt und Inhaltsverzeichnis) zehn Seiten nicht überschreiten darf.

Top 5 – Allfälliges

Die Geschäftsführung bittet alle Abteilungsleiterinnen und Abteilungsleiter darum, die Mitarbeiter/innen erneut darauf hinzuweisen, dass Rauchen am Betriebsgelände nur in den gekennzeichneten Zonen erlaubt ist.

rosenbauer

UNTERNEHMENSINFORMATION
Rosenbauer Österreich GmbH
Paschinger Straße 90
4060 Leonding
Tel. +43 732 67 94-0
Web: www.rosenbauer.at

Business-Case 4. Semester – „Primus Fashion“

AUSGANGSSITUATION
Primus Fashion ist eine Modeboutique in Salzburg. Sie arbeiten in der Marketingabteilung. Ihr Vorgesetzter Herr Ebner ruft Sie wegen einer Werbeaussendung an.

PRIMUS

Ich habe Ihnen eine Vorlage für eine Werbeaussendung geschickt. Bitte bereiten Sie sie mit den Adressen für den Postversand für den Standort Salzburg auf. Die blaugeschriebenen Texte müssen aktualisiert bzw. gegendert werden.

Legen wir das Leaflet mit den neuen Standorten und dem Onlineshop dazu?

Das ist eine gute Idee, fügen Sie das bitte im Brief hinzu und mailen Sie mir den fertigen Brief.

In der TRAUNER-DigiBox stehen Ihnen folgende Dateien zur Verfügung: **Primus_v.dotx** und **Primus_Adr.xlsx.**

I Themenübergreifende Fallbeispiele

Dieses Kapitel bietet Ihnen themenübergreifende praxisnahe Fallbeispiele. Dabei können Sie unter Beweis stellen, was Sie im Gegenstand „Officemanagement und angewandte Informatik" bereits gelernt haben!

Themenübergreifende Fallbeispiele

1. Freigegenstand (3. Semester)

Ausgangssituation

Ihre Schule bietet den Schülerinnen und Schülern eine Reihe an Freigegenständen. Jedes Schuljahr besteht die Möglichkeit, sich anzumelden. Als Klassensprecher/in haben Sie die Aufgabe, Ihre Klassenkolleginnen und Klassenkollegen über die verschiedenen Möglichkeiten zu informieren und die Anmeldungen zu koordinieren. Es ist einiges zu organisieren:

- *Informationsblatt zu den Freigegenständen*
- *Anmeldeformular*

Aufgaben

a) Erstellen Sie in WORD in einem Design Ihrer Wahl (passen Sie das Design z. B. an die Farben, Schriften, das Logo ... Ihrer Schule an) ein Informationsblatt zu den Freigegenständen „First Cambridge Certificate Vorbereitungskurs", „Peermediation" und „Philosophischer Einführungsunterricht".
Speichern Sie das Informationsblatt unter **Freigegenstand1.docx.**

b) Erstellen Sie ein Anmeldeformular für die Freigegenstände. Achten Sie auf das Corporate Design und verwenden Sie das gleiche Design für Formular und Informationsblatt. Das Formular soll als PDF zum Drucken und als Onlineformular zur Verfügung stehen. Speichern Sie das PDF-Dokument unter **Freigegenstand2.pdf** und das Onlineformular unter **Freigegenstand3.dotx.**

Lösungsvorschlag

Anmeldung Freigegenstände

Name der Schülerin/des Schülers: ....

Klasse: .... *Schuljahr:* ....

Ich melde mich verbindlich für folgenden Freigegenstand an:

- ❑ First Cambridge Certificate Vorbereitungskurs
- ❑ Peermediation
- ❑ Philosophischer Einführungsunterricht

....

Datum Unterschrift der Erziehungsberechtigten

Informationsblatt – Freigegenstände

Sehr geehrte Eltern!
Liebe Mitschülerinnen und Mitschüler!

Im Schuljahr ..../.... stehen folgende Freigegenstände zur Auswahl. Anmeldeformulare liegen bei. Ich ersuche um verbindliche Anmeldung mit Unterschrift der Erziehungsberechtigten auf dem Anmeldeformular bis spätestens

15. September ....

Vielen Dank!

Eure Klassensprecherin/Euer Klassensprecher

First Cambridge Certificate Vorbereitungskurs
Möchtest du eine Zusatzqualifikation erwerben, die für deine spätere Karriere ausschlaggebend sein könnte? Bist du einigermaßen sattelfest in Englisch? Dann ist das FCE genau das Richtige für dich. Im Vorbereitungskurs werden alle Prüfungsteile trainiert: Listening and Reading, Comprehension, Writing, Use of English und Speaking. Wir verwenden Unterlagen von früheren Prüfungen und ein Lehrbuch.

Peermediation
Aufgabe von Peermediatoren ist es, im Konfliktfall zwischen Mitschülern zu vermitteln und mitzuhelfen, mit den Konfliktparteien tragfähige Lösungen zu erarbeiten. Ausbildungsschwerpunkte für geeignete sozial engagierte Schüler sind Mediationstechniken, Moderation von Konfliktgesprächen, Kommunikationsstrategien und Gesprächstechniken sowie Weiterbildung für aktive Peermediatoren durch Supervision, Fallbesprechungen, Festigen und Vertiefen der Mediationskompetenz.

Philosophischer Einführungsunterricht
Im diesem exotische Freigegenstand werden auf eher spielerische Art und Weise die Grundzüge des menschlichen Erlebens und Verhaltens behandelt. Philosophie als menschlichem Grundbedürfnis soll entdeckt, Kritikfähigkeit vermittelt und zu eigenständigem und autonomem Denken hingeführt werden. Themen wie soziale Wahrnehmung, Vorurteilsbildung, Lernpsychologie, Frustrations- und Aggressionstheorien, Grundzüge der klassischen Psychoanalyse, Psychologie der Mode und des Konsums werden behandelt. Durch kleine gruppendynamische Übungen und Tests soll auch der Spaßfaktor nicht zu kurz kommen.

2. Klassenausflug (4. Semester)

Ausgangssituation

Wie jedes Schuljahr beschließen Sie als Klassensprecher/in gemeinsam mit Ihrem Klassenvorstand, gegen Schulschluss einen gemeinsamen Klassenausflug mit Übernachtung zu veranstalten. Nachdem der Termin des Klassenausflugs mit 29. und 30. Juni .... fixiert wurde, können die Vorbereitungen starten.

Gemeinsam mit Ihrem Klassenvorstand überlegen Sie, welche Vorbereitungen getroffen werden müssen, damit der Klassenausflug ein gelungens Erlebnis für alle Teilnehmer/innen wird:

- *Ausflugsziel: Landeshauptstadt Graz*
- *Programmpunkte*
- *Transportmittel*
- *Unterkunft und Verpflegung*
- *Ansuchen in der Direktion*
- *Informationsblatt für die Eltern*

Aufgaben

a) Recherchieren Sie im Internet unter www.google.at nach Jugendherbergen, Sehenswürdigkeiten und Programmpunkten in Graz. Informieren Sie sich zudem über kostengünstige Transportmittel von Ihrem Schulstandort nach Graz. Fassen Sie Ihre Suchergebnisse in einem WORD-Dokument zusammen. Speichern Sie das Dokument unter **Klassenausflug1.docx.**

b) Bearbeiten Sie die folgende Aufgabenstellung in einer Partnerarbeit. Eine Schülerin/ein Schüler übernimmt die Aufgabe der Klassensprecherin/des Klassensprechers, die andere Schülerin/der andere Schüler versetzt sich in die Rolle einer Reisebüromitarbeiterin/eines Reisebüromitarbeiters.

Klassensprecher/in:

- Senden Sie als Klassensprecher/in eine E-Mail-Anfrage an die Reisebüromitarbeiterin/den Reisebüromitarbeiter. Erkundigen Sie sich in diesem E-Mail nach Ausflugszielen, Programmpunkten, Transportmitteln sowie Unterkunft und Verpflegung in Graz. Geben Sie an, dass die Kosten für den Klassenausflug 110 Euro pro Person betragen dürfen.
- Um all diese Daten in Ihrem E-Mail-Programm zu verwalten, legen Sie die neuen Aufgaben **Graz: Anfrage senden** und **Graz: E-Mail an Mitschüler/innen schreiben** an.
- Verfassen Sie ein E-Mail mit den Informationen über den geplanten Klassenausflug (Ausflugsziel, Termin) an Ihre Mitschüler/innen. Ihre E-Mail-Korrespondenz legen Sie in dem eigens erstellten Ordner **Graz** ab. Achten Sie darauf, dass Sie hier sowohl aus- als auch eingehende E-Mails ablegen.
- Erstellen Sie einen Termin für ein Meeting mit Ihrer Klassenvorständin/Ihrem Klassenvorstand, bei dem Sie alle erhaltenen Informationen weitergeben können.

Reisebüromitarbeiter/in:

- Antworten Sie auf die Anfrage der Klassensprecherin/des Klassensprechers. Erstellen Sie ein konkretes Angebot für den Klassenausflug, beachten Sie die Kostenvorgabe. Senden Sie es per E-Mail an Ihre Mitschülerin/Ihren Mitschüler.
- Damit Sie die Daten verwalten können, legen Sie die neuen Aufgaben Anfrage Klassenausflug: Transport, Anfrage Klassenausflug: Ausflugsziele/Programmpunkte und Anfrage Klassenausflug: Unterkunft an.
- Erstellen Sie einen eigenen Ordner mit dem Namen Anfrage Klassenausflug und legen Sie alle aus- und eingehenden E-Mails dort ab.
- Erstellen Sie einen Termin, bis wann Sie eine Rückmeldung/Antwort von der Klassensprecherin/vom Klassensprecher erwarten.

c) Ihr Klassenvorstand informiert Sie, dass es bei mehrtägigen Schulveranstaltungen notwendig ist, bei Ihrer Direktorin/Ihrem Direktor ein Ansuchen zu stellen. Formulieren Sie ein entsprechendes Schreiben in WORD mit den Informationen (Reiseziel, Datum, Begleitlehrer/in) über die geplante Reise. Speichern Sie das Dokument unter **Klassenausflug2.docx.**

d) Gestalten Sie in WORD ein Informationsblatt laut Vorlage für die Eltern über den Klassenausflug. Ergänzen Sie das Reiseprogramm entsprechend dem Angebot des Reisebüros. Fügen Sie dem Schreiben einen Abschnitt für die Zustimmung zur Teilnahme mit Unterschrift sowie ein Informationsblatt über die rechtlichen Grundlagen hinzu. Arbeiten Sie mit Designs und Formatvorlagen, um die Formatierung rationell und einfach zu gestalten. Speichern Sie das Schreiben unter **Klassenausflug3.docx.**

INFORMATION ÜBER DIE MEHRTÄGIGE SCHULVERANSTALTUNG „LANDESHAUPTSTADT GRAZ"

Sehr geehrte Eltern!

In diesem Schuljahr ist eine zweitägige Reise in die Landeshauptstadt Graz für die Schüler/innen der 2 A HAS geplant.

Mehrtägige Schulveranstaltung sind vom SGA zu genehmigen, wenn sich mehr als 70 % der Schüler verbindlich anmelden.

DATUM 29. BIS 30. JUNI ....

REISEKOSTEN
ca. 45 EUR für Unterkunft und Transport
ca. 40 EUR Eintritte und für einen Musicalbesuch
ca. 25 EUR für Verpflegung
Individuelles Taschengeld

Bis spätestens 31. März .... ist die Anzahlung in Höhe von 30 EUR fällig.

Genaue Kontoangaben folgen rechtzeitig.

Bis spätestens 31. Mai .... ist die Restzahlung in Höhe von EUR ... zu leisten.

Die exakte Abrechnung der Reisekosten erfolgt nach Abschluss der Reise.

BEGLEITLEHRER/IN
Frau ...., BEd
Herr Mag. ....

REISEPROGRAMM MONTAG, 29. JUNI ....

Abreise ca. 6:00 Uhr
Check-in in der Jugendherberge .... um ca. .... Uhr
Besichtigung .....
Besichtigung .....
Besichtigung .....
Abendessen in der Jugendherberge ....
Musicalbesuch ....

DIENSTAG, 30. JUNI ....

Besichtigung .....
Besichtigung .....
Besichtigung .....
Rückreise ca. ... Uhr
Ankunft ca. ... Uhr

Während der Reise herrscht absolutes Alkohol- und Rauchverbot. Die Anschrift und Telefonnummer der Jugendherberge sowie die Kontaktdaten des Begleitlehrers und der Begleitlehrerin werden rechtzeitig bekanntgegeben.

EINVERSTÄNDNISERKLÄRUNG UND VERBINDLICHE ANMELDUNG ZUR GRAZREISE

O JA

Ich .... der/die Erziehungsberechtigte/Unterhaltsverpflichtete der Schülerin/des Schülers der 2 A HAS .... geb. am .... bin verbindlich mit der Teilnahme meines Sohnes/meiner Tochter an der Reise nach Graz vom 29. bis 30. Juni .... einverstanden und verpflichte mich, die anfallenden Kosten für diese mehrtägige Schulveranstaltung zu übernehmen und habe die rechtlichen Grundlagen zur Kenntnis genommen.

Ich erkläre mich damit einverstanden, dass im Falle eines Ausschlusses meines Sohnes/meiner Tochter .... von der mehrtägigen Schulveranstaltung, dass er/sie die Heimreise unbegleitet antritt bzw. von jemandem abgeholt wird und übernehme die Kosten dafür. Unter nachstehender Telefonnummer .... bin ich verbindlich während der Schulveranstaltung vom 29. bis 30. Juni .... in Notfällen erreichbar.

O NEIN

Ich .... der/die Erziehungsberechtigte/Unterhaltsverpflichtete der Schülerin/des Schülers der 2 A HAS .... geb. am .... bin NICHT damit einverstanden, dass mein Sohn/meine Tochter an der Reise nach Graz teilnimmt und habe die rechtlichen Grundlagen zur Kenntnis genommen.

....

Unterschrift des Erziehungsberechtigten

RECHTLICHE GRUNDLAGEN (ÜBERBLICK)

SCHUG § 13 ABS. 1

Aufgabe der Schulveranstaltungen ist die Ergänzung des lehrplanmäßigen Unterrichtes durch unmittelbaren und anschaulichen Kontakt zum wirtschaftlichen, gesellschaftlichen und kulturellen Leben. Schulveranstaltungen sind Pflichtveranstaltungen. Nicht teilnehmende Schüler müssen am angebotenen Ersatzunterricht teilnehmen.

SCHVV § 9 ABS. 1

Ob mehrtägige Schulveranstaltungen stattfinden dürfen entscheidet der Schulgemeinschaftsausschuss gemäß § 63a und § 64 des SchUG.

SCHVV § 9 ABS. 2

Eine mehrtägige Veranstaltung setzt die Teilnahme von zumindest 70 % der Schüler der Klasse voraus.

SCHULORDNUNG § 9 ABS. 1 UND 2

§ 1 Der Genuss alkoholischer Getränke ist den Schülern bei Schulveranstaltungen Veranstaltungen untersagt.

§ 2 Das Rauchen ist den Schülern bei Schulveranstaltungen untersagt.

SCHVV § 10 ABS. 5

Stört ein Schüler den geordneten Ablauf einer Schulveranstaltung in schwerwiegender Weise oder wird durch sein Verhalten die eigene oder die körperliche Sicherheit der anderen Teilnehmer gefährdet, so kann der Leiter der Schulveranstaltung den Schüler von der weiteren Teilnahme an der Schulveranstaltung ausschließen. Die Erziehungsberechtigten sind vor der Durchführung einer mehrtägigen Schulveranstaltung verpflichtet, eine Adresse/Telefonnummer anzugeben, an/unter der sie tatsächlich erreichbar sind. Außerdem haben sie eine Erklärung darüber abzugeben, ob sie im Falle des Ausschlusses ihres Kindes mit dessen Heimfahrt ohne Begleitung einverstanden sind oder für eine Beaufsichtigung während der Heimfahrt Sorge tragen werden.

3. 10-jähriges Firmenjubiläum (4. Semester)

Ausgangssituation

Sie absolvieren Ihr Praktikum bei Computercenter Gerold Hutter e. U. in Salzburg. Das Computercenter Gerold Hutter e. U. ist ein Familienunternehmen mit 47 Mitarbeiterinnen und Mitarbeitern und in der Region für seinen schnellen und zuverlässigen Service sowie die günstigen IT-Lösungen für Jungunternehmen bekannt. Ihr Aufgabenbereich umfasst alle Tätigkeiten des Sekretariats und bietet Ihnen einen spannenden und abwechslungsreichen Arbeitsalltag.

Im Rahmen des alljährlichen Hoffestes soll heuer das 10-jährige Bestehen des Unternehmens gefeiert werden. Ihr Vorgesetzter, Herr Gerold Hutter, bittet Sie, für das Firmenjubiläum folgende Unterlagen vorzubereiten:

- *Einladungsschreiben an alle Kundinnen und Kunden*
- *Urkunde für langjährige Mitarbeiterinnen und Mitarbeiter*
- *Anfrage an Restaurants für ein Galadiner für 100 Personen*
- *Speise- und Getränkekarte in Form eines Folders zum Aufstellen auf den Stehtischen für den Tag der offenen Tür im Rahmen des Jubliäums*
- *Speise- und Getränkekarte als Menükarte für das Galadiner*
- *POWERPOINT-Präsentation zur Vorstellung des Unternehmens*

Aufgaben

a) Gerold Hutter bittet Sie um Bearbeitung folgender To-do-Liste für das Firmenjubiläum. Diktieren Sie einer Mitschülerin/einem Mitschüler die Liste und beachten Sie dabei die Regeln für das Diktieren mit Anweisungen. Buchstabieren Sie bei Bedarf nicht allgemein bekannte Ausdrücke.

10-JÄHRIGES FIRMENJUBILÄUM

TO-DO-LISTE

1. Einladungsschreiben für alle Kundinnen und Kunden als Serienbrief gestalten. Verwenden Sie die Adressen aus den Adresslisten für die Privat- und Firmenkunden. Zu erledigen bis ....
2. Präsentation in POWERPOINT für die Jubiläumsfeier mit formschönem Layout, dezenter und einheitlicher Animation erstellen. Zu erledigen bis ... Die Präsentation soll beinhalten:
   a) Informationen zum Unternehmen (Eckdaten)
   b) Informationen zu den Leistungen und Zusatzleistungen
   c) Diagramm: Anzahl der Mitarbeiterinnen und Mitarbeiter nach Abteilungen
   d) Diagramm: Prozentuelle Aufteilung von Verkauf und IT-Lösungen
3. Formschönes Layout, dezente und einheitliche Animation
4. Urkunde für alle Mitarbeiter und Mitarbeiterinnen die bereits fünf Jahre im Unternehmen arbeiten entwerfen. Verwenden Sie als Basis die Tabelle Mitarbeiter. Zu erledigen bis ...
5. Anfrage an mindestens fünf Restaurants oder Cateringunternehmen in der Umgebung für die Speisen, Getränke, Gedecke, Stehtische und Dekoration für den Tag der offenen Tür und das Galadiner formulieren. Erwartet werden ca. 100 Personen. Zu erledigen bis ...
6. Folder für die Speisen und Getränke, die am Tag der offenen Tür angeboten werden, gestalten. Zu erledigen bis ...
7. Menükarte für das Galadiner gestalten. Das gleiche Layout wie für den Folder vom Tag der offenen Tür verwenden. Zu erledigen bis ...

b) Erstellen Sie ein Einladungsschreiben für alle Kundinnen und Kunden des Unternehmens. Gestalten Sie den Serienbrief folgendermaßen:
- Formschönes Layout mit Firmenlogo **Firmenjubilaeum_u1.jpg** Firmennamen, Kontaktdaten und weiteren Firmeninformationen
- Fügen Sie die persönliche Anrede ein
- Verwenden Sie die Adressen aus der EXCEL-Arbeitsmappe **Firmenjubilaeum_u2.xlsx,** Tabellenblätter **Privatkunden** und **Firmenkunden**
- Unterzeichner: Gerold Hutter
- Speichern Sie das Hauptdokument unter **Firmenjubilaeum_HD.docx** und das zusammengefügte Dokument unter **Firmenjubilaeum SD.docx.**

ComputerCenter Gerold Hutter e. U.

Alpenstraße 93 | 5020 Salzburg
Mobil 0664 123 45 66 | Internet www.cc.at | E-Mail office@cc.at

3. April ....
Manuel Bluhm

Einladung zum Firmenjubiläum

auch heuer dürfen wir sie wieder zu unserem traditionellen Hoffest einladen. Dieses Fest nehmen wir zum Anlass, um Ihnen für Ihre Treue zu danken. Ohne Sie würden wir unser 10-jähriges Firmenjubiläum nicht feiern.

Lassen Sie sich dieses Event nicht entgehen und folgenden Sie unserer Einladung

am 9. Juni .... um 18 Uhr
in unserem Firmengebäude.

Damit wir ordentlich planen können, ersuchen wir um Anmeldung per E-Mail oder Telefon bis spätestens 4. Mai ....

Wir freuen uns, Sie bei unserem Fest begrüßen zu dürfen.

Freundliche Grüße

ComputerCenter Gerold Hutter e. U.

Gerold Hutter

Salzburger Sparkasse Bank AG
BIC: SBGSAT2S12X

UID: ATU33928377
IBAN: AT872040400085452369

Landesgericht Salzburg
Firmenbuch-Nr.: FN 35474 w

c) Im Rahmen des 10-jährigen Jubiläums werden alle Mitarbeiter/innen, die bereits fünf Jahre im Unternehmen arbeiten, mit einer Urkunde geehrt.
- Erstellen Sie in WORD eine persönliche Urkunde. Achten Sie dabei auf die Corporate Identity und verwenden Sie das Logo **Firmenjubilaeum_u1.jpg.**
- Speichern Sie das Dokument unter **Firmenjubilaeum1.docx.**

d) Für das Event ist ein Galadiner geplant, das von einem Restaurant in der Umgebung ausgestattet werden soll.
- Recherchieren Sie im Internet nach mindestens fünf Restaurants oder Cateringunternehmen.
- Verfassen Sie eine Anfrage in WORD und lassen Sie sich Speisen, Getränke, Gedecke, Stehtische und Dekoration für den gewünschten Termin anbieten. Sie erwarten ca. 100 Personen.
- Speichern Sie das Dokument unter **Firmenjubilaeum2.docx.**

e) Erstellen Sie eine Präsentation in POWERPOINT für die Jubiläumsfeier. Verwenden Sie dazu die Daten aus der Datei **Firmenjubilaeum_u3.docx.** Die Präsentation soll enthalten:
- Firmenlogo **Firmenjubilaeum_u1.jpg.**
- Informationen über das Unternehmen (Eckdaten)
- Informationen über die Leistungen und Zusatzleistungen
- Diagramm: Anzahl der Mitarbeiter/innen nach Abteilungen
- Diagramm: prozentuelle Aufteilung von Verkauf und IT-Lösungen
- Achten Sie auf ein formschönes Layout, dezente und einheitliche Animation.
- Speichern Sie die Präsentation unter **Firmenjubilaeum3.pptx.**

Stichwortverzeichnis

Übungsverzeichnis

Bildnachweis

Urheber unbekannt
S. 54: Logo Post
S. 60: Logo Sturmberger
S. 61: Logo Knox
S. 67, 71: Logo Zotter
S. 71: Logo INNsHOLZ
S. 80: Logo Google
S. 81: Logo Apollo
S. 81: Logo MegaGer
S. 111: CSA STAR Zertifikat
S. 111: TÜV Zertifikat
S. 127: Logo Waldviertel
S. 128: Logo ÖBB
S. 179: Logo Rosenbauer

Alle weiteren Bilder und Grafiken sind Eigentum der TRAUNER Verlag + Buchservice GmbH bzw. wurden von Bildagenturen zugekauft (stock.adobe.com).